中华译学倡立传字与

以中华为根 译与学并重
弘扬优秀文化 促进中外交流
拓展精神疆域 驱动思维创新

丁酉年冬月许钧撰 罗卫东书

中華譯學館·中华翻译研究文库

重写翻译史

谢天振◎主编

ZHEJIANG UNIVERSITY PRESS
浙江大学出版社

总　序

改革开放前后的一个时期,中国译界学人对翻译的思考大多基于对中国历史上出现的数次翻译高潮的考量与探讨。简言之,主要是对佛学译介、西学东渐与文学译介的主体、活动及结果的探索。

20世纪80年代兴起的文化转向,让我们不断拓宽视野,对影响译介活动的诸要素及翻译之为有了更加深入的认识。考察一国以往翻译之活动,必与该国的文化语境、民族兴亡和社会发展等诸维度相联系。三十多年来,国内译学界对清末民初的西学东渐与"五四"前后的文学译介的研究已取得相当丰硕的成果。但进入21世纪以来,随着中国国力的增强,中国的影响力不断扩大,中西古今关系发生了变化,其态势从总体上看,可以说与"五四"前后的情形完全相反:中西古今关系之变化在一定意义上,可以说是根本性的变化。在民族复兴的语境中,新世纪的中西关系,出现了以"中国文化走向世界"诉求中的文化自觉与文化输出为特征的新态势;而古今之变,则在民族复兴的语境中对中华民族的五千年文化传统与精华有了新的认识,完全不同于"五四"前后与"旧世界"和文化传统的彻底决裂与革命。于是,就我们译学界而言,对翻译的思考语境发生了根本性的变化,我们对翻译思考的路径和维度也不可能不发生变化。

变化之一,涉及中西,便是由西学东渐转向中国文化"走出去",呈东学西传之趋势。变化之二,涉及古今,便是从与"旧世界"的根本决裂转向对中国传统文化、中华民族价值观的重新认识与发扬。这两个根本性的转变给译学界提出了新的大问题:翻译在此转变中应承担怎样的责任? 翻译在此转变中如何定位? 翻译研究者应持有怎样的翻译观念? 以研究"外译中"翻译历史与活动为基础的中国译学研究是否要与时俱进,把目光投向"中译外"的活动? 中国文化"走出去",中国要向世界展示的是什么样的"中国文化"? 当中国一改"五四"前后的"革命"与"决裂"态势,将中国传统文化推向世界,在世界各地创建孔子学院、推广中国文化之时,"翻译什么"与"如何翻译"这双重之问也是我们译学界必须思考与回答的。

综观中华文化发展史,翻译发挥了不可忽视的作用,一如季羡林先生所言,"中华文化之所以能永葆青春","翻译之为用大矣哉"。翻译的社会价值、文化价值、语言价值、创造价值和历史价值在中国文化的形成与发展中表现尤为突出。从文化角度来考察翻译,我们可以看到,翻译活动在人类历史上一直存在,其形式与内涵在不断丰富,且与社会、经济、文化发展相联系,这种联系不是被动的联系,而是一种互动的关系、一种建构性的力量。因此,从这个意义上来说,翻译是推动世界文化发展的一种重大力量,我们应站在跨文化交流的高度对翻译活动进行思考,以维护文化多样性为目标来考察翻译活动的丰富性、复杂性与创造性。

基于这样的认识,也基于对翻译的重新定位和思考,浙江大学于2018年正式设立了"浙江大学中华译学馆",旨在"传承文化之脉,发挥翻译之用,促进中外交流,拓展思想疆域,驱动思想创新"。中华译学馆的任务主要体现在三个层面:在译的层面,推出包括文学、历史、哲学、社会科学的系列译丛,"译入"与"译出"互动,积极参与国家战略性的出版工程;在学的层面,就翻译活动所涉及的重大问题展开思考与探索,出版系列翻译研究丛书,举办翻译学术会议;在中外文化交流层面,举办具有社会影响力的翻译家论坛,思想家、作家与翻译家对话等,以翻译与文学为核心开展系列活动。正是在这样的发展思路下,我们与浙江大学出版社合作,集合全国译学界的力量,推出具有学术性与开拓性的"中华翻译研究文库"。

积累与创新是学问之道,也将是本文库坚持的发展路径。本文库为开放性文库,不拘形式,以思想性与学术性为其衡量标准。我们对专著和论文(集)的遴选原则主要有四:一是研究的独创性,要有新意和价值,对整体翻译研究或翻译研究的某个领域有深入的思考,有自己的学术洞见;二是研究的系统性,围绕某一研究话题或领域,有强烈的问题意识、合理的研究方法、有说服力的研究结论以及较大的后续研究空间;三是研究的社会性,鼓励密切关注社会现实的选题与研究,如中国文学与文化"走出去"研究、语言服务行业与译者的职业发展研究、中国典籍对外译介与影响研究、翻译教育改革研究等;四是研究的(跨)学科性,鼓励深入系统地探索翻译学领域的任一分支领域,如元翻译理论研究、翻译史研究、翻译批评研究、翻译教学研究、翻译技术研究等,同时鼓励从跨学科视角探索翻译的规律与奥秘。

　　青年学者是学科发展的希望,我们特别欢迎青年翻译学者向本文库积极投稿,我们将及时遴选有价值的著作予以出版,集中展现青年学者的学术面貌。在青年学者和资深学者的共同支持下,我们有信心把"中华翻译研究文库"打造成翻译研究领域的精品丛书。

许　钧

2018 年春

关注翻译与翻译研究的本质目标

——代序

谢天振

日前,国际译联(FIT)发布了关于 2012 年国际翻译日的主题文章,推出了今年国际翻译日的主题——翻译即跨文化交流(Translation as Intercultural Communication)①。

"翻译即跨文化交流"这个主题其实算不上新鲜,因为帮助不同种族、不同政治和不同文化背景的人们之间的交流,促进他们之间的相互理解,本来就是翻译活动的应有之义,也是翻译的一个本质目标。但是国际译联却把这个"算不上新鲜"的"翻译即跨文化交流"确定为 2012 年国际翻译日的主题,细究一下,似乎也不是一个随意之举。首先他们把它与不同文化中关于 2012 年世界末日的传言或所谓预言挂起了钩:"2012 年恐怕是人类历史上最富有'争议性'的一年,因为这一年充溢着大量符号、预言与含意。除了《圣经》里对世界末日的启示录之外,玛雅历法也断言 2012 年 12 月 21 日为世界末日。而一些研究者对中国 3000 年前的古书《易经》进行分析后,也声称 2012 年 12 月是世界末日。数字占卦学还告诉我们,在 2012 年 12 月 21 日晚间 11 点 11 分,所有围绕太阳的星球将排列成一

---

① 中国译协会员电子通讯 2012 年第 6 期上的译文为"翻译与跨文化交流"。我以为译成"翻译即跨文化交流"似更贴近原文,并能更加突出原文想要强调的翻译的跨文化交流性质。

条直线,造成剧烈的海水运动,有可能导致巨型海啸和其他灾难……"①而且在国际译联看来,"这些源于不同语言和文化背景的预言,似乎的确在传达着焦虑、绝望与希望的信息",于是在这样的背景下,强调翻译与跨文化交流的关系,似乎也就并不显得多余了。

不过在我看来,以上所言恐怕仅仅是主题文章作者为了让文章在一开始就能吸引读者眼球而找到的一个说事由头罢了,其更实质性的理由,我觉得应该同样是主题文章中所提到的,即国际译联看到了 2012 年的当今世界"不仅充斥着不稳定性、金融危机、政治冲突、文化碰撞和社会动荡,也充满着希望、机遇与可能性",同时也看到了操不同语言的各民族都在深切地关注着我们所处的世界,关注着我们人类的未来,所以作为面向职业口笔译工作者与术语学家的规模最大的非营利性国际组织,国际译联希望 2012 年继续在不同的文化间"架设翻译桥梁,推动跨文化交流,进而促进文化繁荣和提升所有人的文化素养"。我以为这才是问题的关键所在。

由此可见,是当前这个特定的时代语境促使国际译联把"翻译即跨文化交流"这个并不算新鲜的话题确定为 2012 年国际翻译日的主题,并以此号召全世界的翻译工作者关注翻译和翻译研究的本质目标——推动不同民族、国家间的跨文化交流。从更深的意义层面上说,我们也可把这个主题看作是对翻译和翻译研究的本质目标的重申和强调。尤其是如果我们回顾一下人类一两千年来的翻译史,我们也许可以得出一个结论,当今我们的一些翻译工作者和翻译研究者有时似乎恰好是在翻译的这个本质目标上偏离了甚至迷失了方向,从而只是简单地把翻译理解为一种语言文字的转换行为,也只是简单地把翻译研究的对象定位在探讨"怎么译""怎样才能译得好、译得准确"等问题上,于是在某些研究者的笔下,翻译研究只是被局限在研究翻译技巧的框架之内。

---

① 本文对国际翻译日主题文章的引文均转引自中国译协会员电子通讯 2012 年第 6 期,英文撰稿毛思慧,翻译付蕾,审稿黄长奇。

然而,如果对中外翻译史上一两千年来我们对翻译所下的定义进行一个简单梳理的话,那么我们应该能够发现,其实早在一千多年前,我国的古人倒是已经注意到了翻译的这一本质性问题,并给出了一个最为简洁明了、也最为全面完整的翻译定义:"译即易,谓换易言语使相解也。"(唐·贾公彦《周礼义疏》)这个仅十余字的定义包含着两层意思:首先是"换易言语",指的是翻译行为或活动的本身;其次是"使相解",则是指的翻译行为或活动的目标。这个定义言简意赅地告诉我们,翻译的完整意义不应该只是一个语言文字的转换行为或活动(即"换易言语"),而还应该包含帮助和促进不同语言的使用者之间的相互理解和交流(即"使相解")。

令人不禁汗颜的是,与这个千年之前的翻译定义相比,我们今人对翻译的几则定义反倒在某种程度上表现出我们对翻译本质目标问题认识的"偏离"和"迷失"。谓予不信,请看以下几条"权威"的"翻译"定义:

翻译:把一种语言文字的意义用另一种语言文字表达出来。(《辞海》1980年版,《现代汉语词典》的"翻译"词条释义与之完全相同)

翻译:把已说出或写出的话的意思用另一种语言表达出来的活动。(《中国大百科全书·语言文字卷》1988年版)

不难发现,这几条"权威"的翻译定义都不约而同地把它们的目光仅仅集中在翻译行为或活动的本身,即"换易言语"上,却舍弃了我们古已有之的对翻译的本质目标——"使相解"的阐释。

当然,有必要指出的是,这种情况不独发生在中国,当代西方和俄罗斯的文化界和译学界在翻译定义的描述上也同样表现出对翻译的这一本质目标的忽视或"舍弃"。譬如《牛津英语词典》中对"translation"一词的解释就是:

(a) The action or process of turning from one language into another; also, the product of this; a version in a different language

（从一种语言到另一种语言的转换行为或过程；亦指这一行为的结果；用另一种语言表述出来的文本；）

（b）to turn from one language into another；to change into another language retaining the sense ...

（把一种语言转换到另一种语言；把一种语言转换成另一种语言并保留原意……）

这一词条的两条释义都只提到语言的转换，而对翻译的跨文化交流性质及其目标不置一词。再如苏联著名翻译理论家费道罗夫在其《翻译理论概要》一书中对翻译所下的定义也只是：

翻译是用一种语言把另一种语言在内容与形式不可分割的统一中业已表达出来了的东西准确而完全地表达出来。（费道罗夫，1955：9）[①]

而实际上，就像在中国一样，在古代西方，包括古罗马时期、文艺复兴时期，甚至更晚一些的时期，西方翻译史上的不少翻译家和学者对于翻译的目标问题其实也是很重视的。譬如古罗马著名政治家、哲学家和修辞学家西塞罗在论及其对翻译的看法时就明确提出，"要作为演说家，而不是作为解释者进行翻译"，其用意就是要求译者在翻译时要考虑读者因素，要考虑翻译文本的接受效果，也就是要促成原文文化与读者的沟通。所以他关于翻译的名言就是，翻译时"没有必要字当句对，而应保留语言的总的风格和力量"，翻译时"不应当像数钱币一样把原文词语一个个'数'给读者，而是应当把原文'重量''称'给读者"。（谢天振等，2009：265-266）再如19世纪俄国的普希金、屠格涅夫、别林斯基、车尔尼雪夫斯基等一批作家、批评家也都一致强调，"翻译的目的是为读者服务"，"不是使懂

---

① 但必须说明的是，费氏在该定义之外，还单独列出一条"翻译的目的是尽量确切地使不懂原文的读者（或听者）了解原作（或讲话的内容）"。

得原文的读者便于评价译出的某一诗句或某一措辞是否忠实,而是使一般不懂原文的读者也能正确地感受到原文思想和艺术价值"。(谭载喜,2006:146)这实际上也就是强调翻译应该为实现译文读者与原文的跨文化交流服务。

笔者当然无意挑战中外词典对"翻译"词条的释义,作为工具书的词典的释义自有它的特殊要求。但我们从这些工具书对"翻译"词条的释义中却还是可以窥见中外学界对翻译性质及其本质目标的某种忽视或认识偏差,由此也突显了2012年国际翻译日主题重新强调翻译的跨文化交流性质及其本质目标的现实意义。

与此同时,笔者也对中外学界在对翻译定义的描述上对翻译的性质及其本质目标的某种忽视和舍弃表示理解。从深层次看,这并不是无缘无故、凭空而来的,而有其深刻的历史原因。

首先,在随着宗教典籍翻译以及其后的文学名著、社科经典翻译发展起来的翻译活动中,人们对翻译思考和研究的关注点主要集中在笔译活动上,而甚少,甚至根本没有把口译活动也纳入自己的思考和研究视野。而且历代对翻译活动有所思考、有所研究的作者,大多本人就是笔译方面的专家,要不就是他的研究主要是建立在笔译活动和与笔译有关的材料的基础上的。这样,研究者的目光也就越来越局限在翻译文本之内的语言文字的转换层面,而越来越少地注意到文本以外的诸多因素,包括读者和接受环境等因素。这样,他们在对翻译定义进行描述时也就基本局限在语言文字的转换上面了。

这里顺便对笔译与口译的各自特点做一点简单的说明。口译是贯穿人类翻译史始终的翻译活动,它的诞生甚至早于笔译。然而历史上对口译的描述文献和研究材料,存留下来的恰似凤毛麟角,少之又少。第二次世界大战以后的国际战犯审判以及此后频繁的国际交往,让口译迅速发展成为一个独立的职业,并越来越引起当代翻译研究者的重视。而口译活动交流双方的在场性和即时性,必然要求口译员把实现交流双方的有效沟通和交际放在第一位。与之相比,笔译员因为不存在交流双方的在场性和即时性,经常是独自一人面对原文,委曲推究,经营反复,揣摩原文的意旨之所在,希望译成之文与原文相比,"无毫发出入于其间"(马建忠语),所以很容易专注于语言文字转换的成功程度(在多数情况下也即忠实程度)而忽视转换的本质目标。

其次,这还跟一两千年来翻译活动的"方向"有关。这里所谓的"翻译方向",指的是所进行的翻译活动是"译入"还是"译出",或是两者均有一定的比重。两千年来的中外翻译史表明,对绝大多数国家而言,历史上的翻译活动基本上都是以"译入"为主的。而建立在"译入"翻译活动基础上的翻译思考和研究,它会越来越倾向只考虑语言文字转换层面的一些问题。因为在通常情况下,对译入者而言,他们只需考虑如何把要翻译的作品译好就可以了,其余问题他们不必考虑。在"译入"翻译活动的语境里,已经形成了一种对外来文化的强烈渴求,因此只要把作品翻译好了,接受、传播、影响等都不是问题,而在此过程中实现跨文化的交流也就自然而然地水到渠成了。所以,建立在"译入"翻译活动基础上的翻译思考与研究,多把他们的注意力主要集中在文本之内语言文字的转换层面,也就不难理解了。

由此可见,是传统翻译活动的特点,即其主要形式是笔译,其翻译的"方向"主要是"译入",导致了人们在对翻译定义进行描述时越来越偏重翻译的语言文字的转换功能,而逐渐淡化甚至忽视了翻译的本质目标——"使相解",即要帮助人们相互了解。联系这样的历史背景,我们再来看 2012 年国际翻译日的主题文章——强调要在不同的文化间"架设翻译桥梁,推动跨文化交流,进而促进文化繁荣和提升所有人的文化素养",那就不是简单的旧戏新唱了,而自有其深意在焉。

翻译界长期以来在讨论翻译定义时,这种对其跨文化交流性质及其本质目标的忽视,在某种程度上也对我们的专家学者乃至翻译研究产生了相当大的影响。譬如,笔者此前曾多次撰文批评过的鲁迅文学奖评奖中翻译文学的整体"缺席"就是一例。(参见谢天振,2005;谢天振,2010:4-8;等)我们的评奖专家们显然甚少甚至根本没有考虑过参评的作品是否为"推动跨文化交流,进而促进文化繁荣和提升所有人的文化素养"做出了贡献,而把他们的目光只盯在参评的翻译作品中是否有"翻译疏漏",是否有"表达不贴切、不准确",是否有语言文字转换上的"硬伤"等问题上,从而使得一场国家级别的翻译文学评奖在某种意义上沦为了文学翻译的"作业批改"。

再如,我国学界某些人对当代西方翻译研究中"文化学派"的分析和批评也同样暴露出这个问题。我曾经读到过一篇题为《反论:他山之石,可以毁玉——对文化翻译派的反思》的文章,作者从"翻译的本质"和"翻译本体论"的立场出发,对所谓的"文化翻译派"①进行了猛烈的抨击,认为"他们(即作者所称的'文化翻译派')主张采取描写的方法来研究业已存在的翻译现象,距离翻译的定义相去甚远"(罗益民、韩志华,2011:36)。作者所据的"翻译定义"是他们从网上下载的一个"佚名"作者所下的定义:"翻译是以译者为主体,以语言为转换媒介的创造性思维活动。所谓翻译,就是把见诸一种语言的文本用另一种语言准确而完整地再造出来,使译作获得与原作相当的文献价值或文学价值。"(罗益民、韩志华,2011:36)正是基于这样的"定义"认识,所以在该文章作者的眼中,促成翻译活动发生的因素就只是"原本、作者、译本、译者",而看不到不同语言民族之间交际的需要,看不到译入语语境中对外来文化的需要,看不到2012年国际翻译日主题中所说的"将某一特定文化下的生活方式、风俗习惯、态度、心态与价值观传输给其他文化"的需要。而实际上,正是这些"需要"才是促成翻译发生、发展、发达的深层因素和根本动力。离开了这些"需要",翻译才真的成了"无本之木"了,而不是如作者所说的,"一个学科的建立与发展,……倘若一味追求宽泛的视野,忽略了本体的回归与反思,则惜为无本之木了"。(罗益民、韩志华,2011:36)

---

① 我之所以说"所谓的'文化翻译派'",是因为在西方译学界只有翻译研究的"文化学派",并没有什么"文化翻译派"。这个名称显然是文章作者杜撰的,且让人误以为是翻译实践领域内的某个流派。这里姑且套用之。

　　这篇文章中还有一些似是而非、逻辑混乱的话语和观点,如作者批评说:"在文化派的眼中,译文的作用甚至超过了原文,成了塑造和左右目的语文化的一种势力。这与翻译的本体论南辕北辙。在翻译本体论的研究中,原语文本与译语文本如同一张纸的正反两面,是不可替代、不可或缺的。"(罗益民、韩志华,2011:37)然而众所周知,在中外历史上,"译文的作用超过原文,成了塑造和左右目的语文化的一种势力"的事实可谓俯拾皆是,圣经译本、佛经译本、马克思主义理论的译本,无不如此,至于中外文学史上,这样的例子更是不胜枚举。我不明白为什么作者面对如此众多、如此明显的事实,却都视而不见。至于说原语文本与译语文本相互"不可替代",更是让人难以理解。在讨论翻译问题的前提下,试问在哪一个译入语国家里译语文本不是原语文本的"替代"? 译语文本如果不能替代原语文本的话,难道让译语国的读者直接去面对原语文本?

　　我不知道文章作者依据的是哪一家"翻译本体论",但就我接触到的当代国外的一些译学著述而言(这些著述尚且并不属于该文章作者所称的"文化翻译派"之列),这些作者所持的立场与该文作者所声称的"翻译本体论"显然也相去甚远。譬如当代著名俄罗斯翻译研究语言学派的代表人物科米萨罗夫,他早在 20 世纪 70 年代就已经指出:"翻译的语言学理论把翻译置于跨语言交际这个广阔的背景下,研究交际的各个方面,揭示决定交际的语言内因素和语言外因素。它不仅涉及原语文本和译语文本,还涉及原文转换成译文的过程。翻译作为一种语言中介,其目的是保障操不同语言的人达成沟通,从而实现跨语言交际。"(吴克礼,2006:517)这里科米萨罗夫讨论的是语言学理论视角下的翻译研究,但他却明确指出,要研究交际(即翻译活动)的各个方面,而且把"语言外因素"视作与"语言内因素"一样的"决定交际(即翻译活动)"的因素。他更进一步指出:"翻译不仅仅是个过程,是译者的活动,它更是一个跨语言交际行为。翻译的结果不可能完全保留原作的内容,翻译的目的仅在于实现交际等值。翻译不能仅从言语的角度去研究,从过程的角度来研究,它更要通过研究其过程中的言语行为来研究其实现的语言基础。"(吴克礼,2006:516)

当代英国著名翻译理论家莫娜·贝克在其前几年刚出版的新著《翻译与冲突——叙事性阐释》一书中，一开始就在《作者序》中对"传统的口笔译研究"中"对于同时代的政治和伦理道德问题""采取回避态度"的立场提出批评，同时把那种"以为翻译，尤其是口译，是完全中立而纯粹的语码转换，不存在译者个人思想的介入"、相信"译者对现实的叙述能够'完好无损'地传递语言及其他符号信息"的认识，称作"一种天真的理念"，一种"模糊了真相的理论模式"。她的这本新著显然就不是从传统的两种语言文字转换的层面上去讨论翻译问题的，她极其敏锐地察觉到翻译(包括译者)在当今全球化国际政治中所扮演的重要角色，所发挥的独特作用，以及翻译与政治文化之间的复杂关联，所以她以极其清晰的语言宣称："当今世界，无论你人在何处，都不可避免地生活在冲突的氛围中。……而所有冲突方要将自己的行为合法化，翻译是必不可少的重要手段。"她甚至进一步声称："很多形式的冲突都由翻译参与而形成的"，"翻译不是社会和政治发展的副产品，也不仅仅是社会和政治发展的结果，也不是人与文本物理运动的副产品。相反，翻译正是使社会、政治运动发展得以发生的那个进程本身必不可少的组成部分"。(莫娜·贝克,2011:1,2,8)在这样的层面上定义和界定翻译，肯定会让读者感到耳目一新，完全刷新甚至颠覆了他们心目中原有的那些陈旧的翻译定义。然而，这样的定义与界定又是完全符合当今翻译的实际情况的，难道不是吗？

2012年国际翻译日主题文章最后指出："过去30年间，全球经济、文化与信息技术发生了巨大的变化；在其推动下，跨文化交流现在所处的语言、社会政治与文化背景与以往相比已有天壤之别。如果说，在当今时代，'是否要全球化'对于个人和国家而言几乎是不言而喻的，那么'是否与翻译共存'也不再是一个选项，而是业已成为我们日常生活中面对的现实。"在这样的时代背景下，面对这样的翻译现实，我们的翻译工作者和翻译研究者显然有必要尽快调整自己原先对翻译的那种狭隘的、失之偏颇的认识，而应积极响应国际译联的号召，站到一个广阔的跨文化交流的平台上，无论是在自己的翻译实践中，还是在自己的翻译研究中，拓宽自己的视野,"通过自己的专业劳动使跨文化理解更上一层楼",从而切实有效地"推动跨文化交流,进而促进文化繁荣和提升所有人的文化素养"。

参考文献

[1]费道罗夫. 翻译理论概要. 李流,等译. 北京:中华书局,1955.

[2]罗益民,韩志华. 反论:他山之石,可以毁玉——对文化翻译派的理论反思. 当代外语研究,2011(8):36-40.

[3]莫娜·贝克. 翻译与冲突——叙事性阐释. 赵文静,主译. 北京:北京大学出版社,2011.

[4]谭载喜. 西方翻译简史(增订版). 北京:商务印书馆,2006.

[5]吴克礼. 俄苏翻译理论流派述评. 上海:上海外语教育出版社,2006.

[6]谢天振,等. 中西翻译简史. 北京:外语教学与研究出版社,2009.

[7]谢天振. 假设鲁迅带着译作来申报鲁迅文学奖. 文汇读书周报,2005-07-08(3).

[8]谢天振. 文学翻译缺席鲁迅奖说明了什么?. 东方翻译,2010(6):4-8.

(本文原刊《东方翻译》2012 年第 5 期)

目　录

第一编

回到严复

严复的用心

王佐良

　　在历史上，一个大的文化运动往往有一个翻译运动伴随或作为前驱。中国在十九、二十世纪之交酝酿着一个文化上的巨变，也有一个翻译运动应运而生。只不过，这个运动虽然造成一时声势，影响更为深远，却只是两个人的努力结果。1896年林纾译了法国小仲马的小说《巴黎茶花女遗事》，使中国读书界了解到西方大都市中青年男女的感情生活。1897年严复在天津创办《国闻报》，开始在《国闻报》增刊《国闻汇编》上连载他自己所译的赫胥黎的《天演论》，让中国高级知识界接触到当时最新的西方思想（原书出版于1893年，四年后就出现中译，可见严复是力求及时的，仅这一点也可看出他用心之良苦）。后来两人都取得巨大的成功。今天看来，林纾不懂外文而能译外国文学作品达170种之多，是克服了特大的困难才能做到的；然而从另一个角度看，也许严复的成就更为难得——因为林纾所译的文艺小说比较容易引起读者兴趣，而严复所译则都是我们今天要称为理论书的大部头著作，不是消遣读物。然而它们不仅赢得了相当数量的读者，而且引起他们严肃认真的思考，其故安在？显然，首先因为它们出现在一个历史转折的前夕，饱经帝国主义列强侵略和清朝皇帝专制统治之苦的中国知识分子忧国忧民，正在寻求救国革新的真理，因此才能对西方的新理论新学说产生好奇心。然而如果没有严复在翻译上下的功夫，那么这种好奇心是不容易得到满足的，即使初步引起了也难以使它持久。所以严复的翻译的重要性可能比我们所已经认识的还要大，而他所采取的翻译方法也可能是另有深意在的。

让我们重新读读他所译的《天演论》的开场白：

> 赫胥黎独处一室之中，在英伦之南，背山而面野。槛外诸境，历历如在几下。乃悬想二千年前。当罗马大将恺彻未到时。此间有何景物。计惟有天造草昧，人功未施，其借征人境者，不过几处荒坟，散见坡陀起伏间。而灌木丛林，蒙茸山麓，未经删治如今日者，则无疑也。

再让我们看看原文：

> It may be safely assumed that, two thousand years ago, before Caesar set foot in southern Britain, the whole countryside visible from the windows of the rom in which I write, was in what is called "the state of Nature." Except, it may be, by raisin g a few sepulchral mounds, such as those which sill, here and there, break the flowing contours of the downs, man'shands had made no mark upon it; and the thin veil of vegetation which overspread the broad backed heights and the shelving sides of the coombs was unaffected by his industry.

两相对照，就可以发现严复是把整段原文拆开照汉语习见的方式重新组句的：原文里的复合长句在译文里变成了若干并列短句，主从关系不见了，读起来反而更加流畅。原文里第一人称的 I 成了译文里第三人称的"赫胥黎"，也是值得注意的变化。为什么要这样变？很可能，是为了要使译文读起来像中国古代的说部与史书，史书的开头往往是：太史公曰、臣光曰之类。对于科学名词的处理也是煞费苦心的——严复本人曾经说过一段话：

> 新理踵出，名目纷繁，索之中文，渺不可得，即有牵合。终嫌参差。译者遇此，独有自具衡量，即义定名。……一名以立，旬月踯躅，……

他并不怕创立新名词;事实上,他颇创立了一些,有的还颇为巧妙,如以"涅伏"译 nerve,"名学"译 logic,"群性"译 political nature,"化中人位论"译 Man's Place in Nature,"清净之理"译 pure reason,等等。然而他又体念读者的困难,尽量少用新名词,凡能用中国成语者都用成语,因此将上段引文中的 the state of Nature 译成了"天造草昧"。

如从风格着眼,人们又会看出:严复这段译文写得比赫胥黎的原文更戏剧化。原文首句是板着面孔开始的:

It may be safely assumed that...

而译文的第一句:

赫胥黎独处一室之中,……

则立刻把我们带到了一个富于戏剧性的场合,引起我们的推测、悬想。而且这不是孤例。在原文本段略后处,赫胥黎简要地写了"unceasing struggle for existence"几字,而严复的译文则是:

战事炽然,强者后亡,弱者先绝,年年岁岁,偏有留遗。

不仅是加了好些字,而且读起来简直像一个战况公报了!

我们禁不住又要问:他为什么要这样? 为什么要把一部科学理论著作译得如此戏剧化? 有一点也许可以提出作为部分的回答,即:他是要把此书译成一本有强烈的历史意识的著作,所以他也就调动他所掌握的种种风格手段来增强读者的历史感。这对于一部纵论人类亿万年来通过物竞天择的无情斗争而演化到今天的重要著作,无疑是完全适合的。

严复还曾译过英国诗,这一点论者不多。就在这本《天演论》里,我们发现他译了赫胥黎所引的一段诗,原文是:

All Nature is but art,unknown to thee;

All chance,direction,which thou canst not see;

All discord,harmony not understood;

All partial evil, universal good：

And, spite of pride, in erring reason's spite,

One truth is clear, Whatever is, is right.

作者是英国 18 世纪重要诗人亚历山大·蒲柏(Alexander Pope)，出处是
他的名作《人论》(*Essay on Man*)，特别是最后一行("凡存在的都正确")
是人们经常引用来说明当时统治阶级所支持的理性主义的绝对自信的。
蒲柏的诗不好译，因为他虽无多少新见解，在表达艺术上却是公认的最有
才能的大家。严复是否了解蒲柏的重要性，我们不知道；但是他的译文是
颇见功力的：

> 元宰有秘机，斯人特未悟，
>
> 世事岂偶然，彼苍审措注，
>
> 乍疑乐律乖，庸知各得所，
>
> 虽有偏诊灾，终则其利溥，
>
> 寄语傲慢徒，慎勿轻毁诅，
>
> 一理今分明，造化原无过。

首先，这是用韵文译韵文，格律是严谨的，比后世的用散文来译高明多了。
其次，译文很有原文那种肯定、自信的口气，连蒲柏的教训人的神情也传
达过来了。再次，蒲柏每行中有一反一正两个意思，译文也照样，对照分
明，干净利落。但严复并不是无懈可击的。最后一行译文的下半——"造
化原无过"——缺乏原文的确切性和概括性，在一个小结前文的紧要地方
他译得过分自由了。

＊　　　＊　　　＊

我们对严复的翻译实践已略有所知，现在可以进而研究他的翻译理
论了。就在《天演论》的卷头凡例里，严复提出了他的"三点论"。

> 译事三难：信、达、雅。求其信已大难矣，顾信矣不达，虽译犹不
> 译也，则达尚焉。……
>
> 《易》曰：修辞立诚。子曰：辞达而已。又曰言之无见文。行之不

远。三者乃文章正规。亦即为译事楷模。故信达而外。求其尔雅。

这是一段名文,是近代中国最有名的翻译理论,后来讨论翻译的人很少不引它的;但是紧接的下文同样值得注意:

> 此不仅期以行远已耳。实则精理微言,用汉以前字法句法。则为达易;用近世利俗文字。则求达难。往往抑义就词,毫厘千里。审择于斯二者之间,夫固有所不得已也,岂钓奇哉!

如果我们暂且撇开一点不论,即为什么必须用"汉以前字法句法"才能传达"精理微言",我们会看出严复的"雅"是同他的第一,亦即最重要的一点——"信"——紧密相连的。换言之,雅不是美化,不是把一篇原来不典雅的文章译得很典雅,而是指一种努力,要传达一种比词、句的简单的含义更高更精微的东西:原作者的心智特点,原作的精神光泽。我们在上文提到过的"戏剧化"就是这种努力的一端。

而严复之所以选择"汉以前字法句法"也不只是从语言或风格着眼的。他从事翻译是有目的的,即要吸引士大夫们的注意。这些人足以左右大局,然而却保守成性,对外来事物有深刻的疑惧;只是在多次败于外夷之手以后,才勉强转向西方,但也无非是寻求一种足以立刻解决中国的某些实际困难的速效方法而已。严复比他们看得远,他知道事涉根本,必须彻底改革中国社会,而要改革奏效又必须引进一整套新的思想。他所翻译的书是经过精心选择的:亚当·斯密的《原富》,蒙德斯鸠的《法意》,穆勒的《名学》和《群己权界论》(即《论自由》),斯宾塞的《群学肆言》,赫胥黎的《天演论》,等等。每一本都是资本主义思想的奠基之作,涉及经济、政治、哲学、社会学、科学等重要方面,合起来构成近代西方的主导的意识形态系统。正是在这一点上严复表现出他是一个不同一般的高超译者:他对于西方文化的了解比人们所承认的要深得多,他想通过翻译达到的目的也比人们所觉察的要大得多。

但他又认识到这些书对于那些仍在中古的梦乡里酣睡的人是多么难以下咽的苦药,因此他在上面涂了糖衣,这糖衣就是士大夫们所心折的汉以前的古雅文体。雅,乃是严复的招徕术。

他成功了:硬是把一本又一本讲西洋资本主义政治、经济学的理论大书介绍到了中国知识分子中间,使得其中对西洋文化无兴趣甚至有反感的人也认真阅读和思考起来,产生了一系列重大后果,有的且为严复本人始料所未及。他的翻译实践是全力争取这样的读者的实践。拿实践来检验他的理论,我们就容易看出:他之所谓"信"是指为这样的读者准确传达原作的内容,"达"是指尽量运用他们所习见的表达方式,"雅"是指通过艺术地再现和加强原作的风格特色来吸引他们。吸引心目中预定的读者——这是任何译者所不能忽视的大事。

1981 年

(选自《论严复与严译名著》,商务印书馆 1982 年版)

重释"信、达、雅"

——论严复的翻译理论[①]

王宏志

一

1897 年,严复翻译及出版了赫胥黎(T. H. Huxley)的《进化与伦理》(*Evolution and Ethics*)中《序论》及《本论》两篇,名为《天演论》(严复,1898d:1317-1397)。在该书的《译例言》里,他提出了"译事三难:信、达、雅"的说法。正如最早比较有系统地研究严复的翻译的贺麟所说,"后来译书的人,总难免不受这三个标准支配"(贺麟,1982:32)[②];郁达夫甚至称之为翻译界的"金科玉律"(郁达夫,1924:391)。但另一方面,也有不少人对这套理论很不满。20 世纪 30 年代对左翼文化运动很有影响力的瞿秋

---

① 为了本书的体例统一和方便读者阅读,收录此文时,将原文的尾注以脚注形式还原至正文中,并对尾注中的部分文献出处进行了订正。因原文括注中的年份为作品创作年份,并依此编写了参考文献,为了展现文章原貌,本文保留了原文的括注和参考文献体例,未作修改。

② 贺麟的《严复的翻译》发表于 1925 年 11 月《东方杂志》22 卷 21 号上,是最早集中及有系统地讨论严复翻译的文章。有关严复研究书目及论文索引,可参商务印书馆编辑部 1982:168-171;牛仰山、孙鸿霓 1990:503-517;张志建 1989:231-241;张志建 1995:335-360。

白,便曾大骂严复一顿(瞿秋白,1931:506)①。在其后的几十年里,不少人对"信达雅"这三大原则做出过不同的解释或修改,这一方面固然说明这理论的重要性,但另一方面也带来了不少误解。

不能否认,过去讨论严复的翻译理论的文章的确很多,人们也许会觉得"信达雅"早已是老生常谈的问题,不值得再浪费笔墨。但事实是不是这样? 我们对这三个字的含义是否真的早已准确掌握及透彻理解? 这点看来是不能太乐观的,否则也不会出现两个完全相反的评价。因此,我们在这里会尝试深入探讨严复这一套翻译理论的真正意思,尝试从严复的文字里找出他自己对这三个词的解释,从而希望能够澄清长久以来人们的一些误解,同时把严复的见解跟当时的社会思想、文学理论及政治理论联系起来,这对于更好地体会严复的原意以及了解晚清翻译界的情况,是会有很大的帮助的。

二

众所周知,"信达雅"出于《〈天演论〉译例言》。在里面,严复开宗明义地说:

> 译事三难:信、达、雅。(严复,1898b:1321)

由于在说完这样的一句话后,严复自己并没有马上为这三个词下定义或做详细的解释,结果引来了不少臆猜及混乱。对于这点,我们不能深责严复,在中国传统的文学批评里,"定义"一直是没有受到重视的②。

人们一般把"信"理解作"忠实"。这应该是一个准确的解释,没有什

---

① 1931 年,瞿秋白曾在给鲁迅讨论翻译的信中把严复大骂一顿。关于瞿秋白和鲁迅有关翻译的讨论,参王宏志著《重释"信达雅":二十世纪中国翻译研究》1999 年版,第 273—291 页:《"谁能够说:这是私人的事情?!"——瞿秋白翻译理论的中心思想》一文。

② 黄维梁曾指出过,在传统中国文学批评,特别是诗话里,人们用的是一种"印象式批评"。参黄维梁 1977:1-26。

么可争议之处。但另一方面,不少人把"达"解释为通顺、畅达的意思①,这便很有问题了,原因是这会将"信"和"达"看成是两个不同,甚至是不能相容、相互矛盾的概念:"信"专指意义、内容,而"达"则是指语句、句式方面。假如从这个角度看,在传统以原著为中心的翻译理论来说,"信"顺理成章地会是最重要的标准——最少跟"达"同样重要。可是,严复却这样说:

> 译事三难:信、达、雅。求其信已大难矣,顾信矣不达,虽译犹不译也,则达尚焉。(严复,1898b:1321)

从这段话看来,在严复心目中,"达"的地位好像是更重要,"信"甚至是可有可无似的。这成为严复的理论遭人诟病的一个地方:严复原来是毫不重视翻译的忠实性的。但这真的是严复的意思吗? 在《〈天演论〉译例言》里,有两处解释"达"的地方:

> 今是书所言,本五十年来西人新得之学,又为作者晚出之书。译文取明深义,故词句之间,时有所颠倒附益,不斤斤于字比句次,而意义则不倍本文。题曰达恉,不云笔译,取便发挥,实非正法。……
>
> 西文句中名物字,多随举随释,如中文之旁支,后乃遥接前文,足意成句。故西文句法,少者二三字,多者数十百言。假令仿此为译,则恐必不可通,而删削取径,又恐意义有漏。此在译者将全文神理,融会于心,则下笔抒词,自善互备。至原文词理本深,难于共喻,则当前后引衬,以显其意。凡此经营,皆以为达,为达即所以为信也。(严复,1898b:1321)

在这段文字里,有几个要点是必须注意的:

第一,严复不是说他在"翻译"《天演论》,他只是在"达恉"而已。"达恉"并不是翻译的"正法",它只是一个权宜的办法。严复指出,翻译《天演论》有很大的困难:一是这本书是"西人新得之学,又为作者晚出之书",因此,读者要理解其中的意义,很不容易("词理本深,难于共喻");二是西文

---

① 例如郭延礼便说过:"'达'就是译文通顺畅达。"(郭延礼 1998:245)

句式与中文句式的差异很大,如果跟着原文的句式写出来,"则恐必不可通",因此便不得不做出种种的适应手法。这些手法——严复称之为"经营"——包括"倶到附益,不斤斤于字比句次""将全文神理,融会于心"以及"前后引衬"等。通过这些经营,译文便能够得到"达"的效果("凡此经营,皆以为达")。

第二,这些"经营"主要都是外在的修改,如前后引衬等。不过,这些为求得到"达恉"的效果而做出的种种"经营",对"意义"来说是不能有所损害的。在上面的两段引文里,"意义"一词经常出现,受到特别的重视:第一段的"意义则不倍本文",以及第二段引文中的"删削取径,又恐意义有漏""前后引衬,以显其意"等,都是强调了意义的重要。这证明了在严复心目中,"达恉"跟"意义"并不是相矛盾的。必须强调的是:严复在这里谈到"意义则不倍本文"时,指的是"达恉"时应注意的要点,很多人把这句话强用来解释"信"字,这固然是十分方便,但却使人误以为"达"无须注意"意义",这是不正确的。

第三,既然"信"是指忠实,而"达"又是强调意义的重要性,那么,"信"和"达"便不是两个相互矛盾的标准了,甚至应该说,它们不仅不是矛盾,且还是互为一体的。上面的引文最后的一句"为达即所以为信也"很重要,一方面可以证明严复一点也没有轻视"信"这一要求,另外也点出了"信"和"达"的关系:做到"达"的效果后便也可以自然而然地有"信"了。换言之,"达"的最终目的,其实也是"信"。

由此可见,笼统地说"达"是通顺的意思是不准确的。"通顺"的着眼点在遣词用句方面,属文法、修辞等的问题,虽然有助于表达内容,但并不是内容本身。译者可以利用流畅的文笔,随意把任何内容通顺地写下来——林纾便是一个好例子,他的译文流畅可读,"好语如珠",但往往不顾,甚或是不知道原文的真正意思。这既不是信,也不符合严复对"达"的要求。严复的"达",始终是以意义为本的。

那么,严复是不是认为文辞一点也不重要?也不是这样。在这里,我们要讨论严复所提的第三个标准:雅。

早有学者指出："雅"是本于《论语·述而》中"子所雅言,《诗》《书》执礼,皆雅言也","所谓'雅言',就是诸夏的话,孔子教学生都用诸夏的话,别于各地方言。'求其尔雅'中的'尔雅'是近正,正即指雅言。'雅'若用本义来说,就是用全国通行的规范化的语言进行翻译"(马祖毅,1984:261)。当然我们没有理由会认为严复所说的"雅"是指规范化的汉语,我们可以看看严复自己的说法。

严复在《〈天演论〉译例言》中,征引了《易经》和《论语》中的说话来说明作文的方法,从而带出了"雅"这个标准:

> 《易》曰:"修辞立诚。"子曰:"辞达而已。"又曰:"言之无文,行之不远。"三者乃文章正轨,亦即为译事楷模。故信达而外,求其尔雅。(严复,1898b:1322)

从这几句看,"雅"就是等如"文",指优美的文辞,作用在于使文章或译文"行远"。此外,这"雅"的标准看来是独立或超出于其他两个标准以外的第三个要求("信达而外,求其尔雅"),这是一般人对"雅"的理解。可是,人们所忽略的是,严复马上把笔锋一转,将这两个意思推倒了:

> 故信达而外,求其尔雅,此不仅期以行远巳耳。实则精理微言,用汉以前字法、句法,则为达易;用近世利俗文字,则求达难。往往抑义就词,毫厘千里。审择于斯二者之间,夫固有所不得也,岂钩奇哉!不佞此译,颇贻艰深文陋之讥,实则刻意求显,不过如是。(严复,1898b:1322)

这段文字很重要,但往往为论者所忽略,只抽出了"用汉以前字法、句法"来解释"雅"的含义,作为攻击严复的证据,这种割裂的手法是不正确的。仔细看来,这段文字其实也包含了几个要点。

第一,不能否认,严复心目中的"雅",确是指"用汉以前字法、句法",这是跟"近世利俗文字"相对的。这构成了人们对严复攻击的原因,是否公允,下文会再讨论。

第二,严复认为,译文要"雅",并不是为了"行远",更重要的是在谈到一些"精理微言"的时候,这种"用汉以前字法、句法"而得出来的"雅",是有利于做到"达"的效果的("达易")。相反来说,用"近世利俗"的文字来进行翻译,要做到"达"的效果便很困难。这观点是否正确以及它背后的理论基础,下文会有详细交代。但从这引申出来的,就是"雅"原来是要为"达"服务的。换言之,"雅"原来也是追求"达"的手段或方法,而不是一个独立或超出于"信""达"以外的翻译标准或要求。

第三,严复指出,在翻译的时候,译者往往要在"义"与"词"之间做一选择,严复自己的立场是重视意义,而不肯勉强去"就词"的,原因是他觉得"抑义就词",会造成"毫厘千里"。正由于他不愿意"抑义就词",结果他认为自己所译出来的《天演论》,被很多人批评为"艰深文陋"。不过,他不肯承认这是自己的过失,因为他只不过是在"刻意求显"——这里所说的"显",就是前面说过的"显其意",也就是要把原文的意义交代出来。

综合这几点,我们便可以推翻一些人对"雅"的观念所下的片面解释。"雅"不仅是文字古雅,如果我们这样去理解"雅",便会把重点放在文辞上面,跟文章的内容扯不上关系。但严复的意思并不是这样,他从没有说过用"雅"——也就是"用汉以前字法、句法"——就能令译文辞藻华美古雅,他根本不关心这一点。相反来说,他觉得自己"刻意求显",结果带来了"艰深文陋之讥"。另外,在一封信里,他也谈到自己的文字风格,他说:

> 仆下笔时,求浅、求显、求明、求顺之不暇,何敢一毫好作高古之意耶?(严复,1899b:535)

其实,自始至终——由"信"开始,至"达",至"雅"——严复都是把重点放在"意义"上面的。上文说过,"信"跟"意义"的关系是毋庸置疑的,而"达"也是坚持要"意义则不倍本文"以及"显其意";其实,"雅"也是朝着相同的目标,"用汉以前字法、句法"以及抑词就义等做法,全都是为了"达易"、求显。换言之,就正如严复自己所说"为达,即所以为信也"一样,为雅也是即所以为达。假如我们再推一步,既然为雅即所以为达,而为达又是即所以为信,那么,为雅也就是即所以为信了。①

由此可见,我们不能说严复忽视翻译的忠实性。他曾经这样批评过一些错误百出的翻译:

> 曩闻友人言,已译之书,如《谭天》、如《万国公法》、如《富国策》,皆纰谬层出,开卷即见。夫如是,则读译书者,非读西书,乃读中土所以意自撰之书而已。敝精神为之,不亦可笑耶?往吾不信其说,近见《昌言报》第一册译斯宾塞尔《进说》数段,再四读,不能通其意。因托友人取原书试译首段,以资互发。乃二译舛驰若不可以道里计者,乃悟前言非过当也。(严复,1898a:90-91)

他所针对的便正是一些胡乱加入自己意见的翻译,认为这是无异于"自撰之书",足见原作在严复心目中是占有极为重要的位置的。

这里的讨论希望能够廓清了人们长久以来对"信、达、雅"的误解。

不少人见到一个"雅"字,再看"用汉以前字法、句法"这一句,继而又看到严复的译文流畅可读,便不由分说地认定严复只顾追求古雅艳丽的辞藻,不忠于原文。就是文学修养极高的瞿秋白,也难免犯上这个错误。他说:

> 严几道的翻译,不用说了。他是:译须信达雅,文必夏殷周。其实,他是用一个"雅"字打消了"信"和"达"。……古文的文言怎样能够译得"信",对于现在的将来的大众读者,怎么能够"达"!(瞿秋白,1931:506)

这其实刚好把严复的原意倒了过来,严复不但没有想用"雅"来打消"达"

---

① 王佐良也曾讨论过这问题。他很正确地指出:"严复的'雅'是同他的第一,亦即最重要的一点——'信'——紧密相连的。"这说法在绝大部分论述严复的文章中都不见出现。不过,当他进一步说"换言之,雅不是美化,不是把一篇原来不典雅的文章译得典雅,而是指一种努力,要传达一种比词、句的简单的含义更高更精微的东西:原作者的心智特点,原作的精神光泽"时,便与我的看法有分歧。参王佐良1982:16。

和"信",相反来说,他用"雅"来追求"达",从而又得到"信"。瞿秋白的错误在于把自己的政治标准强加在严复身上。

我们知道,曾任中国共产党领导人的瞿秋白,在 1931 年 7 月的党的六届四中全会被王明排斥于党中央以外后,即把精力放在文艺界,领导"中国左翼作家联盟"("左联")。"左联"的政治性很强,经常发动反国民党政府的活动如游行示威、派发传单等。在文艺方面,他们最积极推动的是文艺大众化运动,就是要为知识水平较低的普罗大众创造文学,从而达到宣传共产主义思想的目的①。我们不在这里讨论这场运动的成绩,但问题在于瞿秋白在这里将为"大众读者"作为出发点的要求加在严复上,这是很不公平的。自然,严复要求"用汉以前字法、句法"来做翻译,且认为可以做到"达易"的效果,今天看来很不可思议,但如果我们能从历史的角度去看这个问题,便不会觉得有什么不妥之处了。正如一位论者所说:"在他拿起《天演论》来翻译的时候,除了'之乎者也'的古文以外,他还能有什么别的文字工具?"(沈苏儒,1984:942)在白话文运动以前,人们不论是著书撰文,还是从事翻译,用的都只是文言文。鲁迅兄弟的《域外小说集》,用的不也是文言文吗? 鲁迅早期的几篇论文如《科学史教篇》及《摩罗诗力说》等,在文体及风格上不是跟严复《天演论》里的文章很接近吗?谈到古文,在清代,"天下文章,其在桐城乎"。严复私淑于吴汝纶,吴汝纶是桐城派后期的一个大家,严复古文很自然会受到桐城派的影响。桐城古文义法师承于唐宋八大家,而唐宋八大家古文渊源则直溯司马迁以至先秦诸子。虽然钱锺书已提醒过人们不要轻易混淆"古文"与文言文这两个概念(钱锺书,1984:711-714),但严复要求以"汉以前字法、句法"做翻译,实在是与桐城古文义法有关,而且在当时也是一个很普通的要求,根本没有人感到讶异,或觉得有什么不妥的地方。所以,瞿秋白所说"古文的文言怎样能够译得'信',对于现在的将来的大众读者,怎么能够'达'",实际上是犯了时代错误的(anachronistic)谬误:生于晚清的严复在翻译

---

① 关于"中国左翼作家联盟"的历史,可参 Wong 1981。

《天演论》时,怎么会想到要为 20 世纪 30 年代的"现在的将来的大众读者"服务?

相对来说,鲁迅便比较客观。他在回信给瞿秋白时,便曾经为严复辩护,说他的挨骂是冤枉的。不过,他也同样把"信达雅"看成是三个不同的元素,相互排斥。他说:

> 他［严复］的翻译,实在是汉唐译经历史的缩图。中国之译佛经,汉末质直,他没有取法。六朝真是"达"而"雅"了,他的《天演论》的模范就在此。唐则以"信"为主,粗粗一看,简直是不能懂的,这就仿佛他后来的译书。(鲁迅,1931:381)

这里粗略地对严复的翻译成绩做一个通盘的考察,明显地把"信"跟"达"和"雅"分开来看,说严复的翻译经历了不同的阶段,对这三项标准的要求有所不同。不过,从上文的讨论,我们知道这并不是严复原来的意思,在严复心目中,"信、达、雅"合起来是一个整体,中心点始终环绕着对原著意义的忠实。

三

尽管我们在上文说过严复在理论上很重视"意义",但不能否认,在不少人眼中,严复的译作的确是十分不忠实的。人们已尝试过把《天演论》跟赫胥黎的 *Evolution and Ethics* 逐字对照,从而证明严复的翻译是不忠实的(Sinn,1991:359-366)。不过,这做法无异缘木求鱼,且毫无必要,我们早已知道严复并不是"忠实地"逐字逐句去翻译《天演论》的[①]。其实,以严复的中外文修养,在翻译方面要做到逐字逐句的"忠实",根本不应有什么困难,上引鲁迅的一段文字不是说过他确能做到如唐朝译佛经的那种

---

① 不过,冼玉仪也指出,严复翻译《天演论》之所以不忠实,是因为在意识形态上跟赫胥黎有分歧,而较接近于斯宾塞尔。这说法是准确的。但这其实正好证明了翻译研究不应该,也不能只局限于对比原文和译文是否忠实。Sinn 1991:359-366。

"信"吗？而且，就是青年时期的鲁迅和周作人——他们当时的古文修养应不及严复吧——也能以古文非常"忠实地"去翻译《域外小说集》①。所以，我们应该明白，逐字对译的忠实，根本不是严复心目中的既信、且达、兼雅的标准；他的"不忠实"，显然是一种故意选择的结果。在这里，我们会具体地看看严复做出这选择的背后原因和动机，这对于全面理解严复的翻译理论有很大的帮助。

在上一节里，我们指出过，严复对原文所做的种种经营，目的在于"达恉"，而"达恉"就是要"显其意"。换言之，严复相信这样的修改，实在有助于将原文的意思显露出来，但他并不认为这是正确的翻译方法：

> 题曰达恉，不云笔译，取便发挥，实非正法。什法师有云："学我者病。"来者方多，幸勿以是书为口实也。（严复，1898b：1321）

既然这样，为什么严复还选择这样做？这里有客观和主观的原因。

第一个客观原因是语文的问题。严复深深体会到中英语文的分歧，因此，在他心目中，同时兼顾"词"和"义"是很困难的，迁就了原文的词句章法，往往会造成意义上的损失。这点在《〈天演论〉译例言》便两次提到了：

> 西文句中名物字，多随举随释，如中文之旁支，后乃遥接前文，足意成句。故西文句法，少者二三字，多者十百言。假令仿此为译，则恐必不可通，而删削取径，又恐意义有漏。……
>
> 往往抑义就词，毫厘千里。审择于斯二者之间，夫固有所不得已也，岂钩奇哉！（严复，1898b：1321-1322）

在《〈群己权界论〉译凡例》中，他又说：

> 原书文理颇深，意繁句重，若依文作译，必至难索解人，故不得不略为颠倒，此以中文译西书定法也。西人文法，本与中国迥殊，如此书穆勒原序一篇可见。（严复，1903b：134）

---

① 关于鲁迅在晚清的翻译活动，参看王宏志著《重释信达雅：二十世纪中国翻译研究》1999 年版，第 183—217 页：《民元前鲁迅的翻译活动——兼论晚清的意译风尚》。

也就是说,由于中英文语法的差异,译者进行翻译,适当的调整是很需要的,甚至可以说是一个"定法"。严复这个说法,不能说是借口,从事过中英语文翻译的人,都一定有过同样的经验。用语体文做翻译已经困难重重了,更何况用"汉以前字法、句法"? 不用"略为颠倒"而能够把作品译出来,简直不可思议。

第二个客观因素涉及了内容的问题。严复指出,他所译的书是十分艰深繁奥的,一方面是因为这些都是西洋最新的学问("今是书所言,本五十年来西人新得之学,又为作者晚出之书"),另一方面是它们论述了科学数理的问题,他说:

> 又原书论说,多本名数格致,及一切畴人之学,倘于之数者向未问津,虽作者同国之人,言语相通,仍多未谕,矧夫出以重译也耶? (严复,1898b:1322)

在《〈群己权界论〉译凡例》中,他更发出这样的感叹:

> 海内读吾译者,往往以不可猝解,訾其艰深,不知原书之难,且实过之。理本奥衍,与不佞文字固无涉也。(严复,1903b:134)

严复是在诉说翻译这一类书的困难,"名数格致""理本奥衍"的著作,即使不是翻译,也不容易看得懂,所以,他也只能做到"达恉",而不是逐字逐句的翻译。

至于主观的原因,则涉及严复从事翻译的动机。简单而言,严复从事翻译,是和晚清政治局势密切相关的。这种强烈的政治动机,不单影响他的翻译理论,就是翻译的取向——包括选择所译的书以至翻译时所做的种种经营——也都深受影响,这是我们讨论严复的翻译,特别是严复的翻译理论时所不能忽略的①。

尽管人们今天提起严复这名字的时候,大都只会想起翻译家严复,而

① 几年前,笔者曾写过一篇《翻译与政治——有关严复的翻译的几个问题》。参王宏志 1994:403-418。

忽略了作为一个思想家、政治家的严复在中国近代史上的贡献和影响。其实,在翻译和出版《天演论》前,严复已在天津《直报》上发表了很多重要论文,如《论世变之亟》《原强》《原强续篇》《辟韩》及《救亡决论》等,都是鼓吹维新变法、救亡图强的重要政论。其后,他曾赞助梁启超在上海创办《时务报》,与王修植、夏曾佑等在天津创办《国闻报》,继续宣扬维新思想。1898 年,他更获得光绪的召见,询问对变法的意见。由于篇幅关系,我们不可能在这里探讨严复的维新变法思想,但从上面简单的介绍,便可以知道他跟晚清的维新派是有着非常密切的关系的①。

严复的翻译活动开始于 1892 年,最早译出来的是宓克(A. Michie)的《支那教案论》(*Missionaries in China*),这书是奉李鸿章之命而译的,没有多大学术价值,也没有收入商务印书馆出版的《严译名著丛刊》里。真正重要的译作毫无疑问是《天演论》。据一本严复的年谱说,他开始翻译这本书,是在甲午之战后:

> 和议始成,府君大受刺激,自是专力于翻译著述。先从事于赫胥黎 T. Huxley 之《天演论》*Evolution and Ethics*,未数月而脱稿。(严璩,1986:1548)

众所周知,甲午战争在中国近代史中有极重大的意义。曾国藩、李鸿章、张之洞等人开展的洋务运动,耗资不菲而建成的一支北洋舰队,竟然轻易地被"东洋人"彻底打败,人们才从"中学为体、西学为用",以为只需"船坚炮利"便足以富强的大梦中醒过来,于是有更彻底的改革要求②。这时候,严复是天津水师学堂总办,并在天津《直报》上发表言辞激烈的文章,他受到甲午战败的刺激而开始从事翻译,用意就是为了变法维新。在给友人张元济的信中,严复清楚说出了这一点意图:

> 复自客秋以来,仰观天时,俯察人事,但觉一无可为。然终谓民

---

① 关于严复的政治思想以及他跟维新派的关系及活动,可参张志建,1989:29-50;张志建,1995:29-56;徐立亭,1996:145-237。

② 关于洋务运动,一本水平极高的专著是夏东元的《洋务运动史》。(夏东元,1992)

智不开,则守旧维新两无一可。即使朝廷今日不行一事,抑所为皆非,但令在野之人与夫后生英俊就洞识中西实情者日多一日,则炎黄种类未必遽至沦胥;即不幸智被羁縻,亦得有复苏之一日也。所以屏弃万缘,惟以译书自课。(严复,1901b:525)

又说:

复今者勤苦译书,羌无所为,不过悯同国之人,于新理过于蒙昧,发愿立誓,勉而为之。……极知力微道远,生事夺其时日;然使前数书得转汉文,仆死不朽矣。(严复,1901c:527)

这样的翻译动机,在晚清时很流行,特别是在主张变法自强的维新派人士中,便时常强调了翻译的政治作用,例如梁启超便说过这样的话:

泰东西诸国,其盛强果何自耶。泰西格致性理之学,源于希腊;法律政治之学,源于罗马。欧洲诸国各以其国之今文,译希腊罗马之古籍;译成各书,立于学官,列于科目,举国习之,得以神明其法,损益其制,故文明之效,极于今日。……

大彼得躬游列国,尽收其书,译为俄文,以教其民,俄强至今。今日本书会,凡西人致用之籍,靡不有译本,故其变法灼见本源,一发即中,遂成雄国。(梁启超,1897:10)

而林纾也有类似的说法:

吾谓欲开民智,必立学堂;学堂功缓,不如立会演说;演说又不易举,终之唯有译书。(林纾,1901:26)①

由此可见,严复从事翻译,实际上与当时刚开始出现的翻译热潮有关,而

---

① 不过,所不同的是,林纾翻译的全是外国的文学作品。固然,以完全不懂外文而进行翻译的林纾,最早时确有其偶然性——新丧偶后为排闷而笔录下友人口述的《巴黎茶花女遗事》(参马祖毅 1984:305)——但也确是受到梁启超《论小说与群治之关系》中"欲新一国之民,不可不先新一国之小说"的影响(梁启超 1902a:33)。

这翻译热潮,则是出于政治上的需要。抱有这样的政治动机,严复的翻译活动也带有独特的政治色彩,最显而易见的是他翻译的选材,就数目而言,严复所译的书并不多,商务印书馆出版的《严译名著丛刊》,只共收 8 种,但这 8 种著作全都是对当时的维新运动很有帮助的。即以他所翻译最早出版的《原富》(Adam Smith, *An Inquiry into the Nature and Causes of the Wealth of Nations*)为例,他便说过翻译这本书的原因,在于"其中所指斥当轴之迷谬,多吾国言财政者之所同然,所谓从其后而鞭之",又说里面"英法诸国旧日所用典章,多所纂引,足资考镜"(严复,1931a:2-3)。在写给张元济的信件里也说,"因其书所驳斥者多中吾国自古以来言利理财之家病痛,故复当日选译特取是书"(严复,1899a:533)。至于那著名的《天演论》的价值,早在出版的时候,为它写序的吴汝纶便指出过了:

> 盖谓赫胥黎氏以人持天,以人治之日新,卫其种族之说,其义富,其辞危,使读焉者怵焉知变,于国论殆有助乎。(吴汝纶,1898:1318)

他又在一封写给严复的信(1897 年 3 月 9 日)中说:

> 执事之译此书,盖伤吾土之不竞,惧炎黄数千年之种族,将遂无以自存,而惕惕焉欲进之以人治也。本执事忠愤所发,特借赫胥黎之书,用为主文谲谏之资而已。(吴汝纶,1897:1560)

严复自己在自序中则回应说:

> 赫胥黎氏此书之恉,本以救斯宾塞任天为治之末流,其中所论,与吾古人有甚合者。且于自强保种之事,反复三致意焉。夏日如年,聊为迻译。有以多符空言,无裨实政相稽者,则固不佞所不恤也。(严复,1898b:1321)

他翻译另一本书——穆勒的《名学》,也是为了这个缘故:

> 《名学》年内可尽其半,中间道理真如牛毛蚕丝。此书一出,其力能使中国旧理什九尽废,而人心得所用力之端。(严复,1901d:546)

此外,吴汝纶也在《原富》的序中说,"中国士大夫,以言利为讳","重农抑商"，结果是"今国家方修新政，而苦财赂衰耗"，所以严复译出这本书，对国家是有很大的贡献的(吴汝纶，1901:1552-1554)；同样地，夏曾佑也强调了"以为今日神州之急务，莫译此书[《社会通诠》(E. Jenks, *A History of Politics*)]若"(夏曾佑，1903:1555)。这就是如一些论者所说，严复的翻译其实是具备了现实的历史意义(侯外庐，1982:44)。既然这样，他的译作是否成功，便不在于它们可不可以做到我们今天所说的"忠实""通顺"或其他别的什么翻译标准，而在于能不能够在维新自强的运动中发挥作用，也就是把一些对中国当时的改革有帮助的讯息带给那些足以左右维新运动的读者，从而推动维新改革，达到富国强家的目的。由此可见，严复所关注的并不是翻译本身，也不是原著，而是经由翻译输入的思想怎样可以对中国读者产生作用。

这里触及严复翻译的读者对象问题。

四

上面说过，严复的翻译动机是政治性的，他希望通过翻译来推动国家的政治改革。但另一方面，上文也说过，抱有类似的政治动机来从事翻译的，其实不只严复一人，梁启超也强调过翻译外国著作对中国读者能起启蒙的功用。可是，梁启超却曾经批评严复的翻译过于典雅艰深，读者不易明白。为什么会这样？这就是因为他们两人所预设的读者对象不同的缘故。显然，政治改革与他们所拟定的读者对象有非常密切的关系。

先看看梁启超对严复的批评：

> 严氏于西学中学皆为我国第一流人物，此书[《原富》]复经数年之心力，屡易其稿，然后出世，其精善更何待言。但吾辈所犹有憾者，其文笔太务渊雅，刻意摹仿先秦文体，非多读古书之人，一繙殆难索解，夫文界之宜革命久矣。况此等学理邃赜之书，并以流畅之笔行之，安能使学僮受其益乎？著译之业，将以播文明思想于国民也，非为藏山不朽之名誉也。文人积习，吾不能为贤者讳。(梁启超，

1902b:267)

在这里,梁启超劝告严复,请他改用较浅易的文字来进行翻译。对于这项劝谕,严复曾经回信答辩,最广为人征引的是以下的一段话:

> 若徒为近俗之辞,以取便市井乡僻之不学,此于文界,乃所谓陵迟,非革命也。且不佞之所从事者,学理邃赜之书也,非以饷学僮而望其受益也,吾译正以待多读中国古书之人。使其目未睹中国之古书,而欲稗贩吾译者,此其过在读者,而译者不任受责也。(严复,1902a:516)

他接着还说他不是不希望"播文明思想于国民",但是要清楚分辨读者,不可能照顾每一个不同背景的人:

> 夫著译之业,何一非以播文明思想于国民?第其为之也,功候有深浅,境地有等差,不可混而一之也。慕藏山不朽之名誉,所不必也。苟然为之,言庞意纤,使其文之行于时,若蜉蝣旦暮之已化,此报馆之文章,亦大雅之所讳也。故曰:声之眇者不可同于众人之耳,形之美者不可混于世俗之目,辞之衍者不可回于庸夫之听。非不欲其喻诸人人也,势不可耳。(严复,1902a:516)

这段说话今天听来很有问题,但放在晚清的政治或思潮环境里,则不能算是太不合理。既然严复翻译的是"学理邃赜之书",便不可能是"饷学僮而望其受益"的了。他清楚说出他心目中的读者对象,跟梁启超的很不同,那是一群"多读中国古书之人",也就是当时的士大夫以至统治阶级。正如不少文章所说,严复毕竟只是属于资产阶级改良派,他不单是没有像瞿秋白所说把20世纪30年代的"普罗大众"放在心内,就是晚清的读者,严复也只是选取了很少数的部分罢了。王佐良便分析过严复的读者对象:

> 这些人足以左右大局,然而却保守成性,对外来事物有深刻的疑惧;只是在多次败于外夷之手以后,才勉强转向西方,但也无非是寻求一种足以立刻解决中国的某些实际困难的速效方法而已。(王佐

良,1982:26)

面对这样的读者,严复不得不做出种种迁就和调整,这些迁就和调整,其实就是他在《〈天演论〉译例言》所说用来"达恉"的种种"经营",目的是要把"恉""达"给这些"多读古书"的士大夫。在这里,我们可以回头看看"信达雅"的问题。我们如果能对严复的译文读者有所认识,对于理解"信达雅"的含义——特别是深为人诟病的"雅"——会有很大的帮助。

上文说过,严复提出"雅"的要求,提出用"汉以前字法、句法",有其时代的因素。不过,这只是一个表面的因素,与他同时代的梁启超便没有提出"雅"的翻译要求,所用的文字也浅易得多。不过,看过有关严复的读者对象的分析,我们可以明白运用这样的文体,对他来说,是有客观的实际需要,那就是要去争取那些"多读古书"的士大夫的支持。

在这个问题上,严复还有别的说法,明显也是对传统士大夫具有很大的吸引力的,这就是上面提到他给梁启超的回信里的另一段说话。这段说话其实很重要,但很多时候都被忽略了:

> 窃以谓文辞者,载理想之羽翼,而以达情感之音声也。是故理之精者不能载以粗犷之词,而情之正者不可达以鄙倍之气。中国文之美者,莫若司马迁、韩愈。而迁之言曰:"其志洁者,其称物芳。"愈之言曰:"文无难易,惟其是。"仆之于文,非务渊雅也,务其是耳。(严复,1902a:516)

在另外的一封信里,他继续谈论这个问题(由此可见他对梁启超的批评是耿耿于怀的):

> 其谓仆于文字刻意求古,亦未尽当;文无难易,惟其是,此语所当共知也。(严复,1902a:551)

这根本跟上面所说的完全一样,严复并不承认自己的译文过于典雅,他始终坚持这样的文体最有利于表达高深的思想内容。他继续说:

> 且执事既知文体变化与时代之文明为比例矣,而其论中国学术

也,又谓战国隋唐为达于全盛而放大光明之世矣,则宜用之文体,舍
二代其又谁属焉?（严复,1902a:1516）

这甚至跟当时很流行的维新思想有关。一位学者在解释"达"的含义时便
提出过这样的论点:

> 严复同他的一些同时代的人一样,认为西方哲学、社会科学,甚
> 至自然科学中的一些原理,同中国古人之理皆合,或可互相印证。如
> 他以为牛顿动力之学、赫胥黎之天演说,皆合《易经》乾坤之义。因
> 此,他自然得出了"精理微言,用汉以前字法、句法,则为达易"的结
> 论。（沈苏儒,1984:943）

严复在这方面的具体做法,我们在下文再行讨论,但上面的几段引文其实
已经进一步阐释了严复的翻译观,同时也说明了这翻译理论背后的原因。
一位论者曾经用"苦药"和"糖衣"的比喻来说明这问题:

> 但他[严复]又认识到这些书对于那些仍在中古的梦乡里酣睡的
> 人是多么难以下咽的苦药,因此他在上面涂了糖衣,这糖衣就是士大
> 夫们所心折的汉以前的古雅文体。雅,乃是严复的招徕术。（王佐
> 良,1982:27）

另一方面,鲁迅在 20 世纪 30 年代也曾为严复这个做法做过一个解释:

> 最好懂的自然是《天演论》,桐城气息十足,连字的平仄也都留
> 心。摇头晃脑的读起来,真是音节铿锵,使人不自觉其头晕。这一点
> 竟感动了桐城派老头子吴汝纶,不禁说是"足与周秦诸子相上下"了。
>
> 那么,他为什么要干这一手把戏呢? 答案是:那时的留学生没有
> 现在这么阔气,社会上大抵以为西洋人只会做机器——尤其是自鸣
> 钟——留学生只会讲鬼子话,所以算不了"士"人的。因此他便来铿
> 锵一下子,铿锵得吴汝纶也肯给他作序,这一序,别的生意也就源源
> 而来了。（鲁迅,1931:380-381）

如果我们不把鲁迅所说的"生意"理解作什么赚钱的事业,而是说严复借

助漂亮的古文来提高自己的地位,从而提高自己对维新运动以至整个晚清政坛的影响力,这段解释便很合理了。我们可以稍为仔细一点去看看这个问题。

尽管我们今天都同意严复在晚清时是中西兼通的难得人才,可是,在仕途上,严复是很不得意的。这是因为他在 13 岁父亲去世后,便因为家贫而被迫辍学,断绝了科举之路,到福州船厂附设船政学堂读书。虽然他的学业成绩很好["卒业大学最优等"(严璩,1986:1546)],后又被派往英国格林尼次海军大学深造,但却始终没有得到重用。陈宝琛为他所写的墓志铭说:"文忠[李鸿章]大治海军,以君[严复]总办学堂,不预机要,奉职而已"(陈宝琛,1921:1541)。严复"自维出身不由科第,所言多不见重,欲博一第,以与当事周旋",所以便钻研八股文,从 1885 年至 1894 年的九年中,曾四次参加乡试,却始终未第(严璩,1986:1547)。这无疑是严复的一生中最大的憾事。他曾有诗:"当年误习旁行书,举世相视如髦蛮。"(严复,1986b:361)因此,虽然他在"甲午"后醒觉过来,要以西学救国[①],但由于在官宦场中的影响力不大,他不得不借重一些外在的助力。

严复要借重的外力,实际上就是译者的"赞助人"问题:谁支持译者进行某一项翻译活动?这对译文的取向有很大的影响(Lefervere,1992:7-8,19-25)。严复很聪明地找得吴汝纶做他的"赞助人"。吴汝纶以桐城古文大家的地位,对严译的流行有很大帮助,也正好补救了严复在旧学人中地位较低的不足。

吴汝纶早有文名,1865 年中进士,初任内阁中书,后任曾国藩及李鸿章幕僚,是著名的桐城派古文大家。他精于旧学,但也留心洋务。毫无疑问,严复很能得到吴汝纶的赏识,他对严复说:

> 独执事博涉,兼能文章。学问奄有东西数万里之长,子云笔札之
> 功,充国四夷之学,美具难并,钟于一手,求之往古,殆邈焉罕俦。窃
> 以谓国家长此因循不用贤则已耳,如翻然求贤而登进之,舍执事其将

———————————

① 关于严复思想的转变,参张志建 1995:1-28。

谁属？然则执事后日之事业,正未可预限其终极。(吴汝纶,1896:
1559)

对于严复的郁郁不得志,吴汝纶十分同情,在一封信里,他谈到严复仕途
的阻滞:

> 以执事兼总中西二学,而不获大展才用,而诸部妄校尉,皆取封
> 侯,此最古今不平之事,岂亦天演学中之所谓天行者乎?(吴汝纶,
> 1897:1560)

吴汝纶是《天演论》的第一位读者,他为《天演论》写了一篇序言,这篇文章
写得很有意思,有人认为是“一篇不可多得的桐城派古文家杰作,称之传
世五百年不为过誉”(徐立亭,1996:261)。文章的开首一段,对赫胥黎大
为推崇,说他的理论是“吾国之创闻也”。可是,在第二段的开首,吴汝纶
即笔锋一转,转到严复方面去:

> 抑汝纶之深有取于是书,则又以严子之雄于文。以为赫胥黎氏
> 之指趣,得严子乃益明。自吾国之译西书,未有能及严子者也。(吴
> 汝纶,1898:1317)

接着,他一直从周代说起,说明“文”之重要:“独文之不足,斯其道不能以
徒存。”近世又怎样?吴汝纶同意应传入西学,以开启民智,“惜吾国之译
言者,大抵弇陋不文,不足以传载其义”,“民智之瀹何由?此无他,文不足
焉故也”,然后,他说出了最重要的一句:

> 文如几道,可与言译书矣。(吴汝纶,1898:1317)

又说:“严子一文之,而其书骎骎与晚周诸子相上下。”这确实是很高的评
价,也能使严复声名鹊起。

其实,不止《天演论》的序文,吴汝纶在很多别的地方都对严复赞赏有
加。不过,他所赞赏的,都是严复的文章,而不是严译的思想内容,即使有
叙及思想内容的,也强调了是透过严复的文章才得以说得清楚的。除上
面征引过的“抑汝纶之深有取于是书,则又以严子之雄于文。以为赫胥黎

氏之指趣,得严子乃益明"外,在一封给严复的信里,吴汝纶谈到了《计学》:

> 惠示并新译《计学》四册、斯密氏此书,洵能穷极事理,镜刻物态,得我公雄笔为之,追幽凿险,抉摘奥赜,真足达难显之情,今世盖无能与我公上下追逐者也。(吴汝纶,1899:1563)

对于这位"赞助人",严复是十分尊崇和佩服的。他曾说过"吾国人中旧学淹贯而不鄙夷新知者,湘阴郭侍郎[郭嵩焘]以后,吴京卿一人而已"(严璩,1986:1880)。他除了把《天演论》送呈吴汝纶审阅外,更根据吴汝纶的建议而做出大幅修改①,他还曾致函吴汝纶,感谢他所提的意见:"拙译《天演论》近已删改就绪……而似较前为优,凡此皆受先生之赐矣。"(严复,1897:520)后来,每译一书,严复必先送吴汝纶,更请他作序文:

> 不佞往者每译脱稿,即以示桐城吴先生。老眼无花,一读即窥深处。盖不徒斧落徵引,受裨益于文字间也。故书成必求其读,读已必求其序。(严复,1903a:126-127)

值得注意的是严复曾向吴汝纶请教,在"文"与"义"中应做怎样的选择,下文是吴汝纶的答复:

> 别纸垂询数事……来示谓行文欲求尔雅,有不可阑入之字,改窜则失真,因仍则伤洁,此诚难事。鄙意与其伤洁,毋宁失真。凡琐屑不足道之事,不记何伤。若名之为文,而俚俗鄙浅,荐绅所不道,此则昔之知言者不愚为戒律。(吴汝纶,1899:1564)

由此可见,严复在翻译中追求"雅",用"汉以前字法、句法"进行翻译,也可以说是出于政治的考虑了。只有在译文中尽量使用漂亮优雅的古文,同时在理论上强调"用汉以前字法、句法",他的翻译才能够为守旧的士大夫所接受,而他自己以及他的政见也才能够得到认同。

---

① 关于严复根据吴汝纶的建议而对《天演论》所做的修订,可参徐立亭1996:258-266。

五

由于政治的原因,加上预设了这样特别的读者对象,严复不得不调整他的翻译理论及方法。结果,严复的翻译,便不能(也不应)用一般所谓"忠于原著"的翻译理论或标准来评价和分析了。我们要考虑的是:在大约一百年前,以桐城古文来将一些外国最新的思想传达给一些只是多读古书、思想守旧的中国士大夫,并希望他们接受和信服,其困难是可想而知的。我们在下面会看一看严复所用过的一些解决办法。

最先碰到的是一些涉及西洋思想的词语,这些词语在当时绝大部分是没有中译的。关于这问题,严复说过这样的话:

> 新理踵出,名目纷繁,索之中文,渺不可得,即有牵合,终嫌参差,译者遇此,独有自具衡量,即义定名。……此以见定名之难,虽欲避生吞活剥之诮,有不可得者矣。他如物竞、天择、储能、效实诸名,皆由我始。一名以立,旬月踟蹰。我罪我知,是存明哲。(严复,1898b:1322)

这其实不是个别词语的问题,因为每一个新的字词背后往往带有一整套崭新的概念,是晚清的中国读者所不能理解的。面对这重重的困难,严复采用了几种手法。

第一种是借用中国传统中固有的词句及概念来解释这些新概念,例如他曾以《易经》及《春秋》来比附逻辑,以"内籀法"做归纳法,以"外籀法"做演绎法:

> 及观西人名学,则见其于格物致知之事,有内籀之术焉,有外籀之术焉。内籀云者,察其曲而知其全者也,执其微以会其通者也。外籀云者,据公理以断众事者也,设定数以逆未然者也。乃推卷起曰:有是哉,是固吾《易》、《春秋》之学也。迁所谓本隐之显者,外籀也;所谓推见至隐者,内籀也。其言若诏之矣。二者即物穷理之最要途术

也。(严复,1898b:1319-1320)

类似的做法还有很多,下面再引一两个例子:

> 夫西学之最为切实而执其例可以御蕃变者,名、数、质、力四者之学是已。而吾《易》则名、数以为经,质、力以为纬,而合而名之曰《易》。(严复,1898b:1320)

> 窃以为其书[《群学肄言》(H,Spencer,*The Study of Sociology*)]实兼《大学》、《中庸》精义,而出之以翔实,以格致诚正为治平根本矣。(严复,1903a:126)

> 谓计学创于斯密,此阿好之言也。……中国自三古以还,若《大学》、若《周官》、若《管子》、《孟子》,若《史记》之《平准书》、《货殖列传》,《汉书》之《食货志》,桓宽之《盐铁论》,降至唐之杜佑,宋之王安石,虽未立本干,循条发叶,不得谓于理财之义无所发明。(严复,1901a:97-98)

这样的做法,有人解释为严复没有数典忘祖,一面介绍西学,一面发挥国故(贺麟,1982:32)。这有点言过其实,相信不会是严复的原意。他这种做法的真正作用有二:一是方便解释一些外国思想及概念,二是能够使一些顽固派接受这些新思想。正如上面说过,这是当时很流行的做法。

严复利用的第二个方法,就是对一些新名词和新概念以按语的形式加以诠释及发挥。事实上,在严复的翻译里,按语占了极为重要的位置。有人做过粗略的统计,严复的翻译约有170多万字,但属于严复自己所写的按语竟有17万字,即占所翻译的文字的十分之一(王栻,1982:17)。这是一个十分惊人的数目,也可以见到这些按语是多么的重要。

严复的翻译按语,有些是属于解释性的,在当时起了很重要的桥梁作用,严复解释过这种做法的目的:

> 穷理与从政相同,皆贵集思广益。今遇原文所论,与他书有异同者,辄就谫陋所知,列入后案,以资参考。间亦附以己见。(严复,1898b:1322)

假如严复的翻译中没有附上这些诠释性的按语,当时那些完全不懂外国情况的中国读者,根本可能一点也看不明白,结果也就是无法达到翻译的原意。举例说,在《天演论》的按语中,严复还介绍了达尔文、斯宾塞、马尔萨斯,以至泰勒斯、苏格拉底、柏拉图、亚里士多德等的学说及思想,从而让中国读者更好地理解赫胥黎的天演理论。

除了解释性的外,严译中的不少按语都是将原著的思想加以发挥,特别是联系到中国的情况上去。《〈原富〉译事例言》说:

> 夫计学者,切而言之,则关于中国之贫富,远而论之,则系乎黄种之盛衰,故不佞每见斯密之言,于时事有关合者,或于己见有所枨触,辄为案论,丁宁反复,不自觉其言之长,而辞之激也。(严复,1931:7)

在翻译这部亚当·斯密的著作时,严复加上了大量的按语,讨论中国社会经济发展的前途。在翻译孟德斯鸠的《法意》(Montesquieu, *L'esprit des Lois*)时,他也说:"其言往往中吾要害,见吾国所以不振之由,学者不可不留意也。"(严复,1986c:935)而他在里面的按语中更是深入探讨了中国的法治问题,批评了中国封建专制统治下的黑暗(王汝丰,1982:73-80)。

同样是为了让中国读者更好地了解他的翻译以及把他的译作联系到中国当时的政治和社会形势,严复还另有一个办法,就是我们今天所说的"换例法"。这点在他的《〈名学浅说〉译者自序》中说得最清楚:

> 中间义恉,则承用原书,而所引喻设譬,则多用己意更易。盖吾之为书,取足喻人而已,谨合原文与否,所不论也。(严复,1908:265-266)

严译中换例的例子很多,不必在这里一一胪列。但由此可以看出,严复其实并不是真的要逐字逐句去进行翻译,这根本不是他所追求的目标。这段引文中所说的"谨合原文与否,所不论也"便是这个意思,而"取足喻人"才是他的标准。"信、达、雅"始终以内容为主,而"取足喻人"也就是要把内容和意义好好地告诉读者,让读者清楚明白。可以说,这就是严复翻译理论的中心所在。

六

上文算是讨论了严复的翻译观,并说明了他心目中的翻译标准,最重要的是要指出:严复并不是像一般人所说,只顾追求译文古典优雅,而不理会作品的内容;只是他处于一个特别的时代,面对一群特殊的读者,而所选译的书籍也很特别,还有的是他自己也有一个特别的翻译动机。面对着这许多今天看来是"非正常"的因素,我们又怎能以一般什么"形似""神似""忠实""通顺"的翻译理论和标准来讨论评价严复的翻译? 可以说,大部分批评严复的文章,都没有把时间和环境的因素加以考虑。这对严复是很不公平的。

不过,关于严复的翻译观,还有一点必须指出的,就是严复其实对翻译是不信任的:

> 仲尼之述作,莫大于《易》《春秋》,今使西人欲会其微言,考其大义,则译而求之,可乎? 秦汉之文辞,屈原之《离骚》,司马迁氏之《史记》,非绝作软? 今使西人欲知其悃款之诚,赏其吊诡之观,则译而求之,得乎? 而西之与中何以异? 且西学之难以译求者,不止此已。(严复,1904:153)

因此,他希望人们能先习西文,从而认识西学。他认为翻译始终不是妥善的办法,他在一封写给《外交报》的信里说:

> 吾闻学术之事,必求之初地而后得其真,自奋耳目心思之力,以得之于两者之见象者,上之上者也。其次则乞灵于简策之所流传,师友之所授业。然是二者,必资之其本用之文字无疑也。最下乃求之翻译,其隔尘弥多,其去真滋远。(严复,1902c:561)

这两段说话竟然是出自晚清最重要的译家之口,可见当时从事翻译是多么困难。我们今天重新检视严复的翻译理论时,应该把时代的因素考虑在内,才能完全理解这套理论的真正意义。

参考文献

陈宝琛(1921)《清故资政大夫海军协都统严君墓志铭》,收严复(1986a)
　　《严复集》,第 5 卷,1541-1545。

陈平原(1989)《20 世纪中国小说史》第 1 卷(1897—1916),北京:北京大学
　　出版社。

陈平原、夏晓虹(编)(1989)《20 世纪中国小说理论资料》第 1 卷(1897—
　　1916),北京:北京大学出版社。

郭延礼(1998)《中国近代翻译文学概论》,武汉:湖北教育出版社。

贺麟(1925)《严复的翻译》,收商务印书馆编辑部(编)(1982)《论严复与严
　　译名著》,28-42。

侯外庐(1952)《严复思想批判》,收商务印书馆编辑部(编)(1982)《论严复
　　严译名著》,43-60。

黄维梁(1977)《诗话词话和印象式批评》,《中国诗学批评论》,台北:洪范
　　书店,1-26。

林纾(1901)《〈译林〉序》,陈平原、夏晓虹(编)(1989)《20 世纪中国小说理
　　论资料》第 1 卷(1897—1916),26-27。

梁启超(1897)《论译书》,收中国翻译工作者协会《翻译通讯》编辑部(编)
　　(1984)《翻译研究论文集(1894-1948)》,8-20。

梁启超(1902a)《论小说与群治之关系》,收陈平原、夏晓虹(编)(1989)《20
　　世纪中国小说理论资料》,第 1 卷(1897—1916),33-37。

梁启超(1902b)《绍介新箸〈原富〉》,收牛仰山、孙鸿霓(编)(1990)《严复研
　　究资料》,266-268。

罗新璋(编)(1984)《翻译论集》,北京:商务印书馆。

鲁迅(1931)《关于翻译的通信》,鲁迅(1981)《鲁迅全集》,第 4 卷,370-388。

鲁迅(1981)《鲁迅全集》,北京:人民文学出版社,16 卷。

马祖毅(1984)《中国翻译简史——五四以前部分》,北京:中国对外翻译出

版公司。

午仰山、孙鸿霓(编)(1990)《严复研究资料》,福州:海峡文艺出版社。

钱锺书(1984)《林纾的翻译》,收罗新璋(编)(1984)《翻译论集》,696-725。

瞿秋白(1931)《论翻译》,瞿秋白(1985)《瞿秋白文集·文学编》,第 1 卷,
　　504-513。

商务印书馆编辑部(编)(1982)《论严复与严译名著》,北京:商务印书馆。

沈苏儒(1984)《论"信、达、雅"》,收罗新璋(编)(1984)《翻译论集》,
　　942-948。

王宏志(1994)《翻译与政治——有关严复的翻译的几个问题》,《文学与政
　　治之间——鲁迅·新月·文学史》,台北:东大图书公司,403-418。

王宏志(1995)《翻译就是斗争:鲁迅与瞿秋白〈关于翻译的通信〉的中心问
　　题》,《中国语文通讯》第 35 期(9 月),17-24。

王克非(1996)《中日近代对西方哲学思想的摄取——严复与日本启蒙学
　　者》,北京:中国社会科学出版社。

王栻(1982)《严复与严译名著》,收商务印书馆编辑部(编)(1982)《论严复
　　与严译名著》,1-21。

王栻(1986)《前言》,严复(1986a)《严复集》,第一卷,1-13。

王汝丰(1982)《严复思想试探——严复之翻译及其思想之初步试探》,收
　　商务印书馆编辑部(编)(1982)《严复与严译名著》,61-92。

王中江(1991)《严复与福泽谕吉》,开封:河南大学出版社。

王佐良(1982)《严复的用心》,收商务印书馆编辑部(编)(1982)《论严复与
　　严译名著》,22-27。

吴汝纶(1896)1896 年 8 月 26 日给严复信,收严复(1986a)《严复集》,第 5
　　卷,1559-1560。

吴汝纶(1897)1897 年 3 月 9 日给严复信,收严复(1986a)《严复集》,第 5
　　卷,1560-1561。

吴汝纶(1898)《〈天演论〉吴序》,收严复(1986a)《严复集》,第 5 卷,
　　1317-1319。

吴汝纶(1899)1899 年 3 月 11 日给严复信,收严复(1986a)《严复集》,第 5
　　卷,1563。

吴汝纶(1901)《〈原富〉序》,收严复(1986a)《严复集》,第 5 卷,1552-1554。

夏东元(1992)《洋务运动史》,上海:华东师范大学出版社。

夏曾佑(1904)《〈社会通诠〉序》,收严复(1986a)《严复集》,第 5 卷,
　　1555-1557。

薛绥之、张俊才(编)(1983)《林纾研究资料》,福州:福建人民出版社。

徐立亭(1996)《晚清巨人传:严复》,哈尔滨:哈尔滨出版社。

严复(1897)1897 年 10 月 15 日给吴汝纶信,严复(1986a)《严复集》,第 3
　　卷,520-522。

严复(1898a)《论译才之难》,严复(1986a)《严复集》,第 1 卷,90-92。

严复(1898b)《〈天演论〉译例言》,严复(1986a)《严复集》,第 5 卷,
　　1321-1323。

严复(1898c)《〈天演论〉自序》,严复(1986a)《严复集》,第 5 卷,1319-1321。

严复(译)(1898d)《天演论》,严复(1986a)《严复集》,第 5 卷,1317-1397。

严复(1899a)1899 年 8 月 20 日给张元济信,严复(1986a)《严复集》,第 3
　　卷,532-534。

严复(1899b)1899 年 10 月 9 日给张元济信,严复(1986a)《严复集》,第 3
　　卷,534-535。

严复(1901a)《译斯氏〈计学〉例言》,严复(1986a)《严复集》,第 1 卷,
　　97-102。

严复(1901b)1901 年(月、日缺)给张元济信,严复(1986a)《严复集》,第 3
　　卷,524-526。

严复(1901c)1901 年 4 月 5 日给张元济信,严复(1986a)《严复集》,第 3
　　卷,526-530。

严复(1901d)1901 年 9 月(日缺)给张元济信,严复(1986a)《严复集》,第 3
　　卷,544-546。

严复(1902a)1902 年(月、日缺)给梁启超信(即《与〈新民丛报〉论所译〈原

富〉书》),严复(1986a)《严复集》,第 3 卷,516-518。

严复(1902b)1902 年(农历正月卅日)给张元济信,严复(1986a)《严复集》,
　　第 3 卷,550-551。

严复(1902c)《与〈外交报〉主人书》,严复(1986a)《严复集》,第 3 卷,
　　557-565。

严复(1903a)《〈群学肄言〉译余赘语》,严复(1986a)《严复集》,第 1 卷,
　　125-127。

严复(1903b)《〈群己权界论〉译凡例》,严复(1986a)《严复集》,第 1 卷,
　　132-135。

严复(1904)《〈英文汉诂〉卮言》,严复(1986a)《严复集》,第 1 卷,152-157。

严复(1908)《〈名学浅说〉》,严复(1986a)《严复集》,第 1 卷,265-266。

严复(1911a)1911 年(农历十月初十)给吴汝纶信,严复(1986a)《严复集》,
　　第 3 卷,501-502。

严复(1911b)1911 年 12 月(农历十月二十三日)给吴汝纶信,严复(1986a)
　　《严复集》,第 3 卷,502-503。

严复(译)(1931a)《原富》,上海:商务印书馆。

严复(译)(1931b)《名学浅说》,上海:商务印书馆。

严复(1986a)《严复集》,王栻(编),北京:中华书局,5 卷。

严复(1986b)《送陈彤卣归闽》,严复(1986a)《严复集》,第 2 卷,361。

严复(1986c)《〈法意〉按语》,严复(1986a)《严复集》,第 4 卷,935-1026。

严璩(1986)《侯官严先生年谱》,收 严复(1986a)《严复集》,第 5 卷,
　　1545-1552。

郁达夫(1924)《读了珰生的译诗而论及于翻译》,收罗新璋(编)(1984)《翻
　　译论集》,390-397。

张志建(1989)《严复思想研究》,桂林:广西师范大学出版社。

张志建(1995)《严复学术思想研究》,北京:商务印书馆国际有限公司。

中国翻译工作者协会《翻译通讯》编辑部(编)(1984)《翻译研究论文集
　　(1894—1948)》,北京:外语教学与研究出版社。

Bassnett，Susan（1993）*Comparative Literature：A Critical Approach*，Oxford：Blackwell.

Lefevere，André（ed.）（1992）*Translation / History / Culture：A Sourcebook*，London & New York：Routledge.

Sinn，Elizabeth（1991）"Yan Fu as Translator：A Textual Criticism of the Tianyanlun"，收刘靖之（编）（1991）《翻译新论集：香港翻译学会20周年纪念文集》，香港：商务印书馆，359-366。

Wong，Wang-chi（1981）*Politics and Literature in Shanghai：The Chinese League of Left-wing Writers*，1930-1936，Manchester：Manchester University Press.

（选自王宏志著《重释"信达雅"：二十世纪中国翻译研究》，东方出版中心1999年版）

回到严复的本意:再释"信达雅"①

谢天振

　　有人说,中国传统翻译思想中,被人误读最多的就要数严复于 1898 年在他翻译的《天演论》一书的"译例言"中提出的"信达雅"三字了。对此,我深以为然。今天,当我们结合"信达雅"的上下文,再联系严复八部翻译名著的翻译实践,重新审视严复的"信达雅"说,对一百多年来围绕着"信达雅"所展开的林林总总的各种解读、阐发、阐释进行梳理的时候,我们不能不发现,我国翻译界近百年来对严复的"信达雅"说所进行的各种解读和阐释,确实存在着不少对严复"信达雅"说本意的误解、误读和误释。不仅如此,这些误解、误读、误释者还脱离严复提出"信达雅"说的上下文,望文生义地营造出了一套他们自己心目中的"信达雅"翻译标准,并在此基础上发展出一套紧紧环绕着"信达雅"三字展开的翻译理念。而有必要着重指出的是,这套打着"信达雅"名义的翻译标准和翻译理念在近百年的中国翻译界还一直占据着主流翻译思想的地位,主宰着我国翻译界的各种翻译行为和活动,并在某种程度上误导着我国翻译理论思想的建设和发展。

---

① 这是作者生前未能完成的遗稿。未完稿的标题为"回到严复:再释'信达雅'——对中国翻译思想史的一个反思",与作者所编的目录遗稿中的表述有所不同。原文还附有一个提要:"本文拟通过对清末民初翻译家严复的'信达雅'说进行新的解读,指出一百多年来国内翻译界对'信达雅'说的误读、误释营造出了一个似是而非的翻译标准,导致国内翻译界的翻译理念越来越偏离翻译的跨文化交际的本质。本文力图揭示'信达雅'说蕴含着的目的论翻译思想因素,探索傅雷的'神似'说、钱锺书的'化境'说与'信达雅'说之间内在的呼应关系,并对中国翻译思想史的发展脉络做一个新的阐释。"

一、百年来对"信达雅"说的误读与误释

严复提出"信达雅",本来是作为一名翻译家个人的心得体会、经验之谈,所谓"译事三难:信、达、雅"。然而因为严译的影响实在太大,社会、学界在接受严译译介引入的西方新思想的同时,也很自然地会同时关注到严复的翻译,并立即把"信达雅"三字作为衡量严复自身翻译的标准。譬如傅斯年指严复"不曾对于原作者负责",其译文也就"失之信";蔡元培、胡适觉得严复的译文"很雅驯,给那时候的学者,都很读得下去",可以说做到了"达"和"雅";胡先骕则对严译推崇备至,认为严译"三善皆备",可"为从事翻译者永久之模范也"。① 有鉴于此,所以贺麟在《严复的翻译》一文中会说,"严复在翻译史上第二个大影响,就是翻译标准的厘定","他于《天演论》例言里发表他的信达雅三条标准,……虽少有人办到,但影响却很大。……严复既首先提出三个标准,后来译书的人,总难免不受他这三个标准支配"。② 这里贺麟明确地把严复提出的"信达雅"与翻译标准联系了起来。

其实,把"信达雅"视作翻译的标准也是完全可以理解的:这三个字言简意赅,简单明了,似乎已经囊括了翻译的方方面面。以之作为翻译的标准,去审视、评判各家翻译,颇为方便易行,似无可非议。不光是贺麟,在他之前的梁启超也是如此看待严复的"信达雅"的。

国内翻译界都知道,早在 20 世纪 80 年代初,罗新璋先生已经通过对中国传统翻译思想系统梳理,整理出一条线索,即"案本—求信—神似—化境",认为这是"我国自成体系的翻译理论"。罗先生拈出的这八个字连同他爬梳整理出版的《翻译论集》对国内翻译界产生了很大且持久的影

---

① 傅斯年、蔡元培、胡适、胡先骕对严译的评论,见:贺麟. 严复的翻译//罗新璋. 翻译论集. 北京:商务印书馆,1984:151-152。
② 贺麟. 严复的翻译//罗新璋. 翻译论集. 北京:商务印书馆,1984:150-151.

响,同时也为建设中国新时期的翻译理论做出了不可磨灭的贡献。但是我们今天在重新审视中国传统翻译思想的发展脉络时,却不能不发现,罗先生拈出的这八个字并不能被视作是一条一以贯之的中国翻译思想的线索,其中是有断层的。这里前四个字显然是建立在中国古代佛经翻译实践基础上形成的翻译思想,其核心内涵是"原文至上"(即"案本")和"忠实为要"(即"求信");而后四字则明显立足于文学翻译实践基础,其核心内涵则已经不再标榜"原文至上",也不再崇尚佛经翻译那样跟在原文后面亦步亦趋的"求信",傅雷抬出的"不求形似求神似"和钱锺书推崇的"化境",而是把翻译的效果(文学翻译的审美效果)放在首位。这样,当我们回顾中国传统翻译思想的发展脉络时,就不能简单地把"神似""化境"视作"案本""求信"的接续。与此同时,我们还应该发现,这种对翻译效果的重视并不始于傅雷的"神似",而是早在清末民初严复从事西方社科经典翻译时提出的"信达雅"说中已经萌生。沈苏儒说得对:"从翻译理论研究的角度来看,严复作为一位翻译家能在一百年前就把译本所预期的读者纳入视野,并把达成交流的目的作为翻译的首要任务,不能不说是具有极大理论价值的创见。"①也正是从这个意义上,我们想说严复的"信达雅"说从某种程度上完全可以视作是中国目的论翻译思想和功能论翻译思想的滥觞。

与西方传统翻译思想的发展线索有所不同,西方建立在《圣经》翻译基础上形成的翻译思想在文艺复兴时期的文学名著翻译和社科经典翻译中是得到明显延续的,这恐怕是因为文艺复兴时期的译者是把古希腊罗马文学名著、社科经典翻译放在与《圣经》等宗教典籍相差无几的地位上的,因此"原文至上""忠实为要"的翻译思想会被继承和发扬。但是中国是另一种情况,中国在最初引入西方的文学作品和社科经典时并不把它们视作高不可攀的神圣之物,而是抱着"为我所用"的非常实用的观念进行翻译的。这恐怕也就是为什么当初严、林等许多翻译家在他们的翻译

---

① 沈苏儒. 论信达雅——严复翻译理论研究. 北京:商务印书馆,1998:57.

中都会出现大量的删改的一个原因吧。

建立在佛经翻译基础上的中国传统翻译思想发展到马建忠提出"善译"说时,可以说已经完满,马氏在向清廷所上奏折《拟设翻译书院议》中说:

> 夫译之为事难矣,译之将奈何?其平日冥心钩考,必先将所译者两国之文字,深嗜笃好,字栉句比,以考彼此文字孳生之源,同异之故,所有相当之实义,委屈推究,务审其音声之高下,析其字句之繁简,尽其文体之变态,极其义理精深奥折之所由然。夫如是,则一书到手,经营反覆,确知其意旨之所在,而又摹写其神情,仿佛其语气,然后心悟神解,振笔而书,译之成文,适如其所译而止,而曾无毫发出入于其间,是则为善译也已。①

这里所说的"所有相当之实义,委屈推究,务审其音声之高下,析其字句之繁简,尽其文体之变态,极其义理精深奥折之所由然"等语,可以说把中国传统翻译思想中关于"原文至上"的理念阐释得淋漓尽致,而"一书到手,经营反覆,确知其意旨之所在,而又摹写其神情,仿佛其语气,然后心悟神解,振笔而书,译之成文,适如其所译而止,而曾无毫发出入于其间"等语,则把"求信"说阐释得惟妙惟肖。由此可见如果我们把马建忠的"善译"说视作此前的"案本""求信"说的一个总结,应该是恰如其分的。可是紧接着马建忠提出"善译"说的第二年也即 1898 年,严复在其翻译的首部西学名著《天演论》的"译例言"中提出了与马氏"善译"说大相径庭的"信达雅"说,把译者的目光投向了翻译的审美效果和接受效果,而不是马氏所说的"尽其文体之变态,极其义理精深奥折之所由然"。

·············

(全文未完②)

———————————

① 马建忠. 拟设翻译书院议//罗新璋. 翻译论集. 北京:商务印书馆,1984:126.
② 对这篇未完稿的其他说明,见编后记。

严译术语为何被日语译名所取代？

廖七一

  严译八部名著和《〈天演论〉译例言》在晚清社会产生了极其深远的影响。其译风审慎、译文尔雅,惠泽整整几代社会精英。严复苦心孤诣创立了许多术语概念的译名,并出任编订名词馆总纂,代表官方负责中外名词的编定和规范。(史有为,2000:219)有意思的是,严复所创立的译名很少流传至今;"大多数由他创造的新词在与日本人所创造的新词的生存竞争中逐渐被淘汰"(史华兹,1996:86)。据熊月之统计,商务印书馆在严译名著八种后附的《中西译名表》中,共收词 482 条,被学术界沿用的只有 56 条(包括严复沿用以前译名,如"歌白尼""美利坚"等),占不到 12%。(熊月之,1994:701)而日语借词是除英语之外最多的来源,"占现代汉语外来词的极大部分,许多欧美语言中的词都是通过日本人运用汉字的'意译',先成为日语的外来词而再传入汉语的"(高名凯、刘正埮,1958:80-81)。刘正埮等认为,借自日语的词语达到 890 个。(刘正埮等,1984)

  为什么国人没有认可严复的译名而听任日语译名大行其道？学者的解释主要集中于译文的精确和文体的雅驯。张君劢认为,严复"好以中国旧观念,译西洋新思想","故失科学家字义明确之精神"。(转引自贺麟,2009:218)日本创制的译名同样是用本文化固有的概念术语来诠释和解读,这与严复的翻译没有本质的区别。有学者认为,"无论是以汉字合成的新词,还是借用古籍中的汉字词语加以改造、赋予新义,新生的译名仍多少带着汉字/词原有的语义,这是近代中日接受西方文化时发生'变容'

的原因之一"（王克非,1992:60）。每一种文化都会从自身的语境去诠释、选择、丰富,甚至操控原意。因此,忠实与否似乎不能解释为何日语译名会取代严译。

有学者认为,日文外来语理据更充分。这同样值得商榷。西方理论术语在中国的传播与接受,实际上是与中国文化思想"反复碰撞与交融,不断衍生出新的含义、并实现它与中国文化的融合的过程"（高圣兵,辛红娟,2008:89）。甚至可以说,"语言在本质上是任意的,无理据的,不可论证的"（姜望琪,2005:84）。西方传教士有关"God"的译名就有长达三个世纪的"译名之争"。"美国传教士主张用'神'为译名,而英国和德国传教士则坚持认为'上帝'才是最合适的词汇。"（赵晓阳,2010:72）看来译名的理据似乎也不能成为日文外来语取代严译的充分理由。

首先,日本借词并非具有当然的内在的合理性。以"经济"一词为例。严复在《译斯氏〈计学〉例言》中充分陈述了他对"计学"与"经济学"的思考:

> 计学,西名叶科诺密,本希腊语。叶科,此言家。诺密,为聂摩之转,此言治。言计,则其义始于治家。引而申之,为凡料量经纪撙节出纳之事,扩而充之,为邦国天下生食为用之经。盖其训之所苞至众,故日本译之以经济,中国译之以理财。顾求必吻合,则经济既嫌太廓,而理财又为过隘,自我作故,乃以计学当之。（严复,1986:97）

也就是说,严复用"计学"有他自己的思考,也有充分的历史合理性。吴汝纶就认为,"计学名义至雅训,又得实,吾无间然"（严复,1986:1562）。而对日文译语,梁启超指出:"惟经济二字,袭用日本……而谓其确切当于西文原义,鄙意究未敢附和也。"（邹进文,张家源,2013:121）有学者称,"经济"已"不再是中国古代那种治理国家的含义……逐渐失去了原有概念指称"（方维规,2003:185）。"以笔者之见,严复的'计学'译得很不错,而且论之有理。"（方维规,2003:186）还有学者认为,"从汉语的本来含义看,'经济学'的译法并不准确,不如'理财学'贴切"（邹进文,张家源,

2013:119）。有学者称"经济"是一种"误植"；甚至日本学者对"经济学"译名也存在分歧：

> 启蒙思想家西周曾创"制产学"，试图取代"经济学"。福泽谕吉虽是"经济学"译词的最早厘定者之一，但他也并不以为此词精当，长期另用"富国学""理财学"……当代日本经济学史家山崎益吉也批评译词"经济"不仅脱离了该词原义，且使经济学走向物化，失去了本来面目。（冯天瑜,2005）

我们再以"天演"和"进化"为例。有学者认为，"严复在《天演论》中试图分别用'天演'表达自然的演化，用'进化'表示人类道德的升华。从造词的理据上看，'天演'没有人为的价值取向的含义，要优于'进化'"（沈国威,2012:4）。王克非在讨论严复"天演"译名时称：

> 对"天"字，严复剖析甚精，划分出三意。但"天"字不论用何意，都能同时使人感到另外两意。因此"天演"虽用第三意，却仍可使人感到第一、二意，从而使这个词更显高深。严复在《天演论》中，用过不少含"天"之词对译 evolution，nature 等，如天演、天运、天行、物竞天择、与天争胜等，发人警醒。（王克非,1987:53）

我们没有理由认为日语译名一定就优于严译。贺麟曾言："日本翻译家大都缺乏……中国文字学与中国哲学史的工夫，其译名往往生硬笨拙，搬到中文里来，遂使中国旧哲学与西洋的哲学中无有连续贯通性"（转引自文炳,2010:33）。还有学者发现，日语译名"社会""经济""民主""自由"等，在中国"都曾引起误解与曲解"。（熊月之,2011:145）

有意思的是，除了术语的理据之外，日本译词在情感上也并非一开始就得到中国学界的认可。严复曾以"宪法"为例，称："宪即是法，二字连用，于辞为赘"；批评"今日新名词，由日本稗贩而来者，每多此病"。（严复,1986:238-239）有学者甚至上升到民族自立和文化创新的高度，批评大量转译日本图书："若本意为翻译西书，通知西国政学源流，而以日文为之过渡，则断断不可。……勉强以译日文代译西书，自属万不得已"（廖云翔,1998:668),甚至认为"中国人向无自立之心,动辄依傍门户。……欲其养成自立性质,务能自读西书,勇往直前"(廖云翔,1998:669)。余又荪曾言:"我国学术界所用的学术名辞,大都是抄袭日本人创用的译名。这是一件极可耻的事。"(转引自文炳,2010:32)张东荪也指出:"国人于翻译一道远不如清末时代,尚有人自创名词。近则止知拾人吐馀而已。文化失其创造性,可哀也已。"(转引自文炳,2010:32)而对严复的翻译,张君劢曾说:严复"译西人哲理之书,名词句调皆出独创。译名如'物竞''天择''名学''逻辑',已为我国文字中不可离之部分。其于学术界有不刊之功,无俟深论"(熊月之,1994:700)。对严复译名被日语借词所取代,萧一山在《清代通史》中深感惋惜:"又陵介绍西方文化,绝无笼统肤浅之弊,独惜当时正在东洋留学生之稗贩狂潮之中,竟未能发生交流之作用,殊可慨矣。"(萧一山,1986:2031)

日文外来语在中国的接受也经历了曲折的过程。日本学者宫岛达夫用"语词年轮"来表述词语使用的趋势。(沈国威,2008:75)有学者将清末民初翻译日书分为如下几个阶段:清政府主导翻译期(1860—1880 年)、停滞期(1880—1895 年)、日本书翻译期(1895—1919 年);并将 1896—1919年命名为汉字文化圈近代新词的三种类型(中日流向词、日中流向词、中日互动词)中的"日中流向词"类型。(沈国威,2012:4)实际上,日语外来语与本土译名有一个并存、竞争和取代的过程:

> 根据对 1833 年至 1915 年中国古籍中词语使用频率的统计:在戊戌变法之前,"富强"是表达经济事物时较常采用的词语,"经济"一词在 1902 年左右大大超越"富强"成为常用词,并在 1905 年追随日俄战争的影响普及开来……"经济"与"生计"存在此起彼伏的使用状况,其中 1900—1905 年以及 1910 年左右,"生计"的出现频率甚至超过"经济"。"经济"在民国立国之后,才呈现出明显优势。(刘群艺,2015:146)

严译新词的流通与影响也可粗略地分为四个阶段:1897 年至 1904

年,严译新词逐渐流传并达到流行的高峰,影响超过日译新词;1905 年至 1910 年,严译新词与日文借词分庭抗礼;1911 年至 1919 年严译新词使用频率下降,日译新词频率超过严译新词;1919 年以后,大部分严译新词逐渐被日译新词取代。(韩江洪,2006:53)

综上所述,外来语的创制与流通虽然相关,但在本质上分属两个完全不同的问题。创制主要涉及翻译方法与策略以实现精确对接;而流通则涉及接受语境,特别是翻译批评话语。从词语的年轮来分析译名的传播与接受,笔者认为日语译名与汉语的兼容性、中日文化交流的骤然繁荣、日本化概念进入教育体制以及文言向现代汉语的发展导致了日语译名最终主导了西方观念在中国的译介。

一、日语借词的兼容性

借词或外来语的名称术语繁多;有学者统计至少有如下名称:"外来语""外来词""借用语""借词""借字""借语"等。(曹莉亚,2009:116)

汉语的音和形之间存在一种强烈的语义关系。因此,外来语的翻译总是倾向于选用在组合中具有意义价值的字。(马西尼,1997:166)有学者称,"由于汉语的表意文字系统与西方语言的文字系统毫无共同之处,所以音译词还必须经过字形的吸收过程"(马西尼,1997:166)。与西方语言相比,汉语与日语有天然的联系,兼容性相对较高。首先,到 19 世纪中叶,日语中已有 60% 的"汉语词"和"音读词"。马西尼称,在明治维新以后,日本人从汉语古籍中去寻找有关词语来翻译西方文献,创制译名"根据汉语词汇的词法结构",即"偏正结构、联合结构、动宾结构以及这三种结构的各种组合"。(马西尼,1997:175)实藤惠秀也认为日语创造新词"完全依照汉语语法",如形容词 + 名词、副词 + 动词、复合同义语、动词 + 宾语等;并且认为"日本书籍使用大量的汉字,中日'同文'的要素甚多","对于这种新语,中国人一听解说便可理解;理解之后,记忆便容易;只要改换读音,便可以立刻当作中国语使用了"。(实藤惠秀,1983:284)

　　高名凯和刘正埈将现代汉语中日本借词分为三类:(1)纯粹日语来源的现代汉语外来词(高名凯、刘正埈,1958:82),如服务、方针、解决、申请、想象、支配、展开、话题等。(2)日本人用古代汉语去意译欧美语言的词(高名凯、刘正埈,1958:83),如法律、封建、共和、经济、社会、思想、文学、文明、演说、表情、自由、政治等。(3)先由日本人以汉字的配合去意译(或部分意译)欧美语言的词,再由中国人改造而成的现代汉语外来词(高名凯、刘正埈,1958:88),如美术、抽象、同盟、现实、原则、科学、观念、政府、社会主义、资本、商业、数学、哲学等。上述三类借词所使用的汉字和遵循的汉语构词法,大大降低了民众的抵触情绪,增强了借词的亲和力。

　　日语借词与汉语存在事实上的高兼容性,亦即“相容性”使日语借词“很容易被现代汉语吸收”。(马西尼,1997:176)日语借词的音、形、义都与汉语无异;以至于众多学者都认为中国人学习日语、翻译日书“事半功倍”:“译日本之书,为我文字者十之八,其费事至少,其费日无多也。”(任达,1998:129)主张改革的杨深秀在1898年的奏折中指出按日文翻译之便,说“日文书写与我相同……苟经数月研习,即可大致明了,故利于我译(西方著作)也”(转引自李杰泉,1987:283)。张之洞认为,中国与日本的“情势风俗相近”,因此“易仿行。事半功倍,无过于此”。(张之洞,1998:117)梁启超也认为:“名物象事,多与中土相同”,“汉文居十六七”,“苟能强记,半岁无不尽通者。以此视西文,抑又事半功倍也”。(梁启超,1988:76)

　　借用日语译名不仅便利,而且日语借词有极强的生命力。马西尼曾断言:“在现代汉语词汇所吸收的各种类型的借词中,日语汉字借词肯定是构词能力最高的,而且对汉语词法结构的影响也是最大的。”(马西尼,1997:181)日语借词不仅“构成了现代汉语借词中的主体,而且是借词中使用最为普遍的一种”(马西尼,1997:175)。有意思的是,中国人自己创制的译名反倒不如日语借词流行:“当汉字借词与汉语古词发生冲突时,通常是汉字借词取胜。例如,‘世界’取代了‘天下’和‘万国’这两个古词。”(马西尼,1997:179)

史华兹有一段话令人深思：严复对"新词汇的创作颇费脑筋，……完全相信他对于本国语言渊源的理解远远超过'东方岛夷'的那些自命不凡的家伙……随着中国学生大批去日本和将日文译著译成中文的潮流的出现，最省事的办法自然是大量采用日文新词汇"（史华兹，1996:86）。除了日语借词的兼容性之外，中日交流的骤然升温和大量日本译著是日语借词流行的重要原因。

二、中日交往的"黄金十年"

讨论严复的译名和日语借词，不能不考察晚清的文化语境。1898 年到 1907 年是中国近代史上非常关键的十年；任达将其概括为中日文化交往的"黄金十年"：

> 中国在 1898 至 1910 这 12 年间，思想和体制的转变都取得令人注目的成就。但在整个过程中，如果没有日本在每一步都作为中国的样本和积极参与者，这些成就便无从取得。和惯常的想法相反，日本在中国现代化中，扮演了持久的、建设性而非侵略的角色。不管怎样，从 1898 至 1907 年，中日关系是如此富有成效和相对地和谐，堪称"黄金十年"。（任达，1998:7）

甲午战争之后，中日交恶；这是历史的一个面相。而另一方面，清政府竭力避免遭受西方侵略，日本政府也正千方百计遏制西方，特别是俄国在中国的渗透。这就形成了另一种复杂的政治角力关系。日本国内的"清国保全论"认为，"支那之兴败与日本之存亡息息相关。从而主张由唇齿辅车关系的日本帮助中国觉醒，谋求保卫自己以抵抗列强的瓜分侵略"（汪向荣，1983:330）。由于中日双方的共同利益，"出现了日本人称之为对支外交的黄金时代"（任达，1998:9）。日本"通过在军事、警务和教育方面的领导，直接参与了清政府的改革，扩展了新的日支关系"（任达，1998:9）。这段时间被称为中国"纯粹的亲日时代"；中日"关系密切得使其他外国人妒忌"。(实藤惠秀,1983:141)李提摩太也认为,日本对中国的"影响在不断地扩大,日本的旅游者、商人、教员、军事教官,在帝国无远弗至。中国贵族和统治阶级成千上万的子孙在日本受教育,回国后按在日本所学,依样画瓢"(转引自任达,1998:10-11)。西方学者甚至预言:"新的中国将是日本人的中国。"(任达,1998:8)

中日交往的勃兴是中日共同利益所驱动的;救亡图新,师法日本成为朝野的共识。1898 年 6 月,张之洞就将《劝学篇》上报皇上,光绪帝"详加披览",传旨总理衙门排印 300 册,作为维新教科书,甚至要求各省督抚人手一册。据说前后发行量不下 200 万册。(沈殿成,1997:34-35)《劝学篇》提出:"游学之国,西洋不如东洋:一路近省费,可多遣;一去华近,易考察;一东文近中文,易通晓;一西书甚繁,凡西学不切要者,东人已删节而酌改之。"(张之洞,1998:117)该书后来被称为"留学日本的宣言书"。(实藤惠秀,1983:23)

1898 年,盛宣怀在《筹集商捐开办南洋公学折》中提出,"照日本海外留学生之例,就学于各国大学堂以广才识而资大用"(转引自沈殿成,1997:36)。同年 5 月,御史杨深秀提出上奏,指出效法日本,"中华欲游学易成,必自日本始。政俗文字同则学之易,舟车饮食贱则费无多"(转引自沈殿成,1997:36)。1898 年 8 月 2 日,光绪皇帝谕军机大臣等:"出国游学,西洋不如东洋。东洋路近费省,文字相近,易于通晓,且一切西书均经日本择要翻译。着即拟定章程,咨催各省迅即保定学生陆续咨送;各部院如有讲求时务愿往游学人员,亦一并咨送,均毋延缓。"(转引自沈殿成,1997:41)由于皇帝和各军政大臣的支持,派遣留日学生遂作为国策确定下来。

从 1901 年开始,清政府还制定、颁布了一系列的政策与实施方案,鼓励国人留学日本:(1)推行"新政","奖励游学";(2)制定鼓励游学章程;(3)颁布新学制,废除旧科举。(沈殿成,1997:91-97)与此同时,清政府还广开渠道,积极推动留学,形成了史无前例的留日热潮:

> 在这大批留学生中间,除男子之外,也有步履维艰的缠足女子、

老人和小孩子。他们为接受由小学至大学程度的各种教育而来。他们当中,父子、夫妇或兄妹同时留学者甚多。甚至有全家、全族同来留学的情形。论学历,有的拥有进士、举人、秀才各种头衔。(实藤惠秀,1983:40)

对于留学生毕业回国,清政府还出台了《奏定考验出洋毕业生章程》八条,从 1906 年起,每年举行一次归国留学生"毕业考试"。1906 年至 1911 年,清廷共举办了六届留学毕业生考试,连同第一届在内,及格者共 1399 人。最优等的 172 名,授予进士出身,优等的 325 名,中等的 902 名,均授予举人出身。(左玉河,2008:48-49)同时,清政府还举办了四届廷试,通过廷试者,授予与其科名相应的官职。

中国向日本派遣留学生还得到日本政府的积极回应。日本文部省专门学务局长上田万年撰写长文,提出对中国留学生"必须予以特殊保护及奖掖","务以我帝国全国之力,谋求协助彼等获得成功之门径"。(实藤惠秀,1983:25)为此,日本创办了专为中国留学生的学校,在留学生比较集中的地区,有专门为中国人开设的书店、书局、印刷所、当铺,还有专为中国人学习日语而编著的书和留学指南。由于中日双方的积极努力与协作,留日学生于 1905 年、1906 年达到高潮。具体统计如下:

年份	1901	1902	1903	1904	1905
留日学生人数	280	500	1000	2406	7285

(沈殿成,1997:115)

年份	1906	1907	1908	1909	1910
留日学生人数	7283	6797	5216	5266	3979

(周一川,2008:104)

不同学者的统计结果不太一致。据实藤惠秀统计,1905 年、1906 年留日学生高达 8000 人(实藤惠秀,1983:451);还有人认为同期留学日本的人数超过 1 万人(实藤惠秀,1983:36-39)。

相比之下,同期中国欧美留学生的人数则少得可怜。"1900—1907 年间,官费留美学生总计约有 100 余人。"(王奇生,1992:14)留欧学生人数则更少:"据清政府驻欧洲各国留学生监督呈报,在 1908 年至 1910 年前后,中国留欧学生总计约 500 人。"(王奇生,1992:57)留日学生压倒性的数量优势不仅对年青一代的语言和知识结构产生了强烈冲击与深远影响,改变了年轻知识分子的行为倾向;更重要的是形塑了其后若干年中国知识分子情感归依和思维方式。

中国留日学生的剧增带来了翻译活动的高潮。为推动日书的翻译,1898 年康有为向皇上请求对翻译日书的译者给予加官晋爵,期望"日本群书可二三年而毕译于中国"(康有为,1981:302)。据黄福庆统计,从 1850 年至 1899 年,中国所译日文书仅有 86 种,只占所有译著的 15.1%。而到了 1902 年至 1904 年,译自日文的书却高达 321 种,占 60.2%。(黄福庆,1975:179-180)大量的汉译日书"使一大批日本词汇融汇到现代汉语,丰富了汉语词汇,而且促进汉语多方面的变化"(任达,1998:131)。

在众多的留日学生中有为数不少的维新人士和社会贤达。19 世纪末至 20 世纪初,"日本是中国维新派人士的第二故乡"(马西尼,1997:131)。孙中山、黄遵宪、康有为、梁启超、章太炎、鲁迅、陈天华等等,都在自己的文章和讲话中大量使用日本词汇和术语,被誉为"站在两个世界之间的""两栖人"。就传播西学而言,他们"所写的大众化的宣传品"比"翻译的书更有效"(罗兹曼,1989:261);"成为日译新词的主要传播者"(张静、解庆宾,2012:31)。中、日术语的创制、并存到最终被日语借词所取代的过程、时间,都与中国留日学生的学习、翻译和最后掌握社会话语权有一种对应与平行关系。

三、教育体制的日本化

日语外来语最终成为现代汉语语汇最重要的因素恐怕是中国教育体制的日本化、日本教材的译介和引进。这使数代青少年几乎没有选择地通过体制化的教育而接受日本化的西方学术思想,日语外来语因而成为不可取代的话语形式与表述工具。日语外来语也从消极(通过阅读)的知识变成积极(通过写作和应用)的大众知识基础。

中国教育的现代化转型从一开始就深受日本的影响:"光绪二十八年的钦定学堂章程,整个是从日本学制里抄来的。光绪二十九年的奏定学堂章程,……也完全是照抄的";新式学堂的教育设施,"大部分取法于日本","教员大半是曾留学日本,或受过日本教习教育的"。(汪向荣,1984:36)任达认为,"管学大臣张百熙有关'大清国之教育改组'的报告……直接受日本体系启发……宣布除外语教员外,全部教员都应在日本选聘"(任达,1998:8)。

随着教育改革的推进,到废除科举前的 1904 年,新式学堂已发展到 4222 所,学生 92169 人,到辛亥革命前的 1909 年,学堂数量猛增到 52348 所,学生达 1560270 人。(费正清、刘广京,1985:440)新式学堂是"西方知识体系的制度性载体"(张法,2009:70),确切地说,是西方知识日本化的载体。

不仅小学、中学、大学的体制、设置和章程效法日本,而且大量聘用日本教习。据估计,全盛时期在中国的日本教习总数不下五六百名之多。(汪向荣,1984:31)全国 20 个省的 145 所学校聘有日本教习占聘用外籍教师总数的 84% 以上。(实藤惠秀,1983:70-73)日本教习"遍及全中国……甚至连在当时汉人足迹罕到的僻地,如内蒙古的喀喇沁旗都有他们的存在"(汪向荣,1983:338)。中国给予日本教习的待遇相当优厚,薪俸"比中国同工人员的薪俸,约高五倍至十倍";"比日本国同工的薪俸最高标准,也要高三至五倍左右;具体说,在一百五十两到五百两左右"。(汪向荣,1983:340)

日本教习"几乎全用日语讲授,故须由曾经留日或在日人所办学校读过书的中国人传译"(实藤惠秀,1983:75)。这也是日语语汇进入中国教育知识界最直接的方式。与大量聘用日本教习相对照的是,欧美教师则受到冷落,甚至遭到解聘。京师大学堂校长、管学大臣张百熙"辞退丁韪良及其一切教务职员,力图改弦更张"(任达,1998:112),开始了"由西向东,由欧美向日本的转变"(韩策,2013:36)。清政府的教育政策促使中国教育体制的日本化,甚至单一化,为日语语汇进入中国创造了独特的文化语境。

除了教育体制和聘用日本教习之外,日本教材的翻译是非常重要的引入日语语汇的渠道。在教育的转型的初期,"中国不但没有一本能用作教材的教科书,甚至连能编写教科书的人,也找不到一个……因此最初的教科书,几乎都是从日文翻译过来的"(汪向荣,1988:156-157)。科学的教科书更是如此:"清末自然科学的教科书,几乎全是日文译本。"(任达,1998:133)

留日学生还成立了多个翻译团体,积极从事教科书的翻译,译书汇编社和教科书译辑社就是比较有影响的两家。译书汇编社推出的"西洋诸国书籍的译本全由日文重译"(实藤惠秀,1940:220)。教科书译辑社可以说是译书汇编社的分社,后者"以翻译大学教材为主",前者则"专译中学教科书";宗旨是"编译东西教科新书,备各省学堂采用"。(实藤惠秀,1940:222)事实上,"清末民初新式学堂的教科书,大部分是留日学生的译著"。(实藤惠秀,1940:223)这些译作的新词汇是"现代日本新创造的,或使用旧词而赋予新意而被中国广大知识分子借用的"(任达,1998:136)。在将西方的启蒙精神、学术思想及科学方法论传授给学生的同时,日本教材也将日本现代词汇"在不知不觉中"变成了"现代中国词汇"。(任达,1998:133)

由于日本词汇大量涌入中国,相关的词典也应运而生。1903 年出版的《新尔雅》,1905 年出版的《汉译新法律词典》、1907 年出版的《日本法规解字》《新译日本法规大全》《汉译法律经济辞典》(日本出版);1909 年商务印书馆出版的《汉译日本法律经济辞典》、1911 年的《普通百科大词典》(15册)。王克非在讨论"religion"译名在日本的统一时就指出:

> 明六社的同仁似乎并未视"宗教"为最佳译名,此后撰文仍使用"教法、法教、宗门、教门"等,直到 1880 年代后……这些译名难分优

劣,何以最终"宗教"成名定译,这恐怕要归因于《哲学字汇》的权威。
(王克非,1992:60)

不可否认,工具书在译名的规范和统一中发挥了不可估量的作用。上述词典、百科全书的出版不仅促进了日本本土译名的规范和统一,也为中日交流提供了方便,强化了日语外来语在中国现代生活中的运用。

四、结 语

尽管严复的一些译名,如"适者生存"与当时的文化语境产生共鸣,但绝大多数译名没有进入大众的公共知识领域,成为阅读、写作和交流的文化资源。而晚清留学日本得到中日双方朝野的广泛响应,使有日语背景的知识群体逐渐壮大。清末民初国人对整个日本教育体制、现代知识体系的引介和接受,使西方的学术思想经由一条"道源西籍,取径东瀛"的道路,保证了日语外来语在中国的顺利融入。与此同时,大量的社会科学和自然科学的著作通过日语传译到国内,形成了以日语借词为核心的公共知识基础,并通过中国"日本化"的教育体制,日本教习和日语转译的教材,使日语借词成为交流中表达新概念的基本词汇。任达认为,词语能"塑造并规限了人或社会的思想世界";如是观之,"日本对塑造现代中国的贡献,差不多是无法估量的"。(任达,1998:138)实藤惠秀甚至断言,"现在的中国,要是不用日本词汇,便委实不能谈高深的学理"(任达,1998:138)。以日文译名为表征的整个日本化的教育体制和知识系统被国人完整接受以后,严复的译名、王国维的译名,甚至传教士的译名,凡是没有被纳入上述体制和系统的,都有可能被取代。正如有学者所言,"在这样一个教育结构和知识结构的大背景下,日本新词必然要取得胜利",并称这是"一种命定的结果"。(张法,2009:75)

参考文献

[1]曹莉亚.百年汉语外来词研究热点述要.深圳大学学报(人文社科版)，
2009(3)：116-123.

[2]方维规."经济"译名溯源考.中国社会科学，2003(3)：178-188.

[3]费正清，刘广京.剑桥中国晚清史(下卷).北京：中国社会科学出版
社，1985.

[4]冯天瑜.中西日文化对接间汉字术语的厘定问题.光明日报，2005-
04-05.

[5]高名凯，刘正埮.现代汉语外来词研究.北京：文字改革出版社，1958.

[6]高圣兵，辛红娟.Logic汉译的困境与突围.外国语，2008(1)：83-89.

[7]韩策.师乎？生乎？留学生教习在京师大学堂进士馆的境遇.清华大
学学报(哲学社会科学版)，2013(3)：28-37.

[8]韩江洪.严复话语体系与近代中国文化转型.上海：上海译文出版
社，2006.

[9]贺麟.严复的翻译//罗新璋，陈应年.翻译论集.北京：商务印书馆，
2009：213-227.

[10]黄福庆.清末留日学生.台北："中央研究院"近代史研究所，1975.

[11]姜望琪.论术语翻译的标准上海翻译.翻译学词典与翻译理论专辑，
2005：80-84.

[12]康有为.请广译日本书派游学折//汤志钧.康有为政论集(上).北京：
中华书局，1981：301-302.

[13]李杰泉.留日学生与中日科技文化交流//中国中日关系史研究会.日
本的中国移民.北京：生活·读书·新知三联书店，1987：262-288.

[14]梁启超.饮冰室合集.北京：中华书局，1988.

[15]廖云翔.论日本文·本馆附跋//天钢.万国公报文选.北京：生活·读
书·新知三联书店，1998：666-669.

[16]刘群艺."理财学"、"生计学"与"经济学"——梁启超的翻译及其经济

思想解读.贵州社会科学,2015(4):144-154.

[17]刘正埮.汉语外来词词典.上海:上海辞书出版社,1984.

[18]罗兹曼.中国的现代化.上海:上海人民出版社,1989.

[19]马西尼.现代汉语词汇的形成——十九世纪汉语外来词研究.黄河清,译.上海:汉语大词典出版社,1997.

[20]任达.新政革命与日本——中国,1898—1912.李仲贤,译.南京:江苏人民出版社,1998.

[21]沈殿成.中国人留学日本百年史(1896—1996)(上册).沈阳:辽宁教育出版社,1997.

[22]沈国威.汉语的近代新词与中日词汇交流——兼论现代汉语词汇体系的形成.南开语言学刊,2008(1):72-88.

[23]沈国威.回顾与前瞻:日语借词的研究.日语学习与研究,2012(3):1-9.

[24]实藤惠秀.日本文化对支那的影响.东京:萤雪书院,1940.

[25]实藤惠秀.中国人日本留学史稿.北京:生活·读书·新知三联书店,1983.

[26]史华兹.寻求富强:严复与西方.叶凤美,译.南京:江苏人民出版社,1996.

[27]史有为.汉语外来词.北京:商务印书馆,2000.

[28]汪向荣.日本教习.社会科学战线,1983(3):328-343.

[29]汪向荣.日本教习.北京:生活·读书·新知三联书店,1988.

[30]汪向荣.中国的近代化建设和留日学生——兼论松本龟次郎的影响//杨正光.中日文化与交流(第一辑).北京:中国展望出版社,1984:28-43.

[31]王克非.《严复集》译名札记.外语教学与研究,1987(3):51-53.

[32]王克非.若干汉字译名的衍生及其研究——日本翻译研究述评之二.外语教学与研究,1992(2):54-61.

[33]王奇生.中国留学生的历史轨迹:1872—1949.武汉:湖北教育出版

社,1992.

[34]文炳.从《康德译名的商榷》一文解读贺麟的早期哲学术语翻译思想.岱宗学刊,2010(1):32-35.

[35]吴汝纶.吴汝纶致严复书//严复.严复集(第5册).北京:中华书局,1986:1562-1563.

[36]萧一山.清代通史(第四册).北京:中华书局,1986.

[37]熊月之.西学东渐与晚清社会.上海:上海人民出版社,1994.

[38]熊月之.从晚清"哲学"译名确立过程看东亚人文特色.社会科学,2011(7):138-145.

[39]严复.严复集.北京:中华书局,1986.

[40]张法.日本新词成为中国现代哲学基本语汇的主要原因——"中国现代哲学语汇的缘起与定性"研究之三.中国政法大学学报,2009(4):67-75.

[41]张静,解庆宾.论民初严复话语体系的衰落.天津师范大学学报(社会科学版),2012(5):30-34.

[42]张之洞.劝学篇.李忠兴,评注.郑州:中州古籍出版社,1998.

[43]赵晓阳.译介再生中的本土文化和异域宗教:以天主、上帝的汉语译名为视角.近代史研究,2010(5):69-81.

[44]周一川.近代中国留日学生人数考辨.文史哲,2008(2):104-112.

[45]邹进文,张家源.Economy、Economics中译考——以"富国策"、"理财学"、"计学"、"经济学"为中心的考察.河北经贸大学学报,2013(4):116-121.

[46]左玉河.论清季学堂奖励出身制.近代史研究,2008(4):45-57.

(本文原刊《中国翻译》2017年第4期)

第二编

翻译、语境与意义

"给予"还是"割让"？

——鸦片战争中琦善与义律有关香港谈判的翻译问题[①]

王宏志

一

在第一次鸦片战争里，英人开战后不久便迅速占领定海，道光皇帝（爱新觉罗·旻宁，1782—1850，在位时间1821—1850）除委派两江总督伊里布（1772—1843）为钦差大臣，前赴浙江主理军务外，又另以一等侯爵、文渊阁大学士、直隶总督琦善（约1790—1854）跟英方全权代表商务监督义律（Charles Elliot，1801—1875）及海军统帅懿律（George Elliot，1784—1863）进行谈判，双方最初的接触由懿律在1840年8月11日（道光二十年

① 本文改写自《"给予"还是"割让"？——鸦片战争中琦善与义律有关香港谈判的翻译问题》，原发表于王宏志主编的《翻译史研究（2014）》（上海：复旦大学出版社，2014年），第26—76页；又本文为香港特区政府研究资助局2013/2014年度研究资助项目"翻译与两次鸦片战争（1838—1860）"（项目编号452313）的部分研究成果。本文讨论的香港英译名存在多种拼写形式，因为不同历史时期香港的英译名有所不同，就是同一时期不同文献中可能也会不同，所以根据行文需要使用了不同的拼写形式。

七月十四日)送来"咨会"开始。① 经过三个月左右的磋商,义律等在 11 月 20 日(道光二十年十月二十七日)退回澳门,而琦善也获命为钦差,在 11 月 29 日(道光二十年十一月初六)到达广州议和。② 但琦善跟义律经过多番来回讨价还价的谈判后所达成的协议,最终并不为两国政府所接受和承认,琦善更被撤职抄家,解上北京受审查办,而义律也同样受到严厉批评,被英国政府撤换召回,战事重新爆发。不过,这前后才只有三个多月 (1840 年 12 月—1841 年 3 月)的所谓"广东谈判",具备了重大的历史意义,因为二人所讨论以至达成的一些协议,大抵已包含后来中英两国正式签署的《南京条约》的主要内容,其中已经涉及"割让"香港岛,毫无疑问是整个鸦片战争历史以至中国近代史的重要构成部分。准此,历史学者对于琦善和义律的谈判是很重视的。通过对广东谈判过程的分析,历史学者讨论琦善和义律的谈判策略、功过和贡献,③也检示了道光以及英国外交大臣巴麦尊(Henry John Temple, 3rd Viscount Palmerston, 1784—1865)在谈判和战争背后的角色和影响,④这些论说展示广东谈判的重要

---

① 懿律致琦善,1840 年 8 月 11 日,英国外交部档案 FO 682/1973/5。又见佐佐木正哉(编):《鸦片战争の研究(资料篇)》(东京:近代中国研究委员会,1964 年),第 8—9 页。佐佐木正哉在 20 世纪 60 年代曾从英国外交部档案抄录当时中英双方往来文书,编辑出版,广为学界引用。然而,由于该书并非直接影印出版,经过抄写及重排过程后,笔误非常严重,使用时要十分小心。但为方便没法直接使用英国外交部档案的学者,本文在征引外交部文献时,除列出英国档案资料外,也同时列出《鸦片战争の研究(资料篇)》相关页码。
② "Journal of Occurrences," *The Chinese Repository* vol. 9 no. 7 (November 1840), pp. 531-532.
③ 举例说,通过分析琦善的谈判策略,蒋廷黻(1895—1965)认为琦善其实是一名出色的外交家和谈判能手,并指出无论是宣宗朝廷还是后来的历史评价,对琦善都极不公允。蒋廷黻:《琦善与鸦片战争》,《清华学报》6 卷 3 期(1931 年 10 月),第 1—26 页。类似的观点也见于姚廷芳:《鸦片战争与道光皇帝·林则徐·琦善·耆英》(台北:三民书局,1970 年)。
④ 例如茅海建便特别强调道光在谈判过程中的主导作用,以及琦善怎样在道光的操控中寻找谈判的空间。茅海建:《天朝的崩溃:鸦片战争再研究》(北京:生活·读书·新知三联书店,2005 年),第 206—219 页。

性,同时又让我们更好地理解整场鸦片战争以至最终《南京条约》签订的历史。

但必须指出的是,现在所有关于琦善与义律谈判的研究都几乎完全忽略了当中所涉及的翻译问题,即使偶尔触及翻译所引起的一些问题,都只是以三言两语简短交代,①不做深入分析,就好像整个谈判过程是无须通过翻译来进行似的。这当然不可能,两国交往与交战,不可能没有出现语言及翻译问题。中英谈判过程中的有效沟通,又或是产生误会,完全视乎翻译的水平,更不要说英方的译者在这次谈判上扮演了主导性,甚至近于谈判者的角色。②

从1840年8月20日(道光二十年七月十四日)懿律首发照会给琦善开始,到1841年3月(道光二十一年二月)琦善被撤职查办的半年多里,双方往来文书频密。这些文书绝大部分在当时是没有上呈朝廷的,但不少今天可见藏于英国国家档案局(National Archives)外交部(Foreign Office)档案内,它们全以中文写成,显示当时的中英外交往来已经完全以中文为媒介。③ 在这些中文文书里,由琦善发出的都是原文,而义律等发送的则全是译文。但同时在英国外交部档案里,我们找到全部文书的英

---

① 有关义律和琦善谈判的研究里,最多人论及的翻译问题是英外交大臣巴麦尊写给"the Minister of the Emperor of China"的公函中译本里有申冤昭雪的字句,与原文不一样。蒋廷黻:《琦善与鸦片战争》,《清华学报》6卷3期(1931年10月),第17页;茅海建:《天朝的崩溃:鸦片战争再研究》,第172—173页,但两者都几乎只是点到即止,并不以翻译为讨论焦点。笔者对该公函的翻译问题曾另撰文讨论,参王宏志:《英国外相巴麦尊的"昭雪伸冤":鸦片战争初期一条影响道光皇帝对英策略的翻译》,《外国语文研究》2015年第4期(2015年8月),第49—59页。

② 有关鸦片战争译者的问题,可参王宏志:《第一次鸦片战争中的译者——上篇:中方的译者》,王宏志(主编):《翻译史研究(2011)》(上海:复旦大学出版社,2011年),第82—113页;王宏志:《第一次鸦片战争中的译者——下篇:英方的译者》,王宏志(主编):《翻译史研究(2012)》(上海:复旦大学出版社,2012年),第1—58页;关诗珮:《翻译与调解战争:鸦片战争英方译者费伦》,《中研院近代史研究所集刊》2012年第76期(2012年6月),第41—80页。

③ 有关近代中英交往的语言问题,可参王宏志:《"不通文移":近代中英交往的语言问题》,《翻译与近代中国》(上海:复旦大学出版社,2014年),第135—193页。

文本,即懿律、义律等所发照会的原文,以及琦善所发送照会的英文翻译。① 这让我们可以仔细研究双方谈判过程里文书的翻译问题,并找出由此引起的政治问题和意义,这对于我们更全面、更准确地理解鸦片战争有极大的帮助。

本文就是要通过分析琦善和义律谈判期间这些往来文书的中英文本,探究在谈判割让香港的问题上翻译所起的作用,希望能澄清一些有关这次重要历史事件的错误论述。

二

必须承认,要全面讨论琦善和义律谈判的翻译问题是不可能的,原因在于我们没法讨论和分析二人举行会议当面商谈时的翻译。我们知道,琦善和义律除书面往来交涉外,也曾有过好几次晤面商讨,除了 1840 年 8 月 30 日(道光二十年七月二十四日)最初在白河口的第一次见面外,还有到达广州后的几次当面商谈,包括在 1841 年 1 月 27 日(道光二十一年正月初五)那次极为重要的莲花山会议,以及同年 2 月 11 及 12 日(道光二十一年正月二十及二十一日)的虎门蛇头湾会议。显然,在这些当面会谈中,双方沟通必须倚赖口头传译。从现在所能见到的资料看来,似乎这些会谈的翻译模式往往是相当正规的,有时候会议双方各自带了自己的翻译人员做翻译,尽管较多时候是由英方的译者马儒翰(John Robert Morrison,又作马礼逊、秧马礼逊、马礼训等,1814—1843)②同时负责两方

---

① 当时中英往来文书英文本以及当时义律等与英国方面汇报沟通的文书,主要收录于英国外交部档案编号 FO 17 内。另外,Ian Nish (ed.), *British Documents on Foreign Affairs: Reports and Papers from the Foreign Office Confidential Print* (Frederick, Md.: University Publications of America, 1994), Part I, Series E, vol. 16 辑录了其中部分文献,为方便读者没法直接使用英国外交部档案的学者,本文在征引外交部英文文献时,除列出英国档案资料外,如该文件也收在 *British Documents on Foreign Affairs*,也同时列出该书页码。

② 为统一起见,本文全用马儒翰。

的翻译。此外,还有一些谈判是琦善自己没有出席参与,只派遣亲信如张殿元、白含章等去传达消息的,这些会议也是重要的,且必然也涉及翻译在内。①

不过,由于口头翻译的内容没有以文字记录下来,没法进行分析,不可能知道究竟中英方的译者在这些会谈中的翻译表现怎样,更无法知道他们的翻译是否能完全解决语言的障碍,又或有没有什么错误,造成误解。不过,在参与会谈人士所留下的书面资料里——这主要指琦善向道光皇帝以及义律向巴麦尊所做的汇报,以及双方谈判期间的往来文书,都没有记载任何对于会面谈判时口译水平的投诉或不满,因而只能假设双方的译者在口头翻译上基本能满足沟通的需要,只是翻译水平不会怎样出色,这在中方译者中尤其严重。

琦善所倚用的翻译人员是广东通事鲍鹏。琦善原来跟鲍鹏并不认识,只是在接到谕旨"奉派查办夷务,言语不通,又恐广东通事从中舞弊"②后,在偶然的机会下在山东找到鲍鹏。但这名通事的背景是怎样的?根据刑部对鲍鹏会审后向皇帝所做的报告,③鲍鹏原籍广东香山县,自幼学习外语,1829年(道光九年)为一间美国商馆充当买办。1836年(道光十

---

① 例如琦善在 1840 年 12 月 14 日(道光二十年十一月二十一日)上奏,曾派遣委员守备张殿元、白含章及鲍鹏等与义律见面,其间几乎逐条讨论英国人的要求,另外据报鲍鹏曾与义律"密谈","察看义律虽属狡强,亦颇自觉为难"。《琦善又奏英情日渐迫切现在筹办折》,《筹办夷务始末》(道光朝)(北京:中华书局,1964 年),卷十二,第一册,第 615—618 页。

② 《刑部进呈琦善亲供一件》,《鸦片战争档案史料》(天津:天津古籍出版社,1992 年),第 3 册,第 473 页。

③ 下面有关刑部睿亲王对鲍鹏审讯的报告,见《睿亲王仁寿等奏为会同审拟鲍鹏私充英人买办案由折》,《鸦片战争档案史料》(天津:天津古籍出版社,1992 年),第 4 册,第 55—57 页。

六年),鲍鹏一位族叔鲍人馆以鲍汉记名义在澳门申请得牌照,①在英商颠地馆内任买办,后鲍人馆以病回家,鲍鹏私自代充,为洋人处理日常起居所需物品,赚取工银,其间曾代其他通事代买鸦片烟土,后遭勒索借款,鲍鹏为免受拖累,逃至山东,投靠同乡潍县知县招子庸。在知悉未被控告后,他原拟返广州,刚巧有洋船到达山东,山东巡抚托浑布(1799—1843)命鲍鹏前赴探询情况。就在这时候,琦善刚奉派以钦差大臣身份到广东与英人谈判,路经山东,即致信托浑布,要求带鲍鹏同行。就这样,鲍鹏充当了琦善广东谈判时所带的译员,而且,看来他颇得琦善的重用,因为琦善经常在奏折里提到派遣鲍鹏到英军营送信、商议及谈判。②

然而,尽管琦善以及其他不少人都说鲍鹏"通晓夷语",③但他的英文水平究竟怎样?从刑部报告所介绍他的背景看来,鲍鹏自小接触英语,是因为他家族有买办通事的背景。显然,他的所谓学习英语,就像当时所有通事一样,不会是正规和认真的,而最终所掌握的其实也只不过是"广州英语"(Cantonese English)。然而,因为它"毫无疑问是中国人的一项发明",是完全变形扭曲的广州话与英语的混合体,还渗入了葡语、印度

---

① 据 1809 年(嘉庆十四年),两广总督百龄及粤海关监督常显所奏,买办一向都须申领牌照,最初是由澳门同知所发,后来改为粤海关监督。为进一步监管,他们建议"嗣后夷商买办,应令由澳门同知就近选择土著殷实之人,取具族长保邻切具,始准承充,给予腰牌印照。在澳门者由该同知查稽查;如在黄埔,即交番禺县就稽查"。梁廷枏:《粤海关志》(广州:广东人民出版社,2002 年),卷二十八(夷商三),第 548—549 页。

② 《琦善奏英军自浙回粤现在大概情折》,《筹办夷务始末》(道光朝),卷十八,第二册,第 604 页;《琦善又奏英情日渐迫切现在筹办折》,《筹办夷务始末》(道光朝),卷十八,第二册,第 615 页;《琦善奏英军占夺炮台将攻虎门省垣难于拒守折》,《筹办夷务始末》(道光朝),卷二十,第 717 页。

③ 《托浑布又奏派人赴英船探询情形片》,《筹办夷务始末》(道光朝),卷十五,第一册,第 486 页;《刑部进呈琦善亲供一件》,《鸦片战争档案史料》,第 3 册,第 473 页。

语、马来语,但却"没有句法,也没有逻辑联系"①,一般英国人是不能理解的,②因此,当时在广州经商的亨特(William Hunter, 1812—1891)便有广州通事"除了自己的语言外,别的一点也不懂"的说法。③ 关于鲍鹏的"广州英语",我们见到一份来自英国人的描写。参与鸦片战争的宾汉(J. Elliot Bingham),曾绘影绘声地把鲍鹏一番以广州英语自我吹嘘的说话描述下来:

> You thinkee my one smallo man? you thinkee my go buy one catty rice, one catty fowl? No! my largo man, my have catchee peace, my have catchee war my hand, suppose I opee he, makee

---

① William C. Hunter, *The "Fan Kwae" at Canton Before the Treaty Days*, 1825—1844 (London: Kegan Paul, Trench & Co., 1882), p. 61;有关后来被称为"洋泾浜英语"的广州英语,可参 E. C. Bridgman, "Jargon Spoken at Canton: How it Originated and has Grown into Use: Mode in which the Chinese Learn English; Examples of the Language in Co mmon Use Between Foreigners and Chinese," *The Chinese Repository* vol. 4 no. 9 (January 1836), p. 429; Robert A. Hall, *Pidgin and Creole Languages* (Ithaca, NY: Cornell University Press, 1966);吴义雄:《"广州英语"与 19 世纪中叶以前的中西交往》,《近代史研究》2001 年第 3 期 (2001 年 5 月),第 172—202 页。

② Basil Hall, *Voyage to Loo-Choo, and Other Places in the Eastern Seas, in the Year* 1816 (Edinburgh: Archibald Constable & Co., 1826), p. 288.

③ William C. Hunter, *The "Fan Kwae" at Canton Before the Treaty Days*, 1825—1844 (London: Kegan Paul, Trench & Co., 1882), p. 50;亨特在另一本书里还曾非常幽默讽刺地描述过一些通事怎样在不懂外语的情况下去做翻译。William C. Hunter, *Bits of Old China* (London: Kegan Paul, Trench, & Co, 1855), pp. 21-30;不过,有学者考证亨特的戏剧性说法并不真实。参叶蔼云:《广东通事"老汤姆"及其宽和通事馆考》,发表于王宏志(主编):《翻译史研究(2016)》(上海:复旦大学出版社,2016 年)。

peace, suppose I shutee he, must makee fight. ①

还有另一段,说的是琦善南下进行和议,但鲍鹏预计谈判不会成功:

> Can go make talkee; — my thinkee no can settee this pigcon; — must makee that emperor cry. ②

我们实在很怀疑,一般英国人能听懂这样的广州英语吗? 鲍鹏又怎么能够担当两国议和谈判的口译人员?

至于英方翻译人员方面,主要跟随义律做口译以至笔译的都是马儒翰。毫无疑问,马儒翰在鸦片战争里发挥了举足轻重的角色,因而往往被误认为英军阵营里的领导人物,但却不一定知道他是翻译官。两江总督牛鉴(1785—1858)以"大英统领大人"来称呼为马儒翰③;曾有湖广道御史上奏马儒翰是"幕客"④,参战的奕山(1790—1878)则向道光否定这说法,但却以为他是"头目":"马礼逊即马履逊,啡伦即匪伦,俱系该夷头目,能通晓汉字汉语,并非幕客。"⑤甚至后来直接涉及谈判的耆英(1787—1858),除把马儒翰称为"夷目"外,更谈到他的影响力:

---

① J. Elliot Bingham, *Narrative of the Expedition to China*, *From the Commencement of the War to Its Termination in 1842*(London: Henry Colburn, Second Edition, 1843), vol. 2, pp. 40-41. 齐思和曾尝试把这段话翻成中文:"你们以为我是一个小人物吗? 你们以为我去买一斤米,一只鸡吗? 不是! 我是大人物啊! 我的手中抓着和平,抓着战争,要是我打开它,那就和平,要是我合上它,一定打仗。"宾汉:《英军在华作战记》,齐思和(译),中国史学会(编):《鸦片战争》(上海:神州国光社,1954 年),第 5 册,第 174 页;但这其实完全没法表达原文那精彩的记录及摹仿鲍鹏的广州英语的神髓。

② Bingham, *Narrative of the Expedition to China*, vol. 1, p. 249.

③ 牛鉴致马儒翰,1842 年 8 月 4 日,FO 682/1975/29;又收《鸦片战争の研究(资料篇)》,第 178 页。

④ 《湖广道御史吕贤基奏请敕查拿为害居民之香港英人及汉奸折》,《鸦片战争档案史料》(天津:天津古籍出版社,1992 年),第 5 册,第 529 页。

⑤ 《靖逆将军奕山等奏报查明香港地方汉奸名目及英船游奕情形折》,《鸦片战争档案史料》,第 5 册,第 811 页。又引文所的"啡伦即匪伦",即 Samuel T. Fearon (1819—1854)。

> 夷目马礼逊,生长广东,居心狡诈,善能窥伺内地一切情形,又能通汉语,习汉字,连年以来,阴谋诡计,主持其事者,虽不止伊一人,而多半听其指使,实为罪魁。[①]

由于这个缘故,清廷上下对他深恶痛绝,[②]两广总督裕谦(1793—1841)曾出咨文,点名缉拿马儒翰,如能生擒,赏洋银三万元,并会奏赏戴翎枝,就是杀死他呈献首级的,也"仍照生擒论赏",这重赏是仅次于直接领军和指挥的义律、懿律及伯麦(James John Gordon Bremer,1786—1850)三人。[③] 那么,这名如此重要的英方译员的中文水平又怎样?

跟马礼逊(Robert Morrison,1782—1834)、郭实腊(Charles Gutzlaff,1803—1851)以至亨特、德庇时(John Francis Davis,1795—1890)等当时在华的中国通不一样,在澳门出生的马儒翰从小就开始学习中文。当他还只有七岁的时候,他父亲马礼逊便曾写信给伦敦传道会的秘书,说要把马儒翰教导成才,成为一位"中国学者"(a Chinese Scholar),

---

① 《清道光朝留中密奏》,片九,中国史学会(编):《鸦片战争》(上海:神州国光社,1954年),第3册,第475—476页。

② 例如湖广道御史也说马儒翰"夷人听其指挥,无恶不作"。《湖广道御史吕贤基奏请敕查拿为害居民之香港英人及汉奸折》,《鸦片战争档案史料》,第5册,第529页。耆英也说马儒翰"一味狡诈"。《两江总督耆英等奏为遵旨查覆陈之骥等定能妥办宁波通商事务并沪穗收税情形片》,《鸦片战争档案史料》(天津:天津古籍出版社,1992年),第7册,第388页。

③ 《钦差大臣裕谦奏报擒斩登岸英兵及浙洋情形折·附件一、照录所悬赏格》,同上,第4册,第86页。根据这份奏折,如能生擒义律、懿律及伯麦,赏洋银五万元。对此,英国人也是知道的,因为《中国丛报》曾有所报道,只是赏金方面有所不同,而马儒翰的赏金跟义律及伯麦相同:生擒义律、马儒翰及伯麦,奖赏都是五万元,如只是取得他们的人头,则是三万元。"Rewards for British Ships and British Subjects, offered by Eleang, Lieutenant Governor of Canton, in a Proclamation, Dated February 27th, 1841," *The Chinese Repository* vol. 10 no.3 (March 1841), pp. 174-175;此外还有另一个悬赏告示,赏金也不相同:义律是"赏洋银十万元,奏赏四品翎顶",马儒翰是"赏洋银五万元,奏赏五品翎顶"。但这份告示并没有署名。国史学会(编):《鸦片战争》(上海:神州国光社,1954年),第4册,第240—241页。

好能将来在中国传道。① 从十岁开始,马儒翰在伦敦跟随正在回国休假的
马礼逊学习中文两年,然后又转到马六甲英华书院继续修读中文,长达三
年之久,除学习官话外,也学会一些地方方言,并开始翻译宗教作品以至
中国的典籍。1830 年 10 月,马儒翰在广州当上在华英商的翻译员,当时
他才不过 16 岁,但已负责翻译英商与中国官员间的往来公函和文件。
1834 年 8 月中,马礼逊病逝后不久,马儒翰被驻华商务监督律劳卑(Lord
William John Napier, 1786—1834)委任为汉文秘书兼翻译官(Chinese
Secretary and Interpreter),正式开始为英国政府工作,从此积累大量与
中国官员往来文书的翻译经验。②

  可是,从现在见到的材料看来,马儒翰的中文水平是颇有问题的。在
经由他所发出的中文照会里,我们见到很多生硬晦涩的句子,甚至文句不
通、含糊不清的情况,根本不容易理解当中的意思。即以鸦片战争其中一
份最重要的文件——以巴麦尊名义发给"the Minister of the Emperor of

---

① Elizabeth A. Morrison, *Memoirs of the Life and Labours of Robert Morrison*, *DD* (London: Longman, Orme, Brown, Green and Longmans, 1839), vol. 2, pp. 103-104.

② 关于马儒翰的生平及主要作为,可参 Leung Chung Yan, "A Bilingual British 'Barbarian'—A Study of John Robert Morrison(1814—1843) as the Translator and Interpreter for the British Plenipotentiaries in China between 1839 and 1843"(Unpublished M. Phil Thesis, Hong Kong Baptist University, 2001)。

China"的公函为例,①我们便见到很多生硬难懂的句子,试举一两个例子:

> 试问京师御政,知此弊否。倘实如此,而任官宪行为,犹无此等例禁,则果废本法,即大清国家,称云不知此弊,犹若说云,果知外国人等,违例运来鸦片,但不知官宪违法,相助运进,额受规银任纵,则外地国家,可问大清国家,何等严行防范。……

> 该官宪自不能查出拿获鸦片,故此拘禁商人,催令将住别处,自所不管理他人之鸦片若干,呈缴官宪。当时虽数分不在大清属辖之地,然不呈缴,吓呼使之饿死。②

难怪连后来的英国汉学家魏利(Arthur Waley, 1899—1966)也曾批评过这中译"毫不地道,如果不参考英文原文,有时候是不能理解的"③。另外

---

① "Viscount Palmerston to the Minister of the Emperor of China," enclosure in Palmerston to George Elliot and Captain Elliot, 20 February 1840, FO 17/37, pp. 79-82; also in *British Documents on Foreign Affairs*, Part I, Series E, vol. 16, pp. 12-16; H. B. Morse, *International Relations of the Chinese Empire* (London & New York: Longmans, Green, and Co., 1910), vol. 1, pp. 621-626. 其中译本见 FO 663/46, pp. 135b-136b;又收《鸦片战争的研究(资料篇)》,第 3—7 页。另外,《筹办夷务始末》(道光朝),卷十二,第一册,第 382—387 页亦收有中译本,那是琦善把这份公函送呈朝廷的版本,与佐佐木正哉所收英国外交部文本几乎完全相同(除了很少的个别手民之误外)。此外,《史料旬刊》第 39 期"清道光朝密奏专号第五"钞件七为"英吉利大后管理外国事务宰相"寄"大清国宰相"的文本,实为该公函的另一中译本。《史料旬刊》(台北:国风出版社,1963年),第 763—765 页。苏联学者阿·伊帕托娃说鸦片战争时俄国传教士曾把巴麦尊照会译成中文,所指的相信就是这《史料旬刊》所收的版本。不过,阿·伊帕托娃说"俄国教士团人员报道:据中国官员说,英国人只递交了照会的英文本,清朝朝廷不得不请求俄国教士团把巴麦斯尊照会译成中文",这明显是错误的。阿·伊帕托娃(著)、尹怀邦(译):《第一次鸦片战争中及战争之后的中国》,《清史研究通讯》1990 年第 3 期(1990 年 3 月),第 23 页。《史料旬刊》上的照会及阿·伊帕托娃的文章,都是通过茅海建:《天朝的崩溃:鸦片战争再研究》,第 238—239 页,注 50 知悉。

② FO 663/46, pp.136a-136b;又收《鸦片战争の研究(资料篇)》,第 4—5 页。

③ Arthur Waley, *The Opium War Through Chinese Eyes* (London: George Allen & Unwin, 1958), p. 245.

其他往来文书中诸如"带领多船至此来者非礼仪"①、"即请问所云责在大臣林等之语,果系欲归责该大臣林等管辖之广东与否"②、"必将此款始终不如所请允行"③、"本国认负亏费大数"④、"万难仍行自负重责罢手"⑤等等,都让人摸不着头脑。这样的中文书写,很容易让人联想到鲍鹏等通事的广州英语,两者可说同是中英近代交往史上的奇趣语言现象,颇值得深入探究。

对于那些满腹经纶、娴于笔墨的清朝官员来说,这样的文书确是很难接受的。清廷方面的文献中时常有所抱怨,从英国送来的中文照会"文理不通"⑥、"文义不甚通畅"⑦、"文义粗鄙不通"⑧、"其文理尤属不通,多有不可解释之处"⑨、"其词意不甚明晰"⑩、"其词语支离庞杂,多不可解"⑪,甚至有"全不通顺"的情况。⑫ 即使《南京条约》的中文本——也是由马儒翰所翻译——亦曾被耆英批评为"文理未能通顺"⑬。然而,鸦片战争中担负最重要翻译任务的却毫无疑问就是马儒翰,他所做的翻译成为中英双方

---

① 懿律致琦善,1840 年 9 月 1 日,FO 663/46,p. 143a;又见《鸦片战争の研究(资料篇)》,第 15 页。

② 懿律、义律致琦善,1840 年 9 月 1 日,FO 663/46,p. 143a;又见同上,第 16 页。

③ 义律致琦善,1840 年 12 月 17 日,FO 663/46,p. 157b;又见同上,第 37 页。

④ 义律致琦善,1840 年 12 月 29 日,FO 663/46,p. 161b;又见同上,第 45 页。

⑤ 义律致琦善,1841 年 2 月 6 日,FO 682/1974/34;又见同上,第 83 页。

⑥ 《署两江总督裕谦等奏报英船驶入川沙洋面逼令商船呈递守帖折》,《鸦片战争档案史料》(天津:天津古籍出版社,1992 年),第 2 册,第 342 页。

⑦ 《钦差大臣林则徐等奏为已谕英领事将英船听搜并办理出结究凶折》,同上,第 1 册,第 700 页。

⑧ 《两江总督牛鉴等奏报英军来书挟制索银等情片》,同上,第 5 册,第 770 页。

⑨ 《钦差大臣伊里布奏报续接懿律来书及办理情形折》,同上,第 2 册,第 475 页。

⑩ 《直隶总督琦善奏为英文投递字据遵旨进呈片》,同上,第 258 页。

⑪ 《钦差大臣伊里布奏为派专戒前往定海询悉英人情况并酌拟办理折》,同上,第 505 页。

⑫ 《钦差大臣耆英等奏报英船聚集江面扬言开使正设法羁縻并筹防堵折》,同上,第 6 册,第 51 页。

⑬ 《耆英等奏报和议已定条约钤用关防折》,《筹办夷务始末》(道光朝),卷五九,第五册,第 2312 页。

依赖沟通的文本,在特定的历史时空中留下印记,深深地影响中英近代交往史发展的轨迹。

三

1839 年 10 月 18 日,巴麦尊从英国外交部发出一封密函给义律,告诉义律英国政府准备对华发动战争,但该密函写得很简短,除指示要保密外,并没有很明确的命令和行动计划。① 同年 11 月 4 日,巴麦尊分别写信给义律以及海军大臣,较具体地说明军事行动的一些细节。② 不过,在这最早的阶段里,最重要的是 1840 年 2 月 20 日写给刚获委为英国政府全权代表的懿律和义律的一封函件,除详细列明行动的细节,包括要封锁广州、占领舟山等外,还有两份附件,其一就是上文提及给"the Minister of the Emperor of China"——马儒翰把它译为"大清国皇帝钦命宰相",③另一份就是《与中国议定条约草稿》("Draft of Proposed Treaty with China")。④

在 11 月 4 日的函件里,巴麦尊已经提出过要从中国索取海岛,然后在写给中国官员的公函中,他更直接明确提出要中国将沿海一个或多个海岛给予英国,让英国人可以居住及自由贸易,免受不合理的对待和需索。⑤ 必须强调,这并不是英国人第一次提出夺取中国海岛的要求。早在

---

① Palmerston to Captain Elliot, 18 October 1839, FO 17/29; also in *British Documents on Foreign Affairs*, Part I, Series E, vol. 16, p. 1.

② Palmerston to Captain Elliot, 4 November 1839, FO 17/40, pp. 130-137; ibid., pp. 2-3; Palmerston to the Lords Commissioners of the Admiralty, 4 November 1839, FO 17/36, pp. 66-81; ibid., pp. 4-5.

③ FO 663/46, pp. 135b-136b;又见《鸦片战争の研究(资料篇)》,第 3—7 页。

④ "Draft of proposed Treaty with China," enclosure in Palmerston to George Elliot and Captain Elliot, 20 February 1840, FO 17/37, pp. 103-119; also in *British Documents on Foreign Affairs*, Part I, Series E, vol. 16, pp. 16-20.

⑤ Palmerston to the Minister of the Emperor of China, 20 February 1840, FO 17/37, p. 94; ibid., p. 15.

1782—1783 年马戛尔尼（George Lord Macartney，1737—1806）使团来华的时候，便带有一项指令，寻求在北方建立贸易基地；①而马戛尔尼更曾正式向和珅(1750—1799)提出在舟山附近给予英国人一个小海岛，供货物存放及管理人员住宿。② 显然，鸦片战争只不过给予英国人一个黄金机会，实现他们多年来的要求。

在最初要求割让海岛时，香港似乎没有进入巴麦尊的视野，他当时甚至没有马上确定应该拿取哪一个海岛，因此，条约草稿在割让海岛名称的位置留下空白，容后才填上。此外，在向义律等发出这份条约草稿时，巴麦尊在割让岛屿的问题上又提出另一项选择，就是如果中国愿意开放新的通商口岸，那便可以撤除割让海岛的要求。③ 这是写给中国大臣的公函里所没有的。这两个没有确定的问题，成为后来谈判时的主要争议点。

在最初的阶段里，所有英国人都把割让目标定在舟山群岛。巴麦尊虽然明确地说自己不太熟悉中国的情况，但在发给海军大臣的指示里也说过英国政府倾向让清朝永久割让舟山的一个海岛。④ 就是义律也不例外，在得到巴麦尊通知英国会对华发动战争，但战事还没有正式开始前，他曾写信给海军少将密特兰（Frederick Lewis Maitland，1777—1839），非常详尽地铺排他的作战计划，也明确地说到最有利的做法是占领舟山群岛的其中一个海岛，还列出了其中的理由，包括那里有无数良好的海港，且邻近富裕地区，内陆和外海航运都极为便捷，将来可以发展与北京

---

① Earl H. Pritchard（ed.），"The Instructions of the East India Company to Lord Macartney on His Embassy to China and His Reports to the Company，1792-4，" in Patrick Tuck（Selected），*Britain and the China Trade*，1635—1842（London & New York：Routledge，2000），vol. 7，pp. 211-214.

② J. L. Cranmer-Byng（ed.），*An Embassy to China：Being the Journal Kept by Lord Macartney During his Embassy to the Emperor Ch'ien-lung*，1793—1794（Hamden：Archon Books，1963），p. 150.

③ "Draft of proposed Treaty with China，" FO 17/37，p. 114；also in *British Documents on Foreign Affairs*，Part I，Series E，vol. 16，p. 17.

④ Palmerston to the Lords Commissioners of the Admiralty，4 November 1839，FO 17/36，pp. 67-68；ibid.，p. 4.

甚至日本直接进行贸易。① 不过,较少人提及的是原来义律曾想过占领澳门。在写给密特兰和巴麦尊的信里,义律便提出过这样的建议,甚至希望连香山地区也一并吞占。② 他所提的其中一个理由是他认为在林则徐(1785—1850)禁烟期间出现危机时,在澳葡人对英人表现极不友善,更不要说加以援手,因此,他认为占领澳门是最快捷解决该地区不稳定局面的方法,③只是这建议一直没有得到伦敦方面的响应。不过,义律曾向中国官员提出过占领澳门是其中一个可能性,因为在义律等回到澳门、刚开始广东谈判后不久,伊里布曾上奏,有"即其欲立马头之地,在于澳门、定海两处,然当会议之始,该夷必先以定海为言,盖恐言及澳门,则定海必难觊觎,并恐澳门亦难必得其故也"④。

那么,割让香港岛的谈判是在什么情况下开展的?

当然,英国人对香港并不陌生,甚至早已有人注意到香港的优越性。在英国资料文件中,现在见到最早有关香港的记录,是 1780 年英国东印度公司商船"约克号"(the York)船长乔治·海特(Captain George Hayter)根据中国原有地图,加上自己的勘察而绘制出的一幅香港澳门附近水域的地图,上面有"He-Ong-Kong",甚至九龙(Co-long)也出现在地图上,只是香港岛在地图上是分成两部分的。⑤ 文书资料方面,最早记载英国人登上香港岛的是 1816 年来华的阿美士德(William Pitt Amherst,1773—1857)使团的成员,其中好几位都在后来出版的回忆录里提及或记

---

① Captain Elliot to Rear Admiral Maitland,21 February 1840,FO 17/38,pp. 159-160;ibid.,pp. 51-52.

② Captain Elliot to Rear Admiral Maitland,21 February 1840,FO 17/38,p. 162;ibid.,p. 52;Captain Elliot to Palmerston,16 February 1840,FO 17/38,p. 155a;ibid.,p. 54.

③ Captain Elliot to Palmerston,19 January 1840 and 9 March1840,FO 17/38,pp. 89-93 & FO 17/38,pp. 189-195;ibid.,pp. 40 & 55.

④ 《伊里布又奏英人在粤强横应严浙防片》,《筹办夷务始末》(道光朝),卷十八,第二册,第 625 页。

⑤ Henry D. Talbot,"A British Maritime Chart of 1780 Showing Hong Kong," *Journal of the Royal Asiatic Society Hong Kong Branch* vol. 10 (1970),pp. 128-133.

述他们在香港岛上的活动。① 跟着,在 1829 年,由于东印度公司与广州官员发生摩擦,为了寻找可供船只停泊的地方,他们便对附近水道进行勘察。那一年的冬天,东印度公司有六条船是在香港岛的港口碇泊,而在香港岛对开的汲水门也有三条,②自此东印度公司便确定了香港具备良好的港口,随后每一年都有英国船只在香港与内地之间的水域停泊。③ 不过,最早提出英国政府可以考虑攫取香港的是鸦片烟商查顿(William Jardine,1784—1843),1836 年 4 月 25 日,他以"一名乘客"(A Passenger)的名义写信到《广东纪录报》(Canton Register),明确提出"如果狮子的利爪要放在中国南部的任何地方,那就是香港吧;让狮子宣布和保证它为一个自由港;这样,在十年里它会成为好望角以东最有价值的商贸中心";又说葡萄牙人犯了一个错误,选择了浅水的海港,还实施很多限制性的规例。他呼吁说,让有深水海港的香港永远做自由港。④ 而英国第一任驻华商务监督律

---

① Robert Morrison, *Memoir of the Principal Occurrences During an Embassy from the British Gover nment to the Court of China in the Year* 1816(London: s. n., 1820), p. 14; John Francis Davis, *Sketches of China; Partly During an Inland Journey of Four Months Between Peking, Nanking and Canton* (London: Charles Knight & Co., 1841), vol. 1, pp. 6-8; Clarke Abel, *Narrative of a Journey in the Interior of China, and of a Voyage to and from that Country in the Years 1816 and* 1817(London: Longman, Hurst, Rees, Orme, and Brown, 1818), pp. 59-63; Henry Ellis, *Journal of the Proceedings of the Late Embassy to China* (Philadelphia: A. Small, 1818), pp. 49-50; John M'Leod, *Voyage of His Majesty's Ship Alceste, to China, Corea, and the Island of Lewchew* (London: John Murray, 1817), pp. 20-21.

② H. B. Morse, *The Chronicles of the East India Company Trading to China, 1635—1834* (London: Oxford University Press, 1926), vol. 4, pp. 212-213.

③ Austin Coates, *Macao and the British: Prelude to Hongkong* (Hong Kong: Oxford University Press, 1966), p. 192.

④ *Canton Register*, no. 18 vol. 9 (3 May 1836), p. 70;不过,必须强调,《广东纪录报》的编辑是非常强烈反对这建议的。在该期的开首,他们批评这把"狮子的利爪"放在香港的说法。他们说,如果这是指占领这个海岛,把当地勤奋的渔民赶走,那便等同盗贼的、狡猾的、怯懦的行为,是狐狸和狼合体的行径,而不是作为万兽之王的狮子所应有的行为。同上,第 69 页。

劳卑在与中国官员发生摩擦后，在 1834 年 8 月 21 日曾写信给首相格雷伯爵(Lord Earl Grey, 1764—1845)，①提出要占领香港；②就是第三任商务监督罗宾逊(Sir George Best Robinson, 1797—1855)也曾向巴麦尊建议，在没有完全解决英人与广州官员的矛盾前，最好的处理方法是让所有在澳英人先住在船上，停泊在大屿山或香港附近那些优良的海港。③

对于在 1834 年 8 月便来到中国来的义律来说，④香港自然是十分熟

---

① 其实,格雷伯爵出任首相的时间是 1830 年 11 月至 1834 年 7 月,当律劳卑在 1834 年 8 月 21 日写信给他时,格雷伯爵已经下台,只是远在广州的律劳卑未及马上知道而已。

② Napier to Earl Grey, 21 August 1834, FO 17/12, pp. 10-17; also in *Correspondence Relating to China*, *Presented to both Houses of Parliament*, *by Command of Her Majesty* (London: T. R. Harrison, 1840), pp. 27-28.

③ Robinson to Palmerston, 13 April 1835, FO 17/9, pp. 289-297; ibid., p. 95；香港史家丁新豹认为,由于律劳卑和罗宾逊都是义律的"老上司",因此"对义律有一定的影响。可知义律矢志占领香港,既有思想上的渊源,复有实际上的迫切需要"。丁新豹:《历史的转折:殖民体系的建立和演进》,王赓武主编:《香港史新编》(香港:香港三联书店,1997 年),第 62 页。不过,这说法有问题。首先,罗宾逊并没有"建议占领香港",他只提出暂时让英人占在停泊于香港港口的船上。《历史的转折》一文虽然说"律劳卑和罗便臣[罗宾逊]都曾建议占领香港",但脚注只注出律劳卑建议的出处,却没有罗宾逊的资料。其次是我们已指出过,在最初的阶段,义律从没有想过要清廷割让香港,因此不能说他"矢志"要占领香港;再次是义律跟罗宾逊其实关系十分恶劣,就是伦敦方面也知道二人的矛盾和争执,结果,巴麦尊在 1835 年 6 月 7 日撤换罗宾逊,由义律接替。Palmerston to Robinson, 7 June 1836, FO 17/13, pp. 18-23; also in Correspondence Relating to China, p. 114. 事实上,罗宾逊的确在一段时间里一直在船上生活和办公,不肯回到澳门,义律对此极为不满,因此不能说义律受到罗宾逊的影响。关于义律与罗宾逊的争执, 可参 Glenn MeLancon, *Britain's China Policy and the Opium Crisis*: *Balancing Drugs*, *Violence and National Honour*, *1833—1840* (Aldershot: Ashgate, 2003), pp. 49-56; Susanna Hoe and Derek Roebuck, *The Taking of Hong Kong*: *Charles and Clara Elliot in China Waters* (Richmond: Curzon Press, 1999), pp. 43-47.

④ 义律是在 1834 年 2 月跟随律劳卑到中国的,7 月 15 日到达澳门,然后在 1834 年 8 月 13 日到达广州。Susanna Hoe and Derek Roebuck, *The Taking of Hong Kong*: *Charles and Clara Elliot in China Waters* (Surrey: Curzon, 1999), pp. 14, 20 & 23.

悉的,特别是在林则徐开始禁烟,他缴出鸦片,带领大批英商离开广州,但最终在澳门也没法逗留后,便把船舰停泊在九龙对开洋面,更因为购买食水和粮食不果而与中国水师爆发冲突,这次在 1834 年 9 月 4 日爆发的"九龙冲突",后来被史家视为鸦片战争正式爆发前的第一场前哨战。[①] 此外,他写给巴麦尊的很多信件,都注明是从香港发出的。然而,正如上文说过,义律最初认为最有利的做法是去占领和迫使清廷割让舟山,在所有的讨论中都没有提及香港。

在现在所能见到的资料里,占领香港的说法最早出现在当时中英谈判往来文书中是 1840 年 12 月 12 日(道光二十年十一月十九日)义律发给琦善的照会。[②] 要更好理解这说法是怎样提出来,我们要看看义律和琦善的整个谈判过程。

义律在接到巴麦尊在 1839 年 10 月 18 日的信函,知悉英国决定对华发动战争后便开始做出部署,1840 年 6 月海军司令伯麦以及远征军总司令懿律率领的舰队分别从印度及南非抵达中国水域后,战争便正式开始。他们按照巴麦尊的指示,只对珠江口做封锁,并没有直接攻击或登陆虎门

---

① 参 Maurice Collis, *Foreign Mud: Being an Account of the Opium Imbroglio at Canton in the* 1830's *and the Anglo-Chinese War that Followed* (London: Faber & Faber Ltd, 1946), pp. 250-252;叶灵凤:《香港的失落》(香港:中华书局,1989 年),第 28—36 页。曾参与事件的相关人士后来都写了报告,包括林则徐、义律以及负责去购买粮食的郭实猎。《钦差大臣林则徐等奏为英领事义律率船偷袭已予反击及葡人代为转圜折》,《鸦片战争档案史料》(天津:天津古籍出版社,1992 年),第 1 册,第 678—681 页;"Minute of Conversations held by Mr. Gutzlaff with some of the Chinese Officers at the Anchorage of Kaulung," *The Chinese Repository* vol. 11 no. 9 (September 1842), pp. 466-467;"Under the Same Date Captain Elliot at Hongkong Wrote the following Letter to Viscount Palmerston," ibid., pp. 467-468;另外,有学者说这次事件可能是义律在初期不愿占领香港的一个原因,理由是他没法在那里取得补给品。Ernest John Eitel, *Europe in China: The History of Hong Kong from the Beginning to the Year* 1882 (Hong Kong: Kelly & Welsh, 1895), p. 104.

② Captain Elliot to Ke-shen, 12 December 1840, FO 17/47, p. 22; also in *British Documents on Foreign Affairs*, Part I, Series E, vol. 16, p. 164.

以至广州,后便大举挥军北上,展开占领舟山群岛以及封锁长江黄河出海水域的作战。① 就是在英军迅速占领舟山,登陆定海后,琦善从 8 月开始跟懿律、义律展开谈判,并通过琦善所委派的其亲信白含章在 1840 年 8 月 15 日(道光二十年七月十八日)到英舰上取得巴麦尊的公函,才知悉英国人要求赔偿的具体方案。

上文已指出过,巴麦尊在公函里明确提出要清廷把沿海小岛割让给英国,另外还有要求就销毁鸦片做出金钱赔偿,以及两国公文往来以平等地位对待、废除行商垄断贸易等。② 在接到这些要求后,琦善马上奏报道光,"伏候训示遵行"③。8 月 28 日(八月初二),琦善提出与义律见面。④ 8 月 30 日(八月初四),义律和琦善第一次见面商谈。根据跟随义律去到中方阵营的罗伯特·乔斯林(Robert Jocelyn, 1816—1854)的叙述,只有义律和琦善,还有作为翻译的马儒翰参加了谈判,其余的人只是被安排在其他帐幕里等候。会议连续开了六小时,在此期间经常传出响闹的争吵声音,但始终没有达成什么结果,还是要等候皇帝的指令。⑤ 但据一份英国

---

① Palmerston to Captain Elliot, 18 October 1839, FO 17/29, pp. 43-48; ibid., pp. 2-3; Palmerston to the Lords Commissioners of the Admiralty, 20 February 1840, FO 17/41, pp. 136-143; ibid., p. 11。在 2 月 20 日的函件里,巴麦尊明确指示,没有必要在广州地区登陆作战,原因是那里离开北京太远,不能起决定性的作用,因此必须攻击接近首都的地点。茅海建正确地指出,这才是英军在最初阶段没有和广东开战的原因,而不是如不少人所说因为林则徐已做好防备,英人感到畏惧而故意回避。茅海建:《天朝的崩溃:鸦片战争再研究》,第 142—143 页。事实上,在一些英人的回忆录里,当时一般士兵都做好准备,随时攻击虎门和广州,因而对于懿律和义律率军北上,只留小部分军力在南面封锁珠江,感到非常失望。Lord Jocelyn, *Six Months with the China Expedition*; *Or*, *Notes from a Soldier's Note-book* (London: John Murray, 1841), p. 42.

② Palmerston to the Minister of the Emperor of China, FO 17/37, pp. 92-95; also in *British Documents on Foreign Affairs*, Part I, Series E, vol. 16, pp. 14-15.

③ 《琦善奏进呈英所递公文折》,《筹办夷务始末》(道光朝),卷十二,第一册,第 380 页。

④ 琦善致懿律,1840 年 8 月 28 日,FO 663/46, p. 142a;又见《鸦片战争の研究(资料篇)》,第 12—13 页。

⑤ Jocelyn, *Six Months with the China Expedition*, pp. 109-116.

外交部的报告,义律受到很友善和礼貌的接待,并约定在会议翌日派员去接收来自皇帝的指令;跟着,皇帝的答复如期在会议后一天(8月31日)的晚上送过来。① 不过,现在见到琦善的照会所署日期是会议当天的,即8月30日(八月初四)。②

在这第一轮的响应里,英人所提的要求确是如义律所说"一一被御廷批驳不允"③,除了不肯赔偿烟价外,在割让海岛的问题上,琦善说"天朝体制不能另辟一境,致坏成规",但同时又要求英人"应即返棹南返,听候钦派大臣驰往广东,秉公查办"④。经过几次往来书信后,义律愿意回到澳门,在广东继续谈判,原因在于义律认为琦善的文书语调温和、态度合理,相信清廷是渴求和平⑤,会"做出重大和有意义的让步"⑥。

在广东谈判开始后不久,琦善真的做了一个很大的让步,就是愿意赔偿烟价。在1840年12月11日(道光二十年十一月十八日)的照会里,琦善答应"设法酌酬洋银五百万两",作为销烟的赔偿;他更强调"其银既非大皇帝准给,系由本大臣爵阁部堂另行筹办",他也同意在文书往来时不用禀谕等说法,但在割让的问题上却态度强硬,既说"因通商而转与之以地,无论于理不顺,亦复于情不协",又说如果义律坚持要求割地,"势必致

---

① "Narrative of Occurrences During the Visit of Her Majesty's Squadron to the Yellow Sea and Gulf of Pechelee," 12 January 1841, *British Documents on Foreign Affairs*, Part I, Series E, vol. 16, p. 107;除了这份报告外,英档案中还有另一份有关这次会议的报告,但大抵内容跟文书所见是一样的。"Narrative of the Negotiations," 13 May 1841, ibid., pp. 204-207;但正式由义律在会议后马上记下的备忘录,见 Memorandum by Captain Elliot, of his conference with Keshen, 31 August 1840, FO 17/39, pp. 63-80; ibid., pp. 128-132.

② 琦善致懿律,1840年8月30日,FO 663/46, pp. 142a-142b;又见《鸦片战争の研究(资料篇)》,第13—14页。

③ 懿律、义律致琦善,1840年9月1日,FO 663/46, p. 143a;又见同上,第15页。

④ 琦善致懿律,1840年8月30日,FO 663/46, p. 142a;又见同上,第13—14页。

⑤ George Elliot & Captain Elliotto Palmerston, 29 September 1840, FO 17/39, pp. 141-142; also in *British Documents on Foreign Affairs*, Part I, Series E, vol. 16, p. 97.

⑥ "Narrative of the Negotiations," 13 May 1841, ibid., p. 211.

诸事不能仰邀大皇帝允准"。① 跟着,就是义律对此照会做响应时,香港首次出现在他们的谈判内容上,这便是刚提到1840年12月12日(道光二十年十一月十九日)义律发给琦善的照会。

在这照会里,义律除要求增加赔款外,在土地割让的问题上,他提出了另外的方案,那就是撤回割地的要求,但中国要另行开放广州、厦门、定海三个港口,进行自由贸易。另一方面,由于清廷要求英军早日撤出舟山,义律提出英军必须进驻香港,直至所有事情圆满解决。义律说:"英国原亦不求取地方。"②换言之,英国在这第一次向中方提到香港的时候,其实并不是要永久割让香港的。在这里,义律是执行着巴麦尊指示中所提供的选择,就是如果能开放新的通商口岸,可以放弃割让海岛。

为什么义律会在这时候忽然提到香港? 在这以前,所有中英往来公文中都没有香港的出现,而当时英国人也还没有派兵占领香港,因此,义律这要求看来来得很突然。但其实英国内部对这问题已开始做讨论。最先提出来的也的确是懿律和义律。1840年9月29日,二人写信给巴麦尊,汇报谈判的进展,提出有信心在短期内达到一个临时的协议,包括鸦片赔款,另外"也许可以在广州附近取得庇护站(insular station),在那里建立较大规模、稳固和改善的环境来开展贸易"③。对于这个建议,巴麦尊仍然是持反对的意见。他始终认为如要建立庇护站,最好还是选择在舟山群岛或其附近地区,这点是在谈判中所必须坚持的。但他还是留有一点余地,就是如果出于英军健康的理由,即舟山的气候对"欧洲人健康有不可挽救的伤害"(there is something in the climate of Chusan

---

① 琦善致义律,1841年12月30日,FO 663/46,p. 156a;又见《鸦片战争の研究(资料篇)》,第30—31页。

② Captain Elliot to Ke-shen, 12 December 1840, FO 17/47, pp. 19-23; also in *British Documents on Foreign Affairs*, Part I, Series E, vol. 16, p. 164.

③ 原文是:"probably of gaining an insular station near Canton, and of opening out the trade at that point upon an extended, solid, and improving footing, ..." George Elliot & Captain Elliot to Palmerston, 29 September 1840, FO 17/39, p. 142; ibid., p. 97.

irremediably deleterious to the European constitutions），他们还是可以考虑放弃舟山的。① 他这顾虑是有道理的，因为懿律他们在 9 月 29 日的信函中第一点的汇报，便是有大量留驻舟山的英兵病倒。②

　　另一个关键人物是英国驻印度总督奥克兰伯爵（George Eden, Earl of Auckland, 1784—1849），自始至终，奥克兰都是鸦片战争中英方的主导人物。在战争还没有开始前，义律在收到巴麦尊在 1839 年 2 月 21 日的指令后，便马上写信给奥克兰，商讨战争的部署和作战策略。③ 就像其他人一样，奥克兰在初时也是认定要占领甚至割让舟山的，但在 1840 年 11 月 20 日，也就是在义律还没有向琦善提出愿意以占领香港来换取撤出定海前，他便曾经提出要改变战略。他不认为要进攻和占领舟山，因为那里的天气及位置都不如理想，且跟中国内陆太接近，容易受到攻击。相反，他建议如果再要开战，便应该进攻虎门，然后占领广州河口上的一个海岛，先可作为随后军事活动的基地，然后可以仔细考虑永久占有这海岛或其他合适的海岛，使之成为英国属土。④ 不过，奥克兰伯爵并没有提到香港岛的名字。

　　无论如何，琦善没有对占领香港问题做响应，只是开始跟义律商讨开放其他贸易港口，以换取割让海岛。然而，对于义律要求在广州以外另加开放厦门和舟山，让外国人自由做买卖，琦善有很大的保留。因此，他采取讨价还价的方法，除愿意增加一百万两的鸦片赔偿，合共六百万两（义律要求七百万两）外，只愿意在广州以外再加一个新的港口，但带有两项条件。一是这新港口只是一处"马头"，意思是"准令乘舟载货前往，即在舟中与行户互市，仍遵定例，不得上岸居住，与居民私自交接"。另一条件

---

① Palmerston to George Elliot & Captain Elliot, 3 February 1841, FO 17/39, p. 123; ibid., pp. 111-112.

② George Elliot & Captain Elliot to Palmerston, 29 September 1840, FO 17/39, p. 140; ibid., p. 96.

③ Captain Elliot to Lord Auckland, 21 February 1840, FO 17/38, pp. 166-169; ibid., pp. 50-51.

④ Lord Auckland to George Elliot & Captain Elliot, 11 January 1841, FO 17/49, pp. 26-32; ibid., p. 114.

则是英方必须先"缴还定海,方见实在恭顺,方可据情代奏"。①

　　同样地,义律也采取讨价还价的策略。在 1840 年 12 月 17 日(道光二十年十一月二十四日)的照会里,义律一方面接受六百万赔款,另一方面则坚持要增加至三个通商口岸:广州以外,"浙闽两省,抑在江苏福建两省,将各省一处开港贸易",他答应如能这样,在签署条约后一个月内即会把定海的英兵全部撤走。此外,他不能接受只在舟中与行户互市,因为这是没法有效地完成买卖的,但他强调说:"此请并无别故,只有求与方便馆所,俾得寄寓贸易。"②但由于琦善不肯接受他的要求,反问"试思何国商人能有二处贸易马头?",更指斥英人"既非意图占据,何必又于他处久住?"。③ 这样,义律又回到索地的讨论去,要求在"外洋"有"如西洋人在澳门竖旗自治无异"的地方。④ 面对这要求,琦善回说:"查天朝准令外国之人前来贸易,已属大皇帝格外恩施,断无再给地方之理。亦经本大臣爵阁部堂备文照会,并据贵公使大臣来文内,声明不再求地,今何以又有与给寄居一所之语?"对于澳门的问题,琦善说那"相沿已久,并非始自我朝","贵国岂能以前朝之事,强为比附?"⑤

　　至此,琦善和义律的谈判陷入僵局。1841 年 1 月 5 日(道光二十年十二月十三日),义律和伯麦分别向琦善发出重新开战的最后通牒,两天后伯麦发动攻击,迅速轻易攻陷沙角(穿鼻)及大角,广东水师提督关天培(1781—1841)提出停火要求,琦善也马上继续做谈判。但显然,这时候义律的筹码已很不一样了,而目睹英兵怎样船坚炮利的琦善,态度更加软化,再不敢轻言主剿或开战了,但另一方面又由于他虚报战果,说什么"我

---

① 琦善致义律,1840 年 12 月 15 日,FO 663/46,p. 156b,又见《鸦片战争の研究(资料篇)》,第 34 页。

② 义律致琦善,1840 年 12 月 17 日,FO 663/46,p. 157b;又见同上,第 37 页。

③ 琦善致义律,1840 年 12 月 26 日,FO 663/46,p. 160b;又见同上,第 44—45 页。

④ 义律致琦善,1840 年 12 月 29 日,FO 663/46,p. 162a;又见同上,第 46 页。

⑤ 琦善致义律,1841 年 1 月 2 日,FO 682/1974/1;又见同上,第 49 页。

军奋力回击""我兵亦即回攻,无分胜负"①,以致朝廷认为"一力剿除,有何棘手之处?",更下旨"断不能再邀恩宥,该大臣[琦善]亦不准代为奏请也"②。他处于两难局面,最后就只能违抗皇帝谕旨,继续私与义律谈判,且只能够节节让步。

在随后的谈判里,琦善显得十分被动。义律首先要求永久占领沙角,然后又愿意接受以香港来做交换,还有尖沙嘴、红坎等地出现在他们的谈判往来文书里,最后义律借着琦善在 1841 年 1 月 18 日(道光二十年十二月二十六日)照会上一句无论在语境还是词意上都很含糊的"现在诸事既经说定"③来总结谈判的结果,并于 1 月 20 日向英国在华侨民宣布达成初步的安排(the conclusion of preliminary arrangements),④更在 1841 年 1 月 25 日(道光二十一年正月初三)派兵登陆占领香港,并于第二天(1 月 26 日,正月初四)由伯麦主持仪式,正式在香港岛上插上英国国旗,⑤且向英国侨民以及香港原居民发出通告,宣布永久割让香港,成为英国属地。⑥

---

① 《琦善又奏义律不候回文直扑炮台折》,《筹办夷务始末》(道光朝),卷二十,第二册,第 695 页。
② 《廷寄——答琦善奏片》,同上,第 697 页。
③ 《琦善照会》,1841 年 1 月 18 日,FO 682/1974/25,又见《鸦片战争の研究(资料篇)》,第 73 页,唯佐佐木正哉在抄录此照会时下署日期为道光二十一年十二月二十六日,实手民之误,因原照会日期为道光二十年十二月二十六日。
④ "Circular to Her Britain nick Majesty's Subjects," 20 January 1841, FO 17/47, p. 171; also in *British Documents on Foreign Affairs*, Part I, Series E, vol. 16, pp. 179-180.
⑤ 有关英军在 1841 年 1 月 26 日在香港插上英国国旗的仪式,可参 K. J. P. Lowe, "Hong Kong, 26 January 1841: Hoisting the Flag Revisited," *Journal of the Royal Asiatic Society Hong Kong Branch* vol. 29 (1989), pp. 8-17.
⑥ "Circular to Her Britain nick Majesty's Subjects," 20 January 1841, FO 17/47, p. 171; also in *British Documents on Foreign Affairs*, Part I, Series E, vol. 16, pp. 179-180; "Proclamation By Charles Elliot, Esquire, a Captain in the Royal Navy, Chief Superintendent of the Trade of British Subjects in China, and holding Full Powers under the Great Seal of the United Kingdom of Great Britain and Ireland to execute the office of Her Majesty's Commissioner, Procurator, and Plenipotentiary in China," 29 January 1841, ibid., p. 23;这两份公告当时亦发表在《中国丛报》内。*The Chinese Repository*, vol. 10 no. 1 (January 1841), pp. 63-64.

尽管义律三番四次说到与中方全权大臣达成协议,但即使从他自己的汇报看来,这所谓协议还是很有问题的。在 1841 年 2 月 13 日的函件里,义律很详细地向巴麦尊汇报了与琦善几次的会议,让我们更清楚地知道个中情况。1841 年 1 月 27 日(道光二十一年正月初五),二人在莲花山举行会议,琦善认为在帐幕商谈不方便,于是改在琦善的船上长谈。在会议中,义律交给琦善一份条约中文本,二人逐项商讨,但最终没有达成协议,①义律更在五天后发出照会,强调"盟约诸条情节","万不能有更改",甚至以"必致再开衅端交战"来胁迫琦善签署。②

关于这次会议,琦善也曾向道光汇报,他根本不敢向道光说明与义律相约谈判,只说自己正在查勘虎门,到达狮子洋河面,而这时候义律乘船前来求见:

> 是日情词极为恭顺,惟据呈出所议章程草底,并据议及嗣后夹带鸦片,以及漏税走私,均将货船没官。而其中间有行之室碍者,奴才当加指驳,该夷即求为酌改,兹已另行更定,容俟拟就,录呈御览。③

不但没有片言只字提及割地的讨论,且好像是支配大局,胜券在握,难怪论者有所评论,琦善这时候只能"全靠谎言来维持日子"④。

据义律说,莲花山会议后原定在第二天继续谈判,但琦善身体不适,会议延期,回到广州。1841 年 1 月 31 日(道光二十一年正月初九),琦善派人把一份条约的修订稿送给义律,义律在 1841 年 3 月 10 日另一份写给

---

① 除了义律自己的汇报外,宾汉也记录下双方在该次会议中没有达成协议。Bingham, *Narrative of the Expedition to China*, vol. 1, p. 418.

② 义律致琦善,道光二十一年正月初十日,FO 682/1974/29;又见《鸦片战争の研究(资料篇)》,第 77 页。又该照会下署公历"一千八百四十一年二月初一日",又是手民之误,实应为二月二日。《条约草案》,同上,第 81—82 页。

③ 《琦善奏义律缴还炮台船只并沥陈不堪作战情形折》,《筹办夷务始末》(道光朝),卷二十二,第 776 页。

④ 茅海建:《天朝的崩溃:鸦片战争再研究》,第 215 页。

巴麦尊的汇报里说，义律把这份修订稿撕掉，交还给来人。① 不过，琦善认为他所拟定的四条条款，在内容上与义律所拟定的相差不远，只"不过汉文通顺，是以语句字面，每有不同"②。这不是义律所能接受的。其后，琦善和义律在 2 月 11 及 12 日（正月二十及二十一日）两天再举行会议，这次会议在虎门蛇头湾举行，根据义律的说法，经过"大约 12 小时紧张的讨论"（about twelve hours of anxious discussion），双方达成协议。不过，这时候琦善要求再过十天才签署，义律只好答应。③ 但义律即在第二天把《条约草案》送过来，且有"逐一缮写汉英同文一张"，要求两国全权代表一起盖印；④然后又在 2 月 16 日（正月二十五日）写信来警告，如不能在该月内完成盖印了结，"必使再开衅端"。⑤ 但两天后的 2 月 18 日（正月二十七日），琦善仍告诉义律"日来抱恙甚重，心神恍惚"，要待痊愈后才"即行办理"。⑥ 不过，最终琦善也没有签署这份条约，因为在这以前，他违背谕旨，继续与义律议和，甚至做出各种各样的让步，以至有意割让香港的消息，已经传到道光那里，琦善地位不保。

本来，道光对琦善确是非常信任和倚重的。即便在 1841 年 1 月初广东监察御史高人鉴曾上奏，批评琦善"身任大员，辄以懦怯之词，轻宣诸口，惑人听闻"，又把"本系无赖"的白含章以及"不安本分，作奸犯科"的鲍

① Captain Elliot to Palmerston, 10 March1841, FO 17/47, p. 235; also in *British Documents on Foreign Affairs*, Part I, Series E, vol. 16, p. 247.
② 琦善致义律，1841 年 2 月 5 日，FO 682/1974/31；又见《鸦片战争の研究（资料篇）》，第 79 页。
③ Captain Elliot to Palmerston, 13 February 1841, FO 17/47, pp. 198-200; also in *British Documents on Foreign Affairs*, Part I, Series E, vol. 16, pp. 234-237.
④ 义律致琦善，1841 年 2 月 13 日，FO 682/1974/33；又见《鸦片战争の研究（资料篇）》，第 80—81 页。
⑤ 义律致琦善，1841 年 2 月 16 日，FO 682/1974/34；又见同上，第 83 页。佐佐木正哉所录此照会下署公历日期为一千八百四十一年二月初六日，实误，应为 1841 年 2 月 16 日。
⑥ 琦善致义律，1841 年 2 月 18 日，FO 682/1974/37；又见同上，第 84 页。

鹏带到广州,"别构事端",①但道光不为所动。就是在琦善奏报沙角、大角失陷,并"相应请旨将奴才交部议处"的情况下,②道光虽也确将琦善交部"严加议处",但又马上说"仍督率调到各官兵,奋勇堵剿,迅奏肤功",不见严厉责怪。③ 但到了 2 月中旬,在琦善奏报莲花山会议情况后,道光的朱批变得非常严厉:

> 朕断不似汝之甘受逆夷欺侮戏弄,迷而不返,胆敢背朕谕旨,仍然接递逆书,代逆恳求,实出情理之外。是何肺腑?无能不堪之至!汝被人恐吓,甘为此遗臭万年之举,今又摘举数端,恐吓于朕,朕不惧焉。④

且马上传令把琦善革职交部议处。及至广东巡抚怡良(1791—1867)奏报英兵占领香港,并"指称钦差大臣琦善与之说定让给"⑤后,道光立即发上谕,痛骂琦善"辜恩误国,实属丧尽天良",着即革职锁拿,押解回京严讯,所有家产亦即查抄入官。⑥ 在这情形下,即使义律再逼迫琦善签署协议也毫无意义了;事实上,义律这时候也收到琦善被撤换的消息,⑦而过去几个月来二人的谈判,尤其是在广州有关割让香港及开放口岸的谈判,都完全没有落实,而由义律所草拟的《条约草案》,虽然后来被一些历史学家称为

---

① 《高人鉴奏琦善将白含章鲍鹏带往粤东或至别构事端折》,《筹办夷务始末》(道光朝),卷十九,第二册,第 645 页。
② 《琦善奏义律攻占炮台折》,同上,卷二十,第 709—710 页。
③ 《上谕》,《筹办夷务始末》(道光朝),第 711 页。
④ 朱批《琦善奏义律缴还炮台船只并沥陈不堪作战情形折》,同上,卷二二,第 778—779 页。
⑤ 《怡良奏英强占香港并出伪示折》,同上,卷二三,第 803 页。
⑥ 《上谕》,同上,第 804—805 页。
⑦ 义律在 1841 年 3 月 10 日写给巴麦尊的信里说,在 2 月 23 日便听到消息,清廷已派遣三名官员来取代琦善。Captain Elliot to Palmerston,10 March1841, FO 17/47, p. 235; also in *British Documents on Foreign Affairs*, Part I, Series E, vol. 16, p. 247.

《穿鼻草约》,甚至有《穿鼻条约》的说法,①但从上面的讨论所见,我们很可以确定当时双方都没有任何人在上面签署盖章,所谓的《穿鼻草约》全属子虚乌有。②

　　以上对琦善和义律就香港问题的谈判过程所做的综述,表面看来是颇为简单直接的,但其实,真正的问题是在当中的一些细节,尤其是涉及翻译的部分。

———————————

① 在当时所有的文件里都从没有出现过《穿鼻草约》这样的名称。据考证,最早是欧德里(Ernest John Eitel, 1838—1908)在 1895 年用了《穿鼻条约》(Treaty of Chuenpi)。见 Eitel, Europe in China, p. 122;在中文世界方面,上引蒋廷黻在 1931 年发表的《琦善与鸦片战争》,被视为是最早提出琦善与义律签订《穿鼻草约》的文章。参邱远猷:《〈穿鼻草约〉纯属子虚乌有》,俞明主编:《〈南京条约〉与香港百年》(北京:中国社会科学出版社,1998 年),第 308 页。

② 相近的说法,可参见同上,第 302—311 页;胡思庸、郑永福:《〈穿鼻草约〉考略》,《光明日报》1983 年 2 月 2 日;庄建平:《琦善从未签订〈穿鼻草约〉》,《历史档案》1986 年第 3 期(1986 年 8 月),第 99—102 页;佐佐木正哉(著)、李少军(译):《论所谓〈穿鼻约条草案〉》,《外国学者论鸦片战争与林则徐》(福州:福建人民出版社,1989 年),第 157—175 页。但除佐佐木正哉外,其余各篇学者其实并没有直接参考过当时中英往来文书的。另一方面,在英文的著作里,《穿鼻条约》(Convention of Chuenpi; Treaty of Cheunpi; Treaty of Chuanbi)仍继续出现,如 Gerald S. Graham, The China Station: War and Diplomacy, 1830—1860 (Oxford: Clarendon Press, 1978), p. 148,甚至说条约是签署过了。另外,一本颇受注意的著作却有着严重的错误,Opium Wars 里说英国人根据《穿鼻条约》(Chubei Convention)以 600 万元买下香港岛,但中国人被迫支付 600 万元去赔偿英国开战的费用,正好用来抵消出卖香港的收入。这是从没有人提过的说法。见 William Travis Hanes III and Frank Sanello, Opium Wars: The Addiction of One Empire and the Corruption of Another (Nalerville, Ill.: Sourcebooks, 2002), p. 120。又近年出版有关鸦片战争的专著:Julia Lovell 的 The Opium War 也有 Treaty of Chuanbi 的说法,只是她没有说是正式签署,而说是义律和琦善"同意"的条约("Elliot and Qishan agree the Treaty of Chuanbi")。参 Julia Lovell, The Opium War: Drugs, Dreams and the Making of China (London: Picador, 2010), p. 368;潘勋中译本作"义律与琦善同意订定《穿鼻草约》",见蓝诗玲(著)、潘勋(译):《鸦片战争:毒品、梦想与中国建构》(台北:八旗文化/远足文化,2016 年),第 385 页。

五

上文说过，"香港"一词最早出现在当时的谈判往来文书中是在 1840
年 12 月 12 日（道光二十年十一月十九日）义律所发的一份照会里。不
过，严格来说，"香港"一词其实在当时是没有出现的，我们见到的是"the
Island of Hong-Kong"，但那只出现在义律自己用英文书写的照会里，"香
港"并不见于琦善所收到的中文本照会，理由是中文本的书写者马儒翰在
翻译义律这份照会时，把"the Island of Hong-Kong"译为"外洋红坎
山"，①因此，琦善所收到的照会，并没有"香港"的出现。北京大学历史系
教授郭卫东曾指出过这问题，但却没有能够解释其原因，②而季压西、陈伟
民在《来华外国人与近代不平等条约》中则认为这是一个误译，且这并不
是马儒翰唯一所犯的误译。他们指出，义律在 1841 年 1 月 11 日曾发照会
给琦善，表示"同意接受香港海岸和港湾，以代替沙角"，"但是，这份英文
照会在经过了马儒翰的翻译，再到了中国人手上时，义律的话令人奇怪地
变成了另一种意思"，因为马儒翰的翻译用的是"今拟将尖沙嘴洋面所之
尖沙嘴、红坎即香港等处，代换沙角"。他们在征引过靖逆将军奕山的奏
折后说明，"尖沙嘴与香港当时为两处地方。可是译成中文时，香港海岸
和港湾却转成'尖沙嘴、红坎即香港等处'，把尖沙嘴、红坎等地与香港混
为一谈"。此外，季压西和陈伟民又以义律在 1841 年 3 月 5 日（道光二十
一年二月十三日）的"停战协议的条款"来"证明义律本人没有把'尖沙嘴'
与香港混为一谈"。③ 这样，马儒翰对 1840 年 12 月 12 日及 1841 年 1 月

---

① Captain Elliot to Ke-shen，12 December 1840，FO 17/47，pp. 19-23；also in
British Documents on Foreign Affairs，Part I，Series E，vol. 16，p. 164；义律致
琦善，1840 年 12 月 12 日，FO 663/46，p. 156b；又见《鸦片战争の研究（资料
篇）》，第 33 页。

② 郭卫东：《转折——以早期中英关系和〈南京条约〉为考察中心》（石家庄：河北人民
出版社，2003 年），第 273 页，注 1。

③ 季压西、陈伟民：《来华外国人与近代不平等条约》，第 518—519 页。

11 日照会所提供的中文译本,就变成这次中英谈判中的一次误译,而这误译是来自马儒翰一人。

然而,事实是马儒翰并没有如季压西和陈伟民所说"把尖沙嘴、红坎等地与香港混为一谈"。关于尖沙嘴、红坎与香港所指的具体地点,下文会详细分析,但就马儒翰照会中的文字表面看来说,也不应有此混淆的说法,因为"尖沙嘴、红坎即香港等处"的意思是:"尖沙嘴,以及红坎(即香港)等处。"在这里,尖沙嘴和红坎是两处地方,因此才会有"等处"的说法,如果说尖沙嘴和红坎两地合在一起即香港,那只是一处地方,不可能有"等处"。更重要的是,当我们看到照会的原件时,我们更能确定在马儒翰笔下,尖沙嘴和红坎是两处不同地方,而红坎就是香港,因为原件中"即香港"三字是写在"红坎"旁边,夹在两行的中间的,所指的显然就只是"红坎",与尖沙嘴无关,[①]马儒翰根本不是要说尖沙嘴和红坎跟香港"混为一谈",他是把两者分开来说的。

关于红坎和尖沙嘴的问题其实十分复杂,要深入讨论,不是简单地说马儒翰误译就算能够把问题解决了。这一节先讨论"红坎"的翻译,下一节分析尖沙嘴的问题。

应该同意,马儒翰的确是把红坎等同香港的。这点从上面谈过的两份照会翻译可以确定,一方面他的确把义律"the Island of Hong-Kong"译成红坎山,另一方面他又有"红坎即香港"的表述,因此,这点是毫无疑问的了。但问题是:为什么马儒翰会做出这样的翻译?他的理解准确吗?这里涉及的是香港在鸦片战争以前的名称问题。

首先要指出,英国人当时对 Hong Kong 的理解是颇为一致的,那就是:香港是一个海岛。上文说过,在英文书写里,现在所知最早见诸文字记录的是阿美士德使团的成员。1816 年,英国派遣第二个使团到中国,大

---

① 义律致琦善,1841 年 1 月 11 日,FO 682/1974/12;又见《鸦片战争の研究(资料篇)》,第 62 页,不过,佐佐木所编此书为重排本,排印时没有依样把"即香港"放在行间,而是连续排下去,变成"尖沙嘴、红坎即香港等处",这是没法准确表达原照会的意思的。

使阿美士德从伦敦出发,而副使小斯当东(George Thomas Staunton, 1781—1859)及译员马礼逊等当时则身处澳门,相约在香港岛对出海面会合,因而使团成员的回忆录里便有述及香港的地方。阿美士德在向东印度公司总部撰写报告时,便明确说过"Hongkong, one of the islands near the mouth of the Canton River"①,而成员 Clarke Abel 也有"Hong-kong, one of the Ladrone Islands"②,John M'Leod 则有"the Hong Kong islands"③的说法,甚至后来出任香港总督的德庇时(John Francis Davis, 1795—1890)也说过香港是在澳门东面约 35 哩的一个海岛。④ 换言之,英国人所说的 Hong-kong,就是义律所提出的"the Island of Hong-Kong"。显然,义律的理解也是以 Hong Kong 为海岛的名字,所以他在照会里要求让英兵屯驻占领的是整个香港岛:"in occupation of the Island of Hong-Kong"。这个理解很重要,而且是这场有关割地的谈判中的一个关键问题。琦善后来在 1841 年 2 月 18 日(道光二十一年正月二十七日)上奏朝廷时曾指责过英人"得陇望蜀":

> 兹蒙垂询香港地势情形。查香港离省四百六十里,孤悬海外,较澳门为尤远,只系全岛中之一隅,其余毗连者,又名大潭,又名裙带路,又名赤柱,又名红香炉。若就全岛而论,东西约长五十里,南北约宽二十里,专就香港而论,东西约十里,南北约五里,岛内间有民房田

① "Lord Amherst's Report to the President of the Board of Co mmissioners of the Affairs of India, 8 August 1816," F.O. 17/3, p. 44.

② Clarke Abel, *Narrative of a Journey in the Interior of China*, *and of a Voyage to and from that Country in the Years* 1816 *and* 1817(London:Longman, Hurst, Rees, Orme, and Brown, 1818), p.160.

③ John M'Leod, *Voyage of His Majesty's Ship Alceste*, *to China*, *Corea*, *and the Island of Lewchew* (London:John Murray, 1817), p. 21.

④ John Francis Davis, *Sketches of China*; *Partly During an Inland Journey of Four Months*, *Between Peking*, *Nanking*, *and Canton*; *with Notices and Observations Relative to the Present War* (London:Charles Knight & Co., 1841), p. 6. 不过,德庇时这本书是在 1841 年才出版。

> 庐,较之别岛为少。奴才原拟只就香港酌请裁给,今该夷借图全岛,
> 是其得陇望蜀,狡诈性成。①

这段文字很重要,表明琦善对香港的理解跟义律及其他英国人的理解不一样,当英国人全都认定香港是一个海岛的时候,琦善却以为香港只是岛上一隅,所以,他认为义律最初只不过要求岛上一小隅的地方,但后来又改为要求取下全岛,那是英国人得陇望蜀,贪得无厌。不过,从上面的讨论可以看到,那只是因为琦善不明白英国人原来的要求,而这不明白是因他对香港有不同的理解。但能不能说琦善的理解是出于他个人的无知或错误? 在这里,我们有必要仔细检视在中文世界里,"香港"在鸦片战争前所指的是什么。

有学者指出,"香港一名始见汉籍的年代是明万历中叶",所根据的是明人郭棐(1529—1605)在 1602 年前后成书的《粤大记》。② 不过,应该强调的是:"香港"其实并没有出现在《粤大记》的文字描述内,而是用来标注在书末所附《广东沿海图》上的一个小岛。因此,学者认为"从《粤大记》图示可知,从万历年间起香港已是今港岛的总称"③。不过,这说法是有问题的。诚然,《粤大记》中的《广东沿海图》确是标出了一个名字为"香港"的小岛,但那并不是今天的"香港"岛。其实,在《广东沿海图》中这所谓的"香港"岛旁,有一个更大的岛,上面注有"铁坑"(即今天的黄竹坑)、"春砲"(即今天的春磡)、"赤柱"、"黄泥埇"等几个地名,都是今天香港岛上的地方,且地理位置也颇为准确,所以,《广东沿海图》上这个没有标明名字的大岛才是今天的香港岛。那么,《广东沿海图》上的"香港"小岛又是指什么? 从地理位置看,那应该是今天"鸭脷洲"的位置所在,那也是一个小岛,面积只有 1.3 平方公里,在香港岛的东南面,就是今天仍需以大

---

① 《琦善奏查明香港地势及现在筹办情形折》,《筹办夷务始末》(道光朝),卷二十三,第 832—833 页。
② 金国平:《中西舆图上的 Lantao 与香港》,《西力东渐:中葡早期接触追昔》(澳门:澳门基金会,2000 年),第 51 页。
③ 金国平:《中西舆图上的 Lantao 与香港》,《西力东渐:中葡早期接触追昔》(澳门:澳门基金会,2000 年),第 51 页。

桥——名字就叫"鸭脷洲大桥"——连接到香港主岛去。

那么,今天的香港岛从前又叫什么?其实,所见到的在鸦片战争前的中文材料里,无论是文字或舆图,都没有香港岛这样的说法或概念,倒有好几个不同的说法来指称这海岛,最普遍的是红香炉。除《粤大记》中的《广东沿海图》外,现在见到最早的香港附近地区地图是收在雍正八年(1730年)陈伦炯《海国闻见录》中的《沿海全图》,上面即绘有一名为"红香炉山"的小岛,这就是今天香港岛的所在;[1]而据称现藏于德国图书馆的一幅乾隆五十五年(1790年)晚香堂绘本《边海全图》,也把香港岛称为"红香炉山";[2]另外,一幅极为罕见、应属于粤水师的19世纪初《福建广东海防航海图》同样绘有名为"红香炉"的海岛,[3]以至1810年(嘉庆十五年)《广东沿海统属图》[4]以及1819年(嘉庆二十四年)王崇熙编纂的《新安县志》中的《海防图》,也全都把今天的香港岛称为"红香炉"。[5] 此外,也有人称之为"洪香炉",自身为广东人的闽浙总督颜伯焘(1788—1853),晚至1841年7月14日(道光二十一年五月二十六日)上奏朝廷时仍说"香港为商船驶向内洋必由之路,其岛曰洪香炉"[6]。

---

[1] 《海国闻见录》卷二十七;参谭广濂:《从圆方到经纬:香港与华南历史地图藏珍》(香港:中华书局,2010年),图版30,第72—73页。

[2] 刘蜀永:《香港地名的由来》,《刘蜀永香港史论集》(香港:中华书局,2010年),第45页。

[3] 谭广濂:《从圆方到经纬》,图版31,第75—79页。

[4] 同上,图版32,第80页。

[5] 同上,图版28.2,第67页。

[6] 《闽浙总督颜伯焘奏报探闻粤省文武苟安三元里乡民抗英被压等现在情形折》,《鸦片战争档案史料》,第3册,第554页。有学者否定这说法,认为红香炉只是汛站的名称,不能代表全岛。对于颜伯焘"其岛曰红香炉"的说法,他也做否定,理由是"1841年,已正是中英相[双]方确认以'香港'代表整个香港岛的时期,故奏折上用上'红香炉'为岛名的介绍,只是方便官僚的认知,与实情有所出入"。林准祥:《香港岛地名新考(上)》,《灼见名家》,2016年8月13日。但这缺乏说服力,因为当时英国人从没有用过"红香炉",即使他们确是以Hong Kong做全岛的名字,但他们并没有说红香炉是全岛的名字。况且,在颜伯焘的奏折里,"香港"仍只是全岛的部分地区,不是全岛。

那么,为什么《粤大记》中的《广东沿海图》会把今天的鸭脷洲标注为
香港岛? 必须指出,我们只在《粤大记》见到这样的说法,但这并不是说从
前没有一处叫作香港的地方,只是在其他史料里,"香港"是另有所指。
1822 年(道光二年),阮元(1764—1849)所修《广东通志防略》中《新安县沿
海图》上书有"香港外海",大约位置在今日的香港仔地区。① 关于这"香港
外海"的概念,专门研究早期香港历史的高志(Austin Coates),曾有这样
的说法:

> 中国人一般不会为一些像香港这么大的岛屿名命,这里所说的
> 是那些一下子看来不像岛屿的一类。……较小的海岛会以岛上主要
> 村落的名称做识别,但那时候没有一条村子叫香港村,因此,[香港]
> 这名字只是渔人们用来指称香港岛周围良好的捕鱼水域,指的是水
> 域,而不是陆地。这名称最可能是指香港岛的南面,在香港仔与鸭脷
> 洲之间的一带地方,但这是没法确定的。②

至于具体的水域,香港史专家罗香林(1906—1978)指出,香港西南部海湾
其中一处叫石排湾,"石排湾东,则自明至清初,均称为香港"③。由此看
来,《粤大记》中的《广东沿海图》把鸭脷洲标注为香港岛,正是因为鸭脷洲
就是坐落在这"香港外海"的水域。

但除了外海水域外,我们还可以见到以"香港"命名的陆地。今天属
于香港新界的锦田邓氏族人邓致祥等,在 1842 年(道光二十二年)为控告
佃户吞占田地,向割让后成立不久的港英殖民政府入禀一份《香港等处税
亩总呈》,内中记有"康熙二十三年垦复原迁土名大潭、横沥、香港、大捞

---

① 刘蜀永:《香港地名的由来》,第 46 页。
② Austin Coates, *Macao and the British*: *Prelude to Hongkong* (Hong Kong:
   Oxford University Press, 1966), p. 191, note 1.
③ 罗香林:《香港之海湾与特产及其前代隶属》,罗香林等著:《一八四二年以前之香
   港及其对外交通——香港前代史》(香港:中国学社,1959 年),注八,第 12 页。

下、洛子垄等处税三顷三十二亩一分六厘"①。这里所说的"康熙二十三年垦原迁土",指的是清初为对抗郑成功(1624—1662)而采取的迁海政策,香港地区也受影响,至1683年(康熙二十二年)清军平定台湾后才结束,陆续开始"展界"。② 这样,"香港"作为地方名称,早在康熙年间就已经确立。在这份《香港等处税亩总呈》内,香港与大潭、横沥等并列,虽然没有说明香港的位置,但这也能够进一步确定"香港"在当时并不是一个海岛的名称,因为大潭就在今天的香港岛上。不过,高志所说没有一条村子叫香港村是错误的,因为清代文献中确记有"香港村"。王崇熙《新安县志》卷二《舆地略·都里》中即记有"香港村",与黄泥涌、薄凫林等村庄并列,归官富司管属。③ 罗香林认为,石排湾——"香港外海"海湾——的东北岸即被称为"香港村"。④ 必须指出,"香港村"之名,一直沿用至《南京条约》

---

① 参罗香林:增注七,张月娥:《香港村与九龙新界等地香品之种植与出口》,同上,第120页。该份《香港等处税亩总呈》,电子扫描本见于香港大学图书馆;4月20日;又邓氏在道光年间所作之呈请,是要追讨佃户在香港割让后拒绝纳租,并把土地售与英人。有关情况,可参 James Hayes, "Hong Kong Island Before 1841," *Journal of the Royal Asiatic Society Hong Kong Branch* vol. 24 (1984), pp. 120-125。不过,该文中引述邓氏文献时有"Hong Kong Island"的出现(第122页),实则中文原文是"香港山"。

② 1661年(顺治十八年),清廷采用郑成功降将黄梧的献计,将沿海居民向内地迁徙五十里,更划出一条界线,不准逾越;又将所有沿海船只烧毁,严令不准居民出海。据考证,当时属于广州府新安县的香港于1662—1664年(康熙元年至三年)曾大举迁海,新安县地被迁三分之二,所以,今日的整个香港地区在迁界的范围以内。有史家形容迁海时期是香港前代史中的"黑暗期"。萧国健:《香港古代史》(香港:中华书局,1995年),第124页。关于香港迁海的情况,可参许剑冰:《狮子岭与清初香港九龙新界之迁海与复界》,《一八四二年以前之香港及其对外交通》,第129—150页。

③ 王崇熙:《新安县志》,卷二,第82页,《中国方志丛书·华南地方》(台北:成文出版社,1974年),第一七〇号,第98页;参罗香林:增注九,《一八四二年以前之香港及其对外交通》,第121页。

④ 罗香林:《香港之海湾与特产及其前代隶属》,同上,第12页。萧国健也认为"十六、十七世纪间,石排湾之东北部(即今香港仔之地)为莞香及香木集散地,该港湾遂被称为'香港',意即芬香的港口,住于湾畔之村落遂被称为香港村"。萧国健:《香港历史点滴》(香港:香港教育出版社,1992年),第3—4页。

英国在香港建立殖民统治以后,藏于英国国家档案馆的编号 F.O. 233/186 文件有关香港受殖民统治早期的中文文书中,便经常见到"香港村"。① 其实,也许正是这个原因,最初英国人就把一个村落的名字理解为整个海岛的名字,所以有香港岛的说法。但对于大部分中国人来说,香港村就是数个小村子,而且不是岛上最大的村子,因为在地图上我们见到的是以其他村子作为整个海岛的名称,例如过去也有以"赤柱山"作为全岛名称的说法,②赤柱就是香港岛东南部的一个渔村。

但无论如何,一直以来在中国人的理解里,从没有一个叫香港的海岛。换言之,琦善没有把香港视作整个海岛是合理和可以接受的,因为除了琦善以外,其他官员向朝廷奏报时,说法也一样。就是在英军占领了香港岛后,奕山在 1841 年 4 月 26 日(道光二十一年闰三月初六)的一份奏折对香港做了这样的描述:

> 查香港距新安一百六十里,离[省]城四百四十余里。该处于赤柱、红香炉、裹带路各处互相毗连,形如鼎足,共为一大岛,周围约一百四十余里,裹带路与尖沙嘴两相对峙。若就香港鼎形一足而论,周围共约三十余里,铺户十二间,居民约七十余家。面海背山,殊非泊船要澳,祇缘毗连裹带路等山,故前次该夷以借香港为名,恳请寄居,其实欲据裹带路与红香炉两处等语。详核所禀,自属实在情形。③

这明确说明整个海岛是由好几处地方——其中包括香港——所组合而成的。另外,1841 年 7 月 26 日(道光二十一年五月二十八日),道光指令两广总督祁㙷(1777—1844)查证琦善原是答应割让小岛一隅还是全岛,他

---

① 卜永坚:《香港早期文书——英国国家档案馆藏 F.O.233/186-187 号档案释文》,《田野与文献》第 65 期(2011 年 10 月),第 7,33 页。

② 《新安县志》《海防图》上除了"红香炉"外,还有另一海岛名"赤柱"。谭广濂:《从圆方到经纬》,第 67 页。也有人认为那才是香港岛。刘蜀永:《香港地名的由来》,第 45 页。

③ 《奕山等奏明琦善与义律晤谈情形等事折》,《筹办夷务始末》(道光朝),卷二八,第二册,第 1001 页。

虽然也说全岛统名香港,但更详细的"就中分析,则香港地方在岛之西南,由香港而西而北而稍东为裙带路,再东为红香炉,由香港而东为赤柱,地名虽分,其实诸峰均相钩连"。又说"该夷前求香港与之寄居,意不重在香港,而重在裙带路与红香炉,名则借求香港,实则欲占全岛"①。这也是以香港为全岛一部分。不过,祁𡐳所说英国人名义上只求香港,实则要占领全岛的说法是错误的,因为上文已分析过,在英国人的理解里,Hong-kong是整个海岛,更不要说义律的照会明白地写上"the island of Hong-kong",他从一开始便清楚要求整个海岛。

但是,马儒翰用"红坎山"来翻译"the Island of Hong-Kong"又是否准确?我们知道,这"山"其实就是"岛"的意思,就像"红香炉山"一样。那么,为什么会用"红坎"来翻译 Hongkong?在现在所能见到的中文资料里,我们看不见有所谓的"红坎"这样的一处地方或海岛。在今天,香港的九龙半岛上有一处地方叫红磡,就在尖沙嘴旁。"坎"和"磡"无论在粤语还是普通话的读音上都相同,且由于马儒翰曾把尖沙嘴和红坎放在一起("尖沙嘴、红坎即香港等处"),以致有学者误会马儒翰笔下的红坎就是今天的红磡。②但这是不正确的,这不单是因为红磡这名称是在稍后才出

---

① 《祁𡐳等奏查覆虎门炮台裂及琦善与义律讲话各情形折》,同上,卷三十,第1102—1103 页。

② J. Y. Wong, "The Cession of Hong Kong: A Chapter of Imperial History," *Journal of the Oriental Society of Australia* vol. 11 (1976), p.52;黄宇和是第二次鸦片战争史的专家,其著作最大特点是大量运用原始资料,都是极为扎实及具权威性的作品。J. Y. Wong, *Yeh Ming-ch'en, Viceroy of Liang Kuang, 1852—1958* (Cambridge: Cambridge University Press, 1976);中译本见黄宇和(著)、区鉷(译):《两广总督叶名琛》(北京:中华书局,1984 年);J. Y. Wong, *Deadly Dreams: Opium, Imperialism, and the Arrow War* (1856 — 1860) *in China* (Cambridge: Cambridge University Press, 1998)。

现①——上文提及 1730 年的《海国见闻录》以至 1819 年的《新安县志》上
今天的红磡地区叫作赤坎村,②更重要的是今天的红磡地区根本不是海
岛,马儒翰不可能以今天的红磡地区来翻译"the island of Hong-kong"。

既然"红坎"不等同"红磡",那它又是什么意思?其实,这是很简单
的:红坎就是马儒翰所自创的对 Hong Kong 的音译。

上文说过,在鸦片战争爆发前的二十多年,阿美士德使团一行在香港
对出海面会合,无论是阿美士德正式向东印度公司做的报告,还是使团成
员的回忆录里,都用上了 Hong Kong。不过,这并不是 Hong Kong 最早
的出现。根据从前在香港大学地理及地质系任教的塔尔博特(Henry D.
Talbot)的研究,一幅在 1780 年绘制的航海图是现在所知最早绘画出香港
岛的英国地图。这幅航海图由东印度公司船只"约克号"船长乔治·海特
绘制,同时也参考了一幅葡萄牙及一幅中国的地图。③ 在这幅航海图里的
一个海岛,标示的名字是"Fan-Chin-Cheou or He-ong-kong"。④ 我们无法确

---

① 一说红磡之名先见于 1909 年,有建筑工人打井,涌出的井水为朱红色,该区便以
红磡为名。http://zh. wikipedia. org/wiki/% E7% B4% 85% E7% A3% A1;检索
日期:2014 年 9 月 2 日。但这说法不准确,因为意大利宗座外方传教会传教士和
神父(Simeone Volonteri, 1831—1904)在 1866 年所绘的一幅《新安县全图》(现
藏澳洲国立图书馆)中便有红磡的名称。《新安县全图》("Map of the San On
District"),谭广濂:《从圆方到经纬》,图版 43,第 100—102 页。
② 同上,第 72—73,67 页。
③ Henry D. Talbot , "A British Maritime Chart of 1780 Showing Hong Kong," *Journal of the Royal Asiatic Society Hong Kong Branch* vol. 10 (1970), pp. 128-133.
④ 同上。这幅地图原名为"A Chart of the China Sea from the Island of Sanciam To Pedra Branca with the Course of the River Tigris From Canton to Macao from a Portugese draught co mmunicated by Captain Hayter and compared with the Chinese Chart of the Macao Pilots." 1780 年 11 月 29 日由 Sayer & Bennett 印制, 20 世纪 60 年代末由香港大学地理及地质系购买及收藏,Talbot 在发表文章时只把 "Fan-Chin-Cheou or He-ong-kong"及其他地方名字排列出来,没有附上地图。不 过,Barry Lawrence Rudermann Antique Maps Inc.网站上放了一幅 1794 年 5 月 12 日由 Laurie and Whittle 在英国伦敦印制的版本,可以让我们见到其面貌。"A Chart of the China Sea from the Island of Sanciam To Pedra Branca with the Course of the River Tigris From Canton to Macao Corrected From the Surveys Made by Capn. Jos. Huddart and Captn J. P. Larkins ... 1794," www. raremaps. com/ gallery/detail/17668? view = print;检索日期:2015 年 4 月 27 日。

定这"Fan-Chin-Cheou"是什么意思,[1]但"He-ong-kong"这名字是很有意思的。

在这里,一个很值得注意的现象是"He-ong-kong"跟后来所用的 Hong Kong 在拼写上的不同。阿美士德使团成员所用的全都是 Hong Kong,这不但见诸书面文字,就是克拉克・阿神尔(Clarke Abel)的 *Narrative of a Journey in the Interior of China* 中加插的地图,也是注出 Hong Kong 的。[2] 为什么会有拼音上的差异? 罗香林曾这样分析过"香港"的译音问题:

> 许地山先生《香港与九龙新界租借地史地探略》,谓最先引导英国水师由赤柱经香港围以达山北之土人,相传为蜑民陈群。证以英人对香港一名之译音为 Hong Kong,其说殆可信焉。盖香港之香,以蜑语读之,则适音如 Hong,即释守温三十六组之匣母浊声,为深喉音;与广府语之读香作 Heong,即守温三十六组之晓母清声,乃为浅喉音,迥不相同;与客家语之读香作 Shong,为翘舌尖音,即守温三十六组之审母清声者,亦不相似;与国语之读香作 Hsiang 者,尤不相同。今日香港仔之水上蜑民,其对外交往,虽多已改操广府语音,然年老蜑民之相互谈话,则多数仍操其传统方音。其早年之读香港作

---

① Henry D. Talbot 的文章中明言不知道"Fan-Chin-Cheou"是什么意思。有学者说这是"泛春州"。林准祥:《Kowloon Hong Kong 的迷思》,《灼见名家》,2014 年 11 月 20 日,http://master-insight.com/content/article/2562,检索日期:2016 年 8 月 13 日。但该作者所据的也是 Hayter 的地图,他除了没有注明 Talbot 的文章有关"Fan-Chin-Cheou"的发现外,也没有说明哪里有中译"泛春州"的出处。在另一篇文章里,该作者用的是"泛春洲"做"Fan-Chin-Cheou"的翻译,但在同一文两处地方,都加上问号:"现存绘制于 1775 年由澳门至马尼拉的航海图串,出现'Fan-Chin-Cheo'(泛春洲?)的地标。""可是,仍待解答的问题也有不少。如香港岛在'香港'名字出现时,西方有记录是'泛春洲'?"林准祥:《Hong Kong 不是香港? 重新检视'香港'英文名字的由来》,《灼见名家》,2015 年 11 月 20 日,http://www.master-insight.com/content/article 整 page/4/1? nopaging=1,检索日期:2016 年 8 月 13 日。

② Clarke Abel,*Narrative of a Journey in the Interior of China*,after page 58.

Hong Kong 者，正其方音表露之一例耳。①

罗香林所提到的许地山（1893—1941）的《香港与九龙新界租借地史地探略》，发表于 1941 年的《广东文物》上，在当时是一篇很难得的高水平的香港史论文，②但文章有关陈群在鸦片战争期间引导英国水师的说法有误，因为 Hong Kong 一名的出现，远在英国水师到来之前。不过，罗香林所说蜑民的部分是正确的："香"拼作 Hong，就正如罗香林所分析，是出自蜑语。另一方面，1780 年乔治·海特船长的航海图以"heong"来译"香"，所根据的便是广府口音。这是很合理的，因为上文已指出过，这幅航海图是参考一幅葡萄牙及一幅中国的地图而制成的，信息就是来自澳门和广州周边地区，所用的就是广府话而不可能是蜑语了。

但这跟马儒翰翻译 Hong Kong 有什么关系？一个长期被忽略的史料是：英国人早已为 Hong Kong 做过一个中译：红江。这出现在今天所能见到的第一幅中英对照澳门水域地图里。

这幅地图在互联网上是可以搜寻到的，③地图顶端的位置写有"This Chart of the different passages leading to MACAO ROADS, Is respectfully Dedicated To the Honorable the Court of Directors for the Affairs of the United East India Company, By their most Obedient Servants, DANIEL ROSS, & PHILIP MAUGHAN, Lieutenants of the Bombay Marine, 1810."，由此可以知道地图是由东印度公司"孟买海军"（Bombay Marine）舰队上尉罗斯（Daniel Ross, 1780—1849）及穆罕（Philip Maughan）在 1810 年绘制的。"孟买海军"成立于 1612 年，目的是要保护东印度公司的商船，最初名为"东印度公司海军"（East India Company's Marine），1686 年英国在印度的商贸活动转移到孟买

---

① 罗香林：《一八四二年以前之香港及其对外交通》，增注十一，第 122 页。
② 许地山：《香港与九龙新界租借地史地探略》，收广东文物展览会（编）：《广东文物》（香港：中国文化协进会，1941 年），中册，第 418—429 页。
③ 例如 Majesty Maps & Prints 的网站：http://www.majestymaps.com/items/1810-macau-roads-east-india-company-hong-kong/。检索日期：2015 年 4 月 20 日。

(Bombay)后,舰队易名为"孟买海军"(Bombay Marine)。① 根据香港海事博物馆首任馆长戴伟思(Stephen Davies)的研究,②罗斯于 1780 年在牙买加出生,是苏格兰商人 Hercules Ross 的私生子,1796 年加入"孟买海军"为军官学校学员,1805 年,东印度公司伦敦总部特选委员会调派罗斯及其指挥的战船"羚羊号"(the Antelope)到澳门,从 1806 年 5 月 5 日抵达后开始,罗斯及其下属穆罕即对附近海域进行勘察及绘图,东印度公司在 1807 年所印刷的四幅地图,即由他们二人所绘制。尽管遭遇不少困难,除要对付海盗外,还得要处理及应付澳门葡萄牙人以至中国官员的干扰,他们的勘察及绘图工作一直持续至 1821 年。正如戴伟思所说,他们确实把"香港放置在地图上"(put Hong Kong on the map),"对于改变中国其后的历史扮演了重要的角色"。③

　　这幅 1810 年澳门路线航海图最大的特点在于它以中英两种语言标示主要地方名称。从这些中英对照的地名看来,地图是以英文为主,即先以英文标出地方名称,然后再配上中文的音译。这种做法除了更符合英国人绘测地图的实际运作外,更主要的原因在于地图上不少中文地名并

---

① Anne Bulley, *The Bombay Country Ships*, *1790—1833* (Richmond, Surrey: Curzon Press, 2000); Anirudh Deshpende, "The Bombay Marine, Aspects of Maritime History 1650—1850," *Studies in History* vol. 11 no. 2 (August 1995), pp. 281-301.

② 这里有关 Daniel Ross 的描述,参考自 Stephen Davies, "American Ships, Macao, and the Bombay Marine, 1806—1817: Delicate Lines for a Junior Officer to Tread—the Role of Daniel Ross in the Charting of the China Seas," in Paul A. Van Dyke (ed.), *Americans and Macao: Trade, Smuggling, and Diplomacy on the South China Coast* (Hong Kong: Hong Kong University Press, 2012), pp. 33-48;笔者未能参考的另一相关作品是 Agnes M. Butterfield, "Hercules Ross of Kingston, Jamaica and Rossie, Forfar 1745—1816, with a Sketch of the career of Captain Daniel Ross, FRS, Bombay Marine, later Indian Navy 1780—1849," Unpublished M.A. thesis, University of Manchester, 1982。

③ "Putting Hong Kong on the Map: The Strange Story of Captain Daniel Ross, Marine Surveyor," *Royal Asiatic Society*, *Hong Kong Branch Newsletter*, 20th January 2007, pp. 1-2.

不采用当时已有的说法,足以说明他们不是以中文为底稿的。这只要比较一下差不多同时期的中国地图便很清楚了,例如同是 1810 年绘制的《广东沿海统属图》以及 1819 年王崇熙《新安县志》中的《海防图》,里面如"九龙""急水门""鲤鱼门""佛头门"等,在罗斯的地图里是给音译为"九弄""急思门""礼衣门""火头门",显然,提供这些中文译名的人是不熟悉这些地方的,只是直接地根据英文地名读音做出音译而已。

在这幅现在见到最早的中英文本的香港澳门水域图上,今天的香港岛的英文拼写是 Hong Kong,这没有什么特别的地方,1813 年来到这里的阿美士德使团成员也把这海岛叫作 Hong Kong,最值得注意的倒是它的中文名字:红江。从这条资料可以确定,Hong Kong 最早被英国人译成中文的叫法是"红江",跟香港几乎完全扯不上关系。"红江"的名字从来不见于任何中文的材料里,它究竟是什么意思? 那只是简单的音译,还是另有含义? 罗斯的地图对为什么当时会把 Hong Kong 译成"红江"没有任何说明,但有两条长期没有受到注意的资料,让我们清楚地知道英国人最早把 Hong Kong 翻译成"红江"的真正原因。

我们在上文提过,地图以外,Hong Kong 最早见诸英国文书的是来自阿美士德使团成员的回忆录,但一直很少人提及的是 1810 年澳门路线航海图的绘制者罗斯,可以说他也在某种程度上参与过这次使团。使团的译员马礼逊以及其他成员都说,1816 年 7 月 7 日,副使小斯当东及马礼逊等一行,乘坐东印度公司的船只"发现号"(the Discovery)从澳门氹仔出发,驶往香港水域等候,准备跟从英国过来的使团成员会合——"发现号"的船长便是罗斯。① 这一资料可以解释为什么阿美士德使团会以香港海域作为会合地点,而更重要的是,使团成员阿裨尔还记录了他们来到香港水域后曾多次登上香港岛,且尝试攀登主要的山峰,终因天气太热而放

---

① Robert Morrison,*Memoir of the Principal Occurrences during an Embassy from the British Government of the Court of China in the Year* 1816 (London: Hatchard & Son, 1920), p. 13.

弃。但这山峰原来早已曾经由罗斯测量过,高度大约是海拔 1500 英尺。①
由此我们可以确定,阿美士德使团成员曾通过罗斯对香港岛做过理解,而
今天能为我们解开"红江"之谜的,就是阿美士德使团内两位懂中文的成
员:德庇时和马礼逊。

我们知道,德庇时在印度出生,因为父亲 Samuel Davis(1760—1819)
是东印度公司董事,德庇时得以在 1810 年受聘为初级书记(junior
writer),1813 年被调派到广州,②开始跟随马礼逊学习中文,更由于当时
广州特选委员会主席益花臣(John Fullerton Elphinstone,1788—1854)
刚批准马礼逊的建议,重整商馆的中文班,设立特别部门,德庇时被挑选
出来,从 1814 年开始不用承担书记的工作,专心学习中文。③ 德庇时学习
中文的进度很不错。1814 年 10 月 20 日,商馆派遣他以译员身份跟随小
斯当东到广州与中国官员开会,处理十分棘手的问题。④ 会议结束后,小
斯当东对德庇时的表现很满意。⑤ 此外,在学习中文的最初阶段里,德庇
时即着手翻译中国文学作品。1815 年 1 月,东印度公司特选委员会批准

---

① Abel, *Narrative of a Journey in the Interior of China*, p. 60;这资料大体是准确
的,他所指的应该就是今天所称的太平山,最高点为 544 公尺,约 1820 英尺。

② Morse, *The Chronicles*, vol. 3, p. 191.

③ 关于马礼逊在东印度公司广州商馆开设中文班,可参苏精:《马礼逊的中文教学:
英国第一位中文教师》,《中国,开门! 马礼逊及相关人物研究》(香港:基督教中国
宗教文化研究社,2005 年),第 43—64 页;Susan Reed Stifler, "The Language
Students of the East India Company's Canton Factory," *Journal of the North
China Branch of the Royal Asiatic Society for the Year 1938*, vol. 69 (1939), pp.
46-83.

④ 1814 年 10 月,广州商馆特选委员会为抗议广东官员拘捕为他们做事的通事李怀
远,以及反对设立洋行总商制度等种种不满,下令封舱及停止买卖。10 月 24 日,
斯当东和德庇时等在广州与中国官员展开谈判,双方曾经陷入僵局,终止谈判,最
后在 11 月 19 日重开谈判,达成协议。关于这次事件的前因后果及谈判,可参王
宏志:《天朝的译者:从"阿耀事件"看通事在近代中英交往史上的位置》,《中国文
化研究所学报》第 57 期(2014 年 7 月),第 203—232 页;王宏志:《斯当东与广州体
制中英贸易的翻译:兼论 1814 年东印度公司与广州官员一次涉及翻译问题的会
议》,第 55—86 页。

⑤ Stifler, "The Language Students," p. 65.

出版由德庇时翻译李渔(1611—1680)的《三与楼》,①并于同年与马礼逊的一些《京报》选译一起出版为 *Translations from the Original Chinese*, *with Notes*。② 由于这部作品的出版,德庇时成为第一位直接把中国文学作品译为英文的人。③

　　由于德庇时的汉语水平比较高,他被选派为参加阿美士德使团的四名译员之一,且在英方向清廷提供的使团译员名单排行第二。④ 由于德庇时当时身处澳门,因此他也是乘坐罗斯的"发现号"从澳门到香港水域的。那么,德庇时有没有可能知道罗斯的地图对 Hong Kong 使用了"红江"的翻译? 答案是肯定的,而且,德庇时很明确地接受了这样的翻译,甚至一直沿用下去。

　　1841 年,德庇时在英国出版一本记述他跟随阿美士德使团到中国所见所闻的书,由于这本书离使团来华已超过 20 年,而鸦片战争又已经爆发,因此他又加入了导致中英冲突的背景,书名就叫作《中国速写:部分来自四个月往返北京、南京及广州的内陆旅程;收录与今次战争相关的通告及观察》(*Sketches of China*: *Partly During an Inland Journey of Four Months*, *Between Peking*, *Nanking*, *and Canton*; *with Notices and Observations Relative to the Present War*)。在该书里,德庇时也记录了他们一行怎样在 1816 年 7 月 10 日晚上到达 Hong Kong,等候与使团人

---

① Morse, *The Chronicles*, vol. 3, p. 209.

② *Translations from the Original Chinese*, *with Notes* (Canton: The Honorable East India Company's Press, 1815).

③ 参 Lawrence Wang-chi Wong, "'Objects of Curiosity': John Francis Davis as a Translator of Chinese Literature," in Lawrence Wang-chi Wong and Bernhard Fuehrer (eds.), *Sinologists as Translators in the 17-19th Centuries* (Hong Kong: The Chinese University Press, 2015), pp. 169-203.

④ 《清代外交史料(嘉庆朝)》未见收录英使团所提供人员名单,只有《英贡使等进表听戏筵宴瞻仰陛辞人数拟单》,故宫博物院(编):《清代外交史料(嘉庆朝)》(北平:故宫博物院,1932—1933 年;台北:成文出版社,1968 年台一版),第五册,页三一至三二,总第 520—524 页。使团原来提供的名单,见英国外交部档案编号 FO / 16/32。

员会合。他还记下了使团中的自然学家及画家几次登上该海岛考察。与本文主题最为相关之处是：在第一次提出 Hong-kong 的名字时，德庇时加上一个脚注：

> Hong-kong 的名字，是从 Hoong-keang 地方语音转化出来的，那是"红色的江河"的意思，来自那里的一条河在飞越悬崖下海前冲刷泥土的颜色。
>
> (The name Hong-kong is a provincial corruption of Hoong-keang, "the red torrent," from the colour of the soil through which the stream flows previous to its fall over the cliff.)[1]

虽然在全书里(以至别的地方)德庇时都没有用中文把 Hong-kong 写出来，但从这脚注可以清楚确定，他所理解的 Hong-kong，就是罗斯那 1810 年地图上的"红江"，因为里面为这名字由来所做的解说是 the red torrent：红色的奔流，也就是罗斯绘制的地图上"红江"的意思。此外，我们也大概能知道德庇时所说的"红江"在那里，因为使团另一位成员阿裨尔在他的回忆录中所收录的一幅绘画，画的就是一条飞瀑奔流入海的情景，加上他的文字描述，那就是今天香港薄扶林地区的一条瀑布，使团成员就是在这里登上香港岛的。[2]

可以确定，马儒翰在战争谈判期间用"红坎"来翻译 Hong Kong 时，是没有能够参考德庇时的著作的。我们知道，马儒翰跟德庇时是相熟的，因为德庇时长期在中国，跟随马礼逊学习中文，而更重要的是，自 1834 年 8 月开始，马儒翰便接任英国驻华商务监督处汉文秘书兼翻译官一职，当时德庇时即为第二监督，及至律卑劳(Lord William John Napier，1786—

---

① Davis, *Sketches of China*, p. 6.
② 除了对于理解鸦片战争的翻译问题有所帮助外，这也是香港史研究的重要资料。过去有关香港名字由来的很多说法，全都是环绕着当中的"香"字，有海盗香姑的传说，而更多人接受的是因为香港出产和出口香木的缘故，但这来自英国人方面的资料却提供了另一个新的说法，对香港历史研究来说也是不容忽视的。

1834)在同年 10 月去世,德庇时更接替商务监督的位置,马儒翰就成了他的中文秘书。可是,德庇时在 1835 年 1 月 19 日辞职回国,第一次鸦片战争期间一直身在英国,马儒翰在 1840 年 12 月翻译 Hong Kong 时,既不可能跟远在英国的德庇时请教或商量,也不可能知道 *Sketches of China* 里"红江"的说明,因为该书是在 1841 年才在伦敦出版的。

不过,这并不是说马儒翰在 1840 年不知道"红江"的存在。众所周知,马儒翰的父亲马礼逊就是阿美士德使团的主要译员。既然德庇时能够在从澳门来香港时从罗斯那里知道"红江"的名字,马礼逊也是应该知道的,只是他并没有像德庇时那样在使团的回忆录里记下来。然而,我们却在马礼逊另一部作品里找到"红江"的踪影:*A Dictionary of the Chinese Language*。作为历史上第一本华英字典,*A Dictionary of the Chinese Language* 在一段很长时间里深具权威性及影响力,备受学术界重视,但一直以来被忽略的是"红江"原来在马礼逊字典的第二部分第一册《五车韵府》里出现过,①而且也正是用来翻译 Hong-kong:

> Hung Keang 红江 the stream Hong-kong. ②

不过,从条文可以见到,《五车韵府》里的"红江",明显跟罗斯和德庇时的理解是不一样的。对于罗斯和德庇时来说,红江是整个海岛的名字,尽管那跟一条河流很有关系,但马礼逊则说有一条叫 Hong-kong 的河,中译就是红江。

---

① 笔者第一次提出这说法,是在 2015 年 8 月 24—25 日台湾"中研院"近史所举办的"英华字典与近代中国"国际研讨会上所发表之论文:《马礼逊〈字典〉及〈五车韵府〉与鸦片战争中英官方往来文书翻译的几个问题》。就笔者所知,稍后提及《五车韵府》里收有"红江"一词的,是林准祥:《Hong Kong 不是香港? 重新检视'香港英文名字的由来》,《灼见名家》,2015 年 11 月 20 日,http://www.master-insight.com/content/article/5825/page/4/1? nopaging = 1。该文作者以为马礼逊"未曾到访过香港岛",实误。马礼逊有关阿美士德使团的回忆录,清楚记录了他跟其他人从澳门出发到香港岛对开海面停碇,部分船员登岸取水及考察。Morrison,*Memoir of the Principal Occurrences*,p. 14.

② Morrison,*A Dictionary of the Chinese Language*,part II,vol. I,p. 293.

　　我们没法知道为什么马礼逊有着这不同的理解，①但很可能这对马儒翰翻译"红坎"有影响，不要说马礼逊生前对于马儒翰的翻译工作很关注，②就是从常理以至实际操作上，马儒翰日常做翻译时，不可能不参考马礼逊的华英字典。事实上，我们的确可以找到明确的例子，证明马儒翰很大程度上采用华英字典的内容来做翻译。这是很可以理解的，这除了因为马儒翰跟随马礼逊学习中文外，更因为马儒翰在 1839—1841 年间第一次鸦片战争前期翻译这些中英往来文书的时候，*A Dictionary of the Chinese Language* 就是唯一已出版的汉英字典，因为随后最接近的也要到 1842—1843 年由麦都思（Walter Henry Medhurst，1796—1857）在巴达维亚出版的《英华字典》（*Chinese and English Dictionary*），更不要说卫三畏（Samuel Wells Williams，1812—1884）1874 年的《汉英韵府》（*A Syllabic Dictionary of the Chinese Language*）了。③

　　但问题是：当马儒翰从马礼逊的华英字典中找到 Hong Kong 的时候，不但不能为他解决翻译问题，却带来另一个问题，因为尽管字典提供了"红江"作为 Hong Kong 的中译，但那只不过是一条河流的名字，不能用来翻译"the island of Hong-kong"，假如马儒翰直接从字典条目拿去用作翻译，很有可能引起很大的误会，那肯定不是马儒翰想要的结果。

---

① 不过，马礼逊有关阿美士德使团的回忆录对 Hong-kong 的描述，那又不是一条河流：7 月 11 日及 12 日，上述五条船在 Hong-kong 取水，那是在 Le mmas 附近。阿裨尔先生登岸，执行他作为自然学家的任务。（On the 11th and 12th of July, the above mentioned five vessels watered at Hong-kong, near the Le mmas. Mr. Abel went on shore in pursuit of his object as Naturalist.）Morrison，*Memoir of the Principal Occurrences*，p. 14.

② 一个具体的例子是他曾就律劳卑名字的翻译写信给马儒翰，做出批评及指示。Robert Morrison to John Robert Morrison，10 July 1834，MS 5829/154/2，Wellcome Library，London. 这资料蒙新加坡南洋理工大学关诗佩教授提供，在此致谢。关于律劳卑来华时因为译名而引起的纷争，参王宏志：《律劳卑与无比：人名翻译与近代中英外交纷争》，《中国翻译》2013 年第 5 期（2013 年 11 月），第 23—28 页。

③ 关于近代中国华英字典的出版情况，可参沈国威：《近代英华华英辞典解题》（大阪：关西大学出版部，2012 年）。

　　既然不能用"红江"，马儒翰得要自己另作音译。可以想象，"红"是可以用的，他只要在接近"Kong"读音的字词中找一个可以作地方名称的字。不过，在马礼逊的字典里并没有 Kong 的标音，有的只是 keang，但在 keang 上，马礼逊加上广州方言的读音，Kong 或 Koang，①那仍然是可以采用的，但 keang 的读音中有两个很可能的字：一个是江，但上文刚指出过，由于红江是河流的名称，马儒翰是不会采用的，另一是"港"，但为什么又不用？ 在马礼逊的解释下，"港"其实也不合用：

　　港 From water and lane. Water diverging into streams like streets or lanes; a passage for ships; streams running into, or from the sea; arms of the sea.②

从这个解释看来，港和江有着相同的问题，都不适宜用作整个海岛的名称，因为义律原照会英文是作 the Island of Hong-kong 的，那是一个海岛，是土地，用来驻兵的，所以江海水道都不合用。在这情形下，"坎"便较合理了。在马礼逊的字典里，"坎"标音为 Kan，同时标明广州方言作 Koan，③而所做的解释是"a pit"，就是"土坑"，④指的便是土地，用作割让土地的要求较为合适。由此看来，马儒翰把 the Island of Hong-kong 译成"红坎山"，很可能是参考马礼逊的《五车韵府》后而自己音译出来的。

　　不过，应该强调，以"红坎"来翻译 Hong Kong，实际只出现了一段很短的时间，事实上，马儒翰是用过三种不同的方法来翻译 Hong-Kong 的，又或者说，Hong Kong 这个地方名字的中译，在短短的 30 余天里经历了三个发展阶段：

　　一、以"红坎山"来译"the Island of Hong-Kong"，见于 1840 年 12 月 12 日的照会。

---

① Morrison, *A Dictionary of the Chinese Language*, part II, vol. I, p. 393.
② Ibid., p. 396.
③ Ibid., p. 351.
④ Ibid., p. 356.

二、仍以"红坎"来译"Hong-Kong",但加入"香港",变成"红坎即香港",这见于 1841 年 1 月 11 日的照会。

三、直接采用"香港"来翻译,完全拿走了"红坎",最早见于 1841 年 1 月 14 日的照会。①

应该同意,Hong Kong 给翻译成香港,且从此落实以至长期沿用,是在第三个阶段(也就是 1841 年 1 月 14 日)才开始的。因此,这绝不是如季压西所说,"马儒翰已用'外洋红坎山'来替换'香港岛'",②事实正好相反,马儒翰最初以"红坎山"来翻译 Hong Kong,后来才以"香港"来替换"红坎山"。

不过,义律其后所发出的好几个照会中译都强调了"香港"是整个海岛。例如仅在两天后(1841 年 1 月 16 日)所发出的一份照会便有"以香港一岛接受"的说法,③1841 年 1 月 20 日照会有"香港岛",④1841 年 1 月 30 日照会有"将香港一岛让给英国主治"等,⑤而更重要的是义律在 1841 年 2 月 13 日送给琦善的"善定事宜",里面用的是"香港一岛,给予大英国主"。⑥ 这一方面采用了中国人对香港的名称,但同时又强调了整个海岛,免除中国方面误会,以为英国只不过想借住一处小村落。

---

① 义律致琦善,1840 年 1 月 14 日,FO 682/1974/19;又见《鸦片战争の研究(资料篇)》,第 69 页。该书所录照会日期作道光二十一年十二月二十二日,实误。

② 季压西、陈伟民:《来华外国人与近代不平等条约》,第 518 页。

③ 义律致琦善,1841 年 1 月 16 日,FO 682/1974/21;又见《鸦片战争の研究(资料篇)》,第 71 页。同样地,中文日期也错写成道光二十一年。

④ 义律致琦善,1841 年 1 月 20 日,FO 682/1974/26;又见同上,第 74 页。

⑤ 义律致琦善,1841 年 1 月 30 日,FO 682/1974/28;又见同上,第 76 页。

⑥ "善定事宜",FO 682/1974/33;又见同上,第 82 页。但佐佐本正哉在这里加上一个标题"条约草案",颇为误导。其实,除了义律自己所发的照会外,海军司令伯麦的一封照会也同样有"香港等处全岛地方"的译法。《伯麦照会》,FO 682/1974/27;又见同上,第 75 页。

六

尖沙嘴的问题又是怎样的？

在琦善与义律进行的广东谈判里，尖沙嘴的出现来得更晚。经过了1841年1月7日的第二次穿鼻之战后，英军轻易占领沙角（穿鼻）和大角。当琦善再次去跟英人谈判时，义律提出要永久占领中国土地。1841年1月8日（道光二十年十二月十六日）义律的照会里提出"应将现归英国占据之沙角地方，仍留英国官员据守，给为贸易之所"，而且，广州应该马上开港贸易，但是"所有贸易事务，即在沙角办理为妥"①。对此，琦善在三天后的1月11日（道光二十年十二月十九日）的照会里以一个很古怪的理由来提出反建议，"查沙角为我官兵阵亡之地，皆忠义灵魂所聚。贵国之人若在该处寄寓，亦甚不祥"，因此，他提出倒不如回到从前曾提过的另一个方案，就是"给予外洋寄居一所"。② 琦善没有在这里说明这外洋是指什么地方，但义律在同一天便作回复，提出了交换的地方：

> 沙角既难允为予给，本公使大臣仍欲权为依照贵大臣爵部堂之意，今拟以尖沙嘴洋面所滨之尖沙嘴、红坎即香港等处，代换沙角予给，事尚可行。若除此外别处，则断不能收领，此议已结矣。③

这段引文中红坎的问题我们在上一节已解决了，但看来尖沙嘴的出现也涉及翻译的问题。查证义律照会的英文本是这样写的：

> Being sincerely desirous of meeting your Excellency's wishes, he will now consent to accept the shores and harbour of Hong-Kong, instead of Shakok. No other places will be received. This is final. ④

---

① 义律致琦善，1841年1月8日，FO 682/1974/5；又见同上，第56页。
② 琦善致义律，1841年1月11日，FO 682/1974/11；又见同上，第61页。
③ 义律致琦善，1841年1月11日，FO 682/1974/12；又见同上，第62页。
④ "Captain Elliot to Ke-shen," 11 January 1841，FO 17/47, p. 141, pp. 201-202.

可以见到，在原英文本里是没有尖沙嘴一词出现的，义律用的是"the shores and harbour of Hong-Kong"，如果很"忠实"地去翻译，也许应该是"香港的海岸及海港"，又或是现在学者一般广泛引用的胡滨在《英国档案有关鸦片资料选译》里的翻译："香港海岸和港湾。"①那么，这里可又是另一个翻译的错误？

事实上，的确有学者认为这是翻译上出了问题，并分析这个错误所引起的政治后果。

先是郭卫东在其备受重视的鸦片战争专论《转折——以早期中英关系和〈南京条约〉为考察中心》（以下简称为《转折》）。他特别提醒"请注意，义律这份照会的中英文译本略有不同，英文原件词句的准确直译应该为'香港海岸和港湾'，但在中译本中却译为'今拟以尖沙嘴洋面所滨之尖沙嘴、红坎即香港等处，代换沙角予给'。多出了一个尖沙嘴的地名"。对此，郭卫东做出这样的评论：

> 马儒翰的这一改动是汉语水平不高造成的笔误，还是有意为之，不得而知。（鸦片战争时期，译才奇缺及不胜任，导致一系列重要文件上翻译的歧异，并带来若干严重后果，对此，美国学者费正清教授等早有论及。）②

此外，他又根据义律在六天后（1841年1月14日，道光二十年十二月二十二日）另一份照会的英文原件中仍然要求中方将"香港海岸和港口割让"，当中还是没有尖沙嘴字样，但同样地中文照会里也出现了"尖沙嘴、香港各处"的说法，证明义律对马儒翰的改动在最初时并不知晓。不过，郭卫东认为，"马儒翰的这一有意无意的改动所造成的结果却十分要紧"，因为原来的谈判只提香港，但"现突兀出现两地"。琦善于是照会义律，"尖沙嘴与香港系属两处"，要求英人"只择一处地方寄寓泊船"。郭卫东接着说：

① 《义律海军上校致琦善的照会》，《英国档案有关鸦片资料选译》，胡滨，译，（北京：中华书局，1993年），下册，第872页。
② 郭卫东：《转折——以早期中英关系和〈南京条约〉为考察中心》，第276—277页。

接此照会，英人当十分高兴，英人原本意在香港，尖沙嘴只是一个随意所译的地方，却反使英人由而轻取香港。这堪称是作出了一个莫须有的让步，英人是再便宜不过了。①

于是，义律发送照会，不再坚持尖沙嘴，只拿取香港岛，"英方向中方做出了并不存在的让步"②。

在《转折——以早期中英关系和〈南京条约〉为考察中心》出版了差不多十年后，郭卫东在2013年发表的一篇文章，在有关香港和沙尖嘴的问题上，重复了《转折》一书的观点，仍然有"马儒翰的改动是汉语水平不高造成的笔误还是有意为之，不得而知"，"马儒翰的改动最初大概也不为全权代表义律知晓"，甚至有"英方原本意在香港，尖沙嘴只是其译员（而非全权代表）随意所译的多出地方，反使其由此轻取香港，于英人是再便宜不过了"等表述。③

郭卫东以外，季压西、陈伟民的《来华外国人与近代不平等条约》中亦有专节讨论义律与琦善有关尖沙嘴的谈判问题，但基本上是重复郭卫东的说法，甚至用词上也颇有雷同的地方，④只是在马儒翰的"误译"问题上说得更明确：

把尖沙嘴、红坎等与香港混为一谈。这当是中文秘书马儒翰在

---

① 郭卫东：《转折——以早期中英关系和〈南京条约〉为考察中心》，第278页。
② 郭卫东：《转折——以早期中英关系和〈南京条约〉为考察中心》，第278页。
③ 郭卫东：《鸦片战争时期中英香港交涉译事三题》，《世界历史》2013年第2期，第34—35页。
④ 例如描述尖沙嘴时，郭卫东是这样说的："尖沙嘴是九龙半岛的一个岬角，与香港岛的中环隔1.5公里的海面相望，构成今维多利亚湾。"《转折》，第276页；《来华外国人与近代不平等条约》（第518页）的相关一段描述是："尖沙嘴是九龙半岛的一个岬角，与香港岛的中环和湾仔隔1.5公里的海面相望，构成今维多利亚湾。"另外，郭卫东所提颇有特色的说法"莫须有的让步"（第278页），也出现在《来华外国人与近代不平等条约》，第520页。不过，《来华外国人与近代不平等条约》相关一章的"注释"（第546—548页）以及全书的"参考文献"（第549—559页）均未见录出《转折》，令人颇感疑惑。

译成中文时改动或添加。值得注意的是,这类"误译"不是初犯……

马儒翰却在1841年1月(道光二十一年十二月)擅自添加一处"尖沙嘴"。这一"误译"似乎并不为英全权代表义律所知晓……

马儒翰见到这份中方照会,应该明白是由于自己上一份译文错误才导致中方的责问。令人奇怪的是,马儒翰似乎没有掩饰自己的误译,而是如实地翻译了这份可以向义律暴露自己译的中方照会……

从义律以后的照会可以看出,马儒翰很可能向他解释了自己"误译"之事(或为什么自己要这么译)的原因。

但是,有一点可以推测,那就是义律不会责怪他,因为正是这个"误译",歪打正着,迫使琦善两害取其轻,爽快地答应了英方的只割让一处地方的要求。

就这样,靠着马儒翰的误译,英方得了便宜又卖乖,作了一个莫须有的"让步",未经几个回合便轻而易举地从琦善那里获取了割让香港的许诺。①

此外还有"十分'离谱'地译作"的说法,②都是要确立马儒翰在这尖沙嘴的翻译问题上出错,这是可以理解的,因为该书本节的标题便是"误译与所谓的《穿鼻草约》"。

然而,马儒翰这次真的又犯上了一个"误译"吗?

我们完全同意马儒翰的中文水平不高,本文开首对此已有说明。不过,从翻译实践的角度看来,无论如何,任何一位译者,不管中文水平怎样,也不会"无意"地把"the shores and harbour of Hong-Kong"译成"尖沙嘴洋面所滨之尖沙嘴、红坎即香港等处"的,这两者从表面看来相差实在太远了;而且,这样的翻译不止出现一次,除了最初1841年1月11日(道光二十年十二月十九日)的照会外,还有三天后即1841年1月14日

---

① 季压西、陈伟民:《来华外国人与近代不平等条约》,第518—520页。
② 同上,第519页。

(道光二十年十二月二十二日)的另一份照会,又再一次把里面的"the shores and harbour of Hongkong should be ceded to the British Government for a Factory Establishment"译成"将尖沙嘴、香港等各处让给英国主治,为寄居贸易之所"。[①] 很明显,如果不是有意为之,这样的翻译是绝不可能重复出现两遍的,更何况我们在上文已分析过,马儒翰的翻译态度是严谨的。

那么,我们又应该怎样去分析马儒翰这个表面看来与原文有歧异的翻译? 其实,问题的症结在于对"the shores and harbour of Hong-Kong"应做怎样的理解。

我们知道,胡滨从英国外交部档案翻译过来的《英国档案有关鸦片资料选译》是不少鸦片战争研究学者所倚重的材料,它的重要性和贡献是毋庸置疑的。在该书前面的"说明"里,胡滨说在英国国家档案馆的资料里,"即使其中有些文件当时有中译本或原件系中文,但由于中文本文字晦涩,与英文件或英译本有较大的出入,所以我一一重新译出,以飨读者"[②]。但是,今天重新翻译,表面看来更通顺、更忠实的译文又是否一定能够更准确地重绘或说明历史的真相?

诚然,把"the shores and harbour of Hong-Kong"翻译成"香港海岸和港湾",看来是较准确的。但放在当时的历史语境里,我们不禁问:哪里是"香港海岸和港湾"? 上文在讨论"红坎"一词时曾指出,当时中、英对香港的理解是不一致的。在当时中国人的理解里,香港其实只是一条在香港岛西南面的村庄,从这样的理解出发,"香港海岸和港湾"便会是这村庄

---

① 义律致琦善,1841 年 1 月 14 日,FO 682/1974/19;又见《鸦片战争の研究(资料篇)》,第 69 页。照会原英文本见 FO 17/47,pp. 157-158,未收入 *British Documents on Foreign Affairs*:*Reports and Papers from the Foreign Office Confidential Print*,Part I,Series E,vol. 16 内,但有英国外交部 1841 年 5 月 13 日对义律和琦善谈判的记录,内录照会英文原件相关句子。见同书,第 223 页。此外,胡滨所译《英国档案有关鸦片资料选译》则把整份照会翻译出来。《英国档案有关鸦片资料选译》,下册,第 831—832 页。

② 胡滨:《说明》,《英国档案有关鸦片资料选译》,上册,第 1 页。

以及其对开的水域,大概就是石排湾以及后来所称的香港仔,也就是一些中文古籍里所说的"香港外海"及其海岸。但这会是义律想要攫取的地方吗? 我们不是已指出过,义律从一开始便是要求拿取整个海岛? 因此,尽管任何一位译者都很可以轻松地把"the shores and harbour of Hong-Kong"翻译成"香港海岸和港湾",但马儒翰却不会这样去翻。

另一方面,如果从英国人的角度去思考"the shores and harbour of Hong-Kong"这一问题,便不单可以知道义律当时要求什么,且更能理解马儒翰为什么会做出一个在表面字眼上不忠实的翻译。首先,Hong-Kong 是指 the Island of Hong-Kong,也就是整个香港岛,那是毫无疑问的了。那么,"the harbour of Hong-Kong"——香港岛的港湾,指的便应该是整个今天的维多利亚港,而不是海岛西北岸石排湾这样的一个小海湾。① 然后,维多利亚港的两岸(the shores),那可不就是包括了尖沙嘴和香港岛吗? 这样,马儒翰的翻译可不是十分准确吗?

此外,还有一直以来都被忽略,但却非常重要的两点。

第一,马儒翰是怎样去描述"尖沙嘴、红坎即香港等处"的? 在中文书写方面,马儒翰在两处照会中都说:"尖沙嘴洋面所滨之"尖沙嘴和香港。② 显然,这里加上"尖沙嘴洋面"绝不是画蛇添足,而是刻意的处理方法,因为如果他翻译成香港洋面,同样会引来很大的误会,让中国人以为是指岛

---

① 马士曾对"the harbour of Hong-Kong"下过定义,那是在描述 1829 年东印度公司在寻找合适海港停泊船只时提到的,所谓"the harbour of Hong-Kong"是指由鲤鱼门至香港岛东北角的海域,那就是我们今天所说的维多利亚港。不过,由于马士说这是后来的说法(an anchorage afterwards known as Hongkong Harbour),但却没有说明这后来具体是指什么时候,因此不能确定是否在 1829 年这里已被称为"the harbour of Hong-Kong"。Morse, *The Chronicles*, vol. 4, p. 213.

② 除了 1841 年 1 月 11 日(道光二十年十二月十九日)的照会外,还有另一照会是述及尖沙嘴和香港的,那就是 1841 年 1 月 14 日(道光二十年十二月二十二日)的一份。据佐佐木正哉(第 96 页)所抄版本,有关部分只写"将尖沙嘴、香港各等处让给英国主治"。但据琦善上奏朝廷奏折中所附义律照会,也是"将尖沙嘴洋面所滨之尖沙嘴、香港各等处让给英国主治"。"附件一",《钦差大臣琦善奏报沙角大角两炮台失陷及义律来文等情折》,《鸦片战争档案史料》,第 2 册,第 772 页。

上一隅的香港村对开的洋面,也就是石排湾附近的水域;但加上尖沙嘴洋面后,那位置便清晰明确,指的就是维多利亚港,不可能产生误会。另外在英文书写方面,义律后来(1841 年 3 月 10 日)曾向巴麦尊汇报占领尖沙嘴的消息,大概是估计巴麦尊不知道尖沙嘴的位置,义律向巴麦尊做了这样的介绍:"尖沙嘴半岛构成香港港湾的北面入口,就在鲤鱼门航道上。"(the peninsular of Tsien-Sha-tsuy, which forms the north side of the entrance of Hong-Kong harbour, at the Lyee-moon passage.)①,也是把尖沙嘴和香港的港湾扣在一起,而这里的香港港湾,显然也是指维多利亚港,因为他明确说是从鲤鱼门水道引进的海港。②

第二,在给琦善的照会里,义律说完了"accept the shores and harbour of Hong-Kong, instead of Shakok. No other places will be received. This is final."后,紧接着下一句:"The British limits may be hereafter plainly defined between your Excellency and Elliot."③这就是说随后要由义律及琦善再明确划定英国人的界线。如果义律所要求的仅是维多利亚港一岸,那就是香港岛的一边,那便根本不存在要确定边界的问题,因为英国人一直都是要把整个海岛拿下的。另一方面,尖沙嘴所处的九龙半岛,连接着今天的新界地区,英国人要求割让部分土地,那便有界线的问题,因而有需要容后再商讨。由此可以证明,义律在这次照会所提出要求的,确是今天维多利亚湾的两岸,也就是如马儒翰所说的尖沙嘴和香港岛。马儒翰把"the shores and harbour of Hong-Kong"翻译成"尖沙嘴、香港等处",绝不是把两个地方"混为一谈",而是准确地译出义律的要求,他的翻译不但不是误译,而且是考虑得很周详缜密的翻译。

---

① Captain Elliot to Palmerston, 10 March1841, FO 17/47, p. 240; also in *British Documents on Foreign Affairs*, Part I, Series E, vol. 16,p. 248.

② 胡滨在翻译义律的报告时,把"鲤鱼门航道"的 Lyee-moon passage 翻译成"莱孟航道",这明显是译者对相关课题认识不足所致。《英国档案有关鸦片资料选译》,下册,第 939 页。

③ Captain Elliot to Ke-shen, 11 January 1841, FO 17/47, p. 141; ibid., p. 202.

另外还有一份文件值得稍为分析一下，那就是义律就香港问题发给英国侨民的公告。义律在与琦善达成协议但琦善还没有签署认同前，便马上派兵侵占香港，并发出公告，通示英侨。对于这份公告，郭卫东有这样的说法：

> ［1841 年 1 月］20 日，义律发布"给英王陛下臣民的通知"，声称与中国钦差大臣达成了包括"把香港岛和港口割让给英国"的"初步协议"（请注意，义律此时仍沿用"香港岛和港口"的名目，佐证两地名仅指香港岛而言，并未包括尖沙嘴。稍后，义律曾向英国外交部详细汇报中英交涉经过，也未谈及曾向中方索要过尖沙嘴一事）。①

从这段文字看来，郭卫东仍然在说义律根本一直无意索占尖沙嘴，因为当中并没有尖沙嘴在内。可是，他大概忽略了义律这份"给英王陛下臣民的通知"（原文为"Circular to Her Britan nick Majesty's Subjects"）是在1841 年 1 月 20 日发出的，那时候，义律已同意只割让香港岛，当中并不包括尖沙嘴，因此，他实在没有理由把尖沙嘴也写在公告里。更重要的是这份公告的原文是"the cession of the island and harbour of Hong-Kong to the British Crown"，这明显跟较早前与琦善谈判时的说法不一样，因为早前马儒翰译作"尖沙嘴、香港等处"的照会，英文本原是作"the shores and harbour of Hong-Kong"的。上文分析过，"the shores"是众数，指的就是维多利亚港两岸，因此包括了尖沙嘴。但既然现在已决定放弃尖沙嘴，义律便不会再用"the shores and harbour of Hong-Kong"，因此，他在给英侨民的公告里改用了"the island and harbour of Hong-Kong"。由此可见，义律这份发给英国侨民的公告不但不能证明义律原来没有占领尖沙嘴的意图，且更进一步确定马儒翰把原先的"the shores and harbour of Hong-Kong"翻译成"尖沙嘴、香港等处"，是完全配合义律的计划，且准确地把义律的意思翻译出来。

---

① 郭卫东：《转折——以早期中英关系和〈南京条约〉为考察中心》，第 278 页。这段文字也完全重复于《鸦片战争时期中英香港交涉译事三题》，第 36 页。

其实,马儒翰是义律的中文秘书及译员,且多年来一直在一起工作,合作无间,不可能不明白或是误会了义律的意思,而且,就算真的有不明白的地方,也可以很轻易沟通清楚。上引几位学者所说什么马儒翰没有掩饰自己的误译、马儒翰后来很可能向义律解释了自己"误译"之事、义律不会责怪马儒翰等推想,实在有点不可思议。

从上面的讨论,我们可以得出一个很重要的说法,就是义律在攻陷沙角、大角后,确是要求以两处地方来交换的。当然,从英国人的角度看,海湾和海岸是一个整体,不应视为两处地方。但如果我们以琦善的说法,即"尖沙嘴与香港系属两处"①,那么,义律愿意放弃尖沙嘴,"以香港一岛接收"②,那便不是什么"莫须有的让步",而是真正的让步了。

其实,从军事的角度来看,尖沙嘴是重要的,这点不只英国人看得出来,就是林则徐也早已有所认识。1820 年 4 月(道光二十年三月),在经历过上一年的"官涌之战"后,林则徐向道光上奏,报告集资在尖沙嘴兴建炮台,对付英夷,更开宗明义地述说英国人早已觊觎这水域:

> 查广东水师大鹏营所辖洋面,延袤四百余里,为夷船经由寄泊之区。其尖沙嘴一带,东北负山,西则有急水门、鸡踏门,东则有鲤鱼门、佛堂门,而大屿巨岛,又即在其西南。四面环山,藏风聚气,波恬浪静,水势宽深,英夷船只,久欲依为巢穴。而就粤省海道而论,则凡东赴惠、潮,北往闽、浙之船,均不能不由该处经过,万一中途梗沮,则为患匪轻。③

另一方面,义律也同样清楚知道尖沙嘴的战略位置,尤其是在他派兵占领香港岛后,尖沙嘴的重要性更突显出来。因此,尽管他在收到琦善的回复

---

① 琦善致义律,1841 年 1 月 15 日,FO 682/1974/20;又见《鸦片战争の研究(资料篇)》,第 70 页。

② 义律致琦善,1841 年 1 月 16 日,FO 682/1974/21;又见《鸦片战争の研究(资料篇)》,第 71 页。

③ 《林则徐等又奏议广东添设炮台以防英军折》,《筹办夷务始末》(道光朝),卷十,第302 页。

说"尖沙嘴与香港系属两处",并要求他"止择一处地方寄寓泊船"①后便马上答应,收回原来也要占领维多利亚港的另一面海岸的要求,只"以香港一岛接收",②但很明显他对这决定是后悔的,而尖沙嘴的问题也没有完全解决。原来义律和琦善在谈判只割让香港岛时,二人在尖沙嘴问题上曾有协议:"当经面为说明,尖沙嘴不应留存炮台军士,致吓该处洋面及香港海边地方。"③但是在发出愿意放弃尖沙嘴的照会后不到半个月,他便因为发现"尖沙嘴炮台数座,现聚军士多人",向琦善提出抗议,要求他马上把这些"炮械军士统行撤回九龙",否则"其对面之香港岛山处处,即须坚立炮台"。④ 几天后,琦善回复说已把"所有尖沙嘴炮位兵丁"撤走。⑤

但尽管琦善把炮位兵丁撤走,尖沙嘴的问题还没有终结。上文说过,琦善和义律在 1841 年 2 月 11 及 12 日两天在虎门蛇头湾举行会议,在达成协议后,义律在第二天送来"善定事宜"公文,条款中有"天朝大皇帝准将治属之广东新安县附近海滨者香港一岛,给予大英国王",并没有割让尖沙嘴的说法。⑥ 但由于琦善以"抱恙甚重"为借口,没有签署草案。2 月 24 日,英海军司令伯麦向水师提督关天培发出开战的最后通牒,并于翌日发动进攻,结果又是在一两天内轻易取胜。⑦ 就是在这时候,义律提出了跟从前说定的《条约草案》不同的要求,除要求增加赔款至一千二百万圆

① 琦善致义律,1841 年 1 月 15 日,FO 682/1974/20;又见《鸦片战争の研究(资料篇)》,第 70 页。
② 义律致琦善,1841 年 1 月 16 日,FO 682/1974/21;又见同上,第 71 页。
③ 义律致琦善,1841 年 1 月 30 日,FO 682/1974/28;又见同上,第 76 页。学者没有注意这点,提出了"26 日(正月初四),英军占领香港。义律似乎这时已经悟出自己的正翻译官误译而冒出来的'尖沙嘴'仍有油水可捞,决定再一次加以利用",以为要求在尖沙嘴撤兵是后来临时提出的说法。季压西、陈伟民:《来华外国人与近代不平等条约》,第 521 页。这样的凭空臆测实在问题很大。
④ 同上。
⑤ 琦善致义律,1841 年 2 月 5 日,FO 682/1974/30;又见《鸦片战争の研究(资料篇)》,第 78 页。
⑥ "善定事宜",FO 682/1974/33;又见同上,第 82 页。
⑦ 关于有关这场战事的描述,见茅海建:《天朝的崩溃:鸦片战争再研究》,第 229—232 页。

洋银外,有关占领地方的安排也有改变,义律在《约议戢兵条款》第一条款中这样说:

> 英国军师现已占据各地,仍行据守,俟经清缴后,只将香港等处全岛及崎对之尖沙嘴一地,仍为据守。其余诸地,概行缴还。[1]

另外第二条款里又有:

> 前日约议善定事宜章程,仍如所议大同小异办理,惟有给予香港等处一条,须加以尖沙嘴地名。[2]

这清楚显示,义律对于尖沙嘴是念念不忘,且一心要占领及长期拥有的。1841 年 3 月 10 日,他还向巴麦尊汇报说要把尖沙嘴占领下去,因为那里有较凉快的夏季季候风,且平坦的干地最宜兴建楼房。[3] 如果义律继续主持对华鸦片战争和谈判,尖沙嘴一定会跟香港岛一并割让给英国,但英国政府派遣来华接替全权大使一职的璞鼎查(Sir Henry Pottinger, 1789—1856)最终没有在谈判《南京条约》时要求割让尖沙嘴,英国人要待到第二次鸦片战争后的《北京条约》才把尖沙嘴连同九龙半岛割让去。

七

在琦善与义律的谈判里,除了在割让什么地方的问题上双方做过争论外,英国人究竟以什么形式来占据这片土地,也是另一个深具争议性的问题,里面其实也涉及翻译的问题,只可惜史学家对此一向有所忽略。

清廷最早是通过巴麦尊给中国大臣的公函,知悉英国人试图通过发动战争来占夺中国土地。在表述这个问题时,这封公函的中英文版本在

---

① 《约议戢兵条款》,1841 年 3 月 3 日,FO 682/1974/40;又见《鸦片战争の研究(资料篇)》,第 86 页。

② 同上。

③ Captain Elliot to Palmerston, 10 March1841, FO 17/47, p. 240; also in *British Documents on Foreign Affairs*, Part I, Series E, vol. 16, p. 248.

用词上不能说是完全相同的。英文原稿这样写道：

> ［T］he British Government demands that one or more sufficiently large and properly situated islands on the coast of China，to be fixed upon by the British Plenipotentiaries，shall be permanently given up to the British Government ...①

在这里，巴麦尊说得很直截了当，且一点也不客气，中国政府好像完全没有讨价还价的余地，但在关键的动词上，他却用上看来相对委婉的被动式语句"be given up to"，一般的确会理解为"给予"的意思，这跟外交部预早拟定的条约草稿"Draft of Proposed Treaty with China"中所用的"cedes"不完全一样。但另一方面，巴麦尊公函的中文译本用上与英文本不同的说法，是要求"将岛地割让与大英国家"，这倒是对应了条约草稿"cedes"的说法。

由于琦善以及清廷都只会阅读公函的中文本，②因此我们难免假设所有讨论会以"割让"为焦点，不过，事实却不是这样。从现在所见材料中，只有琦善最初的一次回复，即 1840 年 8 月 30 日（道光二十年八月初四）的照会中有"割让海岛以为贵国贸易之地"③，而马儒翰把这一句翻译成英文时也直截了当地用了"ceding an island as a place of trade"④，那时候，义

---

① Palmerston to the Minister of the Emperor of China，FO 17/37，p. 94；ibid.，p. 15.

② 其实，当时英人呈递巴麦尊公函时是有英文原信的，署理两江总督裕谦上奏英人请他"转呈宰相大臣字帖二封，一系楷书，文理不通，一系夷书，不成字体"，可见是一并送上原信的。《裕谦等奏英船驶进内洋逼令商船呈递字帖折》，《筹办夷务始末》（道光朝），卷十五，第一册，第 474 页。另外上文亦曾征引苏联学者阿·伊帕托娃的说法，明确知道朝廷是收到巴麦尊公函原英文本的。阿·伊帕托娃：《第一次鸦片战争中及战争之后的中国》，第 23 页。

③ 琦善致懿律，1840 年 8 月 30 日，FO 663/46，p. 142b；又见《鸦片战争の研究（资料篇）》，第 14 页。另外，琦善也把这份照会上奏朝廷。《答懿律照会》，《筹办夷务始末》（道光朝），卷十五，第一册，第 387—388 页。

④ Ke-shen to George Elliot，30 August 1840，FO 17/39，p. 90；also in *British Documents on Foreign Affairs*，Part I，Series E，vol. 16，p.133.

律等还没有回到广州。令人很感意外的是：在其后的往来中文本文书中，我们却再见不到"割让"一词的出现，无论是琦善所直接书写的还是经由马儒翰翻译的义律的照会，情况都是这样，最常见到的说法是"请给"，如"请给地方"①，又或是"请予"、"请另行给予"②、"予之以地"③等。可以肯定，在其后的谈判里，这成为英人索地的标准说法。然而，在琦善的理解里，这些说法是否就等同割让？这是有疑问的。④

1840 年 12 月 14 日(道光二十年十一月二十一日)，琦善向朝廷呈递了一份奏折，汇报派遣委员守备张殿元、白含章以及通事鲍鹏与义律见面的情况，里面记录了他们与义律有关割地的争论：

> [义律]又言：所占定海，无难缴还，惟必需于广东、福建、浙江等省沿海地方，另行酌给一处，以便退缴定海。该委员等答以天朝准令外夷前来贸易，原属大皇帝格外恩施，岂有予以地方之理？该夷随声言：如不准另给，只得占据定海……⑤

这段文字其实已显示，"割让"跟"酌给"和"另给"中的"给"有不同的理解，而更明确的说法可见于同一奏折的另一处地方，也就是他在指出把任何中国土地给予英国人会造成流弊时，琦善的态度便更明显地展示出来了：

> 惟请给地方之说，若仰沐圣恩，假以偏隅尺土，恐其结党成群，建台设炮，久之渐成占据，贻患将来，不得不先为之虑。⑥

---

① 琦善致义律，1840 年 12 月 11 日，FO 663/46，p. 156a；又见《鸦片战争の研究(资料篇)》，第 31 页；义律致琦善，1840 年 12 月 12 日，FO 663/46，p. 156a；又见同上，第 32 页。

② 琦善致义律，1840 年 12 月 15 日，FO 663/46，p. 156b；又见同上，第 34 页。

③ 琦善致义律，1840 年 12 月 11 日，FO 663/46，p. 155b；又见同上，第 31 页。

④ 佐佐木正哉也指出过，琦善"是否把'予给外洋寄居一所'云云理解为领土的割让，很值得怀疑。"可惜他没有做进一步的讨论或分析。《论所谓〈穿鼻条约草案〉》，第 164 页。

⑤ 《琦善又奏英情日渐迫切现在筹办折》，《筹办夷务始末》(道光朝)，卷十二，第一册，第 616 页。

⑥ 同上，第 617 页。

这就明确地说明在琦善的理解里,"给予"跟"占据"是两个不同的概念:"给予"土地以后会慢慢发展为"占据"的局面。琦善在这时候连"给予"地方也不情愿,更不要说"割让"了。为什么会这样?应该承认,琦善最初的确明白英国人是要割让土地的,因为送过来巴麦尊公函的中文本确是出现"割让"的要求,但在广州与义律开始谈判后,由于英方文书改变了用词,只用"给予""请给"等,他以为义律做出了让步,由最初的割让海岛变成只要求中国政府给予一处地方。这不是没有可能的,毕竟义律在赔款及其他个别问题上确是时有所让步的。

既然"给予"不等同于"割让",那么,在琦善的理解里,给予土地又是什么意思?

在谈判的过程里,这个问题上一个很重要的转折点是义律在 1840 年12 月 12 日(道光二十年十一月十九日)所发的一份照会。在该照会里,他提出"英国原亦不求取地方。倘能应允另行开港贸易,本公使大臣不再求地"。跟着他要求开放更多港口贸易。① 这的确会让琦善以为英国人不再要求割让土地,而由此,他们的讨论重点便转为集中在开放口岸的数目,以及怎样去开放口岸。琦善说只可以"在舟中与行户互市,仍遵定例,不得上岸居住"②,义律对此断然否定,但提出的要求却很简单,就是在口岸设立合用的商馆,并无他求(No more is required, however, than the establishment of suitable factories)。③ 当然,这是因为他这时候在讨论增开商埠,而不是割让地方,所以他的叫价不高。马儒翰在翻译这份照会时,用的是"此请并无别故,只有求予方便馆所,俾得寄寓贸易"④。这看来没有什么问题。

---

① 义律致琦善,1840 年 12 月 12 日,FO 663/46,p. 156a;又见《鸦片战争の研究(资料篇)》,第 32 页。

② 琦善致义律,1840 年 12 月 15 日,FO 663/46,p. 156b;又见同上,第 34 页。

③ "Captain Elliot to Ke-shen," 17 December 1840,FO 17/47,p. 37;also in *British Documents on Foreign Affairs*,Part I,Series E,vol. 16,p. 167.

④ 义律致琦善,1840 年 12 月 17 日,FO 663/46,p. 157b;又见同上,第 37 页。

不过,当马儒翰在这里说过"寄寓"后,这便成为琦善与义律讨论给予地方的标准。在随后双方往还的中文文书中,便经常出现"寄寓"或"寄居"的说法,①这情况一直持续至第二次穿鼻之战后,英军占领沙角,义律准备让"英国官员据守",作为"贸易寄寓之所",②而琦善提出交换,也是"于外洋给予寄居一所"③,要求义律"只择一处地方寄寓泊船"④;义律的回应同样用上"寄居贸易之所"⑤。到了商定香港一岛时,义律的说法仍然是"以香港一岛接收,为英国寄居贸易之所"⑥。这两份照会的说法跟上引开放通商口岸的要求几乎是完全相同的。不过,在义律心目中要接收的香港,显然是割让的意思,因为在英原文本照会里,他是用上了"割让"的:"the shores and harbour of Hong Kong should be ceded to the British Government for a Factory Establishment."⑦换言之,琦善所阅读的中文本,跟英文本所表达的意义是不一样的。

当然,最重要的是琦善对于"寄居"的理解,他是否将其等同于"割让"。在1840年12月26日(道光二十年十二月初三)给义律的照会里,他谈到寄居的意思,更把澳门扯进来了:

> 至于寄居之说,贵国来此通商之人,向在澳门,租赁西洋人房屋居住。则此后奏奉恩旨,准令照常通商,自可照常居住。⑧

在这里,琦善只不过说恢复正常通商的状况,英国人可以像以前一样,照

---

① 琦善致义律,1840年12月26日,FO 663/46, p. 160b;又见同上,第45页;义律致琦善,1840年12月29日,FO 663/46, pp. 161b-162a,又见同上,第46页;琦善致义律,1841年1月2日;又见同上,第50页。

② 义律致琦善,1841年1月8日,FO 682/1974/5;又见同上,第56页。

③ 琦善致义律,1841年1月11日,FO 682/1974/11;又见同上,第61页。

④ 琦善致义律,1841年12月15日,FO 682/1974/20;又见同上,第70页。

⑤ 义律致琦善,1841年1月11日,FO 682/1974/12;又见同上,第63页。

⑥ 义律致琦善,1841年12月16日,FO 682/1974/21;又见同上,第71页。

⑦ "Narrative of the Negotiations," 13 May 1841, p. 223.

⑧ 琦善致义律,1840年12月26日,FO 663/46, pp. 160-161;又见《鸦片战争の研究(资料篇)》,第45页。

常在澳门租赁房屋居住,这看来很简单,没有什么割让土地,又或是做出什么实质的改变。但当义律接下来以澳门模式做谈判的参考时,便出现了严重的问题。1840年12月29日(道光二十年十二月初六),义律送出一份中文照会,里面有两处地方提及澳门:

> 如果在省城碍难依允,则如本公使大臣所见,惟有予给外洋寄居一所,俾得英人竖旗自治,如西洋人在澳门竖旗自治无异。……

> 倘若贵大臣爵阁部堂钦遵皇上谕旨,断不能依允所请,通变办理,以使粤省贸易者,各得其当,并不能以口外寄居一,俾英人随带家眷,设馆居住,开栈贮货,竖旗自治,如西洋人之在澳门者,则本公使大臣追念在粤交向来章程,每每有酿出事端,诚恐后来必有复生争论之处。①

在这两处地方,义律都很明确地说明他所要求的就是像澳门的葡萄牙人一样的待遇。这是非常重要的讯息。对于琦善来说,这的确没什么严重问题,葡人居住在澳门已有数百年,朝廷早已接受,因此,在接到义律的照会后,他敢于向道光上奏,先来一个试探:

> 虽西夷亦属狡诈,狼狈为奸,而阳奉阴违,究未显露桀骜情状,若将英夷亦仿照此式,恳恩另给一岛,难保其不筑台建炮,聚伙屯兵,恐尚未必如西夷之安静。是以奴才尚在筹维,但求可已则已。②

然后更正式"代奏"请求准许以澳门模式把香港"给予"英人"寄居":

> 间观西洋夷人,久沐天朝怀柔旷典,得以携眷在澳门寄居。今此事同一律,欲求代为吁恳天恩,自道光二十一年起,准其仍前来粤通商,并就仿照西洋夷人寄居澳门之例,准其就粤东外洋之香港地方泊

---

① 义律致琦善,1840年12月29日,FO 663/46, pp. 161b-162a;又见同上,第46页。
② 《琦善奏接义律伯麦等来书要交战后再商折》,《筹办夷务始末》(道光朝),卷二十,第二册,第691页。

舟寄居,即不敢再求往他省贸易等情。①

从这段文字可以知道,琦善所认同和接受的"给予"土地形式,就是跟葡萄牙人在澳门的情况一样,即所谓的"同一律",那并不是什么"割让"。一个很重要的事实是:他这样的理念是来自义律的照会的。但是,我们又很明确知道,义律和英国人自始至终都是要正式和完全地割让土地,而不是"夷人寄居澳门"的模式,那么,琦善是否有所误会?又或更准确地说,琦善是否被义律所误导了?

其实,我们的确很可以确定,琦善在谈判期间真的是被误导了。即使在英人占领香港,并贴出占领告示后,琦善还曾于 1841 年 2 月 14 日(道光二十一年正月二十三日)上奏道光做解释,从中看得出他只是愿意以澳门模式来把香港给予英国人寄寓:

> 当谕以香港原系天朝地土,前此代为具奏,亦只恳恩给予寄寓一所,并非全岛,且未奉谕旨,亦尚未敢裁给。至于该处居民,尤属天朝百姓,岂准英国主治,该夷何得遽行前往张贴伪示,徒致摇惑民心。该夷自觉理屈,据请照澳门之例,仍归州县管理,惟地方则坚求全岛,并欲自行贸易。②

不能否认,琦善在奏折里努力为自己开脱,当中确有虚假成分,例如说"该夷自觉理屈",那只是为了应付皇帝的说法,但里面提到的"请照澳门之例",却的确是义律从前所提过的,且更见诸往来文书中,不能说是琦善虚构出来的,尤其澳门也的确是"仍归州县管理"。这样,琦善所同意的并不是完全把香港岛割让出去。

更有力的证据来自英国人自己的说法。1841 年 2 月 13 日,义律向巴麦尊汇报跟琦善在 1 月 27 日的谈判中琦善对于义律协议草稿有关香港

① 《琦善奏英人愿将定海缴还沙角献出恳就香港泊舟寄居折》,《筹办夷务始末》(道光朝),卷二一,第 735 页。
② 《琦善奏续筹防堵英船并酌拟章程底稿呈览折》,《筹办夷务始末》(道光朝),卷二三,第 814 页。

问题的反应：

> 有关以现在所提出的模式割让香港全岛的条款，对钦差大臣［琦善］来说是完全不合理的；他确信我在这要求上会作退让，并满意于只拿取香港岛的部分地方，足够让我们的商人和家属建立合适的居所。
>
> (The Article providing for the cession of the whole island of Hong Kong in the manner it now stan ds, seemed to his Excellency to be totally out of all reason; and he was sure I would recede from this demand, and be content with as much of the island as would furnish a suitable residing station for our merchants and their families.)①

这段来自义律向英国汇报的文字，一方面证明了琦善的确只愿意给予英国人一部分的香港，并非全岛，另一方面又确认了琦善并不是要完全把土地割让出去的，他只是愿意提供居住的地方，也就是上面说过往来文书中不断出现的"寄寓"和"寄居"的意思。

如果义律这段文字还不够明确，我们可以看看来自英国商人马地臣 (James Matheson, 1796—1878)的一封私人信件。我们知道，马地臣和义律的关系是较良好的，②当马地臣知悉另一名鸦片烟商颠地(Lancelot Dent, ？—1853)要向伦敦投诉义律放弃舟山后，便马上写信回国，愿意出资找最好的律师或其他合适人士来在报章上为义律辩护。③ 1841 年 1 月 22 日，也就是义律派遣军队占领香港岛前三天，马地臣写信给其生意

---

① Captain Elliot to Palmerston, 13 February 1841, FO 17/47, p. 193; also in *British Documents on Foreign Affairs*, Part I, Series E, vol. 16, p. 236.

② 据称，马地臣对于义律每次发布公文给在华商时都把马地臣排在首位很感满意。Peter Ward Fay, *The Opium War*, 1840—1842: *Barbarians in the Celestial Empire in the Early Part of the Nineteenth Century and the War by Which They Forced Her Gates Ajar* (Chapel Hill: The University of North Carolina Press, 1975), p. 268.

③ Matheson to Jardine, 23 January 1841, *James Matheson Private Letter Books*, vol. 6, Jardine Matheson Papers; quoted from ibid., p. 275.

伙伴查顿,谈到琦善在知悉香港岛将被英国人占领割让时必然大吃一惊:

> 他[琦善]预期大概[香港]像澳门那样依附中国,当他几天后看到[义律的]公告把当地居民纳为英国子民时,一定会感到十分意外。
>
> (He expects it perhaps to be as dependent as Macao, and will be very much surprised when in a few days he sees a proclamation to the inhabitants taking them overt as subjects of the British crown.)①

事实上,不单直接谈判的琦善会有这样的误会,就是连稍后才派过来"靖逆"的奕山,也上奏朝廷英人"实欲仿照澳门之例,为卸货之地"②。那么,义律是否真的要负上在谈判中误导琦善的责任?

从上面的几段照会的引文,我们的确见到义律不断向琦善灌输以澳门模式来占用香港,似乎义律是难辞其咎的。可是,琦善所读到的义律送来的照会都是中文本,那么,照会的原文是怎样说的? 照会的翻译又可会是一个问题?

上文指出过,义律最早及最明确地提出要以澳门模式来给予地方的是 1840 年 12 月 29 日(道光二十年十二月初六)的照会,中文本中有"如果在省城碍难依允,则如本公使大臣所见,惟有予给外洋寄居一所,俾得英人竖旗自治,如西洋人在澳门竖旗自治无异"③的说法。可是,义律的英文照会原文是怎样表达这意思的? 原来,英文照会的写法是不一样的:

> If these arrangements cannot be carried into effect at Canton itself, as will probably the case, Elliot perceives no other mode of

---

① Matheson to Jardine, 22 January 1841, *James Matheson Private Letter Books*, vol. 6, Jardine Matheson Papers; quoted from ibid., p. 276.

② 《奕山等又奏查明裙带路情形片》,《筹办夷务始末》(道光朝),卷二九,第二册,第 1075 页。

③ 义律致琦善,1840 年 12 月 29 日,FO 663/46, pp. 161b-162a;又见《鸦片战争の研究(资料篇)》,第 46 页。

settlement，but that your Excellency should be pleased to stipulate for the cession of a suitable site in the outer waters，where the British flag may fly as the Portuguese does at Macao. ①

尽管原文也的确提到了仿效葡萄牙人在澳门的做法，但在马儒翰的译文里，一个最重要的关键词并没有给翻译出来——cession，也就是割让。② 这是十分令人费解的。一方面，我们在上文已指出过，"割让"一词只在最初巴麦尊的公函以及琦善的一次回复中出现过，其后便完全消失；但另一方面，在英文文书里，包括由义律发出的照会原本以及琦善中文照会的英译本，主要用的仍然是割让，如"cession of territory"③、"to cede some separate place"④等；另外其他英文书写的文件和资料，包括义律向巴麦尊的报告，以至义律向英国侨民发布的公告里，都大量出现 cede，ceded，cession 一类用词，⑤意思十分清楚，也显然是英国方面明确的既定立场，但是马儒翰在翻译时都没有用"割让"，只是换上"给予""予地"等说法。由于次数太频密，难免让人觉得那是刻意的回避。

比往来文书还更重要的是义律所拟定的"善定事宜"以及其后附加的"约议戢兵条款"，对于义律来说，这是整场谈判的最终成果。在义律所草拟的英文本里，都是直截了当地用上"cede"（割让）的字眼。"善定事宜"是这样写的：

---

① Captain Elliot to Ke-shen，29 December 1840，FO 17/47，p. 65；also in *British Documents on Foreign Affairs*，Part I，Series E，vol. 16，p. 171.

② 佐佐木正哉也曾提及这份照会中英文本上的差异，但他并没有提出佐证，却把这差异解释为"汉文中的'予给'也是在与割让同样的意义上使用的"，这显得很牵强。《论所谓〈穿鼻条约草案〉》，第 164 页。

③ "Captain Elliot to Ke-shen," 12 December 1840，FO 17/47，p. 20；also in *British Documents on Foreign Affairs*，Part I，Series E，vol. 16，p. 164；Ke-shen to Captain Elliot，11 January 1841，FO 17/47，p. 139，ibid.，p. 201.

④ Ke-shen to Captain Elliot，15 December 1840，FO 17/47，p. 24；ibid.，p. 165.

⑤ "Narrative of Negotiations," ibid.，pp. 205，215，218，221，223 and 224；Captain Elliot to Palmerston，13 February 1841，FO 17/47，p. 193，ibid.，p. 236；"Proclamation," ibid.，p. 232.

His Majesty the Emperor of China cedes to Her Majesty the Queen of the United Kingdom of Great Britain and Ireland, the Island of Hong Kong, situated near the coast of China, ... ①

《约议戢兵条款》中则是:

[T]o the article ceding Hong-Kong shall be added also the cession of Tsien-sha-tsuy, ... ②

但由马儒翰所提供的中文本则分别是"天朝大皇帝准将治属之广东新安县附近海滨者香港一岛,给予大英国主"③及"惟有给予香港等处一条,须加以尖沙嘴地名",在两处地方都是用上了"给予",没有"割让"。

由此看来,误导琦善的并不是义律,而是马儒翰。虽然义律确提出过以澳门作为参照(这也毫无疑问是误导的),但他在每一处地方都是要求割让土地的,只是在马儒翰的翻译里,没有要求割让,只是在给予寄居的地方,再加上"如西洋人在澳门竖旗自治无异"的说法,英国人在中文本的文书中所提供的信息,就只能让琦善相信是把香港给予英国人寄居,跟当时的澳门模式完全一样。这样,我们才能明白为什么琦善所拟的章程的说法是"并准就新安县属之香港地方一处寄居"④了。

我们在上文指出过,马儒翰在英人索求香港岛的问题上并没有误译,但通过这一节的分析却证明,有关义律和琦善在割让土地的方式上的讨论,的确有误译的情况出现,以致造成很大的误导性,只是究竟这样的误译是有意为之还是无意造成的? 我们便没法肯定了。不过,中英政府最终签署的《南京条约》中英文本中仍然用上不同的说法:中文本作"大皇帝

---

① "Draft of a Treaty agreed upon between the Chinese Commissioner Ke-shen and Her Britain nick Majesty's Plenipotentiary Captain Elliot," FO 17/47, p. 207; ibid., p. 239.

② "Articles of Agreement for a Cessation of Hostilities," ibid., p. 252.

③ "善定事宜",FO 682/1974/33;又见《鸦片战争の研究(资料篇)》,第 82 页。

④ 《章程底稿》,《筹办夷务始末》(道光朝),卷二三,第二册,第 815 页。

准将香港一岛给予大英君主",而英文本则是"His Majesty the Emperor of China cedes to Her Majesty the Queen of Great Britain, etc., the Island of Hongkong"①,当中的歧义以及由此引起的后果,实在很值得仔细分析。②

<h1 style="text-align:center">八</h1>

表面看来,琦善和义律约半年来的谈判好像是徒劳无功的。琦善在 1841 年 3 月(道光二十一年二月)被抄家革职,着令回北京刑讯,更被判斩监候,秋后处决,③义律也很快便被召回英国,受到批评,中英两国政府都不承认他们的谈判成果,战火重燃。在连番战败后,清廷被迫再一次议和,谈判及签订《南京条约》。然而,作为中国第一次与西方国家大规模战争后的议和,义律和琦善的广东谈判是深具历史及政治意义的。正如文章开首所说,《南京条约》的主要内容,包括割地、赔款,以至开放口岸等,都早在二人的谈判里讨论过。谈判过程中的一些细节和经验,对后来的

---

① *Treaties, Conventions, etc., Between China and Foreign States*(Shanghai: The Statistical Department of the Incorporate General of Customs, 1917), vol. 1, p. 352.

② 也有学者注意到其中的问题,例如屈文生:《〈南京条约〉的重译与研究》。但由于该作者对近代史实及史料掌握不足,出现不少错误。笔者曾单就其中有关"领事"一词的翻译撰文商榷,见王宏志:《〈南京条约〉"领事"翻译的历史探析》,《中国翻译》2015 年第 3 期(2015 年 6 月),第 26—36 页。有关《南京条约》中英文本关于"割让"和"给予"的问题,该文做了这样的解说:"'割让'被改译为'给予',有可能是中方代表意在缓和语气,因为'割让'两者着实会让天朝(Celestial Empire)颜面尽失,也有可能是谈判代表着英等人重蹈道光皇帝此前派出的议和钦差大臣琦善的覆辙,而故意在掩饰问题。"屈文生:《〈南京条约〉的重译与研究》,《中国翻译》2014 年第 3 期(2014 年 6 月),第 44 页。但从上文的讨论可以见到,早在琦善和义律的谈判过程中,"割让"和"给予"的问题已出现了,绝不是要待到着英才商讨出来的。

③ 《仁寿等奏审讯琦善按律拟斩监候秋后处决折》,《筹办夷务始末》(道光朝),卷三十,第二册,第 1116—1118 页。

谈判是有影响和帮助的,其中义律索取香港,尽管受到巴麦尊的严酷批评,最终还是受到接任的全权大臣璞鼎查所肯定,香港最终还是为英国人占领,并建立殖民政府,直至 1997 年 7 月 1 日才交还中国。

在二人谈判的过程里,翻译是沟通的桥梁。虽然琦善在会晤面谈时也间中把自己的通事带来,但往来文书的翻译工作则全由来自英国的译者马儒翰负责,可以说,在大部分情形下,马儒翰是琦善、义律广东谈判的唯一译者,这对清廷极为不利。一方面,我们见到马儒翰的中文水平颇有问题,在有效沟通上造成一定的困难,但更重要的是他的译者身份。在整个谈判过程里,马儒翰处处从英国的立场出发,维护英国的利益,绝对不是一名中立客观的中介译者。然而,这只能说是清廷的咎由自取。一直以来,朝廷都没有培训西方语言的外交译者,且对稍懂外语的国人抱有戒心,甚至猜疑和敌视,动辄扣上汉奸的帽子,①就是琦善所带去广州参与谈判的通事鲍鹏最后也被判充军伊犁给官兵为奴,遇赦不还,但其实负责审讯的刑部根本找不到他通番卖国的证据,最终只能含糊地加上一个"交结外国"的罪名。②

在这情形下,尽管《南京条约》确定割让香港,被迫开放五口通商,但没有胜任的译员,一切外交活动都受到严重的限制。1862 年,京师同文馆正式上课,开始培育中国第一代派往西方国家的外交官员和译员,但可以

---

① 关于译者被统治者所怀疑和敌视的问题,可参王宏志:《"叛逆"的译者:中国翻译史上所见统治者对翻译的焦虑》,《翻译与近代中国》,第 235—274 页。关于鸦片战争时期的汉奸问题,可参王瑞成:《晚清的基点——1840—1843 年的汉奸恐慌》(北京:中国社会科学出版社,2012 年);郑剑顺:《鸦片战争时期的汉奸问题》,《晚清史研究》(长沙:岳麓书社,2004 年),第 92—104 页。

② 《上谕:鲍鹏发伊犁给官兵为奴,招子庸革职,托挥布交部议处》,《筹办夷务始末》(道光朝),卷三一,第二册,第 1147 页。在刑部的审查报告里,也说到经"臣等严诘,鲍鹏坚供在籍时实止私充夷人买办,图赚银钱,并代人买过烟土烟膏,并无另有不法别案。屡加刑责,矢口不移,应即拟结"。《刑部进呈审鲍鹏供单》《鸦片战争档案史料》,第 4 册,第 60 页。

说,到了 19 世纪 70—80 年代,中国外交的翻译仍在很大程度上倚赖外国人。①

由此,在回顾或研究这时期的中国外交翻译史以至整个近代中国翻译史时,外国译者的角色是很值得注意的。上文所探讨的,就是在中国第一次与西方爆发大规模战争后所进行的谈判里一名外国译者的翻译所带来的问题,显然,由此引起的影响和意义十分深远,值得仔细探讨。

然而,除译者研究外,更要全面及深入研究的是翻译——不管是准确的翻译还是有意或无意的误译——在鸦片战争以至整个中国近代史上所产生的巨大作用,但让人感到奇怪及可惜的是,长期以来,有关鸦片战争的研究和讨论,完全忽略了这一重要课题。其实,漠视翻译的角色,根本不可能全面及准确地理解中国近代史的进程,毕竟,中国进入所谓的"近代",最具标志性的就是西方人的到来。当中国要与西方人进行各种各样的交往和沟通时,能没有翻译活动的出现吗?

本文除尝试厘清第一次鸦片战争前期中英谈判中有关"割让""香港"的谈判中所出现的翻译问题以及其政治与历史意义外,更希望以这个案展示翻译研究的跨学科性及其对其他学科所可能做的贡献,从而提高翻译研究作为一严谨学术学科的认受性及地位。

(本文原以《"给予"还是"割让"?——鸦片战争中琦善与义律有关香港谈判的翻译问题》为题,刊于《翻译史研究》集刊,复旦大学出版社 2014 年版。收入本书时作者做了修订)

---

① Cf., Lawrence Wang-chi Wong, "'Entering Into the Family of Nations': Translation and the First Diplomatic Missions to the West, 1860s—1870s," International Conference on "Translation and Modernization in East Asia in the 19th and Early 20th Century," organized by the Research Centre for Translation, The Chinese University of Hong Kong, 29-31 May 2013.

文化交流中"二三流者"的非凡意义

——略说林译小说中的通俗作品

陆建德

现在一些影响较大的近现代文学史在写到林纾翻译小说时往往会遗憾地提一笔,译本的原作很多属通俗作品,价值不大。这一指责的源头应当是刘半农发表在《新青年》四卷三期(1918 年 3 月 15 日)的《复王敬轩书》:"他所译的书:——第一是原稿选择得不精,往往把外国极没有价值的著作,也译了出来;真好的著作,却未尝——或者是没有程度——过问;先生所说的'弃周鼎而宝康瓠',正是林先生译书的绝妙评语。"钱玄同与刘半农制造"双簧信"事件恶意攻击林纾,纯属炒作性质,有违职业道德,其影响却是深远的。

梁启超与"双簧信"作者不属一个营垒,但是他在《清代学术概论》评价林译小说的得失,也袭用了刘半农的观点:"译小说百数十种,颇风行于时,然所译本率皆欧洲二三流者。纾治桐城派古文,每译一书,辄'因文见道',于新思想无与焉。"①这两句话出于梁启超的手笔,分量很重。辛亥革命后,梁启超由日本返国。他在天津主编《庸言》杂志(1912—1913)时曾向林纾索稿并连载其所译《古鬼遗金记》(哈葛德著, *Benita* , 1906)。林纾对康有为、梁启超等人在戊戌变法时的鲁莽操切很不以为然,但是《古鬼

---

① 梁启超. 清代学术概论. 上海:东方出版社,1996:89. 林纾译作的序跋在中国文学批评史上有里程碑的意义。

遗金记》的译序写得非常客气:"老友梁任公,英雄人也,为中国倡率新学之导师。天相任公,十年归国,今将以《庸言报》贶我同胞,就余索书,而是书亦适成,上之任公,用附大文之后。嗟夫,吾才不及任公,吾识不及任公,慷慨许国不及任公,备尝艰辛不及任公,而任公独有取于驽朽,或且怜其丹心不死之故,尚许之为国民乎?"①梁启超称林译小说"率皆欧洲二三流者",甚至笑话他"因文见道",未免过分。此时(1920年)还健在的林纾有"遗老"之名,梁启超不屑以礼相待,或有向新文化运动靠拢之意。梁启超自己没有意识到,林译小说中有不少称得上一流,林纾在序跋里表现出来的艺术、伦理敏感性是非常出色的,称得上比较文学的先驱。②

　　林纾于1924年10月9日逝世,11月11日,郑振铎写毕著名的纪念文章《林琴南先生》。郑振铎评价这位家乡前贤在翻译事业上的贡献,基本贴切。但是他也强调,林纾翻译小说为数巨大,名著仅有四十余种,其余的都是"第二三流的毫无价值的书"。郑振铎与刘半农、梁启超不同的是他让林纾的合作者来承担责任:这些口译者缺少文学常识,"林先生吃了他们的亏不浅,他的一大半的宝贵的劳力是被他们所虚耗了"③。

　　对林纾不公平的责难,也传到海外。著名英国批评家 I. A. 瑞恰慈于1929年至1930年执教清华大学外文系,自以为目睹了一场远东的文艺复兴。他在给新创立不久的剑桥大学文学批评杂志《细察》的文章上提及林纾和他的翻译事业,为之感到可惜:

> 他的助手太无能,自己又率尔操笔,无暇深究,经常被误导,有时太离谱了。于是莱德·哈葛德和柯南·道尔在他的前言中被列入西方文学最杰出的代表之列。

瑞恰慈接着还写道,好在周作人等人的译作使译坛改观:

①　林纾. 林琴南书话. 吴俊标, 校. 杭州:浙江人民出版社, 1999:106-107.
②　详见陆建德. 海潮大声起木铎. 中国社会科学院文学研究所2011年学刊, 北京:中国社会科学出版社, 2013.
③　钱锺书, 等. 林纾的翻译. 北京:商务印书馆, 1981:12.

> 取代林纾的《茶花女》和《黑奴吁天录》的是托尔斯泰、陀思妥耶夫斯基、易卜生、斯特林堡和汉斯·安徒生,年轻读者为之一振。①

显然,被误导的是瑞恰慈本人,责任当然不在他。

新文化运动的几位积极参与者一面提倡白话文学,为古今通俗作品正名,谈及林译小说时,却流露出对外国文学中通俗作品的轻视。鲁迅甚至在 1927 年断言,有人吃饱了没事干,自然可以去读哈葛德小说中关于伦敦小姐的爱情和白人到非洲蛮邦的冒险,然后"在发胀的身体上搔搔痒"②。人们曾经以为,翻译关于无产阶级和小人物命运的小说就是得风气之先,结果中国读者对亨利·莱德·哈葛德(Henry Rider Haggard,1856—1925)笔下那些帝国主义者、殖民者(以及康拉德在《黑暗的心》讲到的殖民主义背后无数人无私地信奉的"理念")太陌生了,还难以与他们周旋、颉颃。哈葛德好动,积极参与各种公共事务,是维多利亚时期的所谓"体魄强健的基督徒",然而对这种人物,我们至今认识依然肤浅。③ 林译中的流行小说与一些所谓"经典作家"的作品形成多样的格局,其实无可厚非。

先说林译小说的原著是否经典的问题。大人物责难林纾,自己却不甚体面。他们应当知道,很多人只读"名著",是慕名而去,借以自我标榜,就像有人自炫品位,号称只听"高雅"或"古典"音乐。对文学了解稍深的人,读书自有心得,深知经典是历史过程的结果,有其动态建构的一面,名著入选标准不一,不会听从单一"名著"书单的指引,因此"名"与"不名"的分类失之武断,甚至无用。在这方面,我国的外国文学研究者应该向钱锺

---

① I. A. Richards. "The Chinese Renaissance". *Scrutiny*,1932,1(2):103.

② 鲁迅.祝中俄文字之交//鲁迅全集(第四卷).北京:人民文学出版社,2005:473.

③ 涛园居士(即沈瑜庆,林旭岳丈,沈葆桢之子)在为林纾翻译的《埃司兰情侠传》写的《叙》中如此描写作者:"哈葛德者,英之孤愤人也",写是书"以抒其郁伊不平之概"。这是典型的传统文人的俗调,其源头大概就是司马迁的"发愤著书"吧。陈平原,夏晓虹.二十世纪中国小说理论资料(第 1 卷:1897—1916).北京:北京大学出版社,1991:136.

书先生学习,力求成为"杂食家"。据张佩芬回忆:"上世纪六十年代中期钱锺书先生在文学所借书处谢蔚英书桌前(美丽的吴兴华夫人,当时任出纳员,杂家吴晓铃先生也常在这里出没),大谈伊恩·弗莱明与007。在谈到'愤怒的青年'时,他认为 Kingsley Amis 的 Lucky Jim 还不是最有趣的英国作品,写得最好的校园小说还要数 Mary McCarthy 的 The Groves of Academe。我从文俊[李文俊]的转述中立即感到他与我们前此交往的教授学者不太一样,并不轻视与排斥不太正统的俚俗文学。"①钱锺书先生曾在《论俗气》一文中借用 Q. D. 利维斯(批评家利维斯夫人)在《小说与读者大众》中对"低眉""中眉"和"高眉"(代表三种不同阅读水准的读者群)的区分,他在《中国文学小说史序论》推荐这部研究通俗小说接受状况的著作,但是也指出其"颇嫌拘偏不广"②的缺憾,或因作者对通俗作家一概否定。

改革开放初期,人们更愿意从"文学发展的内部规律"来认识文学,研究文学。到了二十世纪八十年代中期,偏爱纯文学、纯艺术,成为风气,学者更愿意强调文学的独立性、自主性。而林纾则不然,他的翻译事业还有社会的、政治的目的。对他来说,小说是中国人观察海外世界的窗口,也是认识并改造自身文化的参照物。与一些希望找到"真理"的理想主义者不同,他主张调和、渐进,因为外部环境太险恶,内部又四分五裂,躁进盲动,容易酿成无法挽救的灾难。林纾通过翻译小说呈现一些对国内读者而言较为陌生的人生态度,同时传递一个重要的信息:中国的改革必须始于移风易俗,读书人自己也是改造的对象,那将是一个深入持久的过程。

林纾小说中很多是十九世纪后期到二十世纪初期的流行作品,当时还没有英国十八世纪作家约翰逊博士所说的"时间的检验",拣取当时影响力大的作品,不无可读性、娱乐性以及与此相关联的国内市场因素的考

① 张佩芬. 偶然欲作最能工//丁伟志. 钱锺书先生百年诞辰纪念文集. 香港:香港牛津大学出版社,2010:165.
② 钱锺书. 钱锺书散文. 杭州:浙江文艺出版社,1997:57.

虑,而且要通过这些作品了解当时的欧美社会,也比较便捷、全面。如果那时就急于把现在已有经典地位的亨利·詹姆斯(比如说)的小说介绍给中国读者作为外国文学的进门之阶,效果就十分可疑了。齐如山晚年时谈到日本人在百年前就热心收藏中国各种小说的版本,因为日本人知道,"要想研究一国或一处社会的情形,小说乃是最重要的一部分"①。要了解中国社会的实际情形,尤其是支配普通人行为习惯的民间信仰和道教(鲁迅:"中国文化的根柢全在道教。"),《三国演义》、《水浒传》、《封神榜》、七侠五义和三言二拍之类的通俗文学作品恐怕比诗文管用得多。曾纪泽使英期间,阅读英文小说也是他的日常工作,除了学英文,了解英国社会并通过了解他人认识自己也是目的之一。②

　　流行作品的意义也不能一概而论,比如法国小说《爱国二童子传》。③作者"G. 布鲁诺"(林纾译为"沛那")是奥古斯汀娜·弗伊勒(1833—1923)的笔名,小说在法兰西第三共和国时期(1870—1940)的中小学中广泛使用,培养了一代代法国学童的国家意识和爱国情操,到了十九世纪末,总销量高达六百万册。故事讲的是在普法战争中,法国的阿尔萨斯-洛林地区被普鲁士兼并,安德鲁和朱利安(林纾译为"恩忒"和"舒利亚")两兄弟失去父母,他们投亲靠友,走遍法国,处处得人帮助。他们在法国社会这个大学堂、大家庭学到了无数实用的知识,从冶铁、畜牧、蚕丝、酿酒到科学实验,几乎无所不包。这是一部法国历史文化、地理物产的入门之书,但是作者时时通过具体的场景激发少儿读者和谐于群、努力向善之心,在了解本国概貌的同时生出爱国乐群的情怀。

　　假如说在科举初废的年代中国人需要检讨读书的目的,那么《爱国二童子传》的意义就非同一般了。晚清的先觉者对传统读书人("士")的批

---

① 齐如山. 齐如山随笔. 沈阳:辽宁教育出版社,2007:225.
② 曾纪泽. 出使英法俄国日记. 长沙:岳麓书社,1985.
③ 合作者李世中,商务印书馆,1907 年初版。原著 1877 年初版(书名 *Le tour de la France par deux enfants*),后来多次再版,中译本最后几章已经出现二十世纪头几年的内容,所据版本应该是当时最新的。

评是很严厉的。郭嵩焘在《论士》一文说,"士"这类人物不见于古代,或始于管子(即"士农工商"),当时他们自己各有生计,能够自养。但是科举制度普遍实行之后,出现大批"资人以养"的读书人:

> 唐世尚文,人争以文自异,而士重。宋儒讲性理之学,托名愈高,而士愈重。于是士之数视农工商三者常相倍也。人亦相与异视之,为之名曰:重士。其所谓士,正《周官》所谓闲民也。士愈多,人才愈乏,风俗愈偷。故夫士者,国之蠹也。然且不能自养,而资人以养,于国家奚赖焉! 然自士之名立,遂有峨冠博带,从容雅步,终其身为士者。①

这些士都有"修齐治平"的抱负,自以为有王佐之才而不能"自养",当然动不动可以搬出不切实用而且也无法界定的"横渠四句"来搪塞。商务印书馆在重版《爱国二童子传》时将它归为"实业小说",这是别国人士难以理解的。但是在传统儒家文化中"君子不器"的语境下,强调实业也有改造四肢不勤、五谷不分的"君子儒"的作用。小说靠近结尾处两兄弟决定留在老舵手家中,奋力务农。沛那在原序中希望"推求创造之源",少年"据理财之要",改进商务、农务,也是报效国家:"凡身为人子,身为国民,人人咸有理财之责。须知每逢瘠地,当以人力发生之,俾之化瘠硗为膏沃。此等事必令童子知之,使完其应尽之分。"②在中国传统文学中,退耕山林往往是出仕与隐退语境下的象征性行为,农产、畜产如何,不值一问。但是在小说中两兄弟改良土壤,繁殖牲口,采用新技术,农庄面貌为之一新,他们生命的意义和对国家的认同、贡献就体现于稼穑。法国是农业大国,在十九世纪下半叶,国家的昌盛正是建基在无数个经营有方的农庄上。林纾在小说中特意用了"田舍郎"③一词,在某种程度上颠覆了中国读者关于"天子堂"的联想。学习新知有补于个人的治业和国事,但是必须与做官

① 郭嵩焘. 郭嵩焘诗文集. 杨坚,点校. 长沙:岳麓书社,1984:10-11.
② 沛那. 爱国二童子传(卷上). 林纾,李世中,译. 北京:商务印书馆,1913:1-2.
③ 沛那. 爱国二童子传(卷下). 林纾,李世中,译. 北京:商务印书馆,1913:102.

乃至治国的不舍不弃的所谓"宏愿""壮志"脱离开来。梁启超本人就产生过"中国前途非我归而执政,莫能振救"①的幻想。自以为"舍我其谁",就会萌生必得之志,制定各种方案,不免掺杂了私念。在 1916—1917 学年,北京大学占主导的学科是法政,选取这一学科的学生都想借此专业得官。到了二十世纪二三十年代,我国大量优秀青年进大学攻读工科、农科,风气的转移就是始于《爱国二童子传》之类的"实业小说"。年轻人读书的目的逐渐发生变化,其意义之大不亚于一场轰轰烈烈的运动,可惜至今并未得到恰当的评价。

　　林纾翻了不少哈葛德作品,这是他招致批评的主因。哈葛德写了很多充满帝国主义想象、情节生动的冒险(浪漫)故事,他的作品与英国十九世纪探险家戴维·列文斯通和亨利·斯坦利的回忆录构成有趣的互文性,曾经风靡英语世界。哈葛德是通俗作家,也是典型的维多利亚时期殖民者,年轻时曾在南非生活六年多,参与英国在当地的殖民行政管理,与布尔人②、祖鲁人接触颇多。要想了解十九世纪末、二十世纪初的英国帝国主义的文化基础,哈葛德小说是最佳门径之一。哈葛德相信他朋友、诗人吉卜林所说的"白人的责任"③,自以为世上只有英国能够不依赖残酷手段统治有色人种。英国无数男孩曾为哈葛德小说所倾倒,林纾引进哈葛德的作品,实际上有助于目的语(即翻译学中的"target language")国家国族观念的发育,这方面已有专家详细的论述。④ 但哈葛德作品的意义并不局限于此。

---

① 梁启超. 梁启超 1909 年 5 月 25 日致梁启勋信//中华书局编辑部. 南长街 54 号梁氏档案(上册). 北京:中华书局,2012:25.

② 1910 年年初林纾将哈葛德的《玑司刺虎记》(Jess)译出,小说以第一次布尔战争(1880—1881)为背景。林纾在《序》中由布尔人之败联想到"庚子之事":"教育不备,内治不精,兵力不足,粮械不积,万万勿开衅于外人也。"详见:林纾. 林琴南书话. 吴俊标,校. 杭州:浙江人民出版社,1999:101.

③ 吉卜林在 1899 年为美国占领菲律宾作诗《承担起你白人的责任》。

④ 详见:关诗珮. 哈葛德少男文学与林纾少年文学:殖民主义与晚清中国国族观念的建立//王宏志. 翻译史研究. 上海:复旦大学出版社,2011:138-169.

《三千年艳尸记》①是哈葛德最有影响的著作之一，这部小说无形中暴露了维多利亚时期的男性焦虑：女性的威权、种族纯洁性、进化论中的退化现象。小说主人公五岁丧父，被托孤给一位智力超群但脸上却略有退化痕迹的剑桥学者。这位继父熟谙古代语言，痴迷于考古发现和已经消亡的文明。男孩成人后随继父到非洲内陆探险，被当地一个黑人部落捕获。不料这个部落的绝对统治者竟然是一位白人女王，她的名字就叫"She"。哈葛德年幼时，他的保姆时常用一个玩偶女娃娃来责令他服从听话。说一不二的"She"就是作者潜意识里那让他生出恐惧的玩偶吗？弗洛伊德还在《释梦》里特意提到这部"想象丰富的小说"，荣格的"anima"概念也从这部小说得到启发。②

"She"的领地里有一处古城遗迹，原来她属于一个远逝的古代文明，两千年前她跳进生命之柱的火焰，获得永生，而她的同胞，早已不存，现在她苦苦等候她当年情人的灵魂转世归来。见到两位白人来客，她以为那一天终于到来，引起一场误会。林纾在小说跋记上称这部书"荒渺不可稽诘"，但正是这部小说（以及《斐州烟水愁城录》等）对后来包括《人猿泰山》、印第安纳·琼斯系列探险作品和《魔戒》等通俗文学以及根据作品改编的好莱坞电影产生了难以估量的影响。

2006 年出版的《牛津英国文学百科全书》有专文介绍哈葛德，可见其地位是得到确认的。③ 钱锺书先生在《林纾的翻译》一文引用的鳄鱼与狮子搏斗一节，就是取自《三千年艳尸记》，该文的附记专为哈葛德而作。钱锺书不仅阅读哈葛德的作品，还阅读他的传记，因此能指出"哈葛德在他

---

① 1898 年就有曾广铨（曾国藩之孙）译本《长生术》。
② 弗洛伊德. 释梦. 孙名之，译. 北京：商务印书馆，1996：455-457.《释梦》出版于1899 年，荣格后来在《心理学与文学》里也用这本小说为例，但是这篇文章的写作时间是 1930 年，要比《释梦》晚得多。
③ 关于哈葛德的生平和记录，可以参考：大卫·司各特·卡斯滕. 牛津英国文学百科全书（第二卷）. 上海：上海外语教育出版社，2009：494-498.

的同辈通俗小说家里比较经得起时间的考验，一直没有丧失他的读者"①。在我国的外国文学、比较文学研究者中间，极少有人像钱锺书那样阅读大量通俗作品，这种营养不良的毛病也有碍于深刻理解外国文化的复杂性与多样性。要了解一个社会，通俗小说往往是最佳途径。我国的外国文学界很多学者以研究一位作家为业，这是过分专门化带来的弊端。要全面了解这位作家所身处的社会，通俗文化还是不能回避的。对大学外国文学的教学而言，由于学时有限，经典阅读当然不能废弃。即便如此，经典的书单也应该适度反映新的审美观和价值观。文学与文化研究者如果一味排斥通俗作品，或者过于僵硬地看待高雅与通俗的分野，那么他们对"名著"的理解、阐释能力势必受到局限。

1908 年，林纾与魏易合作，翻译出版阿克西男爵夫人(1865—1947)的《大侠红蘩蕗传》。红蘩蕗的故事在英美极为有名，小说背景是法国大革命后的"恐怖统治"(或曰雅各宾专政)时期，原上层社会一些成员即将被送上断头台。在伦敦，风流倜傥的佩西爵士不问政治，但他却偷偷率十九位英国贵族冒生命危险解救他们的法国同类。法国大革命往往以负面形象出现在英语文学中，《大侠红蘩蕗传》和狄更斯的《双城记》是最著名的例子。作者先是将红蘩蕗的侠义故事写成剧本，于 1903 年在伦敦上演，不甚成功，但在 1905 年年初，重新排演，在伦敦的"新剧院"连续演出 122 场，后又在英国各地演出 2000 场以上，堪称二十世纪头十年英国剧坛最红的剧本之一。同名小说 1905 年出版，极受欢迎，奥克奇男爵夫人还写了很多续集。红蘩蕗的事迹在欧美影响极大，一次次被拍成电影或电视剧。佐罗和蝙蝠侠化装救人的故事与红蘩蕗的事迹约莫相似。1997 年至 2000 年，纽约百老汇还上演同名音乐剧，后在多国演出。为该剧谱曲的弗兰克·维尔德霍恩也是惠特尼·休士顿金榜排名第一的名曲《破碎的心

---

① 钱锺书，等. 林纾的翻译. 北京：商务印书馆，1981：52. 黄梅曾请钱锺书先生推荐英国小说，钱先生开列的书单里"没有一流'巨著'"。见黄梅. 和钱锺书先生做邻居//丁伟志. 钱锺书先生诞辰百年纪念文集. 香港：香港牛津大学出版社，2010：177.

何处去?》的作曲人。

再比如英美国民国防意识强,因而崇拜间谍之风。蜚立伯·倭本翰 (E. Phillip Oppenheim,1866—1946)是间谍小说的开山,曾在英国情报部门供职,1927年还上了美国《时代》周刊的封面。他的《藕孔避兵录》(*The Great Secret*,林译本由商务印书馆于1914年出版)讲述的是旅英德侨阴谋配合德国颠覆英国政府,两位警惕的英国人如何护国的故事。佛典中的阿修罗曾躲进莲藕孔中避兵,书名体现不出小说中普通英国人维护国家安全的积极意义。这类作品也是伊恩·弗莱明的詹姆斯·邦德系列小说的前身。要说詹姆斯·邦德在英国的形象,完全不是"高眉""低眉"之类的概念所能形容的。2012年伦敦奥运开幕式上有詹姆斯·邦德到白金汉宫请女王参加盛会的电影镜头,指责这样的场面有辱女王尊严,那就只能以迂腐称之了。007系列电影中一部为《女王密使》(*On Her Majesty's Secret Service*),那还是1969年的作品。英国军情五处和六处的前身"秘密服务局"就是在威廉·特弗奈尔(笔名勒葛)的《德国皇帝的间谍》一书的启发下设立的。这种国家安全意识正是中国所不见的。林纾翻译这样的小说,可以使读者对大国之间看不见的博弈更为敏感。英国著名作家如格雷厄姆·格林也曾服务于情报部门,没有这样的经历,也写不出《文静的美国人》这样杰出的小说。当人们一本正经地把这些类型的创作都简单地归为"二三流作品"而不欲问津时,他们也暴露对英国文化了解的程度。

清末中国有大批日本浪人,其中大量是日本间谍,中国浑然不觉。日俄战争之前,东北也遍布日本情报人员,他们都假装中国人服务于东北的俄国军队与机构。沈荩案当时有名,但是很少有人会想到他是日本报纸的编辑,也很少有人会想到,《俄事警闻》之类反俄的刊物是在日本刊出的。戊戌变法后《国闻报》变为日本在天津的舆论工具,戊戌年与康有为、梁启超同遭通缉的方若避难于日本,沦为日本人的工具。八国联军进攻天津,方若引导日军立功,不久便成为日本主办的报纸《天津日日新报》总编。沈荩作为唐才常自立军(背后有日本的参与)右军统带,案发潜逃,被列通缉名单之首。后又到天津日本报纸谋职,反清朝的革命者都以为沈荩因在《天津日日新报》揭发《中俄密约》而被杖毙,①气愤得很。沈荩之死暴露了中国司法制度的落后,但是笔者也为他感到另一种遗憾:借助外力造反,也可能是帮助外人控制自己的国家。

林纾翻译侦探小说,也不是取决于情节是否扣人心弦。比如,他为阿瑟·毛利森(Arthur Morrison)的《神枢鬼藏录》(*Chronicles of Martin Hewitt*,与魏易同译)所作的序言讨论的是中国的鞫狱刑事侦讯。"弊在无律师辩护,无包探为之询侦。每有疑狱,动致牵联缀无辜,至于瘐死,而狱仍不决。"西方的律师也有雌黄之口,但是概而言之,"承审之员广有学问,明律意;而陪审者耳目复聪利,又足以揭举其奸欺"。林纾对包探最为钦佩。他们"明物理,析人情,巧谋捷取,飞迅不可摸捉,即有遁情,已莫脱包探之网,而谳员又端审详慎,故民之堕于冤抑者恒寡"。当时上海翻译侦探小说尤多,林纾写道:"近年读海上诸君子所译包探诸案,则大喜,惊叹其用心之仁。"他期望小说引发社会改革,人民或许可以免受讼师和隶役之患。"果使此书风行,俾朝之司刑谳者,知变计而用律师包探,且广立学堂以毓律师包探之材。"②这本小说的译本由商务印书馆于 1907 年出版,当时正值晚清法律改革之际。据初步统计,晚清新政时期出版各类法学图书 295 种,③林纾只是把小说的社会功能看得十分重要。从以上这些文字可见,林纾从事翻译多年,从小说略知西方社会大概,所谓的刑谳牵涉广泛,社会治理中的无数具体问题,不是仅仅依赖"科学""民主"几个抽象词语所能解决。

林纾的小说创作与翻译往往相得益彰。他的《冤海灵光》(1915 年)讲

---

① 据考并无此事。所谓的《中俄密约》实际上是俄罗斯的"七条要求",中国政府予以拒绝,故意向外国报刊透露,以期列强向俄罗斯施加压力。沈荩因报道密约被逮捕杖死之说不能成立。见彭一平. 关于沈荩和"沈荩案"若干史实的补正. 中南大学学报(社会科学版). 2005,11(5):650-655.

② 林纾. 林琴南书话. 吴俊标,校. 杭州:浙江人民出版社,1999:55.

③ 关于这个数据的来源可以参考:俞江. 清末法学书目备考:1901—1911//法律文化研究(第二卷),北京:商务印书馆,2005.

的就是同治末年发生在福建建阳的一件谋杀案。如知县下乡验尸,衙役乘机向事主勒索,后来讼师、管门人和抬轿的都来索要礼金,事主竟然只得变卖田产。小说的第一章就比较中国与欧美司法的差别,中华没有侦探"循声以求迹,因迹而造微"(林纾,1985:291),所赖的只是刑讯逼供,而办事司员恣意娈索。要重证据、轻口供。林纾还也特意在小说第七章提及民国时刑律上的进步:"民国执法无私,而用刑不滥。"(林纾,1985:291)作为有名的前清遗老,他的这句话还是很中肯的。民国实行的其实还是晚清法律。当时刑法的改革,功劳主要在清廷,但是正是侦探小说的流布形成了一种舆论的气候,促进了刑法改革。

如果侦探小说有助于司法公平理念的确立,很多历史题材的小说则可以帮助中国读者熟悉西欧历史进程。毕竟由小说进入历史要比阅读粗浅的教科书具体、深入得多。林译小说中历史类占有很大比重,他与陈家麟合译莎士比亚戏剧五种,全部是历史剧(译本只是戏剧本事)。① 林译柯南·道尔的《金风铁血录》(*Micah Clarke*,1889 年初版,商务印书馆于1907 年出版中译本)描写的是信奉天主教的詹姆斯二世自特兵力镇压蒙茅斯公爵,导致亡乱。柯南·道尔的另一部著作《黑太子南征录》(*The White Company*)讲的是英法百年战争期间英王爱德华三世之子"黑太子"(Black Prince,1330—1376)南征的故事:一位骑士的扈从艾莱恩·阿德里克森随主人南渡英吉利海峡打仗。当时贵族和骑士率民团(company)为国征战,而这种民团是职业军队的前身。弓箭手们豪侠勇敢,为国捐躯,前仆后继。小说对民团这种形式做了生动描画。英国史学家屈维廉还在《英格兰史》这样的普及著作里提到它,称它"呈现了一幅生气盎然、材料翔实但有点理想化的图画"②。柯南·道尔写这本小说是与十九世纪下半期英国的扩张相关,爱国主义也表现为帝国主义。当时的"爱国主义"诗人韩利(William Ernest Henley,1849—1903)就在名诗《英格兰,我

---

① 林纾以小说形式翻译莎士比亚戏剧,为人诟病。
② 参考屈维廉. 英格兰史. 三版. 伦敦:朗曼公司,1946:228.

的英格兰》中写道:"我有什么不能为你做的,/英格兰,我的英格兰/你的号角响彻全球。"这部小说也是少儿读物,书中宣扬的爱国尚武精神在民族存亡之秋可以鼓舞士气。英国二战时纸张紧张,实行严格控制,但是这部作品却一再印行,从未受到影响,书中还不乏类似莎剧《亨利五世》里的爱国豪言壮语。林纾通过这本书,是要借几百年前英国弓箭手来激励中国人的爱国心,并进一步阐发他"荏弱之夫不可与语国"的道理。他在序中强调,小说中人物始终把国家的名誉置于首位:"其人均爱国,名为英人,抵死未示其宗国之弱。"他一如既往地想起自己的国家:中国人的脑力和勇气,并不在英国人之下("岂后于彼"),但是也有人畏葸退让,唾面自干:

> 嗟夫!让为美德,让不中礼,即谓之示弱。吾国家尚武之精神,又事事为有司遏抑。公理不伸,故皆无心于公战,其流为不义而死之市,或临命高歌,未有所慑。使其人衣食稍足,加以教育,宁不可使之制敌!果人人当敌不惧,前僵后踵,国亦未有不强者。日本之取金州,搏俄人,死人如麻,气皆未馁,盖自视一人之身一日本也,身死而同志继之,虽百人死而一人胜,即可谓之日本胜耳。英人当日之视死如归,即以国为身,不以身为身,故身可死而国不夺,然教育尚未普及,而英人之奋迅已如此。①

抽象地提倡爱国尚武的精神,并不能使之成为内在化的价值信念。林译小说不仅是中外文学交流的媒介,也是社会和"心习"(严复语)改革的工具。就译作的社会功能而言,这些通俗小说的意义不亚于任何"名著"。

《黑奴吁天录》的意义也在此。将这部通俗小说置于美国十九世纪文学的杰作之中,它顿时黯然失色,但是它的社会作用远在《白鲸》之上。《黑奴吁天录》是林纾翻译的第二部小说,1901 年在杭州出魏氏刊本。译本的《跋语》就揭示了一个没有挑明的事实:美国随意关押华工,海外华人

---

① 林纾. 林琴南书话. 吴俊标,校. 杭州:浙江人民出版社,1999:102.

实际上没有强有力的国家机器来维护自己的尊严："向来文明之国,无私发人函,今彼人于华人之函,无不遍发。有书及'美国'二字,如犯国讳,捕逐驱斥,不遗余力。则谓吾华有国度耶? 无国度耶?"日本官员夫人在美因所谓"检疫"受辱,"日人大忿争之",但是中国有关部门的官员却不敢与美方交涉。"国威之削,又何待言!"①

　　小说中的女奴意里赛之夫哲而治·海雷敢于反抗,是译者有意作为汤姆叔叔的对立面树立的正面形象。他拒绝"归心上帝"之类廉价的自慰语言,一再追问"国家安在?"。为了不让妻女分离,他断然决定举家北上。他在逃往自由的路上,"左抱其儿,右挽其妻,而气概洸洸,如赴严敌,靴声亦极厉"②这位人物显然是林纾有意激励国人仿效的英雄。哲而治逃到加拿大后获得自由,后去法国留学,还皈依了基督教,学成后决定到自己母亲祖上的土地生活、传教。小说第四十三章里,他在致友人信中一再声明,只有基督教信仰才能救非洲,绝不能忘记基督教的天职与使命。而他准备去自由黑人的国家利比里亚,是作为"一位基督徒爱国者,一位基督教传播者"。但是原文里浓郁的基督教口吻在中译里消失了,他的语气变得更像一个中国人:他要做一个有国之人,要以国家的名义诉诸公法公理,"向众人论申,不至坐听白人夷灭吾种"。显然,庚子年惨痛的教训使得林纾将爱国保种的话语塞入译作,使之成为信件的基调。十九世纪中叶一部美国小说里虔诚的基督教语言完全改换了颜面:"吾今决赴辣比利亚者,非图安乐也,盖欲振刷国民志气,悉力保种,以祛外侮。吾志至死不懈矣。"③通过这些改动,林纾戴上了自由黑人的面具向他的同胞发出号召,他强调的是国家,而非朝代,立场迥异于当时图谋种族革命的激进党人。林纾实际上已走在很多国人的前面。他深知中国历史上的朝代更替无济于事,新朝无非重复旧朝旧事。要打破这种恶性循环,必须明确国家

①　林纾. 林琴南书话. 吴俊标,校. 杭州:浙江人民出版社,1999:5.
②　斯土活. 黑奴吁天录. 林纾,译. 北京:商务印书馆,1981:91.
③　斯土活. 黑奴吁天录. 林纾,译. 北京:商务印书馆,1981:203.

思想,投身于基于现状但是绝对不满足于现状的国家建设和社会改造。

2007 年 5 月 3 日,为纪念话剧在我国的百年诞辰,中国文化界、话剧界人士在北京人民大会堂演出交响诗《吁天》。整个节目以话剧《黑奴吁天录》为主线,回顾了一个世纪中国话剧走过的历程。1906 年冬,李叔同、欧阳予倩等留日学生在日本东京组成中国第一个话剧艺术组织"春柳社",①并于 1907 年 6 月 1 日和 2 日在东京上演话剧《黑奴吁天录》,剧本系曾孝谷根据林纾、魏易的中译本改编。演出由日本著名戏剧家藤泽浅二郎指导,大受欢迎。剧本今已不存,但编者曾孝谷的本意是借黑奴汤姆的故事来"警醒国人民族独立之魂",这恰恰也是林纾翻译小说的用意。这次演出比较正规,东京主要报刊上都登载了演出预告,话剧的宣传海报上还录有林纾译本序言上的一段文字。② 1904 年,留学日本的鲁迅收到友人寄来的中文《黑奴吁天录》,"乃大喜欢,穷日读之,竟毕"。他在给蒋抑卮信中说:"曼思故国,来日方长,载悲黑奴如是,弥益感喟。"③鲁迅和众多国内读者一样,是在林纾所给定的接受框架里来理解这部十九世纪中叶的美国通俗小说的。也正是在这一年,鲁迅弃医从文。

"名著"不是绝对的,"第二三流的毫无价值的书"也不是绝对的。评价清末民初的文学翻译事业,不妨从这些观念中走出来。

(本文原刊《社会科学战线》2016 年第 6 期,第 135—142 页)

---

① 该社受早稻田大学坪内逍遥主持的文艺协会影响,也称"春柳社文艺研究会",但专设"演艺部"。"春柳社"首次登台亮相是于 1907 年 2 月 11 日在东京的中华基督教青年会馆演出《茶花女》第三幕。

② 详见刘平. 中日现代演剧交流图史. 北京:生活·读书·新知三联书店,2012:第一章.

③ 转引自张俊才. 林纾年谱简编//薛绥之,张俊才. 林纾研究资料. 福州:福建人民出版社,1982.

现代翻译的形成

——《新青年》的翻译

赵稀方

晚清文学翻译,最早来源于传教士。1899 年林纾翻译《巴黎茶花女遗事》以来,外国文学翻译开始风行,政治小说、科学小说、侦探小说、历史小说、言情小说等译作大量面世。不过,开始阶段翻译文学中的名著较少,多数都是二三流或不入流的作品。在翻译上也不尊重原文,习惯于以中国文体改写外国文学作品,甚至常常不署外国原作者的名字。陈平原列出晚清至"五四"的 20 部世界名著,比较出版日期,发现"1905 年之后,译介的域外小说的档次明显提高"①,郭延礼则将时间划在 1907 年,认为此后翻译在名著选择、翻译质量等方面有明显的提高②。无论是 1905 年,还是 1907 年,总之翻译文学从晚清到"五四"经历了一个演化过程,后期较之于前期有明显进步。在我看来,这种演化的质变,发生在《新青年》时期(1915—1922)。因为历史任务的不同,《新青年》开始有意识地改变晚清时的翻译模式,并最终奠定了"五四"以后中国现代翻译文学的基本格局。研究《新青年》同人的翻译,我们可以较为清晰地呈现出翻译文学从晚清到"五四"的变化过程。

---

① 陈平原. 二十世纪中国小说史(第 1 卷). 北京:北京大学出版社,1989:37.
② 郭延礼. 中国近代翻译文学概论. 武汉:湖北教育出版社,1998:43-55.

一、陈独秀

（一）

陈独秀是老革命党，参加过上海暗杀团、岳王团、辛亥革命等革命活动。辛亥以后，袁世凯复辟，共和梦断，他在文化上回归保守。陈独秀开始对政治革命感到失望，他觉得，"今之中国，人心散乱，感情智识，两无可言"。国人既无爱国心，也无自觉心，"二者俱无，国必不国"①。他由此认识到，救国还得从思想启蒙入手，而思想启蒙首先要从青年入手。1915 年 9 月出版的《青年杂志》，就是在这样一种指导思想下创办的。

陈独秀在《青年杂志》1 卷 1 号发表的头两篇文章，是《敬告青年》和《法兰西人与近世文明》。从这两篇文章中，我们大体可以了解《青年杂志》的基本思路。陈独秀强调西洋文化与东洋文化的差别，并且将这种差别置于进化的链条上，认为中国要进入现代，必须接受西方文明。《敬告青年》对于中国青年的希望是：一、"自主的而非奴隶的"；二、"进步而非保守的"；三、"进取的而非退隐的"；四、"世界而非锁国的"；五、"实利的而非虚文的"；六、"科学的而非想象的"。"自主的""进步的""进取的""世界的"和"实利的"都是指西洋文明，而"奴隶的""保守的""退隐的""锁国的""虚文的"和"想象的"都是指中国文化。这种东西文化对立的二元结构，在《法兰西人与近世文明》一文中得到了进化论式的说明。《法兰西人与近世文明》一文认为，包括中国、印度在内的东方文明，尚属于古代文明，而西洋文明才称得上"近世文明"②。

---

① 独秀. 爱国心与自觉心. 甲寅杂志，1914，1(4)：33.
② 有关于此，陈独秀后来在《青年杂志》1 卷 4 号上发表《东西民族根本思想之差异》一文，更加明确地予以说明。这篇文章指出：一、"西洋民族以战争为本位，东洋民族以安息为本位"；二、"西洋民族以个人为本位，东洋民族以集体为本位"；三、"西洋民族以法治为本位，以实利为本位，东洋民族以感情为本位，以虚文为本位"。

至于西洋近世思想的内容，陈独秀在《敬告青年》中所提到的有人权、平等、进化论、科学等，提到的西方人物有尼采、柏格森、哥伦布等。在《法兰西人与近世文明》一文中，陈独秀提出："近代文明之特征，最足以变古之道，而使人心社会划然一新者，厥有三事：'一曰人权说，一曰生物进化论，一曰社会主义，是也。'"这篇文章的最后，作者又提出"平等、自由、博爱"的思想是为德法所共有的西洋文明特征。看起来，《青年杂志》的思想开始尚是较为混杂的。后来常常被征引的陈独秀在《新青年》6卷1号上的《本志罪案之答辩书》一文中所说的"德先生"与"赛先生"，则已经是后来的追述了。不过，陈独秀接着说："要拥护那德先生，便不得不反对孔教、礼法、贞节、旧伦理、旧政治。要拥护那赛先生，便不得不反对旧艺术、旧宗教。要拥护德先生又要拥护赛先生，便不得不反对国粹和旧文学。"①这种二元对立思想结构，倒是从《青年杂志》到《新青年》所一以贯之的。

引进西方思想的方法，首先是翻译介绍。在《新青年》上，翻译占据了相当大的比例。《新青年》对于外文格外重视，开始看起来有点像青年的外文辅导类刊物。刊物上常常有英汉对照，并介绍外文学校，连广告都一直是介绍英汉辞典的。陈独秀很重视西洋文学的翻译介绍，在《敬告青年》《法兰西人与近世文明》等文介绍了西洋思想之后，陈独秀接着在《青年杂志》1卷3号和4号连载发表了《现代欧洲文艺史谭》一文，介绍西洋文学。陈独秀认为：西洋文学经历了古典主义、理想主义、写实主义和自然主义几个不同阶段，而中国文学尚处于古典主义、理想主义阶段。② 中国当前最需要的，是追逐十九世纪科学昌兴之后的写实主义和自然主义。

陈独秀《现代欧洲文艺史谭》一文的巨大贡献，是为中国文坛确定了文学的阶段和等级。晚清以来的文学翻译之所以鱼龙混杂，其中一个重要原因是文坛对于外国文学认识不清，区分不了通俗作品和名家名著。

---

① 陈独秀. 本志罪案之答辩书. 新青年，1919，6(1)：11.
② 在《青年杂志》1卷6号(1916-02-15)中，陈独秀在"通信"答张永言："我国文艺尚在古典主义理想主义时代……"

陈独秀对于西洋文学史阶段的分法未必准确,不过他的论述却给国人提供了一个识别西洋文学的标准和方向,它对于后来的文坛产生了很大的影响。《现代欧洲文艺史谭》的另一个独特之处,是对于当代文豪的推崇。从进化论的心态出发,自然需要推出最新最好的作家。在陈独秀的西洋文学等级里,最新的是自然主义,那么当代文豪自然属于自然主义作家。陈独秀提到的自然主义名家,有左拉、龚古尔兄弟、福楼拜、都德、屠格涅夫、莫泊桑。文章认为,即使其他文学派别,也无不受自然主义的感化。文章介绍了"世界三大文豪"——托尔斯泰、左拉、易卜生;又提出了"近世四大代表作家"——易卜生、屠格涅夫、王尔德、梅特林克。姑且不论陈独秀等级座次排定是否合理,将文学大师进行等级座次排定这一做法本身即具有象征意义。

世界文豪的价值,在于其思想的冲击力。陈独秀在《现代欧洲文艺史谭(续)》开头便说:"西洋所谓大文豪,所谓代表作家,非独以其文章卓越时流,乃以其思想左右一世也。"并举例说:"三大文豪之左喇,自然主义之魁杰也。易卜生之剧,刻画个人自由意志也。托尔斯泰者,尊人道,恶强权,批评近世文明,其宗教道德之高尚,风动全球,益非可以一时代之文章家目之也。"不但近代,古代文豪也同样以思想名世,"若英之沙士皮亚(Shakespeare),若德之桂特(Goethe),皆以盖代文豪而为大思想家著称于世者也"①。在中国进行思想启蒙运动,翻译介绍西洋名家名著,是顺理成章的事情。

陈独秀首先请他的侄儿陈嘏翻译屠格涅夫的《春潮》,发表在《青年杂志》1卷1号上,作为开头炮。陈嘏系陈独秀长兄陈健生的儿子,曾留学日本。《春潮》是屠格涅夫小说在中国的第一次翻译。在《春潮》的"译者按"中,译者竭力称赞屠格涅夫的"文豪"地位,"屠尔格涅甫氏,Turgrnev,Ivan,乃俄国近代杰出之文豪也。其隆名与托尔斯泰相颉颃"。"著作亡虑数十百种,咸为欧美人所宝贵,称欧洲近代文学与思想者,无不及屠尔

---

① 陈独秀. 现代欧洲文艺史谭(续). 青年杂志,1915,1(5).

格涅甫之名。"①陈嘏语言功底既好,又是陈独秀的侄子,因而特别受到陈独秀的重用。在翻译完了屠格涅夫的《春潮》之后,陈嘏又为《新青年》翻译了屠格涅夫的《初恋》,还翻译了王尔德的剧作《弗罗连斯》及龚古尔兄弟的长篇小说《基尔米里》等。陈嘏的翻译,占据了前期《新青年》的相当篇幅,陈嘏成为《新青年》前期最重要的翻译家。屠格涅夫、王尔德、龚古尔兄弟等等,都是陈独秀推崇的近世文豪。陈嘏的翻译,准确地体现了陈独秀的思路。

从1卷2号开始,陈独秀开始陆续发表薛琪瑛女士翻译的王尔德的剧作《意中人》(现译为《理想的丈夫》)。薛琪瑛系无锡人,清末思想家薛福成的孙女,桐城派大师吴汝纶之外孙女,可谓名门之后。据陈独秀介绍,薛琪瑛女士"幼承家学,蜚声乡里。及长毕业于苏州景海女学英文高等科。兼通拉丁"②。陈独秀那时还没有反对"桐城谬种",尚引桐城旧学为骄傲。他在"记者识"中对于薛琪瑛期待甚高,"兹译此篇,光宠本志。吾国文艺复兴之嚆矢,女流作家之先河,其在斯乎?"③不过,恰恰是这个才女的译文,被章士钊、胡适看出有问题,这是后话了。中国对于王尔德的首次介绍,是鲁迅和周作人在《域外小说集》中翻译的王尔德的童话《安乐王子》。薛琪瑛的《意中人》是中国对于王尔德剧作的首次翻译,并且这篇译文是白话。在"译者识"中,薛琪瑛说:"作者王尔德,晚近欧洲著名之自然派文学大家也。"④将王尔德视为"自然派文学大家",显然是不正确的。王尔德属唯美主义,并且反对自然主义,批评过左拉。薛琪瑛的这个错误,可能来自陈独秀。虽然薛琪瑛翻译的《意中人》发于《青年杂志》1卷2号,陈独秀发表《现代欧洲文艺史谭》在1卷3号和4号,不过,陈独秀视

① 参见陈嘏《春潮译者按》,见:屠格涅夫. 春潮. 陈嘏,译. 青年杂志,1915,1(1).
② 陈独秀.《意中人》"记者识"//王尔德. 意中人. 薛琪瑛,译. 青年杂志,1915,1(2).
③ 陈独秀.《意中人》"记者识"//王尔德. 意中人. 薛琪瑛,译. 青年杂志,1915,1(2).
④ 薛琪瑛.《意中人》"译者识"//王尔德. 意中人. 薛琪瑛,译. 青年杂志,1915,1(2).

王尔德为自然主义作家的看法由来已久。早在《新青年》之前的《甲寅杂志》1 卷 7 号上,陈独秀在给苏曼珠的《绛纱记》所写的序中就提到过:"王尔德以自然派文学驰声今世。"①

陈嘏和薛琪瑛的翻译,全是连载。陈嘏翻译的屠格涅夫《春潮》,连载于《青年杂志》1 卷 1—4 号。薛琪瑛翻译的王尔德《意中人》紧随其后,连载于《青年杂志》1 卷 2、3、4、6 号及 2 卷 2 号。接着是陈嘏翻译的屠格涅夫《初恋》,连载于 1 卷 5、6 号,2 卷 1、2 号。从 2 卷 3 号开始,《新青年》又开始刊登陈嘏翻译的王尔德的《弗罗连斯》。这些名家名著,构成了《青年杂志》及《新青年》初期译文的主要篇幅。陈独秀本人也忙中偷闲,在《青年杂志》1 卷 2 号上翻译了泰戈尔的《赞歌》和美国国歌《亚美尼加》。泰戈尔虽非陈独秀所说的"世界三大文豪"或"近世四大代表作家",不过,他作为东方"诗圣"的文名却是无可置疑的。陈独秀在译诗后面的说明中,专门强调了泰戈尔诺贝尔奖得主的身份。不过,陈独秀在这里犯了一个小小的错误,即将诺贝尔文学奖写成了诺贝尔和平奖(Nobel Peace Prize)。在鸳鸯蝴蝶派和林纾翻译盛行的 1915 年,《新青年》对于西洋名家名著的翻译无疑令人耳目一新,成了"五四"文学翻译新时代的开始。

陈嘏在《春潮译者按》中称:"其文章乃咀嚼近代矛盾之文明,而扬其反抗之声者也。"②这一主旨,看起来比较合陈独秀之意。《春潮》本身虽然只是一部爱情小说,其中仍有抗争。"我"在旅行中,爱上了漂亮的女主人公杰玛。杰玛已经订婚,未婚夫留别尔先生是一个体面的富商。在一次野餐时,杰玛遭遇军官的调戏,她的未婚夫留别尔先生表现得懦弱虚伪,"我"却勇敢地向对方抗议,并和对方决斗。这一事件,让杰玛轻看了未婚夫,而勇敢地与"我"相爱。杰玛的行为受到家庭的反对,因为退婚本身是一件不体面的事情,而且在经济上杰玛一家还要依靠留别尔先生。不过,杰玛不畏阻力,坚持追求真爱。杰玛这种勇敢反抗、追求爱情的精神,无

---

① 陈独秀. 绛纱记序. 甲寅杂志,1915,1(7).
② 参见陈嘏《春潮译者按》,见:屠格涅夫. 春潮. 陈嘏,译. 青年杂志,1915,1(1).

疑是陈独秀所提倡的"新青年"的榜样。陈嘏所说的"崇尚人格,描写纯爱",正符合陈独秀在《新青年》上倡导青春文化的宗旨。

陈独秀将王尔德视为自然主义作家,有一定的误读成分。不过,陈独秀对于王尔德的唯美思想并非没有把握。早在《绛纱记序》中,陈独秀就提出,王尔德"其书写爱与死,可谓淋漓尽致矣"①。在薛琪瑛译《意中人》的"译者识"中,陈独秀在介绍王尔德的时候说:"氏生性富于美感,游 Oxford 闻 Jhon Ruskin 之美学讲义,益成其志。当时服装之美,文思之奇,世之评者,毁誉各半。生平抱负,以阐明美学真理为宗。"②看起来,王尔德以怪诞的面目示人,以"美"抗拒社会,是陈独秀较为偏爱的方面。《青年杂志》上所发表的,并不是王尔德的唯美主义代表作《道林·格林的肖像》和《莎乐美》,而是较具现实主义性质的喜剧《意中人》。

在《青年杂志》发刊词《敬告青年》一文中,陈独秀希望青年是"进取的而非退隐的",其中提到:"吾愿青年之为孔墨,而不愿其为巢由;吾愿青年之为托尔斯泰与达噶尔(R. Tagorc,印度隐逸诗人),不若其为哥伦布与安重根。"③陈独秀将泰戈尔与托尔斯泰并提,不过在这里他们都是"退隐"派的代表。在《青年杂志》1卷2号翻译泰戈尔的《赞歌》时,陈独秀在文后注明:"R. Tagorc(达噶尔),印度当代诗人。提倡东洋之精神文明也。曾受 Nobel Peace Prize。驰名欧洲。印度青年尊为先觉。其诗文富于宗教哲学之理想。Gitan jali 乃歌颂梵天之作。兹取其四章译之。"④由此看来,陈独秀了解泰戈尔诗歌的消极性质,不过他并没有采取排斥性的态度,而是有所选择和改造。陈独秀所翻译的4首诗,是从《吉檀迦利》中精心挑选出来的,并以自己的方式进行了重构。让我们稍作摘录,看一看陈独秀

---

① 陈独秀. 绛纱记序. 甲寅杂志, 1915, 1(7).
② 参见陈独秀《意中人》"记者识",见:王尔德. 意中人. 薛琪瑛,译. 青年杂志, 1915, 1(2).
③ 陈独秀. 敬告青年. 青年杂志, 1915, 1(2).
④ 参见陈独秀《赞歌》"注释",见:泰戈尔. 赞歌. 陈独秀,译. 青年杂志, 1915, 1(2).

对于泰戈尔的翻译。

泰戈尔原文：Thou hast made me endless，such is thy pleasure. This frail vessel thou emptiest again，and again. and fillest it ever with fresh life.

陈独秀译文：我生无终极，造化乐其功，微躯历代谢，生理资无穷。①

这首诗原是歌颂梵天使我们的生命生生不息，陈独秀将"梵天"译为通常的"造化"，将泰戈尔的宗教转变成了进化论，旨在强调进化的过程，表现生命力的旺盛。

值得注意的是，此时的陈独秀具有一定的文学自主性的看法，故而能够将屠格涅夫、王尔德、泰戈尔等不同思想倾向的作家并置在一起，显示出大家气度。1916 年 10 月，《新青年》2 卷 2 号的《通信》栏刊出了胡适与陈独秀的通信。胡适在信中提出"文学革命"的"八事"主张，征求陈独秀的意见。陈独秀对第八项"须言之有物"提出不同看法，认为："若专求'言之有物'，其流弊毋同于'文以载道'之说？以文学为手段为器械，必附他物以生存。窃以为文学之作品，与应用文字作用不同。其美感与伎俩，所谓文学美术自身独立存在之价值，是否可以轻轻抹杀，岂无研究之余地？"②反对"文以载道"，追求文学的独立价值，陈独秀在"五四"初期提出这种思想，相当难得。次年，在 1917 年 4 月 1 日《新青年》3 卷 2 号的《通信》栏上，陈独秀再次重申了他对于文学自主性的看法："何谓文学之本义耶？窃以为文以代语而已。达意状物，为其本义。文学之文，特其描写美妙动人者耳。其本义原非为载道有物而设，更无所谓限制作用，附以别项

---

① 泰戈尔. 赞歌. 陈独秀，译. 青年杂志，1915，1(2). 原刊此处为中英文对照，两种语言在同一页分为两栏。

② 陈独秀. 通信. 新青年，1916，2(2). 又见：陈独秀. 答胡适之（文学革命）//陈独秀著作选（第 1 卷）. 上海：上海人民出版社，1993：219-220.

条件,则文学之为物,其自身独立存在之价值,不已破坏无余乎?"①在此,陈独秀将"言之有物"归于实用文体,而认为文学以"美妙动人"为本体,不能加之以实用功能。

陈独秀虽然在《新青年》上鼓吹思想启蒙,却能够尊重文学自身的特性,这导致了他在翻译介绍外国文学时的多元化。这种思想与晚清以文学为工具,与"五四"以文学之"为人生",都不太相同。在《青年杂志》刚刚开始翻译王尔德的时候,胡适即写信给陈独秀说:"译书须择其与国人心理接近者先译之,未容躐等也。贵报所载王尔德之《意中人》虽佳,然似非吾国今日士夫所能领会也。"②在胡适看来,王尔德以唯美主义及同性恋昭著于世,在中国未免不合时宜。不过,陈独秀却不以为意,在后来的《新青年》上坚持翻译王尔德,显示出陈独秀的不拘一格。

可惜的是,陈独秀的这种不拘一格并没有一直坚持下去,成为五四新文学的传统。以泰戈尔为例,在陈独秀与《东方杂志》进行东西文化论战之后,特别是在陈独秀转变为共产主义者以后,他对于泰戈尔的态度就发生了根本的变化。1923 年 10 月 27 日,陈独秀在《中国青年》第 2 期发表《我们为什么欢迎泰戈尔?》一文,完全否定了翻译泰戈尔的必要。文中认为:"像泰戈尔那样根本的反对物质文明科学与之昏乱思想,我们的老庄书昏乱的程度比他还高,又何必辛辛苦苦的另外翻译泰戈尔?"③作为政治家的陈独秀不但在思想上完全否定泰戈尔,并且也丧失了初期艺术自主性的思想。

(二)

如果从翻译的文体层面看,初期《青年杂志》以至《新青年》的翻译仍有较多问题,在一定程度上延续了晚清的翻译。

---

① 陈独秀. 通信. 新青年,1917,3(2).
② 胡适. 胡适致陈独秀信(1916 年 2 月 3 日)//胡适全集(第 23 卷). 合肥:安徽教育出版社,2003:95.
③ 陈独秀. 我们为什么欢迎泰戈尔?. 中国青年,1923,20:15.

从语言上看,这一时期的译文主要还是文言。自晚清开始,就有白话翻译的出现。早在 1903 年,周桂笙就用白话翻译了法国鲍福的《毒蛇圈》。1905 年,徐念慈也用白话翻译了《黑行星》。1907 年,伍光建用白话翻译了大仲马的《侠隐记》,这本译作后来得到胡适的高度评价。而《青年杂志》以至《新青年》的很长一段时间,译文却主要是文言,直到提倡白话文为止。大概与戏剧的对白有关,薛琪瑛译王尔德的《意中人》用的倒是白话。这篇白话翻译,算得上是胡适在《新青年》提倡白话文的先驱。

晚清翻译的删节改写,在初期《青年杂志》以至《新青年》仍有遗留。屠格涅夫的《春潮》是倒叙结构。第一部分文前有一段题诗。正文一开始写主人公晚会后回到自己的书房,觉得心情很压抑。他从抽屉里发现一只老式的八角形小盒,打开以后,看到里面放着一个小十字架。这个十字架触动了他,让他回忆起了过去的一段爱情。这是原文倒叙结构中的"序幕",译者陈嘏大概觉得这个序幕与原文故事无关,所以将这个近两千字的"序幕"连带题诗都删除了,直接从第一节故事译起。

原作第一章较短,写"我"(萨棱)从意大利返回俄国,耽搁在法兰克福。"我"在法兰克福的街上溜达,看到一家糖果店,准备进去。译者大概觉得这不足以成为一章,就将其与第二章合并成第一章。第一章至第三章,小说写"我"偶然救了耶米,却迷上了仙玛。为了表示感谢,仙玛一家邀"我"晚上去她家做客。第四章写"我"欣然前往,双方介绍认识。第五、六、七章写双方的聊天。译者大概觉得这与故事无关,将五、六、七三章全部删除了。结果原作的第八章变成了译作的第四章,写"我"回到旅馆后,第二天耶米和仙玛的未婚夫来拜访他。八章的内容变成了四章,可见其删节之严重。删节的原则,大体上是以中国故事型小说的概念肢解西洋小说,忽略译者认为与情节无直接关系的有关背景介绍、心理描写等方面的文字。

按照中国旧小说中的习惯,译者偶尔还在书中担任说书人的角色。译作第四章写仙玛的未婚夫来访的时候,译文有云:"侍儿报客至,客何人欤?则少年耶米,及其未来之姐丈。其姐丈又何如人乎?为吾书至有关系之人,不得不珍重叙及……读者当坚记,此即女郎仙玛未来之良人也。"①《春潮》原著以"我"为叙述视点,有限视角,译文却出现了译者本人,替代了中国传统的说书人角色,从而转变成了译者的第三人称全知视角,这无疑大大地改变了原文的艺术结构。

前文谈到,薛琪瑛系出旧学世家,白话译王尔德,让人期待甚高。可惜,薛琪瑛"盛名之下,其实难副",她的王尔德《意中人》译文中颇多错误。

剧中罗伯特·奇尔顿第一次出场前,谢弗利太太与南加克子爵有一段对话。谢弗利太太恭维南加克子爵,南加克子爵毫不客气地说:"呀,你在奉承我,难怪此地人说你是一张油嘴。"谢弗利太太满意地说:"此地人说我这样吗?这些人何等可怕。"这时候,南加克子爵说了一句话:

Yes, they have a wonderful language. It should be more widely known.

原意:是的,他们说得很好,应该让更多的人知道。②

薛译:他们还有一件极奇怪的议论,这个应该使大众知道的。③

这句话本来是这一段落的结束,下面奇尔顿上场,与谢弗利太太对话,转到了有关国际运河的关键主题上。而按照薛译,"他们还有一件极奇怪的议论,这个应该使大众知道的",则还应该有下文,谈论这一件"极奇怪的议论"。薛译使得王尔德的这段话显得有头无尾,的确变了"极奇怪的议论"。

主人公奇尔顿出场后,剧作对于他有一段精细的描写,其中有云:

Not popular—few personalities are. But intensely admired by the few, and deeply respected by the many.

原意:奇尔顿不同一般,属于那种少有的个性,特别为少数人欣

---

① 屠格涅夫. 春潮. 陈嘏,译. 青年杂志,1915,1(1).
② "原意"为本文作者自译,下两处情况相同。
③ 王尔德. 意中人. 薛琪瑛,译. 青年杂志,1915,1(3). 原刊为中英文对照,两种语言在同一页分为两栏。下两处情况相同。

赏,而大众也都很尊敬他。

　　薛译:其性质虽有为人不喜者数事,然有极爱慕之者,尊重之者也自不少。

薛琪瑛将"Not popular—few personalities are"译为"为人不喜者数事"显然有误,属于低级的错误。后面还有一句是:

A nervous temperament,with a tired look.

　　原意:神经质的气质,表情疲惫。

　　薛译:为人有勇气,而略显倦容。

"为人有勇气"一句不知从何而来? 显系误译。

　　1916 年 8 月 13 日,陈独秀在一封致胡适的信中提到,"薛女士之译本,弟未曾校阅即行付印,嗣经秋桐通知,细读之始见其误译甚多,足下指斥之外,尚有多处,诚大糊涂"[①]。由此可见,章士钊、胡适先后向陈独秀提出过薛译的问题,陈独秀还为此道歉。章士钊、胡适之言我们不得而知,不过,如上文笔者所分析的,仅仅奇尔顿上场前后一小段就有这么多问题,足见薛琪瑛《意中人》的翻译的确不能让人满意。薛琪瑛翻译的《意中人》连第一幕都没有登完,《新青年》就把它中断了。不过,陈独秀仍然坚持翻译王尔德,这次让陈嘏代替了薛琪瑛。从 2 卷 1 号开始,《新青年》开始刊载陈嘏翻译的王尔德《弗罗连斯》。

　　陈独秀自己的翻译,也不是没有问题。泰戈尔《吉檀迦利》之一的原文是:

Where is mind is led forward by thee into ever-widening thought and action-

Into that heaven of freedom,my father,let me country awake.

_____

① 陈独秀. 陈独秀致胡适信(1916 年 8 月 13 日)//任建树,编. 陈独秀著作选(第一卷). 上海:上海人民出版社,1984:183.

陈独秀译文：行解趣记旷，而不迷中道，挈临自在天，使我长皎皎。

陈独秀在这里意译成分太重，将"Into that heaven of freedom，my father，let me country awake"译为"挈临自在天，使我长皎皎"。既将"我的父"译"天"，又完全忽略了"自由的天堂"和"使我的国家觉醒"两句。译者过于自由发挥，使得译诗与原诗差距太大，这里大概与文言翻译有点关系。

陈独秀事实上并不是文学中人，《青年杂志》对于西洋文学翻译的推出，还只是初步的。事实上，《新青年》的宏伟大业，还刚刚开始，有待于进一步发展。这个时候，胡适及时出现了。

二、胡适·陈嘏·刘半农

（一）

现存胡适致陈独秀的最早通信，作于 1916 年 2 月 3 日。那个时候胡适还在美国留学，陈独秀正在编《青年杂志》1 卷 6 号。这第一封信即是关于翻译的，胡适在信中说：

今日欲为祖国造新文学，宜从输入欧西名著人手，使国中人士有所取法，有所观摩，然后乃有自己创造之新文学可言也。①

胡适提出翻译"欧西名著"，这个说法与陈独秀的思想不谋而合。不过在动机上，二人却不尽相同。对于胡适来说，输入"欧西名著"是"为祖国造新文学"，即为中国白话新文学的建立提供范本。

现存陈独秀回复胡适的第一封信，时间在 1916 年 8 月 13 日。陈独秀

---

① 胡适. 胡适致陈独秀信(1916 年 2 月 3 日)//胡适全集(第 23 卷). 合肥：安徽教育出版社，2003：95.

在信中说：

> 尊论改造新文学意见，甚佩甚佩。足下功课之暇，尚求为《青年》
> 多译短篇名著若《决斗》者，以为改良文学之先导。弟意此时华人之
> 著述，宜翻译不宜创作，文学且如此，他待何言？[①]

这封信，不像是对于胡适 1916 年 2 月 3 日来信的回复，而是回复胡适
后来给陈独秀写的另外一封信。陈独秀赞同胡适有关改造新文学的想
法，并提出希望胡适多翻译如《决斗》这样的"短篇名著"，作为"改良文学
之先导"。陈独秀甚至提出，国人当下的著述"宜翻译不宜创作"，对于翻
译的强调可谓不遗余力。不过，从"文学且如此，他待何言"这句话可以看
出，陈独秀提倡翻译名著的动机，不止于文学自身。

1916 年上半年，《青年杂志》遭遇了麻烦。上海基督青年会因《青年杂
志》与他们主办的杂志刊名雷同，要求《青年杂志》改名。《青年杂志》对抗
了几个月，终于无奈妥协。《青年杂志》本为月刊，1 卷 6 号的出版时间为
1916 年 2 月，而《新青年》2 卷 1 号的出版时间为 1916 年 9 月 1 日，这中间
停了七个月。不过，坏事也可以变成好事，陈独秀借杂志改名之际，趁机
调整办刊方向，这才有后来暴得大名的新文化刊物《新青年》。《新青年》1
卷 1 号刊登了两条通告：第一条是宣告《青年杂志》更名，同时宣告《新青
年》请来了诸多当代名流供稿，该刊将以新的面目示人；第二条是《读者论
坛》一栏容纳社外文字，让读者自由发表意见。《新青年》延请的"当代名
流"之一，便是胡适。自 2 卷 1 号起，胡适正式为《新青年》撰稿，他的第一
篇文章便是翻译，是用白话翻译的俄国作家泰莱夏甫的小说《决斗》。

陈独秀本人早在 1904 年就创办《安徽俗话报》，但晚清之提倡白话，
只是为了启发大众而创造的下里巴人语言，并未想替代文言文之正统地
位。在受到胡适启发之前，陈独秀事实上对于白话新文学一直没有什么
自觉。即在《新青年》2 卷 1 号《通信》栏上，陈独秀在答"三马路中国银行

---

① 陈独秀. 陈独秀致胡适信(1916 年 8 月 13 日)//任建树. 陈独秀著作选(第一
卷). 上海：上海人民出版社，1984：183.

收税处沈慎乃"有关国语问题的时候仍说："示悉国语统一,为普通教育之第一,惟兹事体大,必举全国人士留心斯道者,精心讨论,始克集事。此业当斯诸政象大宁以后,今非其时。"①陈独秀此时对于国语问题,对于国语与白话新文学的关系,都一片茫然。只有胡适一直念兹在兹,他毫不容情地催促陈独秀。在发表于《新青年》2 卷 2 号上的致陈独秀的通信中,胡适公开批评陈独秀在《青年杂志》上发表文言诗:

> 足下之言曰:"中国犹在古典主义理想主义时代,今后当趋向写实主义",此言是也。然贵报三号登某君长律一首,附有记者按语,推为"希世之音"。②

所谓"贵报三号登某君长律一首"指《青年杂志》1 卷 3 号刊登的谢无量的旧诗《寄会稽山人八十四韵》。陈独秀在诗后"记者识"中对于此诗予以了很夸张的推崇,认为"相如而后,仅见斯篇,虽工部也只有此功力,无此佳丽"③。

　　胡适以子之矛,攻子之盾,陈独秀不是说"中国犹在古典主义理想主义时代,今后当趋向写实主义"④吗?那么为什么还发表古典文言诗呢?陈独秀对于这首文言诗的过誉,让胡适很不以为然:

> 细检谢君此诗,至少凡用古典套语一百事。(中略)稍读元白刘柳(禹锡)之长律者,皆将谓贵报按语之为厚诬工部而过誉谢君也。适所以不能已于言者,正以足下论文学已知古典主义之当废,而独啧啧称誉此古典主义之诗,窃谓足下难免自相矛盾之讥也。⑤

胡适少年气盛,站在提倡白话新文学的立场上,批评谢无量的旧诗,直让

---

① 　陈独秀. 通信. 新青年, 1916, 2(1).
② 　胡适. 通信. 新青年, 1916, 2(2).
③ 　陈独秀.《寄会稽山人八十四韵》"记者识". 见: 谢无量. 寄会稽山人八十四韵. 青年杂志, 1915, 1(3).
④ 　张永言, 陈独秀. 通信. 青年杂志, 1915, 1(4).
⑤ 　胡适. 通信. 新青年, 1916, 2(2).

陈独秀无言以对。陈独秀很有雅量,公开发表了来信,并予以回复。在回信中,陈独秀先承认不妥:"以提倡写实主义之杂志,而录古典主义之诗,一经足下指斥,曷胜惭感。"①不过,他接着为自己的做法辩护:"惟今之文艺界,写实作品,以仆寡闻,实未尝获观。本志文艺栏,罕录国人自作之诗文,即识此故。不得已偶录一两诗,乃以其为写景叙情之作,非同无病而呻。其所以盛称谢诗者,谓其继迹古人,非谓其专美来者。"②

在批评了谢无量的诗之后,胡适在信中首次向陈独秀披露了自己有关于"文学革命"的"八事"主张。对此,陈独秀表示,除了五八两项,其余他非常赞成,并将其称为"今日中国文界之雷音"。他鼓励胡适将其写成一篇正式的文章,"倘能详其理由,指陈得失,衍为一文,以告当世,其业尤盛"。③

不过,陈独秀对于胡适之言似乎并未特别放在心上。在接下来的 2 卷 3 号和 4 号上,陈独秀居然连载了苏曼殊的文言小说《碎簪记》,并在"后序"中将其与章士钊的《双枰记》并加称赞。对此,胡适很不满意。④ 不过,胡适没有再写信批评,而是直接拿出了《文学改良刍议》,这回彻底打动了陈独秀。

《青年杂志》创刊以来,陈独秀一直在寻找精神界革命的切入点。先是找到了反孔,引起了较大的社会反响。这次看到胡适的《文学改良刍议》,陈独秀感觉找到了另外一个突破口。陈独秀在 2 卷 5 号刊登了胡适的《文学改良刍议》,并接着在 2 卷 6 号发表《文学革命论》予以声援。

胡适崭露头角,开始频繁出现在《新青年》上。从 2 卷 4 号起,胡适开始在《新青年》登载《藏晖室劄记》。其中颇多介绍西洋文学的内容:如 2

---

① 陈独秀. 陈独秀答胡适的信. 青年杂志,1916,2(2).
② 陈独秀. 陈独秀答胡适的信. 青年杂志,1916,2(2).
③ 陈独秀. 陈独秀答胡适的信. 青年杂志,1916,2(2).
④ 从《新青年》4 卷 1 号(民国七年正月十五日发行)胡适答复钱玄同的"通信"中,我们可以看到,胡适对于苏曼殊的小说是很看不上的:"先生屡称苏曼殊所著小说,吾在上海时,特取而细读之,实不能知其好处。"胡适将陈独秀作序的《绛纱记》称为"兽性的肉欲",将《焚剑记》斥为"一篇胡说"。

卷 4 号《藏晖室劄记》介绍霍甫特曼、易卜生,介绍欧洲的问题剧;2 卷 5 号《藏晖室劄记》介绍了诺贝尔奖(胡适称为"诺倍尔赏金")的情况,并刊录了近年来诺贝尔文学奖得主名单,这是国内较早介绍诺贝尔文学奖的文字。自陈独秀《现代欧洲文艺史谭》以后,国内文坛对于西洋名家名著等级有了大体的概念。不过,陈独秀事实上只侧重于法国文学,对于西洋文学大势的了解未必全面准确。胡适身在美国,对于西洋文学的了解更为直接。他从英语世界发回来的文章,不啻为对于陈独秀的一个有力补充。

1916 年 12 月 26 日,北洋政府大总统黎元洪任命蔡元培为北京大学校长。在蔡元培的推荐下,陈独秀去北大任文科学长。自 3 卷 1 号起,《新青年》改在北京编辑,出版发行仍由上海群益书社负责。在北京编辑的《新青年》3 卷 1 号上,仅有一篇文学译文重点揭载,那就是胡适翻译的莫泊桑的《二渔夫》。译文前有云:"莫泊三(Maupassant)(1850—1893)为自然派第一巨子。"①《二渔夫》原名《两个朋友》,是莫泊桑的著名短篇小说。写的是普法战争期间,巴黎被普军包围,城中人都在挨饿。两个"钓鱼迷"朋友麻利沙和苏活忍不住相约去城外钓鱼,结果被普鲁士士兵当作间谍逮捕,并残酷杀害。胡适早年对于普法战争题材很感兴趣,早在 1912 年他就译出都德的《最后一课》(开始译名为《割地》),1914 年又译出都德的《柏林之围》,它们都是写普法战争的。这些小说通过个人命运写亡国之感,哀楚动人。胡适之所以选择普法战争题材,显然意欲借此唤醒危亡中的国人。从思想上看,胡适这一时期的翻译仍然延续着晚清以来爱国主义主题。

从翻译的角度看,胡适这些小说较之于晚清以来的翻译已经有天壤之别。胡适是美国留学生,英语地道,与国内译者的水平自然不可同日而语。胡适又是白话新文学的倡导者,白话文水平在当时也堪称一流。因此,胡适给晚清以来的翻译带来了质的提高。胡适后来将这些小说集为《短篇小说一集》,于 1919 年 10 月由亚东图书馆出版。《短篇小说一集》

---

① 胡适. 二渔夫. 新青年,1917,3(1).

出版后,在读者中大受欢迎。胡适后来说:"《短篇小说》第一集销行之广,转载之多,都是我当日不曾梦见的。那十一篇小说,至今还可算是近年翻译的文学书之中流传最广的。"①他自己总结,这些小说受欢迎的原因是翻译的明白流畅,"这样长久的欢迎使我格外相信翻译外国文学的第一个条件是要使它化成明白流畅的本国文字"②。胡适这几篇小说的翻译,即使以今天的标准看,也仍然相当流畅易懂,与当代的白话文字没有多大差别。

不过,如果对照原文,我们会发现,胡适的短篇小说翻译仍有删改。都德的《最后一课》开头写主人公早晨上学因迟到而跑向学校,路过市政厅,看见有一大群人在读告示。"我"无心顾及,继续往教室跑。下面一段是:

"What is it now?" I thought, without stopping.

Then, as I ran along, the blacksmith, who was there reading the notice, cried out to me, "Not so fast, little one, you will reach your school soon enough."

I thought he was making fun of me and ran faster than ever, reaching the schoolyard quite out of breath.

胡适译文:

今天又不知有什么坏新闻了。我也无心去打听,一口气跑到汉麦先生的学堂。③

第一句"'又有什么事了?'我边跑边想"本来是直接引语,被胡适变成了叙述的一个部分,后面铁匠向"我"喊话,"我"觉得他是取笑我,跑得更

---

① 胡适. 短篇小说二集·译者自序//胡适全集(第 42 卷). 合肥:安徽教育出版社,2003:379.
② 胡适. 短篇小说二集·译者自序//胡适全集(第 42 卷). 合肥:安徽教育出版社,2003:379.
③ 胡适. 短篇小说二集·译者自序//胡适全集(第 42 卷). 合肥:安徽教育出版社,2003:330.

快了,这些内容全部被删除了,概括为"一口气跑到汉麦先生的学堂"。类似于此的删节,文中还有多处。胡适大概是为了让全文更简练,删掉了他认为较为枝节的部分。

到了《二渔夫》,胡适的翻译已经谨严得多了。不过,对于原文却仍不免有主观发挥改动之处。以《二渔夫》第1、2段为例:

这两段的英文为:

> Besieged Paris was in the throes of famine. Even the sparrows on the roofs and the rats in the sewers were growing scarce. People were eating anything they could get.
>
> As Monsieur Morissot, watchmaker by profession and idler for the nonce, was strolling along the boulevard one bright January morning, his hands in his trousers pockets and stomach empty, he suddenly came face to face with an acquaintance—Monsieur Sauvage, a fishing chum.

李青崖译文:

巴黎被包围了,挨饿了,并且已经在残喘中了。各处的屋顶上看不见什么瓦雀,水沟里的老鼠也稀少了。无论什么大家都肯吃。

莫利梭先生,一个素以钟表店为业而因为时局关系才闲住在家的人,在一月里的某个晴天的早上,正空着肚子,把双手插在自己军服的裤子口袋里,愁闷地沿着市区外围的城基大街闲逛,走到一个被他认做朋友的同志跟前,他立刻就停住了脚步。那是索瓦日先生,一个常在河边会面的熟人。

胡适译文:

巴黎围城中(此指普法之战,巴黎被围之时),早已绝粮了。连森中的飞鸟,沟里的老鼠,也渐渐的稀少了。城中的人,到了这步田地,只好有什么便吃什么。还有些人,竟什么都没的吃哩。

正月间(1871),有一天天气很好,街上来了一人,叫做麻利沙。这人平日以造钟表为业。如今兵乱时代,生意也没有了。这一天走出来散步，两手放在裤袋里，肚子里空空的，正走得没趣的时候，忽然抬头，遇着一个钓鱼的老朋友，名叫苏活的。①

　　李青崖的译文译自法语，但与英译仍有严格的对应。胡适的翻译，从意思上说，是忠实而流畅的。但忠实的是意思，而不是文字。从文字上说，有较多译者主观的成分。如"巴黎围城中（此指普法之战，巴黎被围之时），早已绝粮了。"其中的括号内的解释，系译者自己所加，非原文所有。而正文第一段最后一句，"还有些人，竟什么都没的吃哩"，也系译者自己加上去的，原文只是简单的"People were eating anything they could get"。第二段一开头的"正月间（1871），有一天天气很好"系原文没有，这有关于时间和天气的交代，全是胡适自己加上去的。文中用"如今兵乱时代，生意也没有了"翻译"idler for the nonce"，传神则传神，不过是对于原文的衍生。原文只说"在这种时刻下闲散下来"，既没有提到"生意"，也没有提到"兵乱"。李青崖"因为时局关系才闲住在家"的译法，在文字上比较对应。第二段最后一句是，"正走得没趣的时候，忽然抬头，遇着一个钓鱼的老朋友，名叫苏活的。"其中的"正走得没趣的时候""忽然抬头"两句也系原文没有，译者所加。"走得没趣"指心情，"忽然抬头"描写遇见朋友时的动作，都使表达更加生动流畅，但与原文并不严格对应。

　　从以上的翻译来看，胡适的翻译基本是忠实的。不过，他的翻译相对来说不拘泥于原文，而是有一定的自由度，这样可以译得更传神，更流畅。五四时期"直译"传统的奠定，需要等到周氏兄弟的出场。胡适本人也在从意译向直译的方向发展。在1933年给《短篇小说二集》写序的时候，胡适说：

　　　这六篇小说的翻译，已经稍稍受了时代的影响，比第一集的小说谨严多了，有些地方竟是严格的直译。但我自信，虽然我努力保存原文的真面目，这几篇小说还可算是明白晓畅的中国文字。在这一点

――――――――――
① 胡适. 短篇小说二集·译者自序//胡适全集（第42卷）. 合肥：安徽教育出版社，2003：330.

上,第二集与第一集可说是一致的。①

由此可见,从《短篇小说一集》到《短篇小说二集》,胡适愈来愈倾向于"直译"。不过,可以看得出来,胡适仍然有意识地强调译文的明白晓畅。

1928 年,胡适在评论曾孟朴先生的法国文学翻译时说的一段话,颇让人玩味:

> 已读三种之中,我觉得《吕伯兰》前半部的译文最可读。这大概是因为十年前直译的风气未开,故先生译此书尚多义译,遂较后来所译为更流利。近年直译之风稍开,我们多少总受一点影响,故不知不觉地都走上谨严的路上来了。②

胡适说,"五四"开了"直译"的传统,让人不得不走上了谨严之路,但是直译却不利于译文流畅。那段明白晓畅的"意译"时期,似乎更让人怀念。

(二)

作为《新青年》早期主要译手的陈嘏,在发表了屠格涅夫的《春潮》和《初恋》的文言译文之后,随即转向白话翻译。此时,胡适的《文学改良刍议》还没有发表。陈嘏先译了王尔德的《弗罗连斯》(*A Florentine Tragedy*),随后又译了龚古尔兄弟长篇名著《基尔米里》(*Germinie Lacerteux*),两篇均连载于《新青年》。陈嘏的白话文翻译,较他的文言翻译质量要高得多,他不再像翻译《春潮》时那样任意删改。《新青年》2 卷 1 号刊载有陈嘏的两篇翻译连载:一是屠格涅夫的《初恋》,二是王尔德的《弗罗连斯》,可见陈嘏在《新青年》翻译上的重要地位。《初恋》是文言,《弗罗连斯》是白话,两者同时刊载,也足见《新青年》的新旧过渡。胡适为

---

① 胡适. 短篇小说二集・译者自序//胡适全集(第 42 卷). 合肥:安徽教育出版社, 2003:379-380.

② 胡适. 论翻译——与曾孟朴先生书//胡适全集(第 3 卷). 合肥:安徽教育出版社,2003:804.

《新青年》翻译的第一篇白话小说《决斗》，也正发表在《新青年》2卷1号上。胡适译的《决斗》加上陈嘏译的《弗罗连斯》，两篇白话译文，为刚刚更名的《新青年》展现了文学翻译的新面目。

《弗罗连斯》原名《弗罗伦萨的悲剧》，仅仅是王尔德的一个喜剧草稿的片段，没有完成。后由著名诗人 T. Sturge Moore 补充前半部分，才得以完整演出。这是王尔德的一个不太为人提起的喜剧，国内的《王尔德全集》也只收录了王尔德所写的后半部分①。陈嘏却完整地译出了这部喜剧，连载于《新青年》2卷1号和2卷3号上。《弗罗连斯》写的是佛罗伦萨王国的王子易铎柏尔奇勾引商人希莫烈的妻子，希莫烈后来在决斗中杀死了王子，重新得到了妻子。剧本反对王权、强调个人尊严的思想，契合五四时代的思想。陈独秀不满于薛琪瑛《意中人》的翻译质量，让陈嘏取而代之。陈嘏果然不负期望，第一篇白话翻译就满意交账，基本忠实原文。从语言上看，有点文白夹杂，不过还算是流畅的，这对于初次运用白话翻译的陈嘏来说已属不易。

随后，陈嘏翻译了龚古尔兄弟的长篇小说《基尔米里》，连载于《新青年》2卷6号和3卷5号上。陈嘏对于龚古尔兄弟的翻译介绍具有重要价值，它结束了《新青年》提倡自然主义只有理论而没有作品的状况。我们知道，陈独秀大力倡导自然主义，但对自然主义作家的认识并不清晰。陈独秀在《现代欧洲文艺史谭》一文中提到的自然主义作家的名字，有左拉、龚古尔兄弟、福楼拜、都德、屠格涅夫等。而《青年杂志》以至《新青年》所译的屠格涅夫、王尔德、都德等人，均为似是而非的自然主义作家。陈嘏对于龚古尔兄弟作品的译介，有利于中国读者认清到底什么是自然主义。可贵的是，陈嘏译《基尔米里》的时候，花费了大量篇幅介绍作者的生平及创作情况。一般译文只有很短篇幅甚至三言两语介绍外国作家，陈嘏却用了三页半的篇幅介绍龚古尔兄弟，再加上所译的龚古尔兄弟的"自序"，

① 王尔德. 王尔德全集（第二卷）. 马爱农，荣如德，译. 北京：中国文学出版社，2000.

第一次连载已经没有篇幅刊载小说原文了。

值得一提的是,龚古尔兄弟的这部小说《基尔米里》是一部描写下层社会的作品。并且,龚古尔兄弟在这部小说的"自序"中提出了文学应该从贵族走向平民的主张。这里稍加征引:

> 在此十九世纪普通选举、民主主义、自由主义之时代,吾等所大惑不解者,一般所谓"下等社会"之人,在小说上有无权利?此世间下之世间,即下等社会之人,在文学上,被禁制之侮辱,遭作者之轻蔑,其灵魂、其心直沉默至此时。然过此以往,彼等是否犹不能不甘受此侮辱、此轻蔑?复次,敢问世之作者及读者,在此平等时代,无价值之阶级、甚卑猥之不幸、口白极污秽之戏曲、词气过夸结穴惊人之作物,是否尚应存在?已忘之文学及已过之社会,所遗此种形式,所谓悲剧,是否已经全灭?在无阶级、无贵族之国家,彼贫且贱者之不幸,是否亦能如富且贵者之不幸,高声疾呼,为有兴味、有感情、可悲可泣之叹诉。质言之,下等人伤心堕泪,是否能如上流人伤心堕泪一样恸哭?此吾等所欲知者也。①

龚古尔兄弟在"自序"中认为,文学一直以贵族上流社会为描写对象,"下等社会"一直受排斥。他提出,在平等的时代,下层社会之悲欢也应该成为文学作品描写的对象。这简直就是陈独秀《文学革命论》打倒"贵族文学",建立"平民文学"的翻版。陈嘏在"译者识"中引用左拉对于此书的评论,"在吾法近代文学区别一时代之作物也",并解释说:"盖以描写下级社会之书,实以此为嚆矢。"②在陈嘏看来,龚古尔兄弟的《基尔米里》一书是法国自贵族文学转向平民文学的开始,这自然足以成为五四文学革命的范本。陈独秀的《文学革命论》与陈嘏翻译的《基尔米里》都刊登于《新

---

① 参见龚古尔兄弟《基尔米里》"自序",见:龚古尔兄弟. 基尔米里. 陈嘏,译. 新青年,1917, 2(6).

② 参见陈嘏《基尔米里》"译者识",见:龚古尔兄弟. 基尔米里. 陈嘏,译. 新青年,1917, 2(6).

青年》2卷6号上,彼此有一种默契的配合关系。

从译文上看,《基尔米里》的文白夹杂更加严重。陈嘏似乎有一个习惯,即对话一般用白话,而交代常常文白夹杂。王尔德的《弗罗连斯》是话剧对白,以白话为主,所以看起来较为流畅。《基尔米里》是小说,叙述较多,因而文白夹杂,在流畅程度上远赶不上《弗罗连斯》。我们看一看《基尔米里》的开头:

> "有救了,有救了,马德麻修!"女佣送医生出,闭门欢叫,而奔女主人寝床。床中之老媪,十分枯瘦,体缩如小儿。女佣欣幸之心,与爱抚之心交凑,自被上坚抱此媪可怜之瘦躯。
>
> 媪默然两手抱其头,按于胸前,叹息而言曰:
>
> "嗳,那吗我还要活着!"①

"有救了,有救了,马德麻修!""嗳,那吗我还要活着!"两句对话,都是较为流畅的白话,而其他的叙述语言则没那么口语化,或者简直就是文言。在语言上,《基尔米里》较《弗罗连斯》是一个退步,与胡适的白话语言相比有较大差距的。

从4卷1号起,《新青年》不再接受外稿,陈嘏翻译的《基尔米里》的正文只在3卷5号刊登了一次就中断了。不过,陈嘏虽然不再为《新青年》供稿,他的翻译却没有停止。1918年10月,陈嘏翻译的易卜生的《傀儡世家》(即《玩偶之家》)在商务印书馆印行,这是易卜生在中国的第一个单行本,此时距《新青年》的"易卜生专辑"(1918年6月,4卷6号)刊行只有几个月。1920年,陈嘏先后在《东方杂志》发表文章,介绍戏剧家霍甫特曼等作家。二十世纪二十年代中期,陈嘏又在《小说月报》上翻译莫泊桑和契诃夫的小说。陈嘏的翻译深受陈独秀的影响,眼光很高,开手就是世界名著,对于自晚清到"五四"的翻译转折发挥了重要作用。可惜的是,陈嘏一直在文学史上默默无闻,连翻译研究者也较少提到他。

---

① 龚古尔兄弟. 基尔米里. 陈嘏,译. 新青年,1917,3(5).

　　《新青年》前期的另一个重要译者，也是受到陈独秀影响的，他就是刘半农。刘半农和胡适一样，首先以翻译作品出现于《新青年》之上，但较胡适晚了一期。胡适的《决斗》发表在《新青年》2卷1号，刘半农的《爱尔兰爱国诗人》发表于《新青年》2卷2号。此后，胡适的《藏晖室劄记》与刘半农的《灵霞馆笔记》，常常并行于《新青年》。《藏晖室劄记》是胡适自撰之文，《灵霞馆笔记》主要是刘半农所译之诗文。从题目上就可以看出来，《灵霞馆笔记》所翻译的主要是外国爱国诗歌，如《爱尔兰爱国诗人》《欧洲花园》《拜伦遗事》《阿尔萨斯之重光》《马赛曲》等。

　　《欧洲花园》（发表于《新青年》2卷3号）译自席尔洼（Affonso Henriques Silva）所作 Jardim da Enrop，写历史上葡萄牙卧薪尝胆向摩尔人宣战的故事。文中有云："余以神话无稽，素不研习，顾于鼓铸国魂之神话，则颇重视，谓圣经寓言而外，足为精神界之宝物者，只此而已。""余"之所言，正是译者的心愿，愿以"鼓铸国魂之神话"以为中国之"精神界"之激励。①《阿尔萨斯之重光》（发表于《新青年》2卷6号）译自皮埃尔·洛蒂（Piere Loti）所作 Alsace Reconquered，写"吾"陪法国总统视察从德国人手中收复的阿尔萨斯的经历。阿尔萨斯系法国领土，一战时被德国占领。虽然千疮百孔，新冢累累，然而阿尔萨斯人却一直"眷怀祖国"，"吾法兰西好男儿殉国而死，今长眠于此，愿其灵魂安息之处，勿更沦于异族之手"。②这篇文章的主题，有点类似于胡适翻译的《最后一课》《柏林之围》等，反映的是亡国之恨和爱国之切。周作人在《知堂回想录》中曾称赞刘半农的《灵霞馆笔记》："来到北大以后，我往预科宿舍去访问他，承他出示所作《灵霞馆笔记》的资料，原是些极为普通的东西，但经过他的组织，却成为很可诵的散文，当时就很佩服他的聪明才力。"③

　　大概与来自鸳鸯蝴蝶派旧阵营有关，刘半农并不特别执着于白话、文

---

① 席尔洼. 欧洲花园. 刘半农，译. 新青年，1916，2(3).
② 皮埃尔·洛蒂. 阿尔萨斯之重光. 刘半农，译. 新青年，1917,2(6).
③ 周作人. 知堂回想录·卯字号的名人三//周作人全集(第13卷). 桂林：广西师范大学出版社，2009：536.

言之分。在胡适的"文学改良"、陈独秀的"文学革命"及钱玄同的附议之后,刘半农接着在《新青年》3卷3号上发表了《我之文学改良观》。在这篇文章中,刘半农一方面表示,绝对同意胡、陈、钱的主张,另一方面又提出不同看法,即认为"文言白话可处于对待的地位",原因是在表达上二者各有所长:

> 胡陈二君之重视"白话为文学之正宗",钱君之称"白话为文章之进化"。不佞固深信不疑,未尝稍怀异议。但就平日译述之经验言之,往往同一语句,用文言则一语即明,用白话则二三句犹不能了解。(此等处甚多,不必举例。)是白话不如文言也。然亦有同是一句,用文言竭力做之,终觉其呆板无趣,一改白话,即有神情流露,"呼之欲出"之妙。(如人人习知之"行不得也哥哥","好教我左右做人难"等句。)又文言不如白话也。①

在胡、陈、钱之后,刘半农敢于提出这种异议是很大胆的,但这的确是他"平日译述之经验"。特别在诗歌翻译上,刘半农深感语言组合之难。为了既传达意思,又合原诗的韵,在语言上就只能不拘一格,要多多尝试。胡适的"八事"中有一条"不对仗",这对于译诗、作诗的刘半农来说,显然不易。他对此不以为然,主张"余于对偶问题,主张自然"。在诗体上,刘半农反对律诗排律,却并不反对绝诗古风乐府,当然他认为这些仍然远远不够,需要增加新的诗体。

在《我之文学改良观》发表后的次期《新青年》(3卷4号)上,刘半农发表了两篇译文。一白话,一文言。英人梅里尔的独白剧《琴魂》系白话所译,英人虎特的《缝衣曲》则为古体诗译。由此看刘半农在文言、白话之间各有选择,尝试不同的表达效果。

刘半农在翻译印度拉坦·德维(Ratan Devi)的《我行雪中》时,曾谈起自己的翻译思路:

---

① 刘半农. 我之文学改良观. 新青年, 1917, 3(3).

两年前,余得此稿于美国 *Vanity Fail* 月刊;尝以诗赋歌词各体试译,均为格调所限,不能竟事。今略师前人译经笔法写成之,取其曲折微妙处,易于直达。然亦未能尽惬于怀;意中颇欲自造一完全直译之文体,以其事甚难,容缓缓"尝试"之。①

晚清以来的翻译,历来不注重忠实原文,特别是译诗,因为套用中国旧的诗词格律,主观性更强。刘半农在此能够提出并实践"直译之文体",难能可贵。

刘半农在《新青年》2 卷 6 号上译过法国国歌《马赛曲》,其文为:"我祖国之骄子,趣赴戎行。今日何日,日月重光! 暴政与我敌,血旗已高扬! 君不闻四野贼兵呼噪急? 欲戮我众,欲歼我妻我子以勤王。"②《马赛曲》在中国的第一次翻译,是王韬 1871 年的七言古体译文。王韬译文几乎难以找到与原文的对应关系,比较起来,刘半农的译文则要忠实得多。刘半农精通法语和英语,他在《新青年》上列出法文原文,又译为英文,然后再译成汉文。他在几种语言之间互相比较参照,力图在意义、字句乃至音韵上达到协调。

然而,文言的"直译"终于很难成功。"直译"的实践,最早来自周氏兄弟在 1909 年翻译出版的《域外小说集》。不过,这部书出版后没人理会,十年之内只销了 21 本。"五四"与晚清翻译的差异,既在忠实,也在白话,大约白话较文言能够更加忠实地再现原文吧。胡适在谈到周氏兄弟《域外小说集》失败的时候说:"这一件故事应该使我们觉悟了。用古文译小说,固然也可以做到'信、达、雅'三个字,——如周氏兄弟的小说,——但所得终不偿所失,究竟免不了最后的失败。"③

刘半农大概也感觉到了这一点,后来终于放弃文言而改用白话翻译。

① 刘半农.《我行雪中》"译者导言"//拉坦・德维. 我行雪中. 刘半农,译. 新青年,1917,4(5).
② 刘半农,译. 马赛曲. 新青年,1917,2(6).
③ 胡适. 五十年来中国之文学//胡适全集(第 2 卷). 合肥:安徽教育出版社,2003:343.

事实上,刘半农早在《新青年》之前的鸳鸯蝴蝶派期间,就译过白话小说。刘半农后来在《新青年》上所译的白话作品,有梅里尔的短剧《琴魂》(3 卷 4 号)、王尔德的"悲剧"《天明》①(4 卷 2 号)、《诗二章》(5 卷 2 号)、《译诗十九首》(5 卷 2 号)等。刘半农的散文诗的翻译较为知名,他是国内第一个引进散文诗这一文体的。他对于泰戈尔、屠格涅夫散文诗的翻译,在国内都是首次。刘半农对泰戈尔作品的翻译,大概受到陈独秀的影响,也是继陈独秀之后国内文坛第二次翻译泰戈尔的作品。《诗二章》译的是泰戈尔《新月集》中的两首诗:《恶邮差》和《著作资格》。《译诗十九首》包括泰戈尔的《新月集》中的《海滨》五首和《同情》两首。我们姑且把刘半农译的泰戈尔《海滨》第一首稍作英汉对照:

泰戈尔原文:

On the seashore of endless worlds children meet.

The infinite sky is motionless over head and the restless water is boisterous. On the seashore of endless worlds the children meet with shouts and dances. ②

刘半农译文:

在无尽世界的海滨上,孩子们会集着。

无边际的天,静悄悄的在头顶上;不休止的水,正在喧闹湍激。在这个无尽世界的海滨上,孩子们呼噪,跳舞,聚集起来。③

可以看得出来,无论是对于原文的忠实程度,还是白话文的表达,乃至于字句音韵对应,刘半农的译文都堪称老练,比起当代的译文并不逊色。

---

① 几乎所有论者都把此王尔德混同于英国的唯美主义作家王尔德,事实上这是美国的 P. L. Wilde 的 DAWN,而英国的是 Oscar Wilde。另外,刘半农在这篇译文中的署名上,首次将"侬"改为"农",本文从简,一概称为"刘半农"。

② 泰戈尔. 新月集. 李慧娜,译. 汕头:汕头大学出版社,2005:8.

③ 泰戈尔. 海滨. 刘半农,译. 新青年,1918,5(3).

可惜的是,刘半农在《新青年》上的白话翻译并不多。1920 年年初去法国后,刘半农的名字差不多就在《新青年》上消失了。刘半农原系上海鸳鸯蝴蝶派小说家,后投奔《新青年》。陈独秀很重视他,以显著篇幅发表他的《灵霞馆笔记》。陈独秀去北大以后,不拘一格地把中学都没毕业的刘半农推荐到北大当教授。刘半农在北大,成了《新青年》的中坚。不过,学历低终究成为刘半农的心事,他在胡适等美国名牌大学洋博士面前有点抬不起头来。于是刘半农终于下定决心离开北京,去法国读国家博士学位。据周作人回忆:"刘半农在北大,并不是一帆风顺的。他在预科教国文和文法概论,但他没有学历,为胡适之辈所看不起,对他态度很不好,他很受刺激,于是在'五四'之后,要求到欧洲去留学。"①

事实上,刘半农在《新青年》5 卷 3 号(1918 年 9 月 15 日)上发表《译诗十九首》之后,就不太在《新青年》露面了。值得一提的是,5 卷 3 号《新青年》上还有刘半农的另一篇文字,即《通信》栏中的《对于〈新青年〉意见种种》一文的答复。署名 Y. Z 的读者在来信中提出了几个问题。其中一个问题是:"每月所出的杂志里,总有几篇不用白话的文章,虽也是爽爽快快,但总不如用白话做得更爽快。你们是改良文学的先驱者,为什么这样的胆小不专诚?"另一个问题是:"今年春季受革命嫌疑下狱的印度诗人 Sir Rabindranath Tagore,他的文字思想,我看极好,但没有人去译他的著作,介绍到我们中国来,是很可惜的,不知道贵记者是无心去译他呢? 还是他的宗旨,不与你们相合呢?"②这两个问题应该说都与刘半农有关系。前面我们提到,刘半农在《我之文学改良观》中提出"文言白话可处于对待的地位",并不特别坚持使用白话。他在《新青年》的译作中,白话少于文言。由此,Y. Z 的第一个问题可能让刘半农心里有点不是滋味,但他一时又难以解释,只能含糊其辞地回答:"敝志是绝对主张白话文学的,现在

---

① 启明. 刘半农. 羊城晚报(1958-05-17)//周作人. 周作人全集(第 13 卷). 钟叔河,编订. 桂林:广西师范大学出版社,2009:65.

② 刘半农. 通信. 新青年,1918,5(3).

虽然未能全用白话文,却是为事实所限,一时难以办到,并不是胆小,更不是不专诚。"①第二个问题刘半农心里比较有底了,他回答:早在《新青年》第一卷上就有陈独秀对泰戈尔的翻译,而《新青年》本期和上一期都刊载了他本人翻译的泰戈尔《新月集》中的诗歌,他希望《新青年》以后会有一部"泰戈尔专号"。刘半农当时没想到,《新青年》没能办成"泰戈尔专号",但《新青年》对于泰戈尔的最早介绍,却引发了后来文坛的"泰戈尔热",并在其他刊物上出现过好几个"泰戈尔专号"。这一段"读者答复"是刘半农在《新青年》最后的文字之一,看起来有回顾和总结的意味。

从晚清到五四翻译文学转折的角度看,刘半农的最大影响可能并不在于他的翻译,而是他对于晚清翻译的批判。晚清的翻译,影响最大的是严复和林纾,所谓"译才并世数严林"。从文学上说,最有影响的自然是林纾。"五四"第一代作家,多数都在早期受过林纾的影响。直到《新青年》创刊以后,林纾的译文仍然是《小说月报》的压卷之作。林纾改写原文的翻译方法,是晚清文学翻译的典范,一直发挥着制约性的影响。如果要改变晚清的翻译风气,非得对林纾进行清算。

《新青年》对于林纾的批判,是由钱玄同和刘半农合作完成的。钱玄同最早在通信中表达对于林纾的不满②,不过较为系统的批判主要出现在他与刘半农的两次合作中。第一次是刘半农在《新青年》4卷2号上发表P. L. 王尔德的短剧《天明》,钱玄同在译文后面写了一个"玄同附志",其中

---

① 刘半农. 通信. 新青年,1918,5(3).

② 在《新青年》3卷1号中,钱玄同致信陈独秀,提到:"又如某氏与人对译欧西小说,专用《聊斋志异》文笔,一面又欲引韩柳以自重,此其价值,又在桐城派之下。然世固以大文豪目之矣。"在《新青年》3卷6号,钱玄同又信致陈独秀,又提到:"至于从'青年良好读物'的上面着想,竟可以说,中国小说没有一部好的,没有一部应该读。若是能读西文的,可以直读 Tolstoi Moupassant 这些人的名著,若是不懂西文的,像胡适之先生译的《二渔夫》,马君武先生译的《心狱》,和我的朋友周豫才起孟两先生译的《域外小说集》《炭画》,都还可以读得。(但某大文豪用'聊斋志异'文笔和别人对译的外国小说,多失原意,并且自己搀进一种迂谬批评,这种译本,还是不读的好。)"

批判了以林纾为代表的晚清译风：

> 无论译什么书都是要把他国的思想学术输到己国来，决不是拿己国的思想学术做个标准，别国与此相合的，就称赞一番，不相合的，就痛骂一番；这是很容易明白的道理，中国的思想学术，事事都落人后，才译外国书籍，碰到与国人思想不相合的，更应该虚心去研究，决不可妄自尊大，动不动说别人国里道德不好。可叹近来一般做'某生''某翁'文体的小说家，和与别人对译哈葛德狄更司等人的小说的大文豪，当其撰译外国小说之时，每每说，西人无五伦，不如中国社会之文明，自由结婚、男女恋爱之说流毒无穷，中国女人重贞操，其道德为万国之冠。这种笑得死人的谬论，真所谓"坐井观天""目光如豆"了……①

在钱玄同看来，翻译的关键问题是"我化别人"还是"别人化我"。林纾的宗旨即是"以己化人"，在思想上求同存异，在形式上将外国文学化作中国古典小说，如此自然迎合社会心理，受到读者欢迎。"五四"翻译所追求的恰恰相反，是"别人化我"。钱玄同讲得很清楚，"中国的思想学术，事事都落人后，才译外国书籍，碰到与国人思想不相合的，更应该虚心去研究"。陈独秀要输入外国思想，胡适要输入西洋文学新文体，翻译的目的都是要接受外国新事物，反对中国旧事物，而不是相反。

钱玄同与刘半农第二次合作，即被称为"双簧信"的《文学革命之反响》（《新青年》4卷3号）。钱玄同化名王敬轩来信，刘半农以"记者"身份回复。在有关翻译的部分，刘半农认为林纾的翻译有下列三个方面的问题：

> 第一是原稿选择得不精，往往把外国极没有价值的著作，也译了出来，真正的好著作，却未尝——或者是没有程度——过问。先生所说的"弃周鼎而宝康瓠"，正是林先生译书的绝妙评语。

---

① 钱玄同. 玄同附志. 新青年，1918，4(2).

第二是谬误太多。把译本和原本对照,删的删,改的改,"精神全失,面目皆非"……

第三层是林先生之所以能成其为"当代文豪",先生之所以崇拜林先生,都因为他"能以唐代小说之神韵,迻译外洋小说"。不知这件事,实在是林先生最大的病根。林先生译书虽多,记者等始终只承认他为"闲书",而不承认他为有文学意味者,也便是为了这件事。当知译书与著书不同,著书以本身为主体,译书应以原本为主体,所以译书的文笔,只能把本国文字去凑就外国文,决不能把外国文字的意义神韵硬改了来凑就本国文。①

这三个方面,无疑是对于钱玄同上述晚清翻译思想批判的进一步细化。第一点谈的是原著选择不严,第二点谈的是任意删改原文,谬误太多;第三点谈的是以传统小说形式翻译外国文学。刘半农的这一"回复",是对于以林纾为代表的晚清译风的第一次系统批判,也是"五四"以原文为主体的新的翻译原则确立的开始。

刘半农推崇的翻译,是中国历史上的佛经翻译。他谈到,中国古代译学史上最有名的两部著作,是后秦鸠摩罗什大师的《金刚经》和唐玄奘大师的《心经》。这两人本身生在古代,却不用晋唐文笔翻译,而只是直译,让人觉得这是西域来的文章。无独有偶,后来胡适在《白话文学史》中也高度评价了中国古代佛经翻译。胡适说:"在中国文学最浮靡又最不自然的时期,在中国散文与韵文都走到骈偶滥套的路上的时期,佛教的译经起来,维祇难、竺法护、鸠摩罗什诸位大师用朴实平易的白话文体来翻译佛经,但求易晓,不加藻饰,遂造成一种文学新体。"②胡适在追溯中国古代佛经翻译的时候,事实上是有所寄喻的。两晋南北朝时期中国的散文韵文都走到骈偶滥套的形式化的路上,白话佛经翻译给中国文学造就了一条

---

① 刘半农. 通信. 新青年, 1918, 4(3).
② 胡适. 白话文学史(上卷)//胡适全集(第11卷). 合肥:安徽教育出版社, 2003: 375.

新路。现在中国文学走到了末路,需要现代白话的再一次拯救。

(三)

自 4 卷 1 号起,《新青年》取消外稿,变为同人刊物。《新青年》封面上刊载了十八期的"陈独秀先生主撰"的字眼也消失了。自此以后,《新青年》出现了新的气象。《新青年》4 卷 1 号发表了周作人的《陀思妥也夫斯奇之小说》,这是周作人在《新青年》的第一次露面。4 卷 2、3 号,钱玄同、刘半农配合演出了一场"双簧戏",打了一场富于影响的硬仗。《新青年》4 卷 4 号首篇隆重推出胡适的《建设的文学革命论》。4 卷 5 号,鲁迅第一次出场,发表《狂人日记》;胡适发表《论短篇小说》。4 卷 6 号,《新青年》推出"易卜生专号",胡适发表《易卜生主义》。在《新青年》同人中,胡适影响日大,让人瞩目,似乎有取代陈独秀主导《新青年》的趋势。

《建设的文学革命论》是胡适对于自己的文学改革思想的一次概括,也是他对于翻译思想的一次系统表述。胡适将文学革命的主张概括为十个大字——"国语的文学,文学的国语",并认为创造新文学唯一的方法就是翻译西洋文学。他在文中详细阐述了借鉴西洋文学的理由,"我上文说的,创造新文学的第一步是工具,第二步是方法。方法的大致,我刚才说了。如今且问,怎样预备方才可得着一些高明的文学方法? 我仔细想来,只有一条法子,就是赶紧多多的翻译西洋的文学名著做我们的模范。我这个主张,有两层理由……"[1]第一个理由是中国文学不完备,第二个理由是西洋文学比中国文学完备,表达的都是同一个意思,即我们需要通过翻译,借鉴西洋文学,建立中国新文学。这事实上并不是胡适一个人的见解。早在《新青年》3 卷 6 号(1917 年 8 月 1 日),钱玄同在写给陈独秀的信中就提出过类似看法。他谈到,中国小说"若是和西洋的 Goncourt 兄弟,

---

① 胡适.建设的文学革命论.新青年,1918,4(4).

Maupassant,Toistoi,Turgeneu 诸人相比,便有些比不上"①。根据有二:一是中国小说太长,二是中国小说不如外国小说有"思想见解"。陈独秀在回信中同意钱玄同的看法,他认为:"中国小说有两个毛病,第一描写淫态过于显露,第二是过贪冗长。"②由此可见,尽管具体看法不完全一致,翻译外国文学以为新文学的借鉴,却是《新青年》同人的共识。

至于如何翻译西洋文学,胡适也进行了规划。他认为中国目前的翻译,都不得其法,他拟定了几条翻译西洋文学的具体方法:

(1)只译名家著作,不译第二流以下的著作。我以为国内真懂得西洋文学的学者应该开一会议,公共选定若干种不可不译的第一流文学名著,约数如一百种长篇小说,五百篇短篇小说,三百种戏剧,五十家散文,为第一部《西洋文学丛书》,期五年译完,再选第二部。译成之稿,由这几位学者审查,并一一为作长序及著者略传,然后付印;其第二流以下,如哈葛得之流,一概不选。诗歌一类,不易翻译,只可从缓。

(2)全用白话韵文之戏曲,也都译为白话散文。用古文译书,必失原文的好处。如林琴南的"其女珠,其母下之",早成笑柄,且不必论。前天看见一部侦探小说《圆室案》中,写一位侦探"勃然大怒,拂袖而起"。不知道这位侦探穿的是不是康桥大学的广袖制服! 这样译书,不如不译。又如林琴南把莎士比亚的戏曲,译成了记叙体的古文! 这真是莎士比亚的大罪人,罪在《圆室案》译者之上。③

只译名家名著,这是对于陈独秀推崇西洋文豪的一个落实,也是《新青年》翻译与晚清翻译划清界限的一个标志。"五四"翻译的另一个标志——用白话文翻译——则主要是胡适的功劳。陈独秀在《青年杂志》上

① Goncourt 兄弟,龚古尔兄弟;Maupassant,莫泊桑;Toistoi,托尔斯泰;Turgeneu,屠格涅夫。——引者注。
② 陈独秀,钱玄同,等. 通信. 新青年,1917,3(6).
③ 胡适. 建设的文学革命论. 新青年,1918,4(4).

的翻译尚且用文言,刘半农开始也主要用文言翻译。至于说到胡适设想在全国统一拟定名家名著篇目进行翻译,则是《新青年》没有能力做到的。胡适后来果真有了这样一个机会。1930 年,胡适受聘担任中华教育基金会所属编译委员会委员,主持编译工作。胡适借此实现自己《新青年》时期的计划,他详细拟定了名家名著的名单,并邀请全国最好的专家翻译,可惜日本侵华战争的爆发,让这个计划搁浅。

胡适不但进行理论倡导,同时也付诸实际行动。他本人致力于西洋文学各种文体的翻译引进,试图为中国文学现代文类的建立奠定基础。

胡适很重视短篇小说。从《最后一课》(1912 年译,刊于 1915 年 3 月《留美学生季报》)、《柏林之围》(1914 年 11 月《甲寅》),到"短篇小说第一名手"莫泊桑的《二渔夫》(《新青年》3 卷 1 号),都旨在提倡短篇小说这一新的文体。1918 年 3 月 15 日,胡适在北大专门发表了一次有关短篇小说的讲座。演讲稿后经修订,刊于《新青年》4 卷 5 号上。在这篇文章中,胡适开头便说:"中国今日的文人,大概不懂得'短篇小说'是什么东西。"①他以自己翻译的《最后一课》《柏林之围》和《二渔夫》等小说为例,详细介绍西洋短篇小说的定义及特征。

1919 年 10 月,亚东图书馆结集出版了上述短篇小说,计十种。在"译者自序"中,胡适并没有把翻译介绍短篇小说之功完全归结到自己,而是提到了 1909 年周氏兄弟的《域外小说集》和 1917 年周瘦鹃的《欧美名家短篇小说丛刊》。不过,这两本书都是文言翻译,白话翻译西洋短篇小说主要是胡适的功劳。② 胡适在"译者自序"中提到了自己提倡短篇小说的用心,并欣喜地看到这一两年来,国内文坛对此已渐有认识:

> 近一两年来,国内渐渐有人能赏识短篇小说的好处,渐渐有人能自己著作颇有价值的短篇小说,那些"某生,某处人,美丰姿……"的小说渐渐不大看见了。这是文学界极乐观的一种现象。我是极想提

---

① 胡适. 论短篇小说. 新青年,1918,4(5).
② 胡适的《短篇小说一集》中也包括几篇文言译本。

倡短篇小说的一个人，可惜我不能创作，只能介绍几篇名著给后来的新文人作参考的资料，惭愧惭愧。①

胡适的《短篇小说一集》特意收录了他的《论短篇小说》一文，胡适希望它"也许可能帮助读短篇小说的人领会短篇小说究竟是一件什么东西"②。

短篇小说之外，胡适同时译白话诗。就在刊载《建设的文学革命论》的 4 卷 3 号，胡适同时发表了译自苏格兰女诗人安妮·林赛（Anne Lindsay）夫人的诗歌《老洛伯》。诗前有"序"曰："此诗向推为世界情诗之最哀者。全篇作村妇口气，语语率真，此当日之白话诗也。"③"序"中谈到，十八世纪英国古典主义诗歌古雅无生气，北方的苏格兰诗人以地方俚语做白话诗，引发了整个英格兰的文学革命。胡适的意图正在于此，试图以白话诗进行文学革命，翻译西诗是为中国白话诗的创作提供参考。胡适对于译诗很重视，将译诗收进自己的创作《尝试集》中。《关不住了》系胡适 1919 年 2 月 26 日译自美国莎拉·提丝黛尔（Sara Teasdale）的"Over the Roofs"，胡适在《尝试集·再版自序》中甚至将这首译诗称为自己"新诗成立的纪元"。

胡适也译戏剧，最著名的自然是和罗家伦合译的易卜生的《娜拉》，发表于《新青年》4 卷 6 号"易卜生专号"上。《娜拉》文前"编辑者识"有云："《娜拉》三幕，首两幕为罗家伦君所译，略经编辑修正。第三幕经胡适君重为迻译。胡君并允于暑假内再将第一二幕重译，印成单行本，以慰海内读者。"④看来，罗家伦译本不太令人满意，第三幕由胡适完全重新译过，而头两幕也经过了编辑者的修正。并且编辑承诺，胡适会重译前两幕，出版单行本。胡适大概太忙，后来并没有重译《娜拉》前两幕，不过这事却由与

---

① 胡适. 短篇小说一集//胡适全集（第 42 卷）. 合肥：安徽教育出版社，2003：299-300.

② 胡适. 短篇小说一集//胡适全集（第 42 卷）. 合肥：安徽教育出版社，2003：300.

③ 林赛. 老洛伯. 胡适，译. 新青年，1918，4（4）.

④ 罗家伦，胡适. 娜拉. 新青年，1918，4（6）.

罗家伦同为北大学生的潘家洵代劳了。潘家洵重译了《娜拉》,再加上《群鬼》《国民公敌》,编为《易卜生集》,由胡适校对,商务印书馆出版(1921年10月)。

比较潘家洵和《新青年》上"易卜生专号"的《娜拉》译本,我们发现,潘家洵译本的第三幕保留了胡适译文,几乎一字未易,只是对前两幕进行了重译。由此可见,潘家洵的确在接续胡适的工作,而胡适慷慨地把自己的著作权奉送给了潘家洵。潘家洵译本后来成为易卜生权威译本,读者大概没想到,其中第三幕是"抄袭"胡适的。再校阅前两幕,感觉潘家洵译本的确有了很大改观。罗家伦译本在白话文表达上常常不太通顺,如第一幕"布景"中的第一句话是:"一间房子摆设得狠精致狠安妥却不很奢华。"潘家洵译文则进行了断句,简洁明了:"一间房子,布置得很舒服妥贴,但是并不奢华。"第一幕开头娜拉买了圣诞节的东西回家,赫尔茂指责她。罗家伦译本为:"不要吵我,你才将不说买了东西吗? 可是这些? 为什么我这小败家子又浪花起钱来呢?"这里的"才将"应该是"刚才","浪花"应该是"乱花",潘家洵的译文则较为通顺:"不要来搅我,你是不是说又买了东西? 什么? 那些都是吗? 我那没出息的孩子又糟蹋钱了吗?"①

需要提到的是,胡适自己身体力行尝试创作独幕剧,其成果便是刊于《新青年》6卷3号上的独幕剧《终身大事》。当然,它与胡适的新诗一样,都是尝试,并不成熟。不过,正如胡适所言:"自古成功在尝试。"②

迄今为止,我们都在从文体建设的角度讨论胡适的翻译。这里,我们需要稍稍提及另一个方面,即胡适并非仅仅重视形式而忽视思想。

在变为同人刊物的《新青年》4卷1号上,胡适发表了一篇《归国杂感》,其中谈到了国内翻译市场的落后状况:

---

① 本段罗家伦译文均出自:易卜生.娜拉(第1幕).罗家伦,译.新青年,1918,4(6).潘家洵的两处译文分别出自:易卜生.娜拉//易卜生集.潘家洵,译.胡适,校.北京:商务印书馆,1921:1,3.

② 胡适.尝试篇(有序).留美学生季报,1917(2).

> 我又去调查现在市上最通行的英文书籍。看来看去,都是些什么萧士比亚的《威匿思商》,《麦克白传》,阿狄生的《文报选录》,戈司密的《威克斐牧师》,欧文的《见闻杂记》,……大概都是些十七世纪十八世纪的书。内中有几部十九世纪的书,也不过是欧文,迭更司,司各脱,麦考来几个人的书,都是和现在欧美的新思潮毫无关系的。①

当时国内翻译的多是外国十七、十八世纪的书,胡适所担心的是,国内无从了解欧美的新思潮。故此,胡适在翻译西洋文学方面,除了"名家名作"之外,另外还有一个要求,即求新,希望翻译能够输入现代欧美思潮。他强调:"我们学西洋文字,不单是要认得几个洋字,会说几句洋话,我们的目的在于输入西洋的学术思想。"②

在《新青年》6 卷 3 号(1919 年 3 月 15 日)的《通信》栏中,胡适在答复读者有关输入西洋戏剧问题的时候强调:"我们的宗旨在于借戏剧输入这些戏剧里的思想。足下试看我们那本'易卜生专号'便知道我们注意易卜生并不是艺术家的易卜生,乃是社会改革家的易卜生。"③在这里,胡适更加明确地专门提到输入"思想",并且认为这是翻译戏剧的主要宗旨。

那么,胡适要引入的西洋思想主要是什么呢? 我们不妨看一看胡适在文中提到的易卜生。在《新青年》4 卷 6 号"易卜生专号"上,胡适发表了一篇点题之作《易卜生主义》。在《易卜生主义》一文中,胡适指出:易卜生旨在暴露家庭和社会的黑暗,却不肯轻易开药方。

> 虽然如此,但是易卜生生平却也有一种完全积极的主张。他主张个人须要充分发达自己的天才性,须要充分发挥自己的个性。④

所谓"救出你自己",也即个性主义,就是胡适所看中的西洋思想。这种着眼于个人权利的思想,与陈独秀着眼于思想、政治及至国家的思想,

---

① 胡适. 归国杂感. 新青年,1918,4(1).
② 胡适. 归国杂感. 新青年,1918,4(1).
③ 胡适. 通信. 新青年,1919,6(3).
④ 胡适. 易卜生主义. 新青年,1918,4(6).

其出发点是不太一致的。

至于胡适大力翻译提倡的杜威的实验主义,则主要是一种方法。用胡适的话来说,是"历史的"和"实验的"方法。故此,胡适在《新思潮的意义》一文中谈到,陈独秀将"五四"新思潮概括为拥护德先生和赛先生是正确的,但还嫌笼统,他认为新思潮的意义只是一种新态度,那就是"评判的态度"。[①]

三、周氏兄弟·茅盾

(一)

周氏兄弟的出场,对于《新青年》来说无疑是极为重要的。周作人发表的《人的文学》《平民文学》等文章,为"五四"新文学提供了理论纲领。鲁迅发表《狂人日记》等小说,首次显示了"五四"新文学的创作实绩。这些都是人所共知的。周氏兄弟在《新青年》上的翻译工作,却不太为人所注意。

周作人自在 4 卷 1 号《新青年》上发表《陀思妥也夫斯奇之小说》之后,几乎每期《新青年》上都有文章发表,有时甚至在一期上同时发表好几篇文章。这些文章,大多是译作。鲁迅在《新青年》上的第一篇文章,是 4 卷 1 号上的小说《狂人日记》,此后主要发表小说和杂文。鲁迅在《新青年》的首篇翻译,是连载于 7 卷 1 号至 5 号上的日本武者小路实笃的《一个青年的梦》,此后不断有译作发表,一直坚持到《新青年》终刊。

巧合的是,鲁迅首次发表译作的《新青年》7 卷 1 号,是后期《新青年》的一个转折点。从那个时候起,陈独秀与胡适的分歧日益公开化。结果是,胡适逐渐淡出《新青年》,周氏兄弟的时代开始。特别是从翻译的角度看,周氏兄弟——主要是周作人——取代了胡适在《新青年》的主导地位。

---

① 胡适. 新思潮的意义. 新青年,1919,7(1).

《新青年》反对旧道德、旧文化,导致了很大的社会压力。反对者之一,便是《新青年》批判的晚清翻译家林纾。据陈独秀说:"林纾本来想借重武力压倒新派的人,那晓得他的伟丈夫不替他做主;他恼羞成怒,听说又去运动他同乡的国会议员,在国会里提出弹劾案,来弹劾教育总长和北京大学校长。"①在这种情形下,北大提前合并文理两科,废除学长制,陈独秀在北大失去了位置。离开了北大的陈独秀,在政治上更加激进。1919年6月,陈独秀因在北京街头散发《北京市民宣言》而被捕,直到9月才出狱。《新青年》是月刊,6卷5号出版于1919年5月,是李大钊轮编的"马克思主义专号"。陈独秀的被捕,使得《新青年》的出版延误了六个月,直到该年11月6卷6号才面世。陈独秀出狱后,决定把《新青年》带回上海。胡适反对,周氏兄弟却表示支持。《新青年》7卷1号发表了"本志宣言",表明同人的共同态度。然而,发布"宣言"只是为了弥合分歧,最后的分裂仍然势在难免。

陈独秀回到上海是1920年2月,因此,1920年3月1日出版的《新青年》7卷4号应该是他在上海编的第一期《新青年》。《新青年》回上海后,走向政治化和左倾。《新青年》7卷6号成了一个庞大的"劳动节专号",反映中国各地工人运动的情况。《新青年》8卷1号,陈独秀更是首篇发表《谈政治》与《对于时局的我见》,公开竖起了"谈政治"的旗帜。自从《新青年》南下上海的7卷4号起,胡适的文章便在《新青年》上基本消失了。②与此同时,《新青年》其他北京同人的文章也少了,只有周氏兄弟坚持为《新青年》撰文。陈独秀后来在给周氏兄弟的信中说:"同人料无人肯做文章了,唯有求助你两位。"③周氏兄弟的文章较原来反而更多了,常常两个

---

① 陈独秀. 林纾的留声机器. 每周评论,1919(15).

② 胡适文章在《新青年》的再次出现,已经到9卷2号《诗三首》和9卷3号的《国语文法的研究法》,《新青年》9卷6号上也出现过胡适的诗《平民学校歌》《希望》。另外,《新青年》9卷4号还出现过刘半农的译诗《夏天的黎明》(Wilfrid Wilson Gibson 原作)。这些原先《新青年》干将的作品,后来已经成了一种点缀。

③ 陈独秀. 致鲁迅,周作人//陈独秀书信集. 北京:新华出版社,1987:309.

人同时出现在《新青年》上。鲁迅为《新青年》翻译也始于此时。后期《新青年》的政治色彩愈来愈重,学术和文学色彩减弱,和原来的《新青年》已经大不一样,唯有周氏兄弟的文章继续延续着《新青年》的品位。

正如当初身为章太炎门人的古文大家钱玄同支持文学革命,让胡适、陈独秀受宠若惊;同样身为章太炎弟子并且曾以古奥的文言译过《域外小说集》的周氏兄弟,转而在《新青年》上进行白话翻译,对于《新青年》也是一个巨大的支持。发表于4卷3号《新青年》上刘半农和钱玄同的"双簧戏"即对此加以利用。在王敬轩的来信中,出现了一段林纾"渊懿之古文"攻击周作人《陀思妥也夫斯奇之小说》一文"蹇涩之译笔"的文字。"记者"(刘半农)在回信中对此大加发挥:

> 周先生的文章,大约先生只看过这一篇。如先生的国文程度(此"程度"二字,是指先生所说的"渊懿"、"雅健"说,并非新文学中之所谓程度),只能以林先生的文章为文学止境,不能再看林先生以上的文章,那就不用说。万一先生在旧文学上所用的功夫较深,竟能看得比林先生分外高古的著作,那就要请先生费些功夫,把周先生十年前抱复古主义时代所译的《域外小说集》看看,看了之后,亦许先生脑筋之中,竟能放出一线灵光,自言自语道:"哦!原来如此。这位周先生,古文功夫本来是很深的,现在改做那一路新派文章,究竟为着什么呢?难道是全无意识的么?"①

这是刘半农、钱玄同设的一个"圈套"。旧文人如林纾往往以古文家自居,攻击白话文之不通。现在有了周氏兄弟古雅的《域外小说集》,旧文人至少不敢说白话提倡者的古文不好了。"这位周先生,古文功夫本来是很深的,现在改做那一路新派文章,究竟为着什么呢?"在钱玄同、刘半农看来,这一诘问是最有说服力的。

事实上,周氏兄弟最初翻译的时候,也喜欢林纾的笔调。周作人在回

---

① 刘半农,钱玄同. 文学革命之反响. 新青年,1918,4(3).

忆兄弟俩合译哈葛特的《红星佚史》（1907年）时说："当时看小说的影响，虽然梁任公的《新小说》是新出，也喜欢它的科学小说，但是却更佩服林琴南的古文所翻译的作品。"①后来受章太炎的影响，兄弟俩有了转变，在文字上力求古奥，《域外小说集》就是在这种复古主义的背景下翻译出来的。周作人甚至去学希腊文，想把《圣经》译得如佛经般艰奥。到了《新青年》阶段，周氏兄弟转而使用白话进行写作。据周作人后来在《知堂回忆录》中认为，他使用白话，与张勋复辟这一事件有关：

> 我那时也是写古文的，增订本《域外小说集》所收梭罗古勃的寓言数篇，便都是复辟前后这一个时期所翻译的。经过那一次事件的刺激，和以后的种种考虑，这才幡然改变过来。②

虽然《陀思妥也夫斯奇之小说》一文发表于《新青年》4卷1号（1918年1月15日），而《古诗今译》发表于《新青年》4卷2号（1918年2月15日），不过从时间上看，《古诗今译》译于1917年9月18日，"题记"写于该年11月14日③。因此，周作人所写的"第一篇白话文"，应该是译作《古诗今译》，而非《陀思妥也夫斯奇之小说》。

就《新青年》的翻译而言，如果说陈独秀首开风气，胡适建立了白话文学翻译的主体，那么周氏兄弟则较胡适又进了一步。他们在翻译对象的选择上侧重于弱小民族文学和俄国文学，在方法上倡导"直译"，这些后来都成了中国新文学翻译的主流。

从翻译对象来看，胡适开始翻译《最后一课》《柏林之围》和《二渔夫》等作品主要限于爱国主义，延续了晚清以来的翻译主题；后来翻译易卜生的《娜拉》等作品，则显示出"五四"个性主义。周氏兄弟则早已摆脱了从

---

① 周作人. 知堂回忆录·翻译小说（上）//周作人散文全集（第13卷）. 桂林：广西师范大学出版社，2009：370.

② 周作人. 知堂回忆录·蔡子民二//周作人散文全集（第13卷）. 桂林：广西师范大学出版社，2009：509-510.

③ 周作人. 知堂回忆录·蔡子民二//周作人散文全集（第13卷）. 桂林：广西师范大学出版社，2009：509-510.

陈独秀到胡适的"名家名著"视野,将翻译的眼光投向了"弱小民族"、俄国文学以及日本文学等。

周氏兄弟对于"弱小民族"和俄国文学的选择,并非始于《新青年》,而是早在 1909 年出版《域外小说集》的时候就开始了。据周作人回忆,"当初《域外小说集》只出了两册,所以所收各国作家偏而不全,但大抵是有一个趋向的,这便是后来的所谓东欧的弱小民族"①。1909 年《域外小说集》出版后,销路很差。鲁迅很受刺激,从此罢手。周作人却还在坚持。自此至 1917 年,周作人又完成了 21 篇小说翻译,后一并收入 1921 年再版的《域外小说集》中。1921 年版《域外小说集》共计收录 14 个作家 24 种小说,其中弱小民族计有 5 个作家 11 篇小说,即(丹麦)安兑而然(安徒生)的《皇帝之新衣》,(波兰)显克微支的《乐人扬柯》《天使》《灯台守》和《酋长》,(波斯尼亚)穆拉淑微支的《不辰》和《摩诃末翁》,(新希腊)蔼夫达利阿谛斯的《老泰诺思》《秘密之爱》和《同命》,(芬兰)哀禾的《先驱》;俄国计有 5 个作家 9 部作品,即斯谛普虐克的《一文钱》、迦尔洵的《邂逅》和《四日》、契诃夫的《戚施》和《塞外》、梭罗古勃的《未生者之爱》和《寓言》10 种和安特来夫的《谩》和《默》。其他还有:法国 2 篇,即摩波商的《月夜》和须华勃的"拟曲"5 种;英国 1 篇,即英淮尔特(王尔德)的《安乐王子》;美国 1 篇,即亚伦·坡的《默》。其中只有 3 部为鲁迅从德文转译,即安特来夫的《谩》和《默》和迦尔洵的《四日》,其余皆为周作人自英文翻译或转译。

我们知道,晚清以来的中国对外国文学翻译,以英、法作品为大宗,占据前两位,远超出其他国家。俄国文学的翻译较少。陈平原在统计了1899—1916 年各国小说翻译的数字后,感叹"唯一令人惊讶的是'新小说'家对俄国小说的漠视"②。东北欧等弱小民族文学,则更少有人提及。周氏兄弟将视野转向弱小民族及俄国文学,显示出超前的眼光。周氏兄弟

---

① 周作人. 知堂回忆录·弱小民族文学//周作人散文全集(第 13 卷). 桂林:广西师范大学出版社,2009:399.

② 陈平原. 二十世纪中国小说史(1897—1916)(第 1 卷). 北京:北京大学出版社,1989:43.

为什么有如此独特的选择呢？鲁迅后来在《我怎么做起小说来》一文中也曾有过解释，"也不是自己想创作，注重的倒是在绍介，在翻译，而尤其注重于短篇，特别是被压迫的民族中的作者的作品。因为那里正盛行着排满论，有些青年，都引那叫喊和反抗的作者为同调的。……因为所求的作品是叫喊和反抗，势必至于倾向于东欧"①。至于并不是弱小民族的俄国何以也被包括进来，周作人解释，"这里俄国算不得弱小，但是人民受着迫压，所以也就归在一起了"②。鲁迅后来的解释更加明确："我们岂不知道那时的俄罗斯帝国也正在侵略中国，然而从文学里明白了一件大事，是世界上有两种人：压迫者和被压迫者。"③自然，这种阶级论的视野已经是后来的追述了。

粗略统计，自4卷1号（1918年1月15日）至9卷4号（1921年8月1日）三年多时间，周作人在《新青年》上翻译发表了"弱小民族"文学十六种，计有：（希腊）《古诗今译》，Argyris Ephtaliotis 的《扬拉奴温复仇的故事》和《扬尼思老爹和他骗子的故事》，（瑞典）斯特林堡的《不自然淘汰》和《改革》，（波兰）显克微支的《酋长》《愿你有福了》《世界的霉》，Stefan Xeromski 的《诱惑》和《黄昏》，（丹麦）安徒生的《卖火柴的女儿》，（南非）O. Scheriner 的《沙漠间的三个梦》，（犹太）斯宾奇的《被幸福忘却的人们》，（亚美尼亚）阿伽洛年的《一滴的牛乳》，（西班牙）伊巴涅支的《颠狗

---

① 有关于为什么选择东欧弱小民族的作品翻译，周作人还有另外一个说法。据《知堂回忆录·翻译小说》，周氏兄弟在日本合译的第一部中长篇小说是《红星佚史》，顺利出版。第二部中长篇小说是大托尔斯泰的《劲草》，十多万字，却遭遇失败，原因是别人已经译出付印。再翻译的时候，周氏兄弟在选择上就接受了教训，"这回的译稿卖不出去，只好重新来译，这一回却稍为改变方针，便是去找些冷僻的材料来，这样就不至于有人这重译了。恰巧在书店里买到一册殖民地版的小说，是匈牙利育凯所著，此人用革命家，也是有名的文人，被称为匈牙利的司各得，擅长历史小说，他的英译著作我们也自搜藏，但为译书买钱计，这一种却很适宜"。
② 周作人. 知堂回忆录·弱小民族文学//周作人散文全集（第13卷）.桂林：广西师范大学出版社，2009：399.
③ 鲁迅. 祝中俄文字之交//鲁迅全集（第7卷）. 北京：人民文学出版社，1981：389.

病》，(捷克等)《杂译诗二十三首》。翻译发表了俄国文学 8 种，计有：Sologub 的《童子 Lin 之奇迹》，库普林的《皇帝之公园》，托尔斯泰的《空大鼓》，A．Tshekhov 的《可爱的人》，L．Andrejev 的《齿痛》，V．Dantshenko 的《摩诃末的家族》，A．Kuprin 的《晚间的来客》，柯罗连珂的《玛加尔的梦》。鲁迅在《新青年》上翻译了两篇俄国文学作品：阿尔支拔绥的《幸福》和埃罗先珂的《狭的笼》。

周氏兄弟在《新青年》上翻译"弱小民族"和俄国作家作品，与此前的《域外小说集》具有明显的承续性。两处有一个作家的不同作品，甚至有一部作品文言与白话两个版本。周作人在《域外小说集》翻译了安徒生的《皇帝之新衣》，在《新青年》则翻译了安徒生的《卖火柴的女儿》。周作人在《域外小说集》翻译了希腊蔼夫达利阿谛斯的《老泰诺思》《秘密之爱》和《同命》，在《新青年》上则翻译了 Argyris Ephtaliotis 的《扬拉奴温复仇的故事》和《扬尼思老爹和他骗子的故事》。一者署蔼夫达利阿谛斯，一者署 Argyris Ephtaliotis，事实上是同一个人。同理，《域外小说集》上俄国的梭罗古勃，也就是《新青年》上的 Sologub。周氏兄弟前期译音，后来倾向于不译外国人名，因此造成这种情况。① 周作人在《域外小说集》上用文言翻译了显克微支的《酋长》，后又用白话重新翻译这部小说，发表于《新青年》上。

十月革命之后，周氏兄弟在中国翻译介绍俄国文学，意义格外不同。周作人在《陀思妥也夫斯奇之小说》的开头便说："近来时常说起'俄祸'。倘使世间真有'俄祸'，可就是俄国思想，如俄国舞蹈，俄国文学皆是。我想此种思想，却正是世界最美丽最要紧的思想。"② 周作人还曾在《新青年》

① 《域外小说集》翻译人地名的原则是音译，"人地名悉如原音，不加省节者，缘音译本以代殊域之言，留其同响；任情删易，即为不诚。故宁指燕时人，逐徙具足耳"（鲁迅．《域外小说集》略例//鲁迅全集(第 10 卷)．北京：人民文学出版社，1981：57）。到了《新青年》则变成了不译，"外国字有两不译：一，人名地名；二特别名词"（周作人《古诗今译 Apologia》）。

② 周作人．陀思妥也夫斯奇之小说．新青年，1918，4(1)．

6卷4、5号上连载刊登安格罗(Angelo S. Rappoport)原著的《俄国革命之哲学的基础》,讨论俄国的革命哲学家,讨论马克思和巴枯宁。在陈独秀主持的《新青年》后期,俄罗斯研究的篇幅不断增加,8卷2号至6号,居然有连续5期的"俄罗斯研究"专题。此外,还有大量的讨论马克思、社会主义、唯物史观方面的文章,周氏兄弟的俄苏文学翻译,夹杂于其间。

如果说,在谈到翻译《域外小说集》动机的时候,周氏兄弟尚用"排满""革命"等术语进行表达,那么在《新青年》上,他们则开始以"写实""为人生""血与泪"等术语谈论翻译作品。周作人在翻译托尔斯泰《空大鼓》的"附记"中,称"他的艺术是写实派,是人生的艺术"①。鲁迅在翻译埃罗先珂的《狭的笼》文后的"译者记"中,称这篇文章是"用了血和泪所写的"(《新青年》9卷4号)。这些术语,后来正成为"五四"新文学的标志性语言。

周氏兄弟在《新青年》上的翻译,与《域外小说集》有一个明显的不同,那就是日本文学翻译。《域外小说集》没有收录任何日本文学作品,而在《新青年》上,周氏兄弟的日本文学翻译篇幅颇不少。周作人翻译了四种日本文学作品,其中包括江马修的《小小的一个人》、千家元磨的《深夜的喇叭》、国木田独步的《少年的悲哀》和《杂译日本诗三十首》。另外还有杂文,如谢野晶子的《贞操论》、武者小路实笃的《与支那未知的友人》等。鲁迅在《新青年》翻译两种日本文学,分别为武者小路实笃的《一个青年的梦》和菊池宽的《三浦右衙门的最后》。武者小路实笃的《一个青年的梦》从7卷1号一直连载到7卷5号,引人注目。

晚清以来,日本文学的翻译从数量上来说并不算少。据陈平原统计,日本文学位居第三,仅居英、法之后。不过,晚清以来所翻译介绍的多是日本明治初期的政治小说,如《佳人奇遇》《经国美谈》等等。而新近日本

---

① 参见周作人《空大鼓》"附记". 见:托尔斯泰. 空大鼓. 新青年,1918,5(5).

坪内逍遥以来的"新文学的运动"①,却没有引起国人注意。《新青年》倡导文学革命,才开始注意到这一点。周作人最感兴趣的,是"几乎成为了文坛的中心"的日本白桦派。白桦派以武者小路实笃主持《白桦》而得名,以新村主义而知名。周作人提出的"人的文学"的说法,多少受到了武者小路实笃的影响。那个时候,鲁迅对于新村也很有兴趣。周作人首先在《新青年》上介绍武者小路实笃的《一个青年的梦》,引起鲁迅注意,鲁迅读了以后,"觉得思想很透彻,信心很强固,声音也很真"②,因此才开始着手翻译这篇小说。

1918 年 4 月 19 日,周作人在北大文科研究所演讲《日本近三十年小说之发达》,首次系统地向国人介绍日本新文学。此文后来发表于《新青年》5 卷 1 号上。在这篇文章中,周作人提出,日本人善于"创造的模拟",而中国人却"不肯模仿不会模仿"。这就涉及翻译的问题。周作人认为,晚清以来,中国的翻译"却除一二种摘译的小仲马《茶花女遗事》,托尔斯泰的《心狱》外,别无世界名著。其次司各得、迭更斯还多,接下去便是高能达利、哈葛得、白髭得、无名氏诸作了。这宗著作,果然没有什么可模仿,也决没人去模仿他,因为译者本来也不是佩服他的长处所以译他;所以译这本书者,便因为他有我的长处,因为他像我的缘故。所以司各得小说之可译可读者,就因为他像《史》、《汉》的缘故,正与将赫胥黎《天演论》比周秦诸子,同一道理"③。周作人将中国比附日本,认为晚清改革运动,正如日本明治初年一样,都处于政治小说翻译与创作时期,现在中国须向日本学习,学会模仿,才会创造出真正的新文学。"五四"以后的新文坛大量翻译日本文学,正是由这一理路出发的,周氏兄弟在《新青年》上的译介可谓首创之功。

① 周作人. 日本近三十年小说之发达//周作人散文全集(第 2 卷). 桂林:广西师范大学出版社,2009:44.
② 参见鲁迅《一个青年的梦》译者序,见:鲁迅全集(第 10 卷). 北京:人民文学出版社,1981:192.
③ 周作人. 日本近三十年小说之发达. 新青年,1918,5(1).

在翻译对象上,周氏兄弟较之于胡适还有一个不同之处,那就是翻译引进现代主义作品。早在《域外小说集》中,鲁迅就翻译过安特来夫的《谩》与《默》,并在"著者事略"中介绍安特来夫,"其著作多属象征","象征神秘之文,意义每昭明,唯凭读者主观,引起或一印象,自为解释而已"。① 在《新青年》8 卷 4 号上,鲁迅翻译了阿尔志跋绥夫的《幸福》。在文后的作家介绍中,鲁迅一方面说,"他的著作,自然不过是写实派",另一方面又说:"阿尔志跋绥夫的著作是厌世的,主我的;而且每每带着肉的气息"。② 周作人首次登上《新青年》,就是介绍现代主义作家陀思妥也夫斯奇。他在文中认为:陀氏"专写下等人的灵魂",其价值正在于他的"现代性"。陀氏受过狄更斯的影响,然而,"迭更斯在今日已经极旧式,陀氏却终是现代的"。③ 这是中国第一篇对于陀思妥也夫斯奇的介绍,既详尽又准确,殊不容易。周作人喜欢梭罗古勃,在《域外小说集》中译过多种他的作品,在《新青年》还继续译他的小说。他在《新青年》4 卷 3 号发表梭罗古勃的《童子 Lin 之奇迹》,并在"译记"中介绍说:"Sologub 以'死之赞美者'见称于世。书中主人实唯'死'之一物,然非丑恶可怖之死,而为庄严美大白衣之母;盖以人生之可畏甚于死,而死能救人于人生也。"周作人也欣赏鲁迅所喜欢的安特来夫,他在《新青年》上翻译过安特来夫的《齿痛》,并在"后记"中说明:"他的著作据我所知译成汉文的,只有《域外小说集》里的《默》与《谩》,《欧美短篇小说丛刊》里的《红笑》。此外重要著作,全未译出,我译这篇,也还是第一次……"他评价安特来夫:"Andrejev 大概被人称为神秘派,或颓废派的作家,但带着浓厚的人道主义的色彩,这是俄国性,与别国不同的。"④

在 1920 年出版的《新青年》时期的译文编集《点滴》的"序"中,周作人

① 周作人,鲁迅. 域外小说集. 北京:新星出版社,2006:175.
② 参见鲁迅《作家介绍》,见:阿尔志跋绥夫. 幸福. 鲁迅,译. 新青年,1920,8(4).
③ 周作人. 陀思妥也夫斯奇之小说. 新青年,1918,4(1).
④ 参见周作人《齿痛》"译者附记",见:安特来夫. 齿痛. 周作人,译. 新青年,1919,7(1).

提到,《点滴》"译了人生观绝不相同的梭罗古勃与库普林,又译了对于女子解放问题与易卜生不同的斯忒林培格。但这些并非同派的小说中间,却有一共通的精神——这便是人道主义精神。无论乐观,或是悲观,他们对于人生总取一种真挚的态度,希求完全的解决。如托尔斯泰的博爱与无抵抗,固然是人道主义;如梭罗古勃的死之赞美,也不能不说他是人道主义"①。周作人用人道主义来概括现实主义和现代主义,这一说法并不准确,西方现代主义正是人道主义破产的产物。不过,在周作人撰写此文的 1918 年,西方现代主义尚未完全展开,"五四"将写实主义和现代主义统一于人道主义,是可以理解的。在此背景下,我们才能理解鲁迅对于安特来夫"使象征主义与写实主义相调和","虽然很有象征印象气息,而仍然不失其现实性"的评价②,也才能理解鲁迅的《狂人日记》等创作。中国新文学中的现代主义传统,也正是从周氏兄弟这里开始的。

(二)

从翻译方法上看,周氏兄弟对于中国翻译文学的最大贡献是"直译"。

周氏兄弟在二十世纪初的翻译,也受到晚清时风影响,并不忠实。鲁迅后来认为,与其说是翻译不如说是"改作",他对此颇后悔:"我那时初学日文,文法并未了然,就急于看书,看书并不很懂,就急于翻译,所以那内容也就可疑的很。而且文章又多么古怪,尤其是那一篇《斯巴达之魂》,现在看起来,自己也不免耳热。"③他还说:"青年时自作聪明,不肯直译,回想起来真是悔之已晚。"④到了《域外小说集》,周氏兄弟开始转变。《域外小说集》的翻译方法,用鲁迅在"序"中的话来说,是"词致朴讷""弗失文情"。

① 周作人.《点滴》·序//周作人散文全集(第 2 卷).桂林:广西师范大学出版社,2009:234.

② 鲁迅.《黯澹的烟雾里》"译者附记"//鲁迅全集(第 10 卷).北京:人民文学出版社,1981:185.

③ 鲁迅.集外集·序言//鲁迅全集(第 7 卷).北京:人民文学出版社,1981:4.

④ 鲁迅.致杨霁云(1934 年 5 月 15 日)//鲁迅全集(第 7 卷).北京:人民文学出版社,1981:409.

后面的"不足方近世名人译本"一句,则显然是针对林纾以来的晚清译风而言的。①

胡适在1922年所写的《五十年来中国之文学》一文中,曾高度评价《域外小说集》。文中谈道:"十几年前,周作人同他的哥哥也曾用古文来译小说。他的古文功夫既是很高的,又都能直接了解西文,故他们译的《域外小说集》比林译的小说确是高的多。"②胡适引出了《域外小说集》中周作人翻译的王尔德的《安乐王子》中的一段,以为师范:

> 一夜、有小燕翻飞入城。四十日前、其伴已往埃及、彼爱一苇、独留不去。一日春时、方逐黄色巨蛾、飞经水次、与苇邂逅、爱其纤腰、止与问讯。便曰,"吾爱君可乎。"苇无语、惟一折腰。燕随绕苇而飞、以翼击水、涟起作银色、以相温存、尽此长夏。

> 他燕啁晰相语曰、"是良可笑、女绝无资、且亲属众也。"燕言殊当、川中固皆苇也。

> 未几秋至、众各飞去。燕失伴、渐觉孤寂、且倦于爱、曰、"女不能言、且吾惧彼佻巧、恒与风酬对也。"是诚然、每当风起、苇辄宛转顶礼。燕又曰、"女或宜家、第吾喜行旅、则吾妻亦必喜此乃可耳。"遂问之曰、"汝能偕吾行乎?"苇摇首、殊爱其故园也。燕曰、"汝负我矣。今吾行趣埃及古塔、别矣。"遂飞而去。③

胡适认为,"这种文字,以译书论,以文章论,都可算是好作品"④。不过,胡适虽然说"以译书论",却似乎并没有与原文对照。这里姑将王尔德英文原文引出:

---

① 周作人,鲁迅. 域外小说集. 北京:新星出版社,2006:4.

② 胡适. 五十年来中国之文学//胡适全集(第2卷). 合肥:安徽教育出版社,2003: 281.

③ 胡适. 五十年来中国之文学//胡适全集(第2卷). 合肥:安徽教育出版社,2003: 280-281.

④ 胡适. 五十年来中国之文学//胡适全集(第2卷). 合肥:安徽教育出版社,2003: 281.

One night there flew over the city a little Swallow. His friends had gone away to Egypt six weeks before, but he had stayed behind, for he was in love with the most beautiful Reed. He had met her early in the spring as he was flying down the river after a big yellow moth, and had been so attracted by her slender waist that he had stopped to talk to her. "Shall I love you?" said the Swallow, who liked to come to the point at once, and the Reed made him a low bow. So he flew round and round her, touching the water with his wings, and making silver ripples. This was his courtship, and it lasted all through the summer.

"It is a ridiculous attachment," twittered the other Swallows; "she has no money, and far too many relations"; and indeed the river was quite full of Reeds. Then, when the autumn came they all flew away.

After they had gone he felt lonely, and began to tire of his lady-love. "She has no conversation," he said, "and I am afraid that she is a coquette, for she is always flirting with the wind." And certainly, whenever the wind blew, the Reed made the most graceful curtseys. "I admit that she is domestic," he continued, "but I love travelling, and my wife, consequently, should love travelling also."

"Will you come away with me?" he said finally to her; but the Reed shook her head, she was so attached to her home.

"You have been trifling with me," he cried. "I am off to the Pyramids. Good-bye!" and he flew away.

中英对照,我们发现,除了一些小小的问题,如周作人将"six weeks before"误译成"四十天以前",在燕子问芦苇"吾爱君可首?"之后,漏译了"who liked to come to the point at once",即"燕子喜欢有话直说",整体来说,译文称得上准确的直译,行文也很典雅,与胡适的判断相符。

不过,周氏兄弟后来对于《域外小说集》的译文却很不满意。1921 年再版的时候,书前有署名周作人的"序",文中称"我看这书的译文,不但句子生硬,'诘屈聱牙',而且也有极不行的地方,委实配不上再印"。周氏兄弟的不满,是对于文言的不满。故"序"中又说道,"其中许多篇,也还值得译成白话,教他尤其通行。可惜我没有这一大段工夫——只有《酋长》这一篇,曾用白话译了,登在《新青年》上——所以只好姑且重印了文言的旧译,暂时塞责了"。① 对于"直译"的方法,周氏兄弟却一直坚持下来了。

当《新青年》时期的译文第一次编集时,周作人在《〈点滴〉·序》中谈到,这本译文有"两件特别的地方",即"一,直译的文体;二,人道主义的精神"。② "直译的文体"居然放在"人道主义的精神"之前,可见他对于"直译"的强调。

周作人在《新青年》发表第一篇译文《古诗今译》时,即对于"直译"做了明确的说明。他认为,译文应该"不像汉文——有声调好读的文章——因为原是外国著作。如果同汉文一般格式,那就是我随意乱改的胡涂文,算不了真翻译"③。由此,他译希腊古诗,只是"口语作诗,不能用五七言,也不必定要押韵;止要照呼吸的长短句便好"④。

没想到,周作人的苦心并不为读者所理解。在《新青年》5 卷 6 号上,读者张寿朋来信,把胡适发表于《新青年》4 卷 4 号的译诗《老洛伯》和周作人的《古诗今译》做了比较,认为"贵杂志上的《老洛伯》那几章诗,很可以读;至如那首《牧歌》,寿朋却要认作'阳春白雪,曲高和寡'了。因此故,寿朋请诸君在翻译上还要费点儿神。(责备贤者,休怪休怪)"。比较胡适译的《老洛伯》和周作人译的《古诗今译》,的确是一件很有趣的事情。我们

---

① 周作人,鲁迅. 域外小说集. 北京:新星出版社,2006:2.
② 周作人.《点滴》·序//周作人散文全集(第 2 卷). 桂林:广西师范大学出版社,2009:234.
③ 周作人.《古诗今译》译序. 新青年,1918,4(2).
④ 周作人.《古诗今译》译序. 新青年,1918,4(2).

看一看《老洛伯》的第一段诗：

> 羊儿在栏，牛儿在家
>
> 静悄悄地黑夜
>
> 我的好人儿早在我身边睡了
>
> 我的心头冤苦，都迸作泪如雨下①

再看周作人《牧歌》第十的前几句：

> 甲：你没气力的笨汉，你怎么了？你不能一径割稻，同平常一样。又不能同两边的人一样割得快。却独自落后；宛然一支母羊，脚被棘刺刺伤，跟在羊队的后面。你早上便割得不得法，等到午后晚上，不知道你会怎地？
>
> 乙：Milon，你能从早到晚的劳作，你是顽石的小片，我问你，你可曾想着你不在身边的人么？
>
> 甲：不曾作工的人，空想着不曾得到的人作甚？
>
> 乙：你可又不曾为了相思，睡不着觉
>
> 甲：没有！叫狗尝过油饼的味，便不妙了。
>
> 乙：Milon，我可是想着那人，已经十一日了。②

两首译诗的风格，的确有很大差异。胡适在《老洛伯》汉译后面附上英文原文，可以看得出来，翻译基本忠实。胡适虽然没用五七言——像《尝试集》前期的诗一样——却仍然很注意诗句的整齐和押韵。周作人的译诗，我们虽然找不到希腊原文，不过根据其散文体形式及其本人的说明，可以推测出来，他只是按原诗字面照直翻译出来了，既没有注意诗句的整齐，也没有注意声调押韵，这便是他所谓"直译"的实践了。

在周作人那里，"直译"是对于胡适译法的超越。因而，他当然不接受张寿朋的批评。周作人在回信中明确批驳了张寿朋"既是译本，自然要将

---

① 胡适. 老洛伯. 新青年，1918，4(4).

② 周作人.《古诗今译》译序.新青年，1918，4(2).

他融化重新铸过一番"的说法,他认为:

> 至于"融化"之说,大约是将他改作中国事情的意思。但改作以后,便不是译本;如非改作,则风气习惯,如何"重新铸过"? 我以为此后译本,仍当杂入原文,要使中国文中有容得别国文的度量,不必多造怪字。又当竭力保存原作的"风气习惯,语言条理";最好是逐字译,不得已也应逐句译,宁可"中不像中,西不像西",不仅改头换面。①

这是周作人关于"直译"的最为详细的论述,不但反对"融化",而且主张最好"逐字译""逐句译"。周作人的"直译",在《新青年》上得到了支持。在《新青年》6 卷 6 号上的《通信》栏中,钱玄同高度评价周作人的直译方法,"周启明君翻译外国小说,照原文直译,不敢稍以己意变更。他既不愿用那'达恉'的办法,强外国人学中国人说话的调子;尤不屑像那'清室举人'的办法,叫外国文人都变成蒲松龄的不通徒弟。我以为他在中国近来的翻译界中,却是开新纪元的"②。钱玄同深谙晚清译风,曾与刘半农在双簧信中批判林纾,故而理解"直译"的意义,将之称为"开新纪元的"新方法。

周作人的白话"直译"到底"直"到什么程度呢? 这里另找了周作人翻译的安徒生《卖火柴的女儿》一文(刊于《新青年》6 卷 1 号,现译为《卖火柴的小女孩》),与英文对照,稍作比较。周作人《卖火柴的女儿》第一段如下:

> 天气很冷,天下雪,又快要黑了,已经是晚上,——是一年最末的一晚。在这寒冷阴暗中间,一个可怜的女儿,光着头,赤着脚,在街上走。她从自己家里出来的时候原是穿着鞋;但这有什么用呢? 那是很大的鞋,她的母亲一直穿到现在;鞋就有那么大。这小女儿见路上两辆车飞过来,慌忙跑到对面时,鞋都失掉了。一支是再也寻不着;

---

① 周作人. 通信·文学改良与孔教. 新青年, 1918, 5(6).
② 钱玄同. 通信. 新青年, 1919, 6(1).

一个孩子抓起那一支,也擎了逃走了。他说,将来他自己有了小孩,可以当作摇篮用的。①

英文版如下:

> It was dreadfully cold, it was snowing fast, and almost dark; the evening—the last evening of the old year was drawing in. But, cold and dark as it was, a poor little girl, with bare head and feet, was still wandering about the streets. When she left her home she had slippers on, but they were much too large for her; indeed, properly, they belonged to her mother, and had dropped off her feet whilst she was running very fast across the road, to get out of the way of two carriages. One of the slippers was not to be found, the other had been snatched up by a little boy, who ran off with it thinking it might serve him as a doll's cradle. ②

比较起来,我们看到,周作人的确较为忠实地对应了原文。开头第一句,"天气很冷,天下雪,又快要黑了,已经是晚上,——是一年最末的一晚",称得上是"逐字译""逐句译",连破折号都一样。第二句也是字句严格对应。但后面就不那么呆板了,第三句开始是"她从自己家出来的时候原是穿着鞋",但这双鞋对她来说太大了,周作人在两句之间加了一句"但这有什么用呢?",语气变得较为灵活。另外,最后一句周作人的翻译有小小的失误。原文是:抢了她的鞋的小男孩想,这只鞋可以当作玩具娃娃睡觉的摇篮。周作人却译成:"他说,将来他自己有了小孩,可以当作摇篮用的。"周作人把"想"译成了"说",而把"as a doll's cradle"译成"他将来的孩子的摇篮"似乎也不准确。

由此看,周作人也并不太可能做到逐字逐句地直译。我们说,周氏兄

---

① 安徒生. 卖火柴的女儿. 周作人,译. 新青年,1919,6(1).
② Hans Christian Andersen. *Hans Andersen's Fairy Tales*. Boston; New York; Chicago; London: Ginn and Company, 1914: 25.

弟的"直译"之所以奠定了现代翻译的品格,主要是将晚清翻译的"不忠实"转变成了严格的"忠实"。至于如何"忠实",能否做到"逐字译""逐句译",是另一个问题,也一直存在着争议。

(三)

很少有人在谈到《新青年》的时候,提及茅盾。因为茅盾的主要发表阵地,前有他在商务印书馆编辑的《学生杂志》,后有他主编的革新后的《小说月报》,并不在《新青年》。本文却以为,在讨论了周氏兄弟的翻译贡献之后,有必要提到茅盾。茅盾在《新青年》的时间并不长,却具有象征意义。

在陈独秀把《新青年》南迁上海以后,茅盾才加入《新青年》。他只赶上《新青年》的尾声,不过恰恰是《新青年》的激进左倾时期。前面我们已经提到,陈独秀到上海后,《新青年》同人分裂,在北京只有周氏兄弟继续写稿。陈独秀于是在上海发展了陈望道、李汉俊、李达等左倾青年作为《新青年》的中坚,茅盾就是在这个时候加入《新青年》的。据茅盾回忆:"大概是一九二〇年年初,陈独秀到了上海,住在法租界环龙路渔阳里二号。为了筹备在上海出版《新青年》,他约陈望道、李汉俊、李达、我,在渔阳里二号谈话。这是我第一次会见陈独秀。"①他还提到:"那时候,主张《新青年》不谈政治的北京大学的教授们都不给《新青年》写稿,所以写稿的责任便落在李汉俊、陈望道、李达等人身上,他们也拉我写稿。当时我们给《新青年》写稿都不取报酬。"②在 1920 年 12 月 10 日陈独秀致李大钊、胡适等人信中,也有"新加入编辑部者,为沈雁冰、李达、李汉俊三人"③的说法。

在陈独秀南下上海以后的《新青年》上,翻译主要由周氏兄弟承担,茅

---

① 茅盾. 我走过的道路. 北京:人民文学出版社,1981:189.
② 茅盾. 我走过的道路. 北京:人民文学出版社,1981:197.
③ 胡适. 胡适来住书信选(上册). 北京:中华书局,1979:116.

盾进入《新青年》后也主要从事译介工作,壮大了周氏兄弟的阵营。茅盾受到周氏兄弟的影响,在译介上与他们思路一致,相互配合。

茅盾的文章常常与周氏兄弟的文章并列登在《新青年》上。《新青年》8 卷 2 号上,周作人翻译发表了柯罗连珂的《玛加尔的梦》,茅盾翻译发表了罗素的《游俄散记》。《新青年》9 卷 3 号上,鲁迅翻译发表了日本菊池宽的《三浦右衙门的最后》,茅盾翻译发表了《十九世纪及其后的匈牙利文学》。《新青年》9 卷 4 号上,鲁迅翻译了埃罗先珂的《狭的笼》,茅盾翻译发表了挪威包以尔(J. Bojer)的《一队骑马的人》。《新青年》9 卷 5 号上,周作人翻译发表了西班牙伊巴涅支的《颠狗病》,茅盾翻译发表了爱尔兰葛雷古夫人戏剧《海青赫佛》。在此我们看到,茅盾关注匈牙利、挪威、爱尔兰等弱小民族"为人生"的文学,关注苏俄,与周氏兄弟路径一致。

茅盾的更大贡献,在于日后延续和光大了周氏兄弟的翻译传统。作为二十世纪二十年代初新文学很具有影响的人物,茅盾是《新青年》与二十年代新文学之间的纽带。从 1921 年 1 月开始,茅盾主持改革《小说月报》,该刊从此成为以"为人生"为主旨的文学研究会的会刊。茅盾主持的《小说月报》,沿袭了《新青年》后期的风格,以大量篇幅翻译介绍弱小民族文学、俄国文学及日本文学等。改革后的《小说月报》第一期(12 卷 1 号)的"译丛"翻译发表了俄国郭克里的《疯人日记》,日本加藤武雄的《乡愁》,俄国托尔斯泰的《熊猫》,波兰高米里克基的《农夫》,爱尔兰夏芝的《忍心》,挪威易卜生的《新结构的一对》,俄国安得列夫的《邻人之爱》及"杂译泰戈尔诗"。弱小民族 4 篇,俄国 3 篇,日本 1 篇,这个翻译构成基本上是《新青年》翻译的延续。茅盾在主编革新后的《小说月报》的时候,一共编辑了两个专号,正是"被损害民族的文学专号"(12 卷 10 号)和"俄国文学研究专号"(12 卷号外)。自然,周作人和鲁迅也都在《小说月报》上发表译介,支持茅盾。周作人在 12 卷 1 号《小说月报》改革号上,即贡献了首篇论文《圣书与中国文学》和一篇翻译——日本加藤武雄的《乡愁》。鲁迅也在《小说月报》第 12 卷 7—9 号上连载译作阿尔志跋绥夫的《工人绥惠略夫》。

茅盾在主编《小说月报》期间,与周氏兄弟,特别是周作人联系紧密,体现了《新青年》与《小说月报》的承接关系。茅盾在《我走过的道路》一书中提到周作人的《圣书与中国文学》的时候说:"周作人论文提出的意见,只代表他一个人;我与大多数文学研究会的同人并不赞成,不过他是'名教授',所以把此文排在前面,表示'尊重'而已。"①这显然只是茅盾晚年写作回忆录时的后见之明,大概是担心被周作人后来的名声所累。事实上,周作人当时是"五四"的理论家与翻译家,地位颇高,无论是文学研究会还是《小说月报》,都在竭力寻求周作人的支持。茅盾对于周作人相当恭敬,不但一再请求周作人予以稿件支持,而且就《小说月报》的编辑安排诸方面问题进行请教。只要看一看当时茅盾致周作人的信,就可以明白这一点。在茅盾主持《小说月报》这段时间,他与周作人的通信,多是在请示翻译稿件等方面的问题。在 1921 年 1 月 7 日给周作人的信中,茅盾得知周作人有病在身,很着急,因为"二号《小说月报》少了先生的一篇《日本的诗》,真是我们和读者的大不幸",而三号《小说月报》"俄国文学专号里若没有先生的文,那真是不得了的事"。为此,茅盾甚至决定把"俄国文学研究专号"后移。② 在 1921 年 7 月 20 日给周作人的信中,茅盾向周作人详细询问有关于这一年十月《小说月报》拟出"被压迫民族文学号"的事情,部分引录如下:

> 《小说月报》在十月号拟出一个"被压迫民族文学号"(名儿不妥,请改一个好的),里头除登小说外,也登介绍这些小民族文学的论文。现在拟的论文题目是:
>
> 1. 波兰文学概观(如此类名而已)
>
> 2. 波兰文学之特质(早稻田文学上日原文,已请人译出)
>
> 3. 捷克文学概观
>
> 4. 犹太新兴文学概观

① 茅盾. 我走过的道路. 北京:人民文学出版社,1981:163.

② 孙郁,黄乔生. 回望周作人:致周作人. 郑州:河南大学出版社,2004:147.

5.芬兰文学概观

6.塞尔维亚文学概观

其中除(2)是译,余并拟做。(1)(3)两篇定请先生做,(4)(5)(6)三篇中拟请先生择一为之,关于(4)的,大概德文中很多,鲁迅先生肯提任一篇否?(5)我只见《十九世纪及其后》一九〇四年十一月份上一篇的《芬兰文学》(Kermione Ramsden 著),似乎译出也还可用,但这是万一无人做的说法,如先生能做更好了。(6)也只见 Chode Mijatovich 著的《塞尔维亚论》中《文学》一章,略长些,如无人做,也只好把这个节译出来了。但不知先生精神适于作长文否?十月出版,离今尚有一月。此外译的小说拟

1.芬兰哀禾先生已译

2.塞尔维亚即用巴尔干短篇小说集中之一,如无好的

3.波兰先生已译

4.犹太阿布诺维支剧(在《六犹太剧》中)

5.捷克

6.罗马尼亚等

上次鲁迅先生来信允为《小说月报》译巴尔干小国之短篇,那么罗马尼亚等国的东西,他一定可以赐一二篇了。如今不另写信给鲁迅先生,即请先生转达为感。①

实在不必再征引了,茅盾对于周作人依赖之深,请教之详,从此可见一斑。此处并不想辨正茅盾晚年回忆的正误,而主要想证实,茅盾在主持《小说月报》期间与周氏兄弟——特别是周作人——的关系之深,证实《小说月报》的翻译,是周氏兄弟及茅盾在《新青年》翻译的延续。

在一些具体的翻译观点上,茅盾及文学研究会同人也受到了周作人的影响。我们知道,二十世纪二十年代初创造社与文学研究会的茅盾、郑振铎等人有过一场关于文学翻译是否"经济"的论争。争论的焦点是,当

---

① 孙郁,黄乔生.回望周作人:致周作人.郑州:河南大学出版社,2004:149-150.

下是否需要翻译西洋古典文学作品。茅盾等人认为:事有缓急,应该先译近代文学作品。正在翻译歌德《浮士德》的郭沫若,则不同意这种说法。茅盾等人的这种观点,事实上与周作人有关。在 1920 年 12 月 31 日给周作人的信中,茅盾谈道,"先生论翻译古典文学的话,我很赞同"。"先生说我们应该有个分别:分别那些是不可不读的及供研究的两项,不可不读的,大体以近代为主。"①周作人在 1921 年 2 月 10 日给茅盾的回信中,又明确地表达了自己的观点,认为"在中国特别情形(容易盲从,又最好古,不能客观)底下,古典东西可以缓译"。"倘若先生放了现在所做最适当的事业,去译《神曲》或《失乐园》,那实在是中国文学界的大损失了。"②当然,也不是在所有问题上,茅盾与周氏兄弟都意见相同。在对于现代主义的态度上,茅盾与周氏兄弟就不太一样。茅盾担心,安得列夫和阿尔志跋绥夫的黑暗思想会对社会有负面作用,而这两个作家都是周氏兄弟所喜爱的。

在翻译方法上,茅盾也继承了周氏兄弟的"直译"传统。1916 年,茅盾在北大预科毕业后,先在商务印书馆的编译所工作。茅盾在商务印书馆的第一次翻译实践,是帮助孙毓修翻译卡本特的《人如何得衣》,译完后他才发现,商务在出版译书之前,居然并不进行译文和原作之间的语言校勘,只要中文好就付印。茅盾发表的第一篇译作,是用文言翻译的一篇科学小说,名为《三百年后孵化之卵》,登在他所协编的《学生杂志》上。茅盾后来回忆:"商务编译所的刊物主编者老干这种事。看内容明明是翻译的东西,题下署名却是个中国人。《小说月报》的大部分小说(林琴南译的除外)就是这样。《三百年后孵化之卵》总算留了个'译'字。"③时间已经在1916 年之后,身为权威印刷机构的商务印书馆尚且如何,足见当时的翻译风气如何。茅盾开始翻译的时候,觉得"译文虽然不必(像后来翻译文学

① 孙郁,黄乔生. 回望周作人:致周作人. 郑州:河南大学出版社,2004:145.
② 周作人. 翻译文学书的讨论//周作人散文全集(第 12 卷). 桂林:广西师范大学
　出版社,2009:309.
③ 茅盾. 我走过的道路. 北京:人民文学出版社,1981:139.

作品那样)百分之百的忠实,至少要百分之八十的忠实"①。进入《新青年》之后,他接受了周氏兄弟的"直译"思想,也即"百分之百的忠实"。

不过,仔细观察,我们发现茅盾对于翻译方法的看法,与周氏兄弟的理解并不完全相同。1921 年,茅盾在《译文学书方法的讨论》一文中详细讨论了翻译的方法问题。他首先肯定了"直译"的方法,他说:"翻译文学之应直译,在今日已没有讨论之必要。"但是,他又认为,"直译"的最大困难,就是"形貌"和"神韵"不能同时保留。注意了形貌,则容易减少神韵,而注意了神韵,则又不能在形貌上保持一致。那么,在"形貌"和"神韵"不能两全的情况下,究竟如何取舍呢? 茅盾认为:"就我私见下个判断,觉得与其失'神韵'留'形貌',还不如'形貌'上有些差异而保留了'神韵'。"②茅盾在"形貌"和"神韵"上的取舍,显然与周氏兄弟不同。笔者对茅盾发表于《新青年》9 卷 1 号上的莫泊桑的小说《西门的爸爸》进行了译校,发现茅盾的翻译的确很忠实,而且句子也不扭曲。这种相对来说既准确又流畅的译文,显然是茅盾试图调和"形貌"与"神韵"的结果。

茅盾提出的问题,恰恰延续了上文对于周氏兄弟翻译方法的讨论。即肯定"忠实",肯定"直译",彻底扭转了晚清以来的译风,不过在技术上并没有最终解决问题。百分之百的"逐字译""逐句译"是不可能的,那样就不成为汉语了。文字上的对应只是程度问题,这个时候就出现了茅盾所说的偏重文字对应,还是偏重意义传达的问题。这就是"直译"虽然取得了公认的地位,却一直有争议的原因。

(本文选自赵稀方著《翻译与现代中国》,复旦大学出版社 2018 年版)

---

① 茅盾. 我走过的道路. 北京:人民文学出版社,1981:143.
② 茅盾. 译文学书方法的讨论. 小说月报,1921,12(4).

从后实证主义角度看周瘦鹃翻译中的创造性叛逆

——兼论重写鸳鸯蝴蝶派翻译文学史

李德超

一、引 言

作为中国现代文学的一个流派,鸳鸯蝴蝶派(以下简称"鸳派")始于晚清,盛于民国初年,之后虽受到新文学作家的冲击,但其影响一直延续至抗战胜利,直至新中国成立后才逐渐消失。作为中国文学史上曾经拥有作家最多、影响最大的流派之一,鸳派在新中国成立以来的很长一段时间内,却是文学研究中的灰姑娘,往往不受重视。在早期主流文学史中,如果对鸳派现象有所提及,亦只是把它看作是"五四"以来所倡导的新文学的对立面,是阻止新文化运动向前推进的逆流,而鸳派作家亦被贬为是"卑鄙的文妖",是堕落和反动的文人,是斗争和批判的对象①。

不难看出,上述文学史对鸳派作家和作品的评价深深地留着传统文学批评中非此即彼两分法(dichotomy)的烙印②,刻意营造和突出新文学

---

① 魏绍昌,吴承惠. 鸳鸯蝴蝶派研究资料. 上海:上海文艺出版社,1984:150-154.
② 贺仲明. 重建我们的文学信仰(修订版). 广州:广东人民出版社,2014.

与鸳派之间存在的所谓新与旧、现代与传统、严肃与流行①、进步与反动等水火不容的两种区别。事实上，文学作家或是文学流派的全部作品，几乎不可能从头至尾只呈现某些固定的特点，一成不变。若放在历史的长河之中，这种机械论的观点其实是抹杀了文学作品均具有流变性的本质特征。假若把所有的文学作品看作是一条连续轴(continuum)，而将这些对立的标签看作是连续轴的左右两端尽头，则一位作家在不同时期的作品会处于连续轴的不同位置：或是靠左，或是靠右，或是中间。唯一不大可能出现的现象就是永远停留在某一端的尽头，一动不动。由此可见，之前对新文学作家与鸳派作家的对立两分，与其说是对他们作品内容、性质和特点的准确描述，倒不如说是后来掌握文学史编撰话语权的新文学作家自我想象、自我加强和自我巩固的结果，主要还是出于打击对方、清除异己和宣传自我的需要和目的。

　　所幸的是，这种绝对的、静态的文学史观在二十世纪八十年代末有了改变。针对新中国成立以来的文学史普遍政治挂帅的倾向，当时的文学界出现"重写文学史"的呼声②，希冀跳出雅俗之争③，能以更客观、更全面的眼光看待清末民初以来的各种文学流派。而在此背景下，鸳派作家及其作品也迎来了"戏剧性和令人惊讶的回归"④。对于长久以来被打入文学史冷宫的晚清、民国时期的文学作品，比较文学学者王德威提出"没有晚清，何来'五四'"的论断，肯定了这批受忽视的作家(尤其是鸳派作家)

---

① 就文学作品的价值及其流行程度之间的关系，坊间甚至不少文学评论家似乎都有这种印象，即越流行的作品，其文学价值越低，虽然反之未必亦然。然而，世界文学宝库中不少优秀作家如狄更斯、莫泊桑和毛姆拥有叫好又叫座的作品，无疑是对这种论断的有力反驳。

② Zhang, Yingjin. "The institutionalization of modern literary history in China, 1922—1980". *Modern China*, 1994, 20(3): 347-377.

③ 胡朝雯，方长安. 中国现代小说史雅俗论反思. 天津社会科学, 2008(5): 107.

④ Chen, Jianhua. *A Myth of Violet: Zhou Shoujuan and the Literary Culture of Shanghai*, 1911—1927. Unpublished PhD dissertation, Harvard University, 2002: 12.

和作品在中国文学现代化进程中起到的承上启下的作用①。不少学者开始认识到,对鸳派作品的重新考察和描写会让我们更深刻地体会到中国当代文学"更为多元及异质的"(a far more diverse and heterogeneous)发展进程②。

然而,相对于文学界中鸳派作家在文学史上地位的提高,翻译界对这批作家及其作品在近代翻译文学史上发挥的作用却仍然认识不多。笔者多年前曾撰文,认为只有把鸳派翻译家的翻译活动置于中国近代文学史的整体背景之中,才能够充分认识他们的作品在令中国文学由传统走上现代进程中所"发挥的桥梁和承上启下的作用"③,呼吁业界对这些翻译家展开积极研究,"还他们在近代翻译文学史上本有的历史地位"④。十五年过后,对鸳派翻译家作品的研究虽有少量提升,但这些研究往往"宏观研究居多,微观研究偏少"⑤,综述类的归纳多,原创性的研究少。尽管鸳派翻译作品在晚清当时风靡一时⑥,但它们在清末民初这个社会发生剧烈变革、整个国家和民族从传统过渡到现代的转型时期,所发挥的独特文化、文学功能却鲜有人触及。本文拟基于后实证翻译范式(postpositivist paradigm of translation studies)⑦,从文学翻译中创造性叛逆的角度⑧,

---

① 王德威. 被压抑的现代性——没有晚清,何来"五四"//《学人》(第十辑). 南京:江苏人民出版社,1996.

② Denton,K. A.."Historical overview". *The Columbia Companion to Modern East Asian Literature*,J. Mostow(ed.). New York:Columbia University Press,2003:287-305.

③ 李德超,邓静. 近代翻译文学史上不该被遗忘的角落——鸳鸯蝴蝶派作家的翻译活动及其影响. 四川外语学院学报,2004,20(1):123.

④ 李德超,邓静. 近代翻译文学史上不该被遗忘的角落——鸳鸯蝴蝶派作家的翻译活动及其影响. 四川外语学院学报,2004,20(1):127.

⑤ 李婵,秦洪武. 周瘦鹃翻译研究述评. 燕山大学学报,2014,15(3):71.

⑥ 如周瘦鹃所回忆,每逢《礼拜六》出版之日,上海市民如买烧饼油条般排队买这部周刊. 参见:王智毅. 周瘦鹃研究资料. 天津:天津人民出版社,1993:250.

⑦ Tymoczko,Maria. *Enlarging Translation*,*Empowering Translators*. New York:Routledge,2007.

⑧ 谢天振. 论文学翻译的创造性叛逆. 外国语,1992(1):30-36.

而非从传统的规定性(prescriptive)翻译原则的角度,来重新审视鸳派翻译家群中最为多产、可能在当时影响亦是最为深远的翻译家周瘦鹃的译作,以图管中窥豹,了解鸳派翻译家在近代翻译文学史上发挥的重要作用。

二、周瘦鹃的翻译活动及相关研究

在相当长的时间内,周瘦鹃(1894—1968)在文学史上都是以鸳派代表作家的形象出现。周的文学创作生涯始于1911年发表于《妇女时报》的短篇小说《落花怨》,直至1947年结束。1949年之后曾经沉寂过几年,之后在1953年得到时任上海市市长陈毅的鼓励,又重新开始创作,但只限于撰写小品文、散文、游记。事实上,在周第一段长达36年的文学生涯里,他除了创作大量的言情小说,以至于获得"言情巨子"和"哀情小说专家"的称号之外[1],还翻译了多达459种的外国作品。如果就翻译作品的总字数而言,在同时期的翻译家之中,仅次于林纾。周译作的体裁甚广,包括长篇及短篇小说、新闻报道、传记、戏剧和诗歌等等。但主要还是以翻译小说为主,占其翻译总数的82%[2]。

从目前来看,尽管周瘦鹃以至鸳派作品在中国文学发展史上所扮演的角色开始越来越受重视[3],新编的中国现代文学史中对这个长期不受待见的流派亦开始着墨不少(如程光炜等编的《中国现代文学史》[4]就对鸳派

---

① 王钝根. 本旬刊作者诸大名家小史. 社会之花,1924,1(1):1-3.
② 参见 Li, Dechao. "The dramatization of characterization in the literary translations of the 1910s in China:a case study of Zhou Shoujuan's translations of Western fiction". *Translating Chinese Art and Modern Literature*,Yifeng Sun & Chris Song. New York:Routledge,2019:57.
③ 范伯群提出鸳派作家的作品是中国现代文学史除"纯文学"外的另一个翅膀,即广为人知的"两个翅膀论"。见范伯群. 中国近现代通俗文学史. 南京:江苏教育出版社,2000.
④ 程光炜,等. 中国现代文学史. 北京:中国人民大学出版社,2000.

给予了相当可观的篇幅),甚至出现了"重评鸳鸯蝴蝶派的热潮"①,但对周译作以至鸳派译作的探讨仍然比较零散,考察的范围相对比较宽泛。

陈平原是国内较早注意到周瘦鹃译作重要性的一位学者。在陈平原的《二十世纪中国小说史》(1989)中,他在论述清末民初新小说的滥觞及兴起时,把周瘦鹃列为晚清十一位重要的翻译家之一,并对其翻译风格及策略做了些评价②。传统的翻译文学史对鸳鸯派的译家译作着墨不多。郭延礼是首位在中国翻译文学史中提及周瘦鹃翻译贡献的学者,除了褒扬周的翻译贡献外,还谈及其总体的翻译特点,包括关注译介名家名作(如莫泊桑、伏尔泰、笛福),以及引入"弱小民族"和国家的作品(如瑞典、荷兰、匈牙利和芬兰等等)③。之后亦有学者提到周的翻译小说在近代翻译小说中的重要地位④,呼吁学界对包括周在内的鸳鸯派翻译家作品进行再认识和考察⑤⑥。亦有学者探讨周翻译的选材,包括早期翻译的哀情小说⑦,尤其是莫泊桑的爱情小说,译介较多的问题⑧。还有学者从比较文学角度来看周译作对其小说创作的影响⑨,从文化象征角度看其作品当时

---

① 周晓芬. 鸳鸯蝴蝶派研究. 语文学刊,2009(9):11.
② 陈平原. 二十世纪中国小说史(第一卷). 北京:北京大学出版社,1989.
③ 郭延礼. 中国近代翻译文学概论. 武汉:湖北教育出版社,1998:437-439.
④ 何敏,李延林.《欧美名家短篇小说丛刻》——近代小说翻译史上不该被遗忘的角落. 文学界·人文,2008,(11):7-9.
⑤ 李德超,邓静. 近代翻译文学史上不该被遗忘的角落——鸳鸯蝴蝶派作家的翻译活动及其影响. 四川外语学院学报,2004,20(1):123-127.
⑥ 禹玲. 近现代文学翻译史上通俗作家群. 中国现代文学研究丛刊,2010(5):39-49.
⑦ 潘少瑜. 爱情如死之坚强——试论周瘦鹃早起翻译哀情小说的美感特质与文化内涵. 汉学研究,2008(6):219-252.
⑧ 汤哲声,禹玲. 周瘦鹃为什么对莫泊桑的爱情小说情有独钟. 东方翻译,2011(1):40-45.
⑨ 范伯群. 包天笑、周瘦鹃、徐卓呆的文学翻译对小说创作之促进. 江海学刊,1996(6):171-175.

上海文学千丝万缕的关系①,但最常见的还是探索周的翻译策略②和周对原文某些文本、叙事和文化特征(如标题③、译注特点④等等)的一些处理手法。而随着科技的进步,亦出现了从语料库角度来分析周瘦鹃翻译作品的词汇和句法特征产生的叙事效果⑤。

Xu Xueqing 的博士论文则考察了包括包天笑、周瘦鹃在内的在晚清民国初期的短篇小说的结构、叙事和文体上的创新之处,包括革新文言文来创造出一种更令当时读者喜闻乐见的语言⑥。但其通篇论文的主要关注点亦是周的创作小说,对周的翻译小说的讨论着墨不多,只是对其译作的种类、翻译的语言(文言还是白话)以及翻译的手法做了简略的总结⑦。Chen Jianhua 则是笔者发现的最早专门研究周瘦鹃的著作。受 Lee Leo 提出的要重新发掘"二十世纪三十年代的上海充当中国现代性的文化母体(cultural matrix)"⑧的影响,Chen 主要探讨二十世纪二十年代至三十年代之间,周瘦鹃作品中经常出现的文学形象"紫罗兰"代表的文化和文学的象征意义。Chen 主要采取了新批评的细读(close reading)方法,来

① 陈建华. 紫罗兰魅影——周瘦鹃与上海文学文化,1911—1949. 上海:上海文艺出版社,2019.
② 禹玲,汤哲声. 翻译文学的生活化——胡适与周瘦鹃翻译风格的共同性. 中国文学研究,2010(3):107-109.
③ 乔澄澈. 周瘦鹃短篇小说标题翻译策略. 语文建设,2012(22):31-32.
④ 李德超,王克非. 译注及其文化解读——从周瘦鹃译注管窥民初的小说译介. 外国语,2011,34(5):77-84.
⑤ 李婵. 基于语料库的周瘦鹃翻译研究:以经典叙事学为视角. 上海:上海交通大学博士学位论文,2018.
⑥ Xu Xueqing. *Short Stories by Bao Tianxiao and Zhou Shoujuan during the Early Years of the Republic*. Unpublished PhD dissertation, University of Toronto, 2000.
⑦ Xu Xueqing. *Short Stories by Bao Tianxiao and Zhou Shoujuan during the Early Years of the Republic*. Unpublished PhD dissertation, University of Toronto, 2000:86.
⑧ Lee, Leo. *Shanghai Moder: The Flowering of a New Urban Culture in China, 1930—1945*. Cambridge: Harvard University Press, 1999:xi.

分析周瘦鹃作品中时常出现的"紫罗兰"的形象是如何演变成"现代女性的象征,大众传播的场所及一种新的传播方式"①。除探讨周文学的文学著作对当时上海的都市文化的形成所发挥的作用之外,Chen 亦提及周当时对外国言情小说的翻译是如何丰富了在中国文学传统中所忽视的"浪漫主义精神"(romantic spirit)②。但因为 Chen 主要是探讨周创作作品的文化和现代性意义,对周的译作探讨着墨不多。Li Dechao 的博士论文主要从叙事学角度探究了叙事角度、叙事评论及外貌描写在周瘦鹃早期译作及后期译作的变化及其社会、文化和文学的原因③。Li 在 2019 年则从直接描述、外貌描写、动作描写、对话描写和心理描写这五个角度出发,探讨了周瘦鹃翻译小说中对人物形象的再现的特点,认为与原文形象相比,译文中再现的形象均有"戏剧化"的特点④,即是在前四项描写的翻译中都有比原文更夸张的成分,但心理描写却阙如,造成类似戏剧表演中人物动作、外貌、对话的呈现往往比普通生活中夸大化,但人物内心同样不可见的特点。从上述的对鸳派译作包括周的译作相关的研究的回顾来看,相对于对鸳派创作作品在中国近代文学史上越来越受到重视,对鸳派译作的认知和研究仍然属于小众的行为,研究者相对固定,并没有得到其他太多翻译学者的关注。早期的研究明显宏观性的较多,尤其着重于周译作的文化意义及其对当时的白话文带来的影响;后期的研究基本上则

---

① Chen Jianhua. *A Myth of Violet*: *Zhou Shoujuan and the Literary Culture of Shanghai*. *1911—1927*. Unpublished PhD dissertation, Harvard University, 2002: v.

② Chen Jianhua. *A Myth of Violet*: *Zhou Shoujuan and the Literary Culture of Shanghai*. *1911—1927*. Unpublished PhD dissertation, Harvard University, 2002: 270-275.

③ Li, Dechao. *A Study of Zhou Shoujuan's Translation of Western Fiction*. unpublished PhD dissertation, The Hong Kong Polytechnic University, 2007.

④ Li, Dechao. "The dramatization of characterization in the literary translations of the 1910s in China: A case study of Zhou Shoujuan's translations of Western fiction". *Translating Chinese Art and Modern Literature*, Yifeng Sun & Chris Song. New York: Routledge, 2019: 75.

是从规定性的立场出发,较多微观上的文本比较,探索周翻译时所用的策略,对比译作与原作的不同之处,并讨论其形成原因。与前期的研究相比,后期对周译作的探索是往纵深发展,无疑是一种进步。但是,由于这些著作大都采取对等的翻译原则作为理论框架,讨论时大都纠缠于译文中意义的得失,采取否定的眼光来看周的译作;而不是从描写译学的立场,结合当时周翻译创作时的历史文化背景,来还原其翻译决策背后的原因及其译作对当时的社会革新和民众教化起到的正面积极的作用;亦没有顾及周译作在文化及文学上的承上启下,以及促进新文学发展的积极意义。在本文中,笔者将摒弃从原文出发,以译文意义是否完全或不曾改动这种规定性的眼光来描述周译作的消极的传统视角,改为从翻译研究中的后实证主义视角及创造性叛逆的积极观点来看周的译文创作,以还原周以至鸳鸯派翻译活动在中国近代翻译文学史上对革新社会和教化民众所起到的积极作用。

三、从翻译的后实证主义视角看周瘦鹃翻译中的创造性叛逆

提莫志克(Tymoczko)在其颇具影响力的著作《扩展翻译版图,拓展译者能力》(*Enlarging Translation*, *Empowering Translators*)一书中提出,当代翻译研究的范式正经历她所称之为的后实证主义视角(postpositivism)的转向。

要理解何为后实证主义,则需要了解其前身实证主义为何物。实证主义实为一种哲学思想,认为对现实的认识只能依靠可观察到的事物或经验才能确定,而一切先验或形而上学的思辨都是无意义的①。这种实证主义的思想深深植根于西方的各种学科(如数学、化学、医学、物理学等等)之中,并随着西方势力在全球范围的扩展,变成了当今世界上这些学科的哲学理论和认识论根源。其造成的结果就是其他源自非西方的、关

---

① Macionis,Gerber. *Sociology*. Saskatoon:Pearson Education Canada,2010.

于这些学科的知识和定义不被当今所谓的现代学科所承认①。所以,实证主义的思想往往又与西方的殖民主义密不可分。在实证主义视野下的翻译研究,采用的是规定性的视角,把对等作为衡量所有翻译活动成功与否的圭臬,往往用"声明性的和决定性的词汇"来探讨翻译研究之中"复杂、开放和通常是不确定性的问题",②这种看法显然是太过僵硬,且不符合翻译这个研究对象灵活、多形态且呈流变状态的本质。

提莫志克认为,随着二次世界大战的结束,"用实证主义方法来学习知识和创造知识"③被认为是太过于唯西方或是欧洲中心主义论,继而被大多数的学术领域弃用,取而代之的是强调"自我觉醒"(self-reflexity)、突出学科多元性和开放性、重视把之前一切习以为常的看法或观点"问题化"(problematize)的后实证主义视角④。用后实证主义视角看待翻译,就是摒弃以西方理论为探索翻译的唯一准绳,承认"翻译"这个社会现象比起自然科学的现象而言,具有自己独特的复杂性,在不同语言、不同国别和不同的历史时期,都可能有其在不同文化中的不同定义和内涵。用后实证主义视角看待翻译,就能让全世界各地的学者,尤其是非西方的学者,不再事事唯西方翻译理论马首是瞻,导致在文化上自我矮化和"自我放弃继承"(cultural self-disinheritance)⑤,而是结合自己本国独特的翻译传统、历史和文化现象,来解读和丰富对现有翻译这个具有丰富内容的理解,加深翻译研究中对翻译概念的内涵和意义的了解,从而扩大翻译研究

---

① 如就医学而言,相对于西医,中医及印度的传统医学阿育吠陀等等,都不为世界上经典的医学教科书或大多数的医学院所承认。
② Tymoczko,Maria. *Enlarging Translation*,*Empowering Translators*. New York:Routledge,2007:17.
③ Tymoczko,Maria. *Enlarging Translation*,*Empowering Translators*. New York:Routledge,2007:22.
④ Tymoczko,Maria. *Enlarging Translation*,*Empowering Translators*. New York:Routledge,2007:28-53.
⑤ Cheung,Martha P. Y. "'To Translate' Means 'To Exchange'? A New Interpretation of the Earliest Chinese Attempts to Define Translation ('Fanyi')". *Target*,2005,17(1):27-48.

这门学科的研究范围。

  事实上,在各个不同的文化中看翻译定义,亦可看出各个民族对翻译这项活动的不同的侧重点,甚至可以管窥其翻译传统。在英文中,根据《牛津大词典》(*OED*)①的释义,"translation"一词除了有"把一种语言转换成另一种语言的动作或过程"之意外,还有"转移"(transference)之意,可以指把东西"从某人、某地或某种条件下移除或运输"到其他地方之意。换言之,从词源的角度来看,英语中翻译的概念强调翻译的对象——语言中所涉及的意义——也具备像物质一样的特性,是一种客观的存在,可以像搬运货物一般,从甲地运到乙地,如果搬运过程认真、仔细和得法的话,这些货物(也即某种语言的意义)可以丝毫无损地来到另一种语言之中。这种从翻译概念所蕴含的静态的意义观也孕育了西方长期以来的以对等为目标的翻译传统。而反观中文的"翻译"概念,更强调的却是"转化"这个动作,其中的"翻"字,在《说文解字》中最早是指鸟儿在空中反复地摇动翅膀;引申意指"旋转""倒转"和"转动"等。如果从"翻译"中的"翻"这个词的中文本意出发②,不难发现它和英文"translation"在概念内涵和外延上的差别:与英文概念强调对静态意义的运输不同,中文概念更突出的是一种动态的转换,强调形态上的不一样。而从翻译处理的对象的角度来看,随着语言形式的不一样,意义亦必定要有所调整,以适应新的形式。从这个背景来看,中国自佛经翻译以来,以"意译"为主流或正宗的翻译传统就更容易理解了。

  采取后实证主义立场来衡量译作的价值,就是意味着不纠缠于译文与原文之间一词一句的意义的得失,而是采用描写性立场,结合译作产生的历史文化背景和传统,考虑到译者的目的和当时接受者的反应,以及译作在目标语文化造成的最终的影响。这样一来,用传统的、以"对等"中心

---

① 参见词典网络版。http://oed.com.

② Cheung, Martha P. Y. "'To Translate' Means 'To Exchange'? A New Interpretation of the Earliest Chinese Attempts to Define Translation ('Fanyi')". *Target*, 2005, 17(1): 27-48.

的准则来评判周瘦鹃以至鸳派的译作显然就不合时宜，而需要一个全新的、以目标语文化为归依对翻译活动客观描述的立场。从这个角度看，文学翻译中的"创造性叛逆"这个概念，无疑就是一个有助于我们重新评估鸳鸯派作家的有效理论指导和描写工具。

"创造性叛逆"这个概念最早由法国社会文学家埃斯卡皮（Robert Esarpit）提出，但他对这个文学翻译中常常具有的重要现象却没有进一步展开。真正对这个概念进行理论完善、发扬光大，并移植至中国文学翻译语境的是我国学者谢天振教授。在 1992 年发表的《论文学翻译的创造性叛逆》一文中，他已经从"译者——媒介者、读者——接受者和接受环境"①这三个方面对文学翻译的创造性做了阐发，随后他又在《译介学》②、《翻译研究新视野》③等理论著作中对这个概念做了进一步的补充。与传统文学翻译批评只是放大翻译中的误译、漏译和否定译文中的节译和编译现象不同，谢天振把这些长期被翻译界认为对原文不忠、有"瑕疵"的译文（包括傅东华、苏曼殊、穆旦、伍光建等名家作品）置于目标语的文化传统及"读者的文化心态和接受习惯"中进行通盘考虑④，重新认识这些翻译行为背后的深层原因及译作对传播外国文学起到的积极作用。谢天振继而认为，类似以上翻译中的增、删、改、编行为，其实正是文学翻译中"创造性叛逆"的体现，这是因为与原作中的创造性不同，文学翻译中的这些所谓的"叛逆"行为，也正是翻译中的二度创作，即再创作，与原作相比，各有千秋，其地位不一定低于原作——因为在文学翻译中，译作在目的语文化中的接受、地位和影响胜过原作的不胜枚举⑤。尤其重要的是，在当时学界几乎一边倒地对"误译"文学译作（尤其是民国期间的译作）进行批判的大

---

① 谢天振. 论文学翻译的创造性叛逆. 外国语，1992(1)：30.

② 谢天振. 译介学. 上海：上海外语教育出版社，1999.

③ 谢天振. 翻译研究新视野. 青岛：青岛出版社，2003.

④ 谢天振. 论文学翻译的创造性叛逆. 外国语，1992(1)：32.

⑤ 例如，中译英方面有庞德对中国古诗的翻译及二十世纪五六十年代，美国对中国唐代诗人寒山诗歌的翻译；英译中方面则有对英国长篇小说《牛虻》及政治讽刺小说《格列佛游记》的翻译；等等。

环境下,谢天振最早站出来,旗帜鲜明地提出"误译"亦有其特殊的研究价值的观点,因为它"特别鲜明、突出地反映了不同文化之间的碰撞、扭曲与变形"①,在比较文学研究中尤其有意义。在今天看来,这种观点其实就是后实证主义立场观照下,积极探索比较文学及翻译内涵及疆界一种内省,在这两个学科中都发挥着积极的意义。

如果我们基于后实证主义的翻译研究立场,采用"创造性叛逆"的角度来审视周瘦鹃的翻译,尤其是其早期的翻译,而非用一句"译文拙劣"或"乖于原文"将其弃之如敝屣,就会发现其独特的文学、文化价值,帮助我们重构当时外国文学进入中国的筚路蓝缕之过程以及译者为此付出的独特匠心。

在周瘦鹃的早期翻译中,一个屡遭新文学作家及当今翻译批评家诟病的就是其译文所呈现的内容,尤其是人物形象方面,与原作相差太远②,例如以下周瘦鹃翻译的英国作家史蒂文森短篇小说中,关于女主人公形象描写的翻译:

例(1):No sooner were they alone than Blanche advanced towards Denis with her hands extended. Her face was flushed and excited,and her eyes shone with tears. ③

译文(1):两人去后,白朗希忽地伸了她那双羊脂白玉似的纤手,掠燕般赶到但枭跟前,花腮晕红,活像是一枚玫瑰。只是眼波溶溶,含着泪光,又像玫瑰着露一般。④

原文中对女主人公的描绘大致还比较客观,只是描述她伸出双手、脸兴奋得通红且又眼噙着泪珠,描写之中并没有夹杂太多叙事者的个人感情色

---

① 谢天振. 论文学翻译的创造性叛逆. 外国语,1992(1):31.

② 郭延礼. 中国近代翻译文学概论. 武汉:湖北教育出版社,1998.

③ Stevenson,R. *New Arabian Nights*. New York:Charles Scribner's Sons,1895:287.

④ 周瘦鹃. 意外鸳鸯//周瘦鹃. 欧美名家短篇小说丛刊(上卷). 北京:中华书局,1917:148-149.

彩。然而,与原文相比较,译文(1)明显可见对女主人公的外貌描写添加了不少表示赞赏的比喻。例如双手如"羊脂白玉似的",红扑扑的脸如"花"(花腮)、"活像是一枚玫瑰",甚至是含泪的双眼,在周的译笔之下,也变为"眼波溶溶……又像玫瑰着露一般"。周瘦鹃早期的这种喜欢在人物描写(尤其是女性人物外貌描写)翻译中添加比喻的倾向不仅体现在他早期的白话文小说译文中,亦反映在他同时期的文言文译文上[见译文(2)],可见这是他当时翻译的一个整体倾向。

例(2):First of all, I will never fall in love with a woman, for when I see a perfect beauty, I shall say to myself:One day those cheeks will be wrinkled, those lovely eyes will be red-rimmed, those round breasts will become flat and drooping, that fair head will be bald.①

译文(2):第一步吾必不为妇人所盅,推情网于千里之外。即有一人天绝艳之姝,亭亭现于吾前,吾必自警曰:彼春花之靥,他日且界皱纹;秋水之眸,他日且缘红丝;凝酥之胸,他日且弗隆而平;而如云之发,他日亦且去其蟬首。②

在这篇译自法国作家伏尔泰③的短篇小说里,周瘦鹃同样对原文中的女性外貌的描写增加了诸多比喻。如原文中泛指的女性脸颊(those cheeks),在译文中成为"春花之靥"。原文"美丽的双眸"(lovely eyes)中用比较笼统及没有特点的形容词"lovely"(美丽的、可爱的),而在译文中却替换为更形象、更有特点的比喻"秋水之眸"。同样,原文中无甚特色的形容词如"浑圆的胸部"(round breasts)、"美丽的头发"(fair head)均在译文中通过

---

① Voltaire, F. Memnon, or Human Wisdom //Strachey, L., et al. *The World's Wit and Humor:An Encyclopedia of the Classic Wit and Humor of all Ages and Nations*. New York:The Review of Reviews Company, 1906:68.

② 周瘦鹃. 欲//周瘦鹃. 欧美名家短篇小说丛刊(中卷). 北京:中华书局,1917:236.

③ 周瘦鹃只谙英文,所有译自非英语国家作家的作品均出自英译本。

添加比喻的手法,让其更具体化,分别译成更直观、更富有联想意义的"凝酥之胸"和"如云之发"。

若按传统译论中"达旨""对等"的要求,上述译文无疑是不忠的典范,充斥着不少的误译和增添成分,原文中女主人公的形象受到了扭曲。但如果我们把这种惯常的论断"问题化",就可能会对译文的再现手法有更为深入的了解和阐释。仔细考察译文中增添的这些对女性描写的比喻,就可发现它们均不是带有新意或原创性的表达,又几乎都是直接来源于中国传统白话或文言小说中对女性外貌特征的常用描写词汇。纵观周同时期的小说翻译[①],这种对女性外貌描写的"比喻化"倾向相当明显,几乎原文中女性的每一处外貌描写都会有类似的改写。例如,年轻女性的头发通常译为"香云""云发",皮肤为"玉肤",鼻子为"琼鼻",手为"柔荑""纤手",肩膀为"玉肩""香肩",腰为"纤腰",脖子也成为"粉颈"。从客观上看,这种译法在当时至少起到三点作用:一是描写效果方面,增添的比喻能让原女主角的形象在译文中更直观、更富有联想意义,除了视角效果外,还附带有嗅觉、触觉等效果(如"玫瑰着露"),把原文中"扁平化"的直接描写变为更活生生的、丰满的女性形象。二是在叙事结构上,添加的比喻形象都是中国传统小说中经常阅读到的词汇。按照霍依(Michael Hoey)的词汇触发理论[②],这些词汇的反复出现,能在读者大脑中营造出对所描述文本叙事特点的总体印象,亦即是构成中国白话小说所特有的"直接明确,甚至咄咄逼人"[③]的叙事者语气。这种女性形象翻译所带来的叙事者语气的改变,加上周同时期翻译小说中反复出现的其他典型的中国白话小说叙事标记,如"说书的""说话的""看官""看官们"等等,成功地

① Li,Dechao. *A Study of Zhou Shoujuan's Translation of Western Fiction*. unpublished PhD dissertation,The Hong Kong Polytechnic University,2007.

② Hoey,Michael. *Lexical Priming:A New Theory of Words and Language*. London:Psychology Press,2005.

③ Hanan,Patrick. "The Early Chinese Short Story:A Critical Theory in Outline". *Harvard Journal of Asiatic Studies* 27,1967:168.

把英文小说中常用的第一或第三人称限制性叙事视角转换成了当时中国读者所熟悉的第三人称全知叙事视角,也就是中国传统小说的经典叙事格局。这样一来,读者在阅读域外小说这种舶来品时,就不会由于中外小说叙事传统的不同,而在阅读体验上造成太大的冲击;三是从当时读者接受的角度来看,添加比喻后的女性形象普遍具备了或多或少的中国特色,更符合当时读者的审美期待,亦更能引起读者对人物形象的共鸣,促进翻译小说在中国的传播。从这个角度看,这与傅雷当年把巴尔扎克的长篇小说 *La Cousine Bette*(直译为《表妹贝德》或《堂妹贝德》)译为《贝姨》有异曲同工之妙,因为这"从形式上缩短了译语国读者与译作的距离"①。以上这些"创造性叛逆"的效果,令译文在当时一纸风行,常常获得原作所难以企及的受众数目和影响。

四、重写鸳派翻译文学史

由上可见,基于翻译研究的后实证主义立场,采用创造性叛逆角度,对周瘦鹃译作的成因,以至于整个鸳派的翻译活动,都放置在当时译文文本产生的历史政治环境、文学传统以及读者的接受水平背景之中,努力恢复译文文本产生的历史语境,就有助于我们打破传统上对鸳派翻译家的某些定论或是长期将其边缘化的做法,重新认识到他们在中国近代翻译文学史上发挥的衔接作用,以及他们在民初旧文学向新文学转型的过程中,通过翻译活动来普及西方文学知识,达到开启民智和推动后期革新的作用。

正如引言中提及,目前关于鸳派翻译活动的研究中所存在的最大问题之一就是将其翻译风格固定化、典型化,往往用一成不变的眼光看待他们,没有注意到鸳派翻译家群体译作风格亦随社会的大环境流变的特点。受当时新文化运动的影响,周瘦鹃在二十世纪二十年代后期的译作风格

---

① 谢天振. 论文学翻译的创造性叛逆. 外国语,1992(1):32.

一改之前意译倾向,力图尽可能地保持原文的句法结构和意思,如例(3)所示:

> 例(3):He stepped forward at a ghostly pace, and stood beside the widow, contrasting the awful simplicity of his shroud with the glare and glitter in which she had arrayed herself for this unhappy scene. None, that beheld them, could deny the terrible strength of the moral which his disordered intellect had contrived to draw.①

> 译文(3):他恶很很的向前走了一步,站在这孀妇身旁。他身上殓殓可怖的色调和伊华服上发出的闪铄的光彩正成个反比例。凡是注视着他们俩的人,谁也不能否认他用他的失常的智慧设下这番局面所引起的惊人的伟力。②

周的最后一句译文中异常忠实地保留了原文的内容及形式。用今天的眼光来看,句法甚至忠实到了"古怪"的地步:名词"伟力"前用了异常长的修饰语,与中文名词前通常只用一至两个形容词修饰的做法相异。这种特长的修饰语形式,在现代汉语中称之为是"局部成份的夸张"③,通常认为是中文欧化语法的七种典型特征之一④。换言之,周后期译文的部分特点,至少给当时的中文引进了类似英文的结构,它们是不是对当时新文学中出现的欧化表达造成了一定的影响?对于鸳派翻译文学家这些译作更全面的了解,无疑有助于我们重新定位鸳派翻译文学地位以至于最终达到重写鸳派翻译文学史的目的。

---

① Hawthorne, N. *Twice-Told Tales*. New York: Amercian Stadtioners Co. Press, 1837: 47.
② 周瘦鹃. 死的结婚. 小说世界, 1928, 17(1): 3.
③ 吕叔湘. 汉语语法分析问题. 北京: 商务印书馆, 1979: 23-24.
④ 王力. 中国现代语法. 北京: 商务印书馆, 1985: 335-348.

五、结　语

本文基于当代翻译研究中的后实证主义视角，摒弃翻译研究中长期以来的欧洲中心主义思维，强调采用不同民族、不同文化的眼光来描写和审视不同历史时期的翻译作品及活动，以丰富和拓展翻译这个概念的内涵，加深我们对翻译现象的本质的了解。而从上述角度来考察周瘦鹃以至鸳派的译作，就意味着放弃研究中的规定性立场，不斤斤计较于和原文对比，以揪出译文中出现的所谓的瑕疵或纰误，而是把译作放于更广阔的社会、文化和文学传统语境下，挖掘翻译这项活动在波澜壮阔的历史进程中所发挥的种种积极抑或消极的作用。而"创造性叛逆"这个概念对译作进行客观描述的立场，恰恰能给我们提供一个重写文学翻译史的有力理论指导和概念工具，值得研究者重视。

（本文原刊《东方翻译》2020 年第 2 期）

世界语理想与弱小民族文学译介和影响

宋炳辉

一、中外文学交流史中的 Esperanto

在 20 世纪中外文学和文化的交往历史中,世界语运动作为一场波及世界许多地域的文化思潮,差不多已经被遗忘。以世界语①(Esperanto)作为中介语的跨语际、跨文化实践活动,在一般的研究叙述特别是中外文学关系研究中也极少涉及②。但如果列出鲁迅、周作人、瞿秋白、茅盾、巴金、萧军、萧红、丁玲、王鲁彦、金克木、楼适夷、叶君健、钟宪民、孙用等这些 20 世纪中国作家和翻译家的名单来,也许会改变人们的看法。如果再扩大一点范围,这份名单中还应包括蔡元培、刘思、刘师培、吴稚晖、李石曾、胡愈之、陈原等现代文化人士,他们在不同的历史时期和不同程度上

---

① 世界语 Esperanto 是国际辅助语的一种,也是传播最广、最有影响的一种。Doktoro Esperanto,意为"希望者博士",是发明者柴门霍夫公布这种语言方言时的笔名,人们为了把它与其他国际语方案区别开来,就称之为 Esperanto,20 世纪初传入中国时,有人曾音译为"爱斯不难读",也称"爱斯语""万国新语",后借用日本当时的意译"世界语",现日本已经改用音译名称,但中国一直沿用至今。事实上这一名称并不准确,容易造成"世界通用语"的误解,但中国世界语者坚持这一称呼,这也反映了中国世界语运动者的文化理想。

② 在世界语界的情况则不然,比如,近年来的主要成果之一体现在北京市世界语协会和北京市社联组织编写的《世界语在中国 100 年》一书中,但外界的影响相当有限。

参与了中国的世界语运动。尽管与近现代中国的其他社会文化思潮相比,这一运动曾经发生的影响程度和波及面比较有限,但在中外文化和文学交流史上,则是一个有着特殊意义的现象。大而言之,它涉及中国现代哲学、语言学、文学和新闻出版等领域,具体到文学方面,它对于中外文学关系和中国现代翻译文学史的清理,对中国文学的现代性起源及其特性的追问而言,也是一个很值得探究的问题域。当然,完整地探讨世界语在现代世界,甚至是在中国现代文化发展中的意义不是本书所能胜任的任务。本章只就中国 20 世纪上半期,以世界语为中介语言的外国文学译介活动中,特别是在对于弱势民族文学的译介过程中所发挥的特殊作用展开论述,以期探讨其作为一场语言运动和文化思潮,对中国现代文学思潮所产生的影响。

在 20 世纪中国数量庞大的外国文学中译作品中,以原文直接移译至汉语者当然占据多数,其中,作品的原文和翻译中介语言都是英语的占有绝对多数,其次为俄语、日语,再次是法语、德语。但同时(不管原文为何语种)通过第三种语言转译的现象也十分多见,最突出的是经过日语之中介对欧美文学的译介。这主要取决于当时国内介绍者引入外国文学资源的迫切心情和译者所掌握外语类别的限制,另外也与其他两个因素有关:一是日本在明治维新之后,注重对欧美文化和文学典籍的系统介绍,从而在日语系统中拥有数量庞大的西方文化典籍和相关资料;二是近代以来中国留日学生数量众多,知识分子群体中掌握日语的人数不少,加以中日两国一衣带水,人员往来和获取图书报刊资料相对便利。因此在中国现代翻译文学史上,大量西方文学作品都是以日语作为翻译中介语言的。这种通过第三种语言对外国文学作品的译介,既是一种迂回的摆渡,也是一种双重的文化信息过滤,它必然会带来这种中介语言和其所在国家的时代文化思潮的某些特征。而在这种借助于第三国语言介绍某外国文学的现象中,通过世界语作为中介而进行的中译活动,却又显得与众不同。因为世界语并不是某一种民族语言,而是一种人工创造的世界辅助语。如果说,前者如以日本为中介的欧美文学翻译实践中的日语,在对外国文学中译的跨语际、跨文化实践中带入了日本语言所属的民族文化特征,并难免受其在当时发生的文化和文学思潮影响的话,那么,世界语作为外国文学中译的中介语言,情况要更加复杂一些。虽然在世界语之后并没有一个完整的、具有某种历史传统的民族文化作为背景,但是,世界语作为一种人工语言所包含的理想传统及其广泛性影响,同样对这种跨语际、跨文化的译介实践带来某种程度的影响,至少它的复杂性并不比前一种情况低。可以说,它是 20 世纪(特别是上半叶)弱势民族文学中译实践中的一个非常特殊的现象。

作为跨语际、跨文化实践的 20 世纪外国文学中译活动之一部分,以世界语为中介的译介活动同样承载着特殊的文化内涵。这种特殊性,一方面缘于世界语运动本身,包括它的原初理念和作为一种国际性的语言文化运动的历史展开方式。在世界语的起源和流播的过程中,它原本所具有的文化理想,在它所经之处、所具有的文化背景、所携带的思想与文化思潮信息,都与具体的文学与文化译介活动有着密切的关系,也对中国文学带来了相应的影响。另一方面,这种特殊性也决定于所译介的对象本身。在 20 世纪中国对外国文学的译介实践中,世界语及其相关活动有着比较特殊的地位,因为,在以世界语为中介的外国文学中译作品中,大部分都是弱势民族的文学,特别是在 20 世纪上半期更是如此。不过,在如此大量的外国文学中译作品中,到底有多少作品是从世界语转译,或者直接译介自世界语创作,现在还无法做出完整精确的统计。也许与外国文学中译的整体相比,这一部分的数字只占很小部分。但如果从它所曾产生的文化影响角度来看,尤其是,如果不是将翻译看作一种机械地寻找语言与文本的对等物,而是看作一种跨语际、跨文化实践的话,其所隐含的意义就不容忽视了。而作为一种文化和语言运动的世界语运动,与作为一种翻译中介语言的世界语文学译介,这两者在 20 世纪的中国语境中又有着特殊的关联,它在某种程度上典型地体现了弱势民族文学的译介及其所包含的文化意义在 20 世纪中国跨文化交往中的矛盾性和复杂性。

正如刘禾博士在她的《跨语际实践——文学,民族文化与被译介的现代性(中国,1900—1937)》一书中所指出的那样,基于译入语的文化和文学的立场,对于中外跨语际、跨文化的文学翻译实践的探讨,既不能限于作为译介结果的中译本,也不能忽视译本的存在而简单地返回(外语)原文,直接从原文讨论跨越中外文化界限的文学异同和文学影响问题。如果这样,那就轻易地放过了在两种文化背景交互接触之下的语言与文化的转换过程。而是应该清醒地认识到,跨语际、跨文化的翻译并不是两种语言间完全等值的转换,相反,这种在实际转换实践中被认可而一般译者习而不察的那一系列等值关系——它的最明显的固定物就是各种各样的外汉词典——只不过是历史地形成的一种等值假定,而这种历史的形成具体过程,恰恰包含了中国文学(及其文化、历史等因素)现代性的发生。实际上,这种跨文化的语际实践是一种文化经验对另一种文化的表述、翻译或者阐释的服从①,在这个意义上,翻译是一个充满文化冲突和紧张关系的实践场所。因此,对于跨语际、跨文化实践的文学翻译活动而言,中介语言是一个不容忽视的问题。这一点在以往的中外文学关系研究中没有加以足够的重视,也就是说没有将这一因素上升到有意识的层面加以分析,没有作为一个问题被提出和关注,更没有被认真地探讨。

二、国际世界语运动及其理想在中国的传播

阿根廷作家博尔赫斯在其题为《约翰·威尔金斯的分析语言》②的文章中曾提到一位 17 世纪的英国学者,这位异想天开的约翰·威尔金斯(Johan Wilkinson,1614—1672),兴趣广泛,涉猎神学、音乐、天文、书写密码等多方面的研究,曾任牛津大学的一个学院的院长,他的头脑里经常有些稀奇古怪的妙想,并著有《论现实文字和哲学原理》一书,书中把万物分

---

①　参见:刘禾. 跨语际实践——文学、民族文化与被译介的现代性(中国,1900—1937). 宋伟杰,译. 北京:生活·读书·新知三联书店,2002.

②　博尔赫斯全集·散文卷(上卷). 杭州:浙江文艺出版社,1999:426-430.

成 40 大类,再在这 40 大类中依次细分,企图通过一整套符号体系给世界命名,同时也发明一种超越于各种不同语言之上的世界通用语言。这种基于数字或符号的严格逻辑系统来建造精确的人工语言,这想法最初来自哲学家笛卡尔,也即发源于西方哲学传统内部把世间万物分门别类的欲望,更是人类认识世界的古老欲望的延续,巴别塔(Babel Tower)的神话①在西方文化中有着人类"原罪"般古老的历史,同时也见证了人类企图统一语言进而统一世界的古老的乌托邦理想。企图通过人工方式创制一套通用语言,即真正意义上的世界语,以利于各地区各民族之间破除语言的障碍,方便地相互沟通,尝试实现这种梦想的努力在语言学历史上已经有无数次了。仅自 17 世纪以后的西方历史中,就出现过 500 多种人工国际语言方案。而后来在中国直接称为"世界语"的埃斯泼朗多(Esperanto),只是这 500 多种人工国际语言方案中最终留存下来的极少数国际辅助语之一。

世界语作为一种在西方文化现代化过程中出现的人工语言,其萌芽和产生,以至最后在全球一定人群中具有相当规模的影响,都有着具体的思想和文化背景。自从波兰眼科医生柴门霍夫(Dr. L. L. Zamenhof, 1859—1917)1887 年创立世界语以来,在 100 多年的时间里,世界语作为一项语言和文化活动,尽管参与的人数始终有限,但却几乎遍布了世界各地,成为世界现代文化的一道独特的风景。与在人类社会生活中长期形成并自然演化而来的方言和民族语言相比,世界语作为一种近代人工语言,其诞生就包含有内在的理想色彩。它是一种典型的与上帝分庭抗礼的行为,是对人类的"巴别塔"宿命进行抗争的行为。作为一个波兰的犹太人,柴门霍夫生长在波兰这个多民族的国家,同时这里也是犹太人受压迫最深重的地区。因此,消除民族敌视与隔阂,建立人类博爱的大家庭,是他发明世界语方案的最原初精神动力。这种理想主义色彩,集中体现在后来被世界语者组织称为世界语主义(Esperantismo)的表述中。1905

---

① 见:巴别塔和变乱口音//《圣经·创世纪》(第 11 章).

年在法国波洛业召开第一次国际世界语大会时所通过的著名的《世界语主义宣言》(Deklaracio pri Esperantismo)所归纳的五条内容中,就包括了绝对中立、绝不干涉人民的内部生活,也决不排斥现存各种国语、拒绝有关这个语言的一切特权等等运动主张,明确地以"人类一员主义"作为世界语的内在理想①。尽管这一原初理想在一开始是以中立性的面目出现,但其中已经明显包含了对民族和语言强权的对抗成分和对于弱势民族境遇的同情因子。其在之后近一个世纪的世界历史动荡和国际性传播过程中,它与无政府主义等思想思潮关系密切,又几经变化,演绎出许多曲折的变奏,在精神内涵上充满了各种内在的紧张和矛盾。

世界语在其诞生后不久即被介绍到中国。在这个意义上,中国参与世界语运动的历史几乎与世界语运动本身一样长。在这一段并不短暂的历史时期里,世界语在中国现代文化中不仅在语言、文字领域占有一席之地,而且也渗入到思想、文化、文学和艺术等各个领域,并一度作为体制化的语言教育规范,从而在思想观念和语言文字两个方面,同时影响了中国新文学的发生和发展。反过来,对于世界语运动而言,中国的世界语运动也已经汇入到这一国际性文化潮流中,并将不同时期的某些中国文化因素带入其中,在一定程度上丰富和改变了国际世界语运动的演化轨迹。

作为一场国际性的语言文化运动,世界语在国际的流播又与不同历史时空的其他社会思潮和文化传统相牵连。其中最突出的现象就是它与国际无政府主义运动的关联。这种关联,既取决于世界语理想与无政府主义思想的某种亲和性,也与世界语运动发生的具体时代文化背景有关。早在 19 世纪 40 年代,无政府主义思潮在法国和德国兴起,相继出现了蒲鲁东(Pierre Joseph Proudhon,1809—1865)的"社会无政府主义"和施蒂纳(Max Stirner,1806—1856)的"无政府主义",之后这一思潮又传播至俄国,先后出现了六七十年代的巴枯宁(1814—1876)和八九十年代的克鲁泡特金(1842—1921)两位著名的无政府主义者,至 19 世纪末 20 世纪初,

---

① 参见:侯志平. 世界语在中国 100 年. 北京:中国世界语出版社,1999:20-22.

这股社会思潮也波及日本和中国。而世界语的诞生并传播的过程,正是无政府主义盛行之时。事实上,世界语的内在理念尤其受俄国无政府主义影响很大,因为当时正是俄国无政府主义兴盛之际,虽然无政府主义所提倡的以暗杀等暴力手段抵抗国家政权的思想与柴门霍夫原初的设想相抵触,但很显然,在对理想社会的向往和设计方面,俄国无政府主义者"对这个语言的影响是很大的。(它)给世界语以特殊的精神,给运动以一种特有的理想主义的色彩……他们的贡献最多",正是受无政府主义影响的俄国世界语者,"对这个事业中促成人间友爱方面的继续坚持,在各国世界语者间,创造了那个十分美丽富有诗意的情感,这个情感,稍后,人们就叫作'世界语主义内在理想'"。①

据现有资料的记载,最早将世界语传入中国的可能是俄国人,而且,北方的哈尔滨和南方的上海可能是中国最早传播世界语的城市,时间大约是在 19 世纪末②,至今有 110 多年了。而世界语在中国传播的早期,同样与无政府主义思潮有着密切的关联。这除了上述的这两种运动之间在内在精神上的渊源关系外,还与世界语传入中国的具体渠道有关。20 世纪初期,世界语几乎同时通过中国赴三地的各种留学生以及其他访问者,从俄、日、法等三个渠道传入中国,而在这些当时世界语运动十分活跃的国家里,无政府主义思潮恰恰都十分兴盛。这样,世界语运动与无政府主义思潮进入中国之渠道的重合,又加重了两者间发生连带关系的因素。事实上,中国早期的世界语介绍者和实践者,大多是中国早期无政府主义者,他们正是直接从这些国家的无政府主义者那里学习世界语的。比如刘师培、张继等 20 世纪初的留日学生,正是通过日本无政府主义者大杉荣(1885—1923)而学习世界语。1907 年留学法国的早期世界语者如吴稚晖、李石曾、褚民谊、张静江等,也都是中国早期无政府主义者,其后来者

---

① E.普里瓦. 世界语史. 北京:知识出版社,1983:82,84.

② 1891 年,俄国的海参崴成立太平洋世界语学社,出版用 12 种文字注释的《三三课本》。以后一部分懂得世界语的俄国商人到哈尔滨经商,先将世界语带进中国。但具体的时间无法确定。见上书后附录《中国世界语运动百年纪事》。

包括卢剑波和作家巴金等。此外蔡元培、刘师复、区声白、黄尊生等世界语者也同时是无政府主义信徒。

另一方面,从作为接受者的中国文化传统来看,无政府主义思想追求那种无强权、无约束、人人绝对平等的理想,与世界语理念中的内在关联部分,又和中国文化传统中的"大同理想"有着某种亲和性。中国文化中自孔孟以降就有"大同理想"的传统,到近代康有为的《大同书》中更直接地提出了"全地球语言文字皆当同,不得有异言异文"的统一语言的主张。这样,中国早期无政府主义者将传统的"大同理想"与无政府主义理想相结合,又在柴门霍夫的"人类一员主义"思想中找到了共鸣。所以,在 20世纪初期的中国,无政府主义者、世界语者身份的交叉重叠现象也就不足为奇了。

当然,在 19 世纪和 20 世纪之交世界语开始传入中国的时候,第一批世界语的传播者和拥护者还不仅仅限于那些无政府主义的追随者,此外还包括了"社会主义者、共产主义者、乌托邦主义者,甚至包括不持什么主义只是朦胧地憧憬某种大同社会,追求着自由、平等和公正的思想者"①等具有各种思想背景的文化人士,即使上述所列的那些名字,他们作为无政府主义者其实也并不那么"纯粹"。但可以肯定的一点是,他们都具有社会改革家的理想,都希望摆脱近代以来中国社会的衰退羸弱局面。特别是当与中国弱势民族的地位和反抗强权的普遍意识相契合的时候,他们似乎更在那位波兰医生的理想设计中找到了某种思想的共同点。柴门霍夫在 1905 年召开的第一届国际世界语大会上说道:"在我们的大会上,不存在大的民族和弱小的民族;也不存在有特权的民族和无特权的民族……我们的大会为全人类真正的大同做了贡献。"②这种与民族处境相结合的思想和实践情形,几乎在以后的每个时期都有相应的体现,它不仅

---

① 陈原. 关于世界语在中国传播的随想——《世界语在中国 100 年》代序//侯志平. 世界语在中国 100 年. 北京:中国世界语出版社,1999:2.

② 转引自侯志平. 世界语在中国 100 年. 北京:中国世界语出版社,1999:134.

表现在思想文化领域,而且在语言文字变革、文学思潮和文学翻译等层面都有相应的展开。在这个意义上,中国的世界语运动和世界语本身,折射了中国现代知识分子某种批判现实、反抗外来强权、建构民族国家和改造社会的情感和理想。

五四运动时期的世界语是作为一种新的文化思潮——而不仅仅是一种语言工具——被当时的知识界所接受的。《新青年》杂志曾发起关于世界语的长达三年的论争①,陈独秀、胡适、鲁迅、吴稚晖、钱玄同等新文化人士都参与了这场讨论。其中陈独秀的看法最有代表性。其实,早在1914年,陈独秀就表达了学习世界语的急迫心情,因此,在五四时期的那场争论中,他赞同陶孟和的"将来之世界,必趋于大同"的观点,认为世界语正是通向这个世界大同的"今日人类必要之事业"。他认为,"语言如器械,以利交通耳,重在一致之统一,非若学说兴废有是非真谬之可言"②。之后不久,在回复钱玄同的公开信中,他的这种工具论的语言观似乎有所转变,认为:

> 世界语犹吾之国语,谓其今日尚未产生宏大之文学则可,谓其终不能应用于文学则不可。至于中小学校,以世界语代英语,仆亦极端赞成。吾国教育界果能一致行此新理想,当使欧美人震惊失措。且吾国学界世界语果然发达,吾国所有之重要名词,亦可以世界语书之读之,输诸异域,不必限于今日欧美人所有之世界语也。③

陈独秀在这里所说的在中小学以世界语代替英语作为外语教育一事,后来在蔡元培执掌教育部和北京大学时,曾力图付诸实施。这位现代中国的第一位大教育家曾经多次做出推广世界语的重要举措,尽管并没有完全如愿,但对于世界语在中国的传播和推广历史而言,都是值得特别

---

① 关于世界语的争论历时三年(1916—1918),论争的《新青年》《东方杂志》《教育》杂志。

② 陈独秀. 答陶孟和. 新青年, 1917, 3(6).

③ 陈独秀. 答钱玄同. 新青年, 1917, 3(4).

书写的一笔。1912 年作为中华民国教育部长的蔡元培曾下令全国师范学校开设世界语选修课;1917 年他在执掌北京大学时,又决定在中文系开设世界语选修课;1921 年,他又向全国教育联合会议提出了将世界语列为师范学校课程的议案,并在其努力和促成下获得通过;1923 年他还创办了北京世界语专门学校;等等。经过那些早期世界语者的努力,世界语的推广取得了明显的成效。结果是,自 1911 年沈阳(奉天)开办世界语学校到 20 世纪 20 年代末,北京(北平)、上海、天津、广东、广西、湖南、湖北、四川、江苏、浙江、台湾、香港,乃至山西、陕西等地区,都先后成立了各种世界语学会和世界语学校,学习世界语的人数剧增。可以毫不夸张地说,20 世纪初期中国的倡导和学习世界语,几乎是与新文化形影相伴的。

到 20 世纪 30 年代,中国的世界语运动获得了进一步发展,各种世界语团体已经遍及全国各地的一些中小城市,世界语学校或学习班更是多如雨后之春笋。同时,随着国内政治文化形势的变化,世界语运动也与蓬勃兴起的左翼文化和文学运动密切相关,"中国左翼世界语者联盟"①正是与"中国左翼作家联盟"并列的中国左翼文化总同盟的分支机构之一。"九一八"事变后,世界语开始被用于国内外抗战信息的传播,"语联"也因此转入地下,其公开的机构是"上海世界语者协会",同时出版《世界》杂志,这一组织一直坚持到 1936 年才解散。抗日战争全面爆发后,"语联"应时提出了"为中国的解放而用世界语"的口号,更直接地将世界语运动引入民族解放的革命整体之中②。

另外,中国的世界语运动与中国现代的文字改革运动的结合,更是 20 世纪上半期中国语言变革史中的突出现象。批判中国传统文化和语言,

---

① 其前身即为"中国普罗世界语者联盟",简称"世联",1931 年 11 月 3 日,成立于上海,后又改称"中国左翼世界语者联盟",简称"语联"。
② 20 世纪 80 年代开始的中国世界语运动,已经从 20 世纪上半叶的理想主义立场退守至作为辅助语的策略,因而基本上没有进入当代思想文化的主流脉络,笔者认为,这也是世界语在现代中国这一学术话题被当代文化学者基本忽略是重要原因。

建构新的民族语言,是新文化运动的一个重要的时代文化课题,反对文言,提倡白话的努力,在现代文化和文学的发展中最终显示了其长久的生命力。但在当时的历史情景中,特别是在旧的语言被新文化斗士所否定,而新的语言还没有成型和站稳脚跟的时候,汉语的未来面目曾经是那样扑朔迷离,而新文化运动者曾提出了各种各样的设计方案,而被称为"万国新语"的世界语,也是这诸多方案中的一种。钱玄同、吴稚晖等人提出了将世界语替代民族语言的激烈主张①,这在全球世界语运动史中是少有的现象。虽然这种新文化运动初期的极端化的主张在当时就引来各方批评,并很快从主流文化空间中淡出,但世界语理想在中国语言文化变革中远没有丧失其历史作用。一直到 20 世纪 30 年代,世界语的理念及其拼音化的语言文字模式仍在汉语文字革新运动中发挥着重要的作用,只不过它已经被施于进一步中国化,以另一种方式体现在汉字拉丁化运动中。有一个明显的事实可以证明这一点,即许多世界语者都参与了汉字拉丁化运动,而汉字拉丁化运动所提出的大众化、拼音化和拉丁化主张,正与世界语特点和理想相通②。

三、以世界语为中介语的弱势民族文学译介

世界语在跨语际、跨文化实践中的功能意义,除了体现在中外思想文化交流和语言文字变革等领域外,对中国新文学也发生了直接的影响。它在中国文学的现代性构成过程中,有着特殊的意义。如上所述,20 世纪早期的那些世界语运动倡导者们的主张和活动,主要还是限于政治和社

---

① 钱玄同《新青年》1918 年:"至废汉文之后,应代以何种文字,此固非一人所能论定;玄同之意,则以为当采用文法简赅,发音整齐,语根精良之人为的文字Esperanto。"吴稚晖"若为限制行用之字所发挥不足者,即可搀入万国新语(即Esperanto)以便渐搀渐多,将汉文渐废,即为异日径用万国新语之张本",新世纪第 40 号。

② 周有光. 汉字改革概论. 北京:文字改革出版社,1979.

会革命的领域，一般并不与文学运动发生直接关系。不过，世界语在中国现代思想的演进和现代文化的构成方面还是起着特殊的作用，而这种作用对于中国现代汉语和现代文学的形成均具有潜在的意义，这种意义，在新文化运动之后日渐得以显现。

它的表现之一，就是许多新文学作家都先后积极参与世界语运动当中。比如，鲁迅曾担任北京世界语专门学校的董事，并讲授"中国小说史略"课程；周作人于 1923 年担任北京世界语学会会长；瞿秋白、茅盾等 20 年代初在上海大学执教时，积极提倡世界语，而作为上海大学学生的丁玲，当时就曾加入了世界语班的学习。在新文学的第二代作家中，曾参与世界语活动或学习过世界语的还有：王鲁彦、萧军、萧红、叶君健、金克木、楼适夷等等。这些作家的先后参与，使世界语运动显示了其与新文学运动的紧密结合。

表现之二，就是在对外国文学的译介实践中，作为一种特殊的中介语言，世界语在引进外国近现代文学，为中国现代文学提供外来资源方面发挥了特殊的作用。它既表现在所译介的特定对象方面，也表现在译介实践过程所包含的特定价值内涵上。当然，与 20 世纪上半期数量庞大的所有外国文学中译作品相比，以世界语为中介语的外国文学译作，只占其中的一小部分。如果仅从数量角度来衡量它在中外文学交流史的作用，似乎可以忽略不计①，这也是该现象不被现代文化和文学研究所重视的一个重要原因。

如上所述，蔡元培、陈独秀、鲁迅等新文化运动的第一代倡导者们本身就是早期世界语运动的提倡者和参与者，他们关于世界语的主张及其活动，对新文学的产生和发展都有一定的辅助和推动作用。而鲁迅对世界语的态度，对于新文学的作用更大，影响也更直接。

1908 年，张继在日本举办世界语讲座时，鲁迅也加入了听众的行列。

---

① 据笔者不完全统计，20 世纪上半期出版发行的这一类外国文学翻译作品有 100 多部（篇），其中还包含一些重译篇目。

鲁迅由此对世界通用语的历史、柴门霍夫的理想和世界语的特点有了深刻的理解,这也成为他日后同情、支持世界语运动奠定了坚实的思想基础。尽管鲁迅没有在理论上对世界语的意义做过多少直接的说明,但他还是出任由蔡元培执掌的北京世界语学校的董事,并在该校担任"中国小说史略"的课程,还把世界语称为渡向"人类将来总当有一种共同的语言"之彼岸的独木小舟①。为了译介弱势民族的文学特别是中、东欧弱势国家的文学作品,鲁迅对作为中介的世界语尤其重视,热情支持世界语中译工作,并对以世界语作为文学翻译的中介语言寄寓了特别的含义。1929 年 6 月,他在谈到为什么采用世界语译本翻译时说道:

> 我们因为想介绍些名家所不屑道的东欧和北欧文学……所以暂只能用重译本,尤其是巴尔干诸小国的作品,原来的意思,实在不过是聊胜于无,且给读书界知道一点所谓文学家,世界上并不止几个受奖的泰戈尔和漂亮的曼殊斐儿之类。②

鲁迅还在推荐和接纳世界语译作在自己主编的《奔流》《译文》等刊物上发表。即使在病危时,鲁迅仍然没有忘记对世界语的支持,他在给上海的世界社的复信中写道:"我自己确信,我是赞成世界语的。"③体现了鲁迅对世界语的一贯态度。

更重要的是,鲁迅凭借其在新文坛上的影响,积极推动以世界语介绍外国文学,使其在中外文学关系的跨语际、跨文化实践中,发挥了重大作用。在 20 世纪上半期的以世界语为中介的中外文学译介者中,包括巴金、王鲁彦、孙用、钟宪民、金克木、楼适夷、魏荒弩、胡愈之等作家和翻译家,其中大部分人都与鲁迅有着直接的联系,或者受鲁迅的熏陶和影响,

---

① 鲁迅. 渡河与引路(1918 年 11 月 4 日)//鲁迅全集(第 7 卷). 北京:人民文学出版社,1981:34.
② 鲁迅. 通讯//鲁迅全集(第 7 卷). 北京:人民文学出版社,1981:129.
③ 鲁迅. 答世界社信//鲁迅全集(第 8 卷). 北京:人民文学出版社,1981:402-403.

他们当中,翻译数量较多的如王鲁彦、孙用和钟宪民等三人,都是浙江籍,其中王鲁彦作为"乡土文学"作家和世界语翻译家,是直接受鲁迅影响的;后两人的文学活动则主要以翻译为主,也都因为世界语翻译而与鲁迅有过直接联系。而巴金不仅一生积极参与世界语运动,翻译世界语作品,还曾用世界语写作,因而成为中国现代文学史上少有的几个直接以世界语写作的作家之一。

巴金的世界语活动和他的文学创作几乎是同时开始的,据统计,他一生有关世界语的译著有 90 万字之多①。作为理想主义者的巴金,对世界语运动的积极参与和热情关注,几乎贯穿了他的整个文学生命的始终。1921 年,17 岁的巴金刚刚接触世界语,就为世界语的理想所感动,在当年写下的《世界语之特点》②一文中说:

> (主义正大)世界语主义就是在使不通语言的民族,可以互相通达情意,而融化国家、种族的界限,以建设一个大同的世界。今欧战结束,和平开始。离世界大同时期将不远矣。我们主张世界大同的人应当努力学"世界语",努力传播"世界语",使人人能懂"世界语",再把安那其主义思想(即无政府主义——引者注)输入他们的脑筋,那时大同世界就会立刻现于我们的面前。

对于世界语文学,巴金更是抱了热烈的理想,他在《世界语文学论》中认为:"只要人们用这语言哀哭,这语言便是活的","只要人们把自己的灵魂放在这语言里,这语言便是活的"。世界语文学具有美好的前景,"在现今的世界上苦难太多了。……世界语文学便是来去掉人类间的隔膜,激起他们的共同感情,使他们结合起来应付苦难,来谋全体的幸福。世界语文学是传播同情和友爱的工具,给那般不幸的受苦的人以一点爱情,一点

---

① 许善述. 从《新青年》杂志上的一场争论看巴金对世界语的贡献//世纪的良心. 上海文艺出版社, 1996: 238.
② 沛甘(巴金). 世界语之特点. 半月, 1921(20).

安慰,一点勇气,使他们不致灰心,不致离开生活的正路"①。

　　1928 年巴金游学巴黎,结识了后来成为中国著名世界语运动组织者的胡愈之,并由此结下一生的友谊。同年,发表了以世界语写作的独幕剧《在黑暗中》②,这大概是中国最早的世界语原文创作之一。5 年后,又发表世界语短篇小说《我的弟弟》③。此外,巴金通过世界语先后翻译了 30多万字的外国文学作品,它们包括:1 首俄国民歌《伏尔加,伏尔加》④;5 个剧本:日本作家秋田雨雀的戏剧集《骷髅的跳舞》⑤、意大利作家亚米契斯的戏剧《过客之花》⑥、苏联阿·托尔斯泰的多幕剧《丹东之死》⑦;2 个短篇小说:保加利亚那密若夫(Dobri Nemirov)的《笑》和罗马尼亚伏奈斯蒂的《加斯多尔的死》。尤其值得一提的是匈牙利世界语作家尤利·巴基的中篇小说《秋天里的春天》⑧。正是在这篇作品情绪的感染下,他创作了中篇小说《春天里的秋天》,作品哀婉动人的抒情基调,与尤利·巴基的十分契合。巴金在晚年时陈述对世界语倾注一生感情的理由时所列举的四点理由中的第四点,即"世界语能够表达复杂深厚的感情",正是在他的世界语文学的阅读、翻译以及由此而激发的创作实践中所得出的结论。

　　直到晚年,他还是不减对世界语的热情。1980 年,他以年迈之躯远赴斯德哥尔摩参加第 65 届国际世界语大会,并且写道:

> 经过这次大会,我对世界语的信念更加坚强了。世界语一定会
> 成为全体人类公用的语言……世界语一定会大发展,但是它并不代

① 巴金. 世界语文学论. 绿光, 1930, 7(7, 8, 9, 10).
② 巴金. 在黑暗中. 绿光, 1928(11-12).
③ 巴金. 我的弟弟. 绿光, 1933(1).
④ 伏尔加,伏尔加. 巴金, 译. 自由月刊, 1929, 1(3).
⑤ 秋田雨雀. 骷髅的跳舞. 巴金, 译. 上海:上海开明书店, 1930. 该戏剧集包括《国境之夜》《骷髅的跳舞》《首陀罗人的喷泉》三个剧本,译者署名"一切".
⑥ 亚米契斯. 过客之花. 巴金, 译. 小说月报, 1930, 21(1). 1940 年文化生活出版社重版,"翻译小文库"之一.
⑦ 阿·托尔斯泰. 丹东之死. 巴金, 译. 上海:开明书店, 1930.
⑧ 尤利·巴基. 秋天里的春天. 巴金, 译. 上海:开明书店, 1932.

表任何民族、任何人民的语言,它只能是在这之外的一种共同使用的辅助语。……要是人人都学会世界语,那么会出现一种什么样的新形势,新局面!①

历经磨难的老人,仍然如此坚执于 60 年之前的理想,难怪被称为"世界语理想和信念的化身"②了。

另一位以世界语译介弱小民族文学的重要作家就是王鲁彦。1920年,少年王鲁彦(1910—1944)在北大旁听文学课程时,正值俄国作家爱罗先珂来中国,他便从爱罗先珂学世界语。同时一边开始创作,一边从世界语翻译文学作品。1923 年先后参加文学研究会和世界语协会,就是一个标志。自 1922 年起,他就开始从世界语翻译外国文学作品。相继在《小说月报》《狂飙》《矛盾》《文学》《文艺月报》《语丝》《文艺月刊》等刊物发表译作。《犹太小说集》(1926)、俄国西皮尔雅克的童话集《给海兰的童话》(1927),《显克维支小说集》(北新书局,1928),《世界短篇小说选》(亚东图书馆 1928),中篇小说《失去影子的人》(1929),波兰先罗什伐斯基的中篇小说《苦海》(1929),短篇小说集《在世界的尽头》(1930),南斯拉夫米尔卡波嘉奇次的长篇小说《忏悔》(1931),莫里哀三幕剧《唐裘安》(1933),莫里哀喜剧《乔治·旦丁》(1934),果戈理长篇小说《肖像》(现代书局,1935),波兰显克微支的短篇小说集《老仆人》(文学书店,1935)等,成为从世界语翻译外国文学作品数量最多的作家(翻译家)。其中大部分是保加利亚、波兰和捷克、匈牙利等中东欧国家的文学。

除了巴金与王鲁彦两位作家兼翻译家外,还有两位译者在世界语文学作品中译中成就比较突出的,他们便是钟宪民和孙用。

---

① 巴金. 世界语——随想录 · 四十八//讲真话的书. 成都:四川文艺出版社,1990:483-486.
② 陈原. 我们的巴金,我们的语言//许善述. 巴金与世界语. 北京:中国世界语出版社,1995:1.

钟宪民①自 1928 年起发表从世界语转译的外国文学作品,先后翻译了长篇小说 2 部、中篇小说 2 部、长诗 1 部和若干短篇小说,几乎全部集中在匈牙利、保加利亚、波兰和捷克等中东欧国家。其中包括尤利·巴基的长篇小说《牺牲者》(1934)波兰短篇小说集《波兰的故事》等,尤其以波兰作家奥西斯歌②的长篇小说《马尔达》(又译孤雁泪、玛尔旦、北雁南飞)影响最大,1929 年 7 月由北新书局(上海)初版,40 年代又出了 4 个版本(进文书店,重庆,1942、1944 年 11 月;上海国际文化服务社 1947 年 10 月、1948 年 9 月),值得一提的是,这本小说在 60 年代的台湾非常盛行,琼瑶小说《一帘幽梦》男主人公楚濂和《心有千千结》男主人公若尘的藏书中,都有这一本波兰女作家的悲情小说。之后,还翻译了尤里·巴基的长篇小说《在血地上》和波兰世界语作家费特凯的中篇小说《深渊》等作品。

孙用③自 1922 年起开始在《小说月报》发表译作。出版译作有波兰戈尔扎克等的《春天的歌及其他》(短篇小说集,上海中华书局,1933),保加利亚伐佐夫的《过岭记》(短篇小说集,上海中华书局,1931),爱沙尼亚诗集《美丽之歌》,《保加利亚短篇集》(上海正言出版社,1945)等。所译匈牙利诗人裴多菲的长诗《勇敢的约翰》,鲁迅曾资助出版,另外还有普希金的中篇小说《甲必丹的女儿》(1944,后多次再版,更名为《上尉的女儿》),这

---

① 约 1910 年生于浙江崇德,世界语者,卒年不详。1927 年时为上海南洋中学学生,课余学习世界语,1927 年给鲁迅信,1929 年在南京国民党中央党部宣传部国际科任职。将《阿 Q 正传》译成世界语于 1930 年出版。

② 即波兰女作家 E. 奥若什科娃(Eliza Orzeszkowa,1841—1910),《马尔达》于 1872 年出版,是其早期作品中最有影响的一部,带来了世界性的声誉。

③ 孙用(1902—1983),世界语者,文学翻译家、鲁迅研究专家。原名卜成中。祖籍浙江萧山,生于杭州。1919 年杭州宗文中学毕业后,长期在邮局工作,自学英语和世界语。1944 年在衢州、杭州等地任中学教师。1951 年,上海文化工作社出版《裴多菲诗四十首》。新中国成立后经许广平推荐,到上海鲁迅著作编刊社工作,后随该社并入北京人民文学出版社,一直从事新版《鲁迅全集》编校和注释工作。其鲁迅研究著作有《鲁迅全集校读记》《鲁迅全集正误表》和《鲁迅译文校读记》等。因翻译介绍裴多菲成绩卓著,匈牙利政府曾授予劳动勋章,并铸其铜像安放在裴多菲博物馆以示表彰。另外,他还从其他语种翻译波兰诗人密茨凯维支的代表作《塔杜须先生》及《密茨凯维支诗选》,波兰政府授予他密茨凯维支纪念章。

是该篇作品首次通过世界语介绍到中国。

此外,其他翻译者及其译作还有:胡愈之、叶君健、胡天月、叶籁士、卢剑波、劳荣等。以及金克木译保加利亚斯塔玛托夫小说《海滨别墅与公寓》,楼适夷译阿托尔斯泰的《但顿之死》,周尧翻译荷兰布尔修斯的剧本《虚心的人》。魏荒弩翻译德国世界语作家泰奥·庸长诗《爱的高歌》和《捷克诗选》等。

从以上许多作家和翻译家的译介工作及其成果中可以看出,这些以世界语为中介的外国文学作品的翻译中,大部分作家作品都是波兰、保加利亚、罗马尼亚、南斯拉夫、捷克斯洛伐克、匈牙利以及俄国等中东欧国家的作家作品,只有极少数例外。导致这种情况的出现,有着客观条件的限制和主观有意识选择两个方面的原因。

从客观因素看,与这些国家相对弱小的国际地位相对应,它们的文学写作语言,在西方世界——因而在中国也都属"小语种",极少有人学习,更无论精通。因此,除了波兰的显克微支、莱蒙特、密兹凯维奇,匈牙利的裴多菲,捷克的聂鲁达、恰佩克等在当时已经具有世界影响的作家之外,这些"小民族"文学在英语、法语、德语世界很少有介绍,即使是这些作家,也有大量作品和生平材料是从日本中转译介至中国。这样,世界语就成为一个十分便捷的译介通道,特别是保加利亚文学中的绝大多数作品和文学概括,都是借助于世界语引入的。

而从译介者的主观选择来看,不管是世界语文学译介倡导者之一的鲁迅,还是理想主义者巴金,或者是稍后参与世界语运动的其他作家和翻译家,他们都对于世界语 Esperanto 本身寄予了不同程度的文化理想,其中,关注和同情弱小民族的生存状态,介绍弱小民族文学成就,以抵抗列强的压迫,争取民族的平等和解放,无疑是共同的追求。正是这些基本的也是共同的动力,推动了这些世界语者借助于世界语这个中介,积极进行中外文学文化的交流,为中国文学的现代化做出了一份特殊的努力。

四、中西关系压力下的反抗努力及其内在紧张

不过,如果反过来进行思考的话——也就是说,如果不是在中国现代文化史上去寻找上述这些知识分子在世界语问题上的共识,不是直接收集和整理以世界语为中介的文学译介成果并孤立地对待它们的话——问题也许就变得复杂了。

首先,在上述这些同情和支持世界语的知识分子之间有着怎样的认同差异? 这些差异又说明了什么? 更进一步,即使在这些同情者的个体身上,对世界语和世界语文学译介的态度中,是否也包含着内部矛盾呢?

其次就是,以上这些文学交往的活动,相对于大量的中西文学交往事实而言,相对于西方文学——主要是指英、法、德等大国文学——在 20 世纪中国的大量译介而言,实在仅仅是很小的一部分,我对这些资料的梳理归纳,并不能改变这样一个明显的事实。那么,在什么意义上,值得我对这一部分译介活动给予专门的关注呢?

一个较为明显的事实是,那些世界语者对世界语所肯定的方式和理由并不一致。比如,鲁迅与其他世界语者在对世界语 Esperanto 肯定方式上的区别就不能忽略。鲁迅赞同世界语,有他自己的限度和独特方式。从 20 世纪初期开始,他就同情世界语运动,也为世界语在中国的传播做出了许多努力。但在学理层面上,他只是在抽象的意义上对世界共同语抱以同情,并寄予希望,在他看来,这种共同语并不一定就是 Esperanto 本身,只是现在只有这 Esperanto,便不应放弃,因为它毕竟是通向世界共同语的第一步,是到达"汽艇"时代的"独木舟"阶段,至于将来的世界共同语是否就是 Esperanto,则并不一定。这与他后来摆脱单纯进化论观念,在有限的意义上肯定未来"黄金世界"的思想有着内在的联系。所以他特别

区分"学 Esperanto"和"学 Esperanto 的精神"的不同①。这种辩证态度，他终身没有改变，只不过他在临终之际的表述②，仅就肯定的角度谈对世界语的意见而已。不过，虽然他并不赞同世界语者对于 Esperanto 所寄的世界大同理想，但对于同情世界语之理由的三点说明，倒是很好地概括了世界语 Esperanto 对于中外文化和文学交流的现实意义：

> 我自己确信，我是赞成世界语的。赞成的时候也早得很，怕有二十来年了吧。但是理由却很简单，现在回想起来：一、是因为可以由此联合世界上的一切人——尤其是被压迫的人们；二、是为了自己的本行，以为它可以互相绍介文学；三、是因为见了几个世界语家，都超乎口是心非的利己主义者之上。后来没有深想下去了，所以现在的意见也不过这一点。我是常常如此的：我说这好，但说不出一大篇它所以好的道理来。然而确然如此，它究竟会证明我的判断并不错。③

超越利己主义功利性；联合弱小民族以对抗列强，争取民族的独立和解放；介绍优秀的外国文学尤其是被压迫的弱小民族文学，建设民族的现代文学。鲁迅赞同世界语的这三点理由，显然不同于 20 世纪初期的无政府主义的世界语者，也不同于"五四"时期的陈独秀、钱玄同等新文化成员的世界语主张，与巴金等人的理想主义也有明显的不同。作为一种语言

---

① 鲁迅. 渡河与引路//鲁迅全集(第7卷). 北京：人民文学出版社，1981：34. 他在文章中说，我是赞成世界语的，"要问赞成的理由，便只是依我看来，人类将来总当有一种共同的言语，所以赞成 Esperanto. 至于将来通用的是否 Esperanto 却无从断定。大约或者便从 Esperanto 改良，更加圆满；或者别有一种更好的出现，都未可知。但现在既是只有这 Esperanto，便只能先学这 Esperanto. 现在不过草创时代，正如未有汽船，便只好先坐独木小舟，倘使因为预料将来当有汽船，便不造独木小舟，或不坐独木小舟，那便连汽船也不能发明，人类也不能渡水了"。鲁迅在文章中还强调指出："学 Esperanto 是一件事，学 Esperanto 的精神，又是一件事。"他认为"灌输正当的学术文艺，改良思想，是第一事；讨论世界语，尚在其次；至于辩难驳诘，更可一笔勾消"。

② 巴金. 世界语文学论//许善述. 巴金与世界语. 北京：中国世界语出版社，1995：30-47.

③ 鲁迅. 答世界社信//鲁迅全集(第8卷). 北京：人民文学出版社，1981：402-403.

方案,鲁迅最终放弃了作为汉语替代方案意义上的世界语,也不像世界语主义者那样,将未来大同世界的希望寄托在 Esperanto 之上。不过,它虽不能代表中国世界语者的全部态度,但对理解和解释所有从事世界语运动者(包括外国文学译介活动的作家翻译家)的主观动机,有着相当大的概括力和典型性。

从这种典型的认知态度和意图中可以看出,中国现代知识分子(包括作家和翻译家)的世界语意识和世界语运动(包括借助于世界语中介所从事的外国文学译介活动),明显地体现了一种民族自我认同,即弱小民族的自我意识,以及与之相伴的对于西方强势民族的对峙意识。这种认同和对抗相辅相存,又有着内在的对立和紧张,在中国现代思想的变迁中,体现为中国民族主义的兴起、现代民族意识的觉醒与诉求,以及与世界主义的乌托邦理想追求之间的矛盾共存。与中国的世界语运动相关,它在中国现代语言变革、文学观念的蜕变和中外文学关系中都有相应的表现。

世界语的理想本来就居于世界主义和世界大同,但现代世界历史的演变,决定了世界语运动与世界语的翻译写作活动与民族主义思潮的难解难分。这不仅体现在世界历史的发展进程中,也同样体现在中国现代历史和文化的发展当中。更有甚者,在中国现代文化史中,它还几度被用来作为建构现代民族想象的工具和途径。

世界语运动在中国首先是 20 世纪一系列语言革新运动的一个重要组成部分。中国世界语者的理想与中国现代民族主义思潮和文化上的西化思潮相伴而行,在中国现代语言改革运动中,这种西方化的趋势表现为以西方拼音文字为取向的语言世界主义,以钱玄同为代表的以世界语替代汉语的主张正是这一语言世界主义的体现。"正是在重视同一而抹杀差异的普适性哲学和历史目的论的推动下,在中国现代知识界掀起了一场声势浩大的否定汉语言文字之特性而努力寻求一种乌托邦语言(比如

"世界语")的狂热运动。"①而不管是赞同还是反对"替代论"的知识分子的语言变革主张,都与创造现代民族语言这一民族建构理想有关,而在取向上又都不同程度地受西方拼音文字影响的世界语是民族主义和西方化这两种因素的一种特殊结合,在特殊语境下出现的一种历史现象。

同样,世界语的乌托邦理念在中国现代文学观念的变革中也矛盾地体现着。世界语的大同理想本来与"世界文学"的理想有着亲缘关系,虽然"世界文学"的概念在中国的引入比世界语晚得多,但在文学观念上的内在矛盾早就隐含着了。而世界语理想在 20 世纪中国的转变(从中可以看出),正是这一内在矛盾的体现,是世界主义和民族主义两种意识斗争的展开:从 20 世纪初期与无政府主义难解难分,带有乌托邦色彩的和平主义、中立主义到 30 年代开始所体现的阶级意识、民族意识的普遍觉醒,使世界语运动与工人运动相结合,与被压迫民族反抗殖民地宗主国的斗争相结合。与左翼文化和文学运动,与抗日民族解放战争紧密相连。这是中国知识分子迫于现实文化而做出的选择。它当然也与许多社会文化思潮联系密切。世界语为什么在中国发展得最为持久?

这种矛盾在文学译介活动中的体现是:借助世界语对弱小民族文学的翻译,从翻译的意图和翻译对象的内在特征看,都是如此,呈现出复杂的面相。

这种民族认同在文学活动中的反映,就是弱小民族文学的自我认同和对于强势民族的对抗。正像诠释传统是为了建构民族意识一样,译介弱小民族文学也是为了现代民族意识的建构。只不过它是特定时代和特定国际背景之下的民族意识,即在"天下"观念向民族意识转变,民族意识觉醒的一开始,就处于一种被压迫的、弱小的地位上,换一句话说,正是弱小的、被压迫的地位,催生和激发了中国现代民族意识的觉醒。因此,它几乎是先天地凸现了这种意识中自卫、对抗的层面,从而宣泄了一种以弱抗强的情绪。

---

① 郜元宝. 现代汉语:工具论与本体论的交战——关于中国现代知识分子语言观念的思考. 当代作家评论,2002(2):40-52. 郜元宝对现代语言的工具论与存在论两种倾向及其后果的分析十分精彩,不过,我这里所强调的是两种对立的语言观念在民族意识建构上的统一。

世界语作为一种现代人工语言,在弱小民族文学翻译中具有特殊意义。不仅仅是一种单纯的语言媒介,而且包含了一种世界大同理想。而这种理想又与中国现代世界主义和民族主义都有相当的牵连。我所特别关注的是,作为一种表意实践活动,世界语的倡导和以世界语为中介的外国文学中译实践中,体现了怎样的矛盾心理? 寄托了那些愿望和情感?又是怎样把各种强烈的愿望加以编码和合法化的? 是怎样汇入中国文学现代化的主流的? 一方面,倡导、采用世界语体现了对世界大同理想的追求;另一方面,由于民族地位的低下而导致的对于具体的“世界一体化”情景的抵制,并追问这将是怎样的一体化,以谁为中心的一体化? 在这里,包含了对强势国族的抵抗,对受压迫境遇的不满,对不得不借助强势进行自身变革的无奈,等等。这恰恰明显地体现了民族意识。从这种内在的矛盾与统一中,可以窥见中国现代性内部的矛盾和紧张。

值得注意的是,以世界语作为中介的文学翻译实践,对中外文学关系提出了一些问题,而这些问题一向被我们忽略。那就是:在中外文学关系,特别是中西文学关系之间,在跨越语言障碍的时候,人们通常认为的那种对等关系的自明性就变得可疑了。在中/英、中/法、中/德之间,还有世界语这个中介存在,或者至少在中外现代交流史中,曾经存在过。为什么要插入世界语这个中介? 这种插入意味着什么? 当时是出于何种需要产生的? 如果说其中包含了某种政治含义,那么是什么原因使语言问题与政治之间的关系变得如此密切了呢? 在中外跨语际、跨文化实践中,曾经有那么一批知识分子,如此敏感于作为中外文学关系中介的语言问题,它对于我们今天的研究有什么启发? 这种语言和文学的民族建构意识和世界主义意识的交织,正体现了中国现代性的内在紧张,它直接指向跨文化和跨语际、跨文化研究中值得给以首要关注的实践与权力的各种形式问题,在民族国家之间和民族内部的阶级、阶层之间,在现代化的先发国家和后发国家之间,现代性所呈现出来的差异性。

(本文选自宋炳辉著《弱势民族文学在现代中国:以东欧文学为中心》,北京大学出版社 2017 年版)

抗战历史语境与文学翻译的解读①

廖七一

在抗日战争时期,反法西斯文学和与当时形势相关的纪实性文学的翻译占有非常高的比例,原因非常简单,这些翻译不仅直接顺应了抗日民族解放的集体叙述,而且是国家意识形态的补充与强化。有意思的是,一些明显与反法西斯战争相关的作品,如《战地钟声》《华威先生》《爱国者》等,却引发了截然不同的解读。系统梳理彼此对立的解读可以发现:(1)在战时翻译被高度政治化,文学翻译被转变为实现政治目标的工具;(2)翻译家和翻译批评家运用译序、译跋和翻译书评等多种策略以"规范"或"引导"读者的解读方式或理解方向,实现翻译作品预期社会功能;(3)不同的解读揭示了在战时特殊的多元文化语境下各种政治意识之间的张力。

一、《战地钟声》与冯亦代的书评

西班牙内战期间,海明威以记者身份三次亲临前线,在炮火中写了剧本《第五纵队》,创作了以反法西斯战争为题材的长篇小说《战地钟声》(后译《丧钟为谁而鸣》)。1941 年海明威偕夫人玛莎访问中国,支持我国抗日

---

①　基金项目:本文系重庆市哲学社会科学规划项目"抗战时期重庆翻译文化研究"(2010YBRW74)阶段性成果。

战争,在重庆逗留期间还受到各界要人的接见;后又以战地记者身份重赴欧洲,多次参加战斗,并于 1954 年获诺贝尔文学奖。

《战地钟声》讲述了国际纵队的反法西斯战士、美国志愿者罗伯特·乔丹奉命炸毁一座具有战略意义的大桥,到西班牙山区与游击队合作,成功地完成任务的故事。乔丹来到游击队后,与一位曾遭受法西斯凌辱的西班牙姑娘玛丽亚产生了爱情。游击队在前往炸桥的途中被敌人发现,埃尔等人引开敌人,以牺牲换取了任务的顺利进行。炸药安放完毕,乔丹返回安全地点才发现助手安赛尔没有回来。此刻敌人的坦克已经冲上桥头,他们在撤退中被敌人包围。为掩护战友突围,保护玛丽亚腹中的小生命,乔丹勇敢地独自面对追来的敌人。《战地钟声》是欧美现代文学史上描写西班牙内战的优秀作品之一;乔丹也是海明威成功地塑造的又一个"硬汉形象"。

冯亦代 1941 年到重庆,集中力量翻译了美国作家海明威等人的作品。重要作品有《第五纵队》(剧本)和《蝴蝶与坦克》(短篇小说集)。冯亦代的翻译是基于于抗战有益。正如他所言,"西班牙内战和中日之战联系在一块了,中西两国人民都是国际法西斯主义的牺牲者",翻译对于"鼓动中国人民抗战,也是有好处的。"(冯亦代,2009:185)

1944 年冯亦代在《抗战文艺》第九卷第一、二期合刊上发表了针对谢庆尧 1941 年翻译的《战地钟声》的长篇评论,题为《海明威的迷——评〈战地钟声〉及其他短篇》。作为翻译研究海明威的专家,冯亦代的批评应该说具有一定的权威性和代表性,体现了战时主流政治期望的对外国文学作品"合理"或"正确"的理解。冯亦代的书评可概括为三点:(1)海明威消极悲观的人生观;(2)海明威作品中感官冲动的人物形象;(3)海明威对西班牙战争的冷漠态度。

从书评主标题《海明威的迷》可以看出,冯亦代对海明威的评价有相当大的保留。文章的开头分析了海明威的人生观:

> 所有过去人类赖以生活的信仰,已经幻灭无余。……海明威在意大利前线受了枪伤回到美国之后,这世界已经对于他失却了一切

应有的施旖了,他觉得人类永恒的命运只是在生死之间……是一种官能的冲动。因此,当他举笔来描写世情时,禁不住对人间冷眼相待。芸芸众生全凭着一己的官能冲动在行动着……[他]是一个忠实的笔录者。因此,在他的作品中,我们是看不到那一种深湛的爱恶的;若有所期,却不过是淡淡的一抹……海明威一方面厌倦了现代文明……认为现代人的一切都属虚伪,所以他推崇单纯,直截了当和不假思索的生活。(冯亦代,1944:141)

随后,冯亦代对海明威的人生态度进行批评,认为"海明威对于生活的意见,实在是种不健全的偏颇观念",海明威所属的"'迷失的一代'是极端的悲观主义者,他们把人类生活的前景,局限于一己的哀乐之中,人不复是一个斗士,只成为被肉体官能冲动所驱动的人,这不是人类的堕落吗?"(冯亦代,1944:141-142)。冯亦代甚至认为,"海明威忘了人类生活伟大的场景,他局促于人身的官能冲动上",他只接触到"人类生活的浮面,他永远只能做个旁观人"。(冯亦代,1944:142)

冯亦代认为,海明威所描写的"芸芸众生全凭着一己的官能冲动在行动着。……对于文明一种反抗,一种逃避,一种慰安。在他笔底下所显露的人物,似乎已经冷酷到没有心肠了。"在西班牙反法西斯的伟大战争中,"每个人也没有为一个共同目标献身。他们或死或生,都必须归依到这个人的官能动作上,或者是那种感伤气味极为浓重的宿命论上……他们有着硬心肠的冷酷,那种使人害怕的冷酷。这里没有热力,一种西班牙人民为谋自千百年封建桎梏中解脱的虔诚"(冯亦代,1944:142)。海明威笔下缺少西班牙人民在内战时的"典型情感","不论是游击队巴布路,以杀人为罪恶的安赛尔莫,懒惰的吉普赛人,或是以死殉国的爱尔沙度,和始终意志坚定的薛拉:他们似乎都是一个单独的人,他们相互之间没有一种共同的生活"(冯亦代,1944:142)。

他认为,作为志愿者和作家的海明威"把自己和西班牙人民间筑成了一道墙,他不过是一个眺望景色的游春人!",因而他无法"进入到现实生活的深湛处,他不懂得生活,他只能在迷茫中冲撞……"(冯亦代,1944:

142)。《战地钟声》给予了我们一本足资消遣的恋爱与英雄行为的故事书,但如果作者的原意是在于表显西班牙人民的血肉生活,那结果只是和读者所得到的一样的迷茫。诚实的生活与深湛的人性是我们苛求于每一位作家的,可惜海明威所给我们的只是娱乐,没有生活,更没有人性。(冯亦代,1944:143)

书评对谢庆尧的翻译也有少量评述,认为"不能同意""软玉温香,不禁销魂"等翻译处理;标题《战地钟声》也有违"John Donn 文的原意",但肯定译文"相当信实"。(冯亦代,1944:143)冯亦代的书评集中于小说主题内容的解读和阐发,基本上是政治化的翻译批评。其良苦用心在于引导读者克服海明威消极的人生态度,将个人的命运与中国伟大的抗日战争联系起来,发现中国军民的民族大义和牺牲精神,积极投身于抗日民族解放的伟大斗争。可以说,冯亦代的书评在试图顺应主流政治话语的同时,也隐含着左翼文学家对西方资产阶级文学的批判,其解读是特定历史时期文本诠释的必然与局限。

如果对照 60 年后对海明威的解读,这种历史操控的"痕迹"就显得特别明显。2004 年吴劳为程中瑞的译本撰写书评《海明威和他的〈丧钟为谁而鸣〉》,首先是对海明威的评价:

> 这时西班牙正面临着一场生死搏斗。海明威二十年代初任驻欧通讯记者时,就和西班牙结下了不解之缘。他爱上了这片浪漫的土地和热情的人民,尤其爱上了斗牛赛。他在作品中歌颂这种在死亡面前无所畏惧的斗牛士,充分体现了他提倡的"硬汉子"精神:人终有一死,但不能死得窝囊,在紧急关头要保持尊严和体面……当法西斯魔爪企图扼杀西班牙人民的革命成果时,海明威挺身而出,写文章,作讲演,挞伐法西斯主义。他以记者身份于一九三七年初来到被围困中的马德里,借了钱买救护车支援共和国政府。(吴劳,2004:595)

这是一个何等鲜活的反法西斯战争的战士。其次,小说的主人公乔丹的形象"非常丰满":

> 这位美国蒙大拿大学西班牙语系的青年讲师……对西班牙人民有着深厚的感情。他痛恨法西斯主义,一九三六年夏,向校方请了一年假,志愿赴西班牙,怀着"为全世界被压迫的人们鞠躬尽瘁的感情","反对所有的暴政,为你所信仰的一切,为你理想的新世界而斗争"。他投入了马德里保卫战,后来转到西部敌后搞爆破,炸火车和铁桥……乔丹以他最后的一些行动深刻地体现了本书的题旨:人们的命运息息相关,因为每个人都与人类难解难分。(吴劳,2004:597-599)

在吴劳的笔下,主人公与西班牙人民的关系也完全不是冯亦代所批评的那样:

> 在斗争中,乔丹和这些普通的西班牙人民打成了一片,心甘情愿地为他们献出自己年轻的生命。海明威用这一系列感人肺腑的小故事构成了一幅波澜壮阔的同仇敌忾地抗击法西斯匪帮的历史画面,奏出了一支人类兄弟情谊的赞歌。(吴劳,2004:600)

吴劳认为"《丧钟为谁而鸣》作为作者本人投身有关人类前途的大搏斗的见证,可被看作他的代表作而无愧"(吴劳,2004:601)。

如果说吴劳的评述可能带有特殊性,我们可以再举翻译家林疑今为《永别了,武器》所写的序言,其中对海明威、其创作思想和作品意义做了比较深入的评价:

> 海明威热爱西班牙,特意预支稿费,积极募捐支援西班牙人民,并志愿参加政府军,对法西斯作战。他在这场实际斗争中,初次体会到集体斗争的力量,多少批判了他一贯的个人主义人生观。1940年他发表长篇小说《丧钟为谁而鸣》,肯定西班牙人民反法西斯的英勇斗争。(林疑今,1995:6)

林疑今认为,海明威的小说对人生"做出正面的肯定……要生活得真诚、勇敢、有风格":

> 一个人最大的成就莫过于在敌我悬殊的压力下保持风度,败要
> 败得漂亮,虽然败于邪恶黑暗的势力,精神上还是胜利的——这胜利
> 既表现于《丧钟为谁而鸣》中西班牙普通人民不折不挠的精神中,也
> 表现于《老人与海》中古巴渔民与大鱼的斗争中。(林疑今,1995:7)

显而易见,现代读者对海明威的评价主流是积极的、正面的,对其作品的
解读也是肯定多于否定:"这部小说有助于鼓舞中国军民的抗日情绪,鼓
励大后方人民勇敢地走上前线,为争取民族独立而牺牲个人的幸福,比较
符合当时中国社会对文学的诉求。"(熊辉,2011:171)在海明威的人生态
度、小说中人物的解读以及主人公乔丹(海明威)与西班牙人民之间的关
系三个方面,几种解读相去甚远。小说还是原来的小说,翻译也"相当信
实",但在不同的政治话语中,副文本对翻译作品的"操控"和"引导",潜在
地左右着读者的理解。

二、《华威先生》的"出国"

抗战时期初期的小说《华威先生》译介到国外则引起了译界对译介动
机、翻译的社会功能与效果的高度关注,导致了截然不同的两种态度。

1938 年 4 月 16 日《文艺阵地》第一卷第一期上刊登了张天翼的短篇
小说《华威先生》。小说"塑造了一个只做'救亡要人'、不做救亡工作的
'抗战官'的典型"(苏光文,1984:273)。华威先生成天忙于开会,从一个
会场到另一个会场——全省文化界抗敌总会、难民救济会、工人抗战工作
协会、通俗文艺研究会、文抗会常务理事会、日本问题座谈会、战时保婴会
等等,他"夹着皮包去坐这么五分钟,发表了一两点意见就跨上了包车"
(张天翼,1985b:264-265)。《华威先生》一发表,立即受到了文艺界的广泛
注意并引发了"中国抗战文学史上规模较大、持续较久、意义深远的论争,
在解放后三十年来公开出版的中国现代文学史著作均有所评述"(苏光
文,1984:271)。"一九三八年十一月,堕落为日本帝国主义喉舌的《改造》
杂志译载了《华威先生》,并在编者按语中恶毒攻击,诬蔑中国的抗日工作

者和中国人民,以鼓动侵略者的'士气'。"(刘炎生,1999:463)

其实,早在《华威先生》被翻译出国以前,国内文艺界已经展开了有关"暴露与讽刺"的论争。小说发表后的第8天,即4月24日,林焕平撰文肯定《华威先生》的积极意义:张天翼的小说《华威先生》描绘了一个实际救亡工作一点不做,而专做"救亡要人"的典型。在抗战中,这种人物不少,小说正是对这类人物的有力讽刺,这是完全必要的。(苏光文,1984:273)5月10日,李育中提出了不同看法,"在紧张的革命行进和作生死决斗的时期,严肃与信心是异常需要的,接受幽默的余暇是太少了,何况幽默有时出了轨,会闹乱子的"。他担心有人看过小说之后,会"把一些真正苦干的救亡工作者也错认作'华威先生',取着敬而远之的态度,甚至出言不逊,一口抹煞了组织的一切事宜。仿佛也学会了:你们是华威先生,你们只会开会,你们只会说漂亮话!"(李育中,1938)国内读者对同一作品的解读存在如此大的分歧,这是作者张天翼始料未及的。

然而,我们更关心的是,《华威先生》在日本的译介对翻译的影响。《华威先生》的出国使人们对翻译动机、翻译的社会影响,以及对翻译作品诠释的多元性进行深思;翻译超越了形而下的技术或技能层面而成为具有深刻文化意义、关乎抗战胜利的大事。

1939年周行在《七月》第四集第四期上讨论读者不同的观点时,将文学作品的译介提升到创作方向的高度:

> 关于《华威先生》出国问题,曾经引起了批评界的注意和讨论。从"灭自己的威风,长他人的志气"这一点出发,林林是站在反对的方面的;理由是:"他出现在日本读者的面前,会使他们更把中国人瞧不起,符合着法西斯主义的宣传,而增强他们侵略的信念。"由此引申下去,自然会得出如下的两个结论:第一,"可资敌作为宣传的资料,像'华威先生'这样,不但不该出洋,并且最好也不要在香港这地带露面;第二,"颂扬光明方面,较之暴露黑暗方面,是来得占主要的地位"……
>
> 提出异义的有冷风,他主要的论点是:"毕竟出现在日本文坛上

的华威先生是一个僵尸,因为他已在我们的抗战中给枪毙了",“我们不怕敌人嘲笑我们的死尸”。(周行,1939:189)

从周行的概括可以看出,《华威先生》的出国所引发的论争已经与原来的“暴露与讽刺”有所不同,更多地集中于译介可能产生的社会效果。文艺批评界黄绳、育中、适夷、秋帆、茅盾等也纷纷撰文参与论争,而张天翼本人的观点比较具有代表性。他认为,“不怀好意”的读者“大概是一看见我们中国人自己指出我们之中有些什么缺点,立刻兴高采烈:看哪,他们有这些毛病。然而这套把戏是玩得很蠢的”:

> 一个人如果满身是病,虚弱到极点,有许多局部之病痛遂指不胜指。但如果他已病好,一天天健康起来,则即使在腿上长个小疮,也会使他不安;而要开刀搽药,把它诊好。而“华威先生”正是这样的小疮,这种病痛之所以能指出,这就是说明我们民族之健康,说明了我们的进步,惟其一天天健康,一天天进步,“华威先生”这种人物才被我们指得出,拿来“示众”。
>
> ……我想《改造》的日本读者如不是故意闭起眼睛堵起耳朵来,这一点点常识是会有的。日本人的发现“华威先生”想要拿这一个人物来证明我们全民族都是这样泄气的家伙,而向他们本国人宣传,那是白费力,因为效果适得其反……假如日本有人被他们的法西斯叫昏了头,而看不见他们这家帝国的死症,只欢天喜地的来发现对方的小毛病,则其愚尤不可及。(张天翼,1985:83-84)

张天翼显然是想引导读者去“正确”解读文学作品。在张天翼的心目中,华威先生不过是一个官僚作风严重的官员。“要把华威先生这类人物当做汉奸看,那真是冤哉枉也。……他绝不是汉奸。他还没有歹到那一境地。……还有几分可敬处:因为他到底是进步了……他还有几分可爱处,因为他到底很天真。”(张天翼,1985c:93)

然而,有趣的是,随着国内政治形式的改变,张天翼在 1952 年则对主人公重新定位:

> 华威先生是那时国民党反动集团里的家伙。他们力图打进一切群众团体中去"领导",以便一面探听和监视;一面设法阻碍群众运动……那么华威先生究竟是不是一个"文化特务"?很可能是……特务机关是国民党反动统治政权的反人民的工具之一。不管华威先生是属于哪一类反动工具,他总是有那一般的反动实质的。(张天翼,1985a:323-324)

华威先生从一个带有官僚气息,尚有几分可敬之处的抗战官员变成了具有"反动实质"的"文化特务";文化语境对作品解读产生的影响可见一斑。

可以肯定的是,《华威先生》一旦译介到国外,其解读和接受并非张天翼,甚至中国批评界可以左右,必然受到译者动机、译者文本处理方式、译入语文化的主流政治,以及接受文化的历史语境的影响。因为中日交恶,我们有理由认为日本国内的主流意识形态是具有排他性的一种暴力,必然规范日本民众对翻译作品的解读、理解和接受。《华威先生》在日本发表之后的社会影响,目前尚无足够和系统的研究。但当时国内就其"出国"而引发的讨论,以致其后数十年对此事的评说,似乎带有主观臆断,甚至以讹传讹的成分。

在《华威先生》"出国"70多年以后,有日本学者指出,当时译载《华威先生》的应该是改造社办的1938年12月号的《文艺》杂志;中国学者一再转引的所谓"编者按语"不过是译者增田涉写的"译者后记"。(岩佐昌暲,2011:92-95)除了上述细节的失误之外,岩佐昌暲还附上了"不加以调整"的"译者后记"全文:

> 日支事变以来,支那的文学全都是所谓的"抗战文艺"。而且内容全是用非常夸张的手法,大话、空话连篇地描写他们如何勇敢地抗战等。在这种文艺情况下,出现了《华威先生》引起了激烈的论争,因为小说《华威先生》暴露了抗战阵营内部的丑恶的一面。张天翼一派的作家们主张:把事件描写成勇敢、正义的当然是好,但是更应该带着真正的憎恶暴露他们社会里内在的丑恶。与其只在"语言"(即指

口头上)上去勇敢、正义,不如正视现实。因为文艺是应该永远抱有批评性质的东西。不管怎么说,张天翼能把战败后支那内部的丑恶如此大胆地写出来,是需要认真的勇气的。姑且不说作品作为艺术其优劣如何。(岩佐昌暲,2011:95)

岩佐昌暲认为,在这一段文字中,读者并不能"读到任何含有'诋毁'或'恶毒攻击、诬蔑'、'肆意攻击、诬蔑''抗日工作者和中国人民'意味的词句来。也感觉不到有以'鼓动日本侵略者的'士气'或'鼓动其侵略行为一事'为意图的词句"(岩佐昌暲,2011:95)。作者还认为,凡"熟悉译者增田涉先生和鲁迅先生关系的人,自然也就知道,增田涉先生是不大可能有'诋毁'或'恶毒攻击、诬蔑'中国'抗日工作者和中国人民'的意图的"(岩佐昌暲,2011:95)。

这场论争显然有助于认识文化语境对翻译的操控、翻译与主流政治话语之间的互动,以及战时文学翻译的文化属性和社会功能。

三、《爱国者》的译介

如果说《华威先生》出国引发的是国人对日本人翻译动机和误读的焦虑,战时翻译赛珍珠的作品则反映了国人对外国人心目中的中国人形象的焦虑。如今学界对赛珍珠及其作品的评价日趋客观和理性,不再赘述。但在抗战前后,刘海平教授认为有三种有代表性的观点:"基本肯定、褒贬参半和基本否定。"(刘海平,1999:169)

《爱国者》是赛珍珠获得诺贝尔文学奖后出版的第一部作品,又以中国抗战为背景,因而成为轰动美国出版界的著作。在国内先后有戴平万(香港光社,1939)、哲非(上海群社1939年)、钱公侠(上海古今书店,1948)等多种译本。"书中人物,只有那位牡丹的经历,好像太传奇化一点。不过瑕少瑜多,本书描写从中国大革命至抗战初期的中国青年动态,实在是太好太深刻了,我们中国人很觉抱愧,自己还不曾出现这样的作品。"(钱公侠,施瑛,1999:124)林语堂则称赛珍珠"在美国已成为中国最有力的宣传者"。白克夫人"不但为艺术高深的创作者,且系勇敢冷静的批评家。其对于在华西方教士之大胆批评,且不必提,而其对于吾华民族之批评,尤可为一切高等华人及爱国志士之当头棒喝"(林语堂,1999:124),并称"吾由白克夫人小说,知其细腻,由白克夫人之批评,知其伟大"(林语堂,1999:110)。黄峰称,赛珍珠对中国人民"寄予了深厚的同情,甚至于竭诚的讴歌"。"今日中国的战斗,正满意地答复了赛珍珠女士:中国这伟大民族的伟大子孙,不但是像她所描写了的那样勤苦、耐劳、忠诚、健强,而且是进行着对侵略者的长期抗战了……《爱国者》这小说……我想,就是她在这个企图之下的一种工作的表现。"(黄峰,1999:114)

然而对赛珍珠和她的《爱国者》,评论界也存在非常大的分歧。鲁迅、茅盾、巴金等对赛珍珠的批评完全是负面的。主要体现为三个方面。第一,对中国现实的描写不容外国插手;第二,外国人的描写片面肤浅;第三,对中国和中国人民的丑化。鲁迅曾言,"中国的事情,总是中国人做来,才可以见真相",她对中国的描写,"不过一点浮面的情形:只有我们做起来,方能留下一个真相"。(鲁迅,1999:3)胡风则从政治角度认为赛珍珠作品的缺陷在于:(1)"作者对于农村底经济构成是非常模糊的";(2)"作者不能把握住一个贫农底命运";(3)"吸干了中国农村血液的帝国主义,在这里也完全没有影子";(4)"几十年来中华民族为了求解放的挣扎,在这里不但看不到正确的理解,甚至连现象的反映都是没有的"。(胡风,1999:96-99)署名"衣寒"的作者甚至认为,赛珍珠对中国的理解"非常肤浅","患着色盲症";"歪曲了中国抗战的现实,而且侮辱了中国的人民和领袖"。(衣寒,1940:35)更有甚者,甚至认为赛珍珠的作品"是写给外国的抽雪茄烟的绅士们,和有慈悲的太太们看的……用力地展露中国民众的丑脸谱,来迎合白种人的骄傲的兴趣……惟有这样,才可以请高等文化的白种人来教化改良,才可以让帝国主义站在枪尖上对付落后的农业国家,才可以让资本主义来'繁华'一下……巧妙地掩饰地为帝国资本主义的侵略行为张目"(祝秀侠,1999:53)。1939年,朱雯发表了《我对〈爱国者〉的感想》:

赛珍珠的小说，平心说一句，是没有什么了不得的；尤其是对于中国的人和事的描写，简直浅薄得可笑……然而因为她是一个西方人，所以这一点点认识，仿佛已够使读者们敬佩。而她之所以能够"轰动了美国的出版界"，"发了一笔大财"，甚至还得到诺贝尔奖金，大概就是为了这一个缘故。以这样一个认识不够的作家，而描写这样伟大的场面，这样动乱的时代，这样重大的题材，事实上是一定不会好的，所以《爱国者》的失败，乃是意料中的事情，本来是"何足道哉"的。可是这样一部并不高明的著作，此次不仅又"轰动了美国的出版界"，而且更"动员了大批文化人去翻译，鼓吹"，却有点出人意表了。（朱雯，1994：36）

更出人意表的是，本来是"何足道哉"的朱雯，"结果也受商业利益的鼓励、怂恿"，加入了抢译这部"轰动了美国的出版界"的"并不高明的著作"的队伍，并一改初衷，在译完了《爱国者》后对此书大加吹捧，以至于巴金愤怒地责问："我不明白赛珍珠女士的《爱国者》为什么会这样地被中国（上海）著作家和出版家注意。我更不明白为什么会有那么多的'文化人'抛开别的更有意义的工作，抢着翻译这一本'虚伪的书。'他甚至对于《爱国者》的翻译者喊出了'我控诉'的话。"（邹振环，1999：561）批评的着眼点更多的在于小说的"宗教化的美国立场"和对中国形象的塑造。（李宪瑜，2009：197）

朱雯抢译《爱国者》是否是"受商业利益的鼓励、怂恿"，还有商榷的余地。《爱国者》是否"虚伪"，是否"丑化"了中国军民，是否"为侵略行为张目"，读者视角不同往往解读有非常大的差异，但这一现象至少说明巴金和朱雯的批评基于的政治逻辑与《爱国者》在中国可预见的接受之间存在不可调和的矛盾。在抗战多元文化并存的历史语境下，翻译批评并不能超越各派政治立场的左右，正如伍蠡甫对当时作家的描述一样："作家的眼镜总有颜色的，创造社的作家或许是灰白，左翼作家或许是浅红，普鲁作家或许是深红，第三种人的作家或许是昏黄的柳绿……时代通过作家意识，造成他眼镜的颜色，作家戴着不同的眼镜，分别表现时代的各面。"

(伍蠡甫,1999:32)翻译家和翻译批评家同样通过带色的眼镜,对译作进行解读和批评;翻译与翻译批评高度政治化。从彼此尖锐对立的翻译解读可以体悟到抗战特殊历史语境下各派政治意识张力,文学翻译与翻译批评都成为政治意识争斗的场所。

四、结　语

在中华民族身处生死存亡的特殊历史时期,外国文学的译介已经不再是与国家命运无关的个人消遣,文学作品不再是有闲阶级手上把玩的艺术品,每一个有社会良知和正义感的读者自然而然地从民族大义上去解读外国文学作品的内涵,发掘其中的文化潜能,为抗战服务。有学者的论述非常精辟,当时读者对外国文学作品的解读,

> 几乎都是根据当时中国抗日民族解放事业的需要及社会心态出发的,因而评论偏重于社会的道德的评价,而较少作审美的鉴赏。这既是这时世界反法西斯文学和现代主义作品在中国大后方文艺界引起的反应、留下的影响的时代特征,也是这时世界反法西斯文学和现代主义作品在中国大后方文艺界引起的反应、留下的影响的历史局限。(苏光文,1994:452-453)

外国文学的翻译与解读实际上是外国文学的中国化与本土化。外国文学一旦进入抗战文化语境,翻译所"产生的象征意义及其政治价值"(克里斯托弗·朗德尔,2011:317)必然受制于中国文化语境,同时也形塑中国战时的主流话语。翻译的独立自主性会让位于或服从于抗战民族解放的宏大叙述,成为反法西斯战争话语的重要组成部分。不可否认的是,不同解读也揭示了抗战多元文化中不同派别背后政治观念的尖锐对立。

参考文献

冯亦代. 海明威的迷——评《战地钟声》及其他短篇. 抗战文艺,1944,9

(1-2).

冯亦代. 重译后记//海明威. 第五纵队. 南昌：百花洲文艺出版，2009：179-180.

胡风.《大地》里的中国//郭英剑. 赛珍珠评论集. 桂林：漓江出版社，1999：91-100.

黄峰. 赛珍珠和她的《爱国者》//郭英剑. 赛珍珠评论集. 桂林：漓江出版社，1999：111-116.

克里斯托弗·朗德尔. 翻译：对法西斯主义的威胁. 吴慧敏，译.//王宏志. 翻译史研究 2011（第 1 辑）. 上海：复旦大学出版社，2011：317-324.

李宪瑜. 二十世纪中国翻译文学史（三四十年代·英法美卷）. 天津：百花文艺出版社，2009.

李育中. 幽默，严肃和爱——读张天翼的《华威先生》. 救亡日报，1938-05-10.

林疑今. 海明威的思想感情和艺术风格（代序）//海明威. 永别了，武器. 林疑今，译. 上海：上海译文出版社，1995：1-6.

林语堂. 白克夫人的伟大//郭英剑. 赛珍珠评论集. 桂林：漓江出版社，1999：109-110.

刘海平. 中国对赛珍珠其书其人的再认识//郭英剑. 赛珍珠评论集. 桂林：漓江出版社，1999：166-176.

刘炎生. 中国现代文学论争史. 广州：广东人民出版社，1999.

鲁迅. 致姚克//郭英剑. 赛珍珠评论集. 桂林：漓江出版社，1999：3-5.

钱公侠，施瑛. 评《爱国者》//郭英剑. 赛珍珠评论集. 桂林：漓江出版社，1999：124-126.

苏光文. 大后方文学论稿. 重庆：西南师范大学出版社，1994.

苏光文. 暴露与讽刺仍旧需要//重庆地区中国抗战文艺研究会，四川省社会科学院文学研究所. 国统区抗战文艺研究论文集. 重庆：重庆出版社，1984：271-281.

吴劳. 海明威和他的《丧钟为谁而鸣》//海明威. 丧钟为谁而鸣. 程中瑞,
　　译. 桂林:漓江出版社,2004:592-601.

伍蠡甫. 论赛珍珠的《儿子们》//郭英剑. 赛珍珠评论集. 桂林:漓江出版
　　社,1999:16-25.

熊辉. 简论抗战大后方对海明威作品的翻译//靳明全. 抗战文史研究(第
　　2辑). 重庆:西南师范大学出版社,2011:171.

岩佐昌障. 我们需要回到史料中去——有关《华威先生》的研究//靳明全.
　　抗战文史研究(第2辑). 重庆:西南师范大学出版社,2011:92-95.

衣寒. 关于对外宣传. 抗战文艺,1940,5(2-3).

张天翼. 从改编剧本问题谈到《民族万岁》//张天翼文集(9)(文艺评论).
　　上海:上海文艺出版社,1985:58-61.

张天翼. 关于《华威先生》//张天翼文集(9)(文艺评论). 上海:上海文艺
　　出版社,1985a:83-85.

张天翼. 华威先生//张天翼文集(4)(文艺评论). 上海:上海文艺出版社,
　　1985b:258-266.

张天翼. 论缺点//张天翼文集(9)(文艺评论). 上海:上海文艺出版社,
　　1985c:86-98.

周行. 讨论:关于"华威先生"出国及创作方向问题. 七月,1939,4(4):
　　189-191.

朱雯. "抢译"二题. 中国翻译,1994(6):34-37.

邹振环. 赛珍珠《大地》的翻译及其引起的争议//郭英剑. 寒珍珠评论集.
　　桂林:漓江出版,1999:558-561.

祝秀侠. 布克夫人的《大地》//郭英剑. 赛珍珠评论集. 桂林:漓江出版
　　社,1999:53-58.

(原刊《中国比较文学》2013年第1期)

第三编

翻译研究的多维视角

翻译主体的身份和语言问题

——以鲁迅与梁实秋的翻译论争为中心

董炳月

1929 年 9 月 10 日,梁实秋(1903—1987)的批评文章《论鲁迅先生的"硬译"》在《新月》杂志上刊出。此文引发了 20 世纪 30 年代前期有关翻译问题的论争,在中国现代翻译史上具有标志性意义。梁文发表半年之后的 1930 年 3 月,鲁迅(1881—1936)发表回应文章《"硬译"与"文学的阶级性"》,论争局面初步形成。1931 年 12 月,鲁迅在《几条"顺"的翻译》一文中指出:"在这一个多年之中,拼死命攻击'硬译'的名人,已经有了三代:首先是祖师梁实秋教授,其次是徒弟赵景深教授,最近就来了徒孙杨晋豪大学生。"①由此可见论争之延续性。同样是在 1931 年 12 月,鲁迅与瞿秋白用通信的方式讨论翻译问题,并先后将通信发表在《十字街头》和《文学月报》,有关翻译的讨论高潮再起。鲁迅对翻译论争的参与,至少持续到 1935 年 4 月《非有复译不可》一文在上海《文学》月刊上发表。

　　这场翻译论争②发生在无产阶级文学兴起和"翻译洪水泛滥"③的特

---

① 鲁迅. 几条"顺"的翻译//鲁迅全集(第 4 卷). 北京:人民文学出版社,1981:342.

② 瞿秋白在 1931 年 12 月 5 日写给鲁迅的信中甚至称之为"翻译论战"。引自《鲁迅全集》第 4 卷,第 373 页。本文使用的《鲁迅全集》为人民文学出版社 1981 年版,后文中引用此书时简写成书名及页码,不赘述版本信息。

③ 鲁迅 1931 年 12 月 8 日写给瞿秋白的信中有"从去年的翻译洪水泛滥以来"之语。引自《鲁迅全集》第 4 卷第 379 页。1935 年 4 月发表的《非有复译不可》又提及"去年是'翻译年'"。引自鲁迅. 鲁迅全集(第 4 卷). 北京:人民文学出版社,1981:274.

殊时期,由于众多翻译家的参与,涉及翻译的政治性、译者的身份以及翻译美学等中国现代翻译学发展过程中的基本问题,并与清末至 20 世纪 20 年代中国固有的翻译观念构成关联。本文试图以鲁迅与梁实秋的相关文章为中心,对此进行考察。

一、翻译理论与政治性

梁实秋《论鲁迅先生的"硬译"》一文的立论是从讨论"死译"和"曲译"的优劣开始的。文章开头引用陈西滢的观点——所谓"死译的病虽然不亚于曲译,可是流弊比较的少,因为死译最多不过令人看不懂,曲译却愈看得懂愈糟",在此基础上反陈西滢之道而行之,认为"曲译"与"死译"相比尚有可取之处,理由是"曲译"不会通篇皆"曲","读的时候究竟还落个爽快",而"死译一定是从头至尾的死译,读了等于不读,枉费时间精力。况且犯曲译的毛病的同时绝不会犯死译的毛病,而死译者却不妨同时是曲译"。那么,何谓"死译"?梁实秋依然是引用陈西滢的话来说明——"他们非但字比句次,而且一字不可增,一字不可先,一字不可后,名曰翻译:而'译犹不译',这种方法,即提倡直译的周作人先生都谥之为'死译'。"①在此基础上梁实秋批评鲁迅所译卢那察尔斯基的《艺术论》和《文艺与批评》②译文的晦涩难解,借用鲁迅在《文艺与批评》"译者附记"中的"硬译"一语,将"硬译"与"死译"等同,从而否定了鲁迅的译文。

《论鲁迅先生的"硬译"》对鲁迅译文的批评是在技术层面(即译文质量层面)上进行的。但是,"硬译"("死译")本来是鲁迅在《文艺与批评》

---

① 此文发表于 1929 年 9 月 10 日《新月》六、七期合刊。引自《鲁迅梁实秋论战实录》,华龄出版社 1997 年初版,第 190—191 页。后文中对此书的引用,均只写明书名及页码,不赘述版本信息。

② 前者于上海大江书铺 1929 年 6 月出版,后者于上海水沫书店 1929 年 10 月出版。从后者出版时间看,刊载梁实秋《论鲁迅先生的"硬译"》的《新月》六、七期合刊的正式出版时间不应是 1929 年 9 月,而应在 10 月之后。

"译者附记"中对自己译文的否定性(自谦性)评价,是一种自我批评。鲁迅说:

> 因为译者的能力不够和中国文本来的缺点,译完一看,晦涩,甚而至于难解之处也真多;倘将仂句拆下来呢,又失了原来的精悍的语气。在我,是除了还是这样的硬译之外,只有"束手"这一条路——就是所谓"没有出路"了,所余的惟一的希望,只在读者还肯硬着头皮看下去而已。①

不仅如此,鲁迅在《艺术论》"译者序"中甚至说自己的译作"诘屈枯涩"。可见梁实秋的批评不过是对鲁迅自我批评的重复,提出之初即被鲁迅的自我批评消解,并无建设性,无法构成一种价值。"硬译"在鲁迅与梁实秋之间是一个伪问题,然而论争却发生了。这意味着两者之间存在着另一层面的冲突。

《论鲁迅先生的"硬译"》作为一篇讨论翻译技术问题的文章,其真实意义必须结合此文发表的背景及其与梁实秋思想观念的关系来认识。一目了然的事实是,此文在翻译技术层面对鲁迅译文的否定是为了达到思想目的。

《论鲁迅先生的"硬译"》刊载于新月派同人杂志《新月》,并且是和梁实秋的另一篇文章《文学是有阶级性的吗?》同时刊出。与前者谈论语言问题和翻译技术不同,后者表达了梁实秋的思想观念——对文学之阶级性的否定与对无产阶级文学的否定。梁实秋在《文学是有阶级性的吗?》中明确表示:"文学就没有阶级的区别,'资产阶级文学''无产阶级文学'都是实际革命家造出来的口号标语,文学并没有这种的区别,近年来所谓的无产阶级文学的运动,据我考查,在理论上尚不能成立,在实际上也并未成功。"②对于梁实秋来说,此种思想具有一贯性。1926 年 3 月以长文《现代中国文学之浪漫的趋势》正式登上中国文坛之初,他就从人性论观

---

① 引自《鲁迅全集》第 10 卷,第 299 页。
② 引自《鲁迅梁实秋论战实录》,第 182 页。

点和精英主义观点出发,对"五四"新文学中的人道主义精神展开批判。他说:

> 人道主义的出发点是"同情心",更确切些应是"普遍的同情心"。这无限制的同情在一切的浪漫作品都常表现出来,在我们的新文学里亦极为显著。近年来新诗中产出了一个"人力车夫派"。这一派是专门为人力车夫抱不平,以为神圣的人力车夫被经济制度压迫过甚,同时又以为劳动是神圣的,觉得人力车夫值得赞美。其实人力车夫凭他的血汗赚钱糊口,也可以算是诚实的生活,既没有什么可怜恤的,更没有什么可赞美的。但是悲天悯人的浪漫主义者觉得人力车夫的生活可怜可敬可歌可泣,于是写起诗来张口人力车夫,闭口人力车夫。普遍的同情心由人力车夫复推施及于农夫,石匠,打铁的,抬轿的,以至于倚门卖笑的娼妓。①

由此可见,梁实秋 20 世纪 20 年代末对无产阶级革命文学的否定与其对"五四"新文学人道主义精神的批判一脉相承。《论鲁迅先生的"硬译"》一文在这个脉络中出现,尽管在语言学层面上的意义被鲁迅的自我批评消解,但却通过批评者与批评对象的思想冲突获得了思想意义。梁实秋批评鲁迅的译文不仅仅是因为"硬译",更主要的是因为"硬译"的对象是苏联无产阶级文艺理论著作——即卢那察尔斯基的无产阶级文艺理论著作《艺术论》和《文艺与批评》。这种冲突的本质是受白璧德(1865—1933)新人文主义思想影响的新月派政治意识形态与鲁迅等人持有的无产阶级文艺观之间的冲突。相关思想问题学界已多有论述,②无须重复,这里要强调的是梁实秋作为"硬译"批评者在进行这种批评时的身份——并非一般意义(技术层面的语言转换)上的翻译家,而是政治倾向鲜明的思想者。

---

① 1926 年 2 月写于美国。初发表于 1926 年 3 月 25、27、29、31 日北京《晨报副镌》。引自《鲁迅梁实秋论战实录》,第 17 页。

② 高旭东. 论鲁迅与梁实秋的论战及其是非功过. 鲁迅研究月刊,2004(12):10-21.

其批评手段与实际目的之间具有明显的错位,在他借助语言层面的批评达到思想目的的批评过程中,语言层面上的"翻译"问题被工具化并且被傀儡化。谈论翻译语言问题的《论鲁迅先生的"硬译"》是通过在《新月》这种具有鲜明倾向性的杂志上发表、通过与《文学是有阶级性的吗?》一文的并列获得思想意义的。

鲁迅作为新文化运动的主将之一是人道主义者并且是阶级论者,1919 年 11 月也曾写过赞美人力车夫的作品《一件小事》。[①] 他对梁实秋思想的批判至少在 1927 年 4 月 8 日的讲演《革命时代的文学》(讲于黄埔军官学校)中就已经开始,在同年年底所作名文《文学和出汗》中,则对梁实秋的人性论文学观进行了更集中的批评。鲁迅对于梁实秋写作《论鲁迅先生的"硬译"》一文的真实动机一目了然,所以撰写了题为《"硬译"与"文学的阶级性"》的反驳文章,将"硬译"与"文学的阶级性"合二为一,于是梁实秋放置在"硬译"后面的思想问题被推到前台。文题本身不仅表明讨论对象是被置于语言学和社会学两个层面来表达的,更主要的是表明这两个层面的问题其实是同一个问题,即如何评价无产阶级文学的问题。在随后的讨论中,鲁迅沿用冯乃超《阶级社会的艺术》一文中的观点,将梁实秋定义为"'丧家的''资本家的乏走狗'"。先于鲁迅将梁实秋定义为"资本家的走狗"的冯乃超为左联成员,发表《阶级社会的艺术》一文的《拓荒者》为左联刊物。这一事实表明了翻译论争与思想阵营的关联。1931年年底鲁迅与瞿秋白关于翻译问题的通信表现出更鲜明的政治性。瞿秋白称鲁迅"敬爱的同志",并在信的开头部分盛赞鲁迅所译《毁灭》,说:"你译的《毁灭》出版,当然是中国文艺生活里的极可纪念的事迹。翻译世界无产阶级革命文学的名著,并且有系统的介绍给中国读者,(尤其是苏联的名著,因为他们能够把伟大的十月,国内战争,五年计划的'英雄',经过具体的形象,经过艺术的照耀,而贡献给读者。)——这是中国普罗文学者

---

① 　初载 1919 年 12 月 1 日北京《晨报·周年纪念增刊》,后收入《呐喊》。

的重要任务之一。"①

关于翻译论争中比语言形式问题更重要的政治性,参与论争并受到鲁迅批评的赵景深(1902—1985)有清醒的认识。他在写于 1978 年的《鲁迅给我的指导、教育和支持》一文中说:"恐怕鲁迅不仅仅是由于翻译问题而批评我,而是由于我有一次在国民党市政府的一次宴会上说错了话而批评我。我胆子小,没有加入左联,虽然在《现代文学》上偏重革命派的著作,但也刊登颓废派和别的派别的著作,虽然这刊物只出了半年六册,就被国民党禁止,究竟还只是站在资产阶级立场上同情革命分子,不是对于革命文艺非常热爱。"②

近代以来中国的文学翻译、社会科学翻译作为一种国民国家建设的手段,素有鲜明的政治性,时常表现为政治思想行为。《天演论》《物种起源》《共产党宣言》等著作的翻译均对中国知识人的思想观念发生了巨大影响。译者通过翻译活动确立起来的"自我"首先是某种思想者,其次才是语言学层面的操作者。"五四"之后随着共产主义思想影响的扩大,翻译的政治性凸显为具体的阶级性,译者的阶级立场、社会身份、目的性决定着翻译对象的选择。在此意义上,鲁迅翻译卢那察尔斯基或法捷耶夫与梁实秋翻译白璧德,背后存在着相同的政治逻辑。③ 将《论鲁迅先生的"硬译"》一文放在这个脉络上来看,可以看出此文最大的认识价值在于显示了翻译的政治性如何深入地影响到语言层面的评价,显示了"思想的译者"与"语言的译者"分裂而又同一的矛盾关系。

不言而喻,《论鲁迅先生的"硬译"》一文在语言层面上对相关问题的提出本身并非没有意义,鲁迅也没有将梁实秋的批评完全简化为单纯的思想问题。鲁迅在 1931 年 12 月至 1932 年 1 月撰写的《几条"顺"的翻译》

① 《关于翻译的通信》"来信"。引自《鲁迅全集》第 4 卷,第 370 页。
② 原载《新文学史料》第一辑,1978 年出版。引自赵景深. 我与文坛. 上海:上海古籍出版社, 1999:11-12.
③ 该时期梁实秋经常在《新月》上介绍白璧德理论,他编辑的《白璧德与人文主义》1929 年 1 月由新月书店出版。

《风马牛》《再来一条"顺"的翻译》①等文章中,讨论了赵景深等人提出的"顺"的问题。由"硬译"问题引发思想问题,再由思想问题回到语言层面的"顺"的问题,这种思想问题与语言问题的交织、互动,构成了 20 世纪 30 年代前期翻译论争的一个重要特征。不同思想观念者将翻译语言问题工具化,被作为思想问题提出的语言问题继而回到语言层面,翻译作为一种涉及思想和语言两个层面的话语行为重新获得完整性。

二、"硬译"·转译·留学背景

在对鲁迅、梁实秋等翻译论争参与者的身份进行界定的时候,与"思想的译者"层面同样必须注意的是"语言的译者"层面。具体说来就是论争参与者的留学背景以及与此相关的外语能力问题。一目了然的事实是:梁实秋是留美派,其所属新月派成员如胡适、陈西滢等均为英美留学生,而鲁迅为留日派,和鲁迅同样受到梁实秋批评的郭沫若、冯乃超亦同属留日派。身份中这种留学背景的差异是重要的,"硬译"、对"硬译"的批判以及对"转译"的态度等等均与此有关。

两部被梁实秋指为"硬译"的鲁迅译著均为自日文转译。《艺术论》是根据昇曙梦(1878—1958)的日译本转译,并在翻译过程中参考了多种卢那察尔斯基著作日译本。鲁迅在"译者序"中说得明白:"原本既是压缩为精粹的书,所依据的又是生物学底社会学,其中涉及生物,生理,心理,化学,哲学等,学问的范围殊为广大,至于美学和科学底社会主义,则更不俟言。凡这些,译者都并无素养,因此每多窒滞,遇不解处,则参考茂森唯士的《新艺术论》(内有《艺术与产业》一篇)及《实证美学的基础》外村史郎译本,又马场哲哉译本,然而难解之处,往往各本文字并同,仍苦不能通贯,

---

① 　均收入《二心集》。见《鲁迅全集》第 4 卷。

废时颇久,而仍只成一本诘屈枯涩的书,至于错误,尤必不免。"①《文艺与批评》同样是根据尾濑敬止、金田常三郎、杉本良吉等人的日译本编译。在鲁迅的译作中,从留日时期所译科幻小说《月界旅行》《地界旅行》到晚年所译《十月》《毁灭》,自日译本的转译占很大部分。甚至他对曹靖华所译《铁流》的校读,也是以日译本为参照。这是鲁迅的留日经历和日语能力决定的。

精通日语并且是在日本开始文学活动,使鲁迅作品具有鲜明的"留日生文体"特征。这里所谓的"留日生文体"具有两个基本要素。一是多用日语汉字词汇。这在早期留日中国人的作品如《留东外史》(平江不肖生民国初年在东京开始创作的长篇小说)中表现突出。小说直接使用了"奥样"(夫人)、"运转手"(司机)、"料理"(饭菜)等日语汉字词汇。清末发生的"日本名词"之争表明了日语汉字词汇在现代汉语中所占比例之大,在此意义上现代汉语文本均具有潜在的"留日生文体"特征。二是行文中多用"的",导致"'的'字句"大量出现。"'的'字句"更多出现在自日文翻译的著作中,是由对日语中多用的表示从属、并列、修饰关系的"の"的翻译造成的。就鲁迅的创作和翻译(特别是早期作品)而言,日语汉字词汇多有所见。鲁迅常用的"绍介"(词义同中文的"介绍")即为日语汉字词汇。在1919年所译武者小路实笃剧本《一个青年的梦》中,"正体"(真面目)、"日曜日"(星期天)、"自慢"(骄傲自满)等日语汉字词汇均被直接使用,"汽车"一词的直接使用甚至造成误译。② "'的'字句"在鲁迅译作中也不少见。《一个青年的梦》中"美的女人的魂"这一登场角色的译名就是典型的"'的'字句",简洁的翻译当为"美女魂"或"美女之魂"。鲁迅将其译为"美的女人的魂",显然是受制于原文的句子结构。原文为"美しい女の亡灵",鲁迅不仅直译了表示从属关系的"の"("的"),而且将"美"与"女"的

---

① 鲁迅.《艺术论》(卢氏)小序//鲁迅全集(第10卷). 北京:人民文学出版社,1981:295.

② 日语汉字"汽车"的中文意思是"火车",汉语的"汽车"在日语汉字中写作"自动车"。

修饰关系用"的"来接续。1931 年 10 月鲁迅为曹靖华所译苏联作家绥拉菲摩维支的长篇名作《铁流》写《〈铁流〉编校后记》时,以日译本为据将书名翻译为《铁之流》。① 瞿秋白在与鲁迅讨论翻译问题的信中,曾就鲁迅所译《毁灭》的译文提出了九条订正,第一条引用了鲁迅的这样一句译文:

> 对于新的极好的有力量的慈善的人的渴望,这种渴望是极大的,
> 无论什么别的愿望都比不上的。

这句话共三十九个字,却用了八个"的"。第一分句的十八个字中有五个"的"。此种语言现象的出现无疑与日语表达方式有关。不仅如此,第一分句中"渴望"一词被置于句子最后,也与日语句式中动词后置的基本结构相同。在动宾结构的句子当中,日语与汉语的词序是相反的——日语是宾语在前、动词在后,而汉语是动词在前、宾语在后。汉语的"读书"用日语表达,词序就是"书读"(本を読む)。为了改变动词在前、宾语在后这种汉语表达通则,就需要在作为宾语的名词前面加上介词"对于",使其承担日语中表示动宾关系的词"を"所承担的功能。

鲁迅对于"'的'字句"问题显然有自觉的意识。他在译著《苦闷的象征》"引言"(写于 1924 年 11 月 22 日)中写下了这样一段话:

> 文句大概是直译的,也极愿意一并保存原文的口吻。但我于国语文法是外行,想必很有不合轨范的句子在里面。其中尤须声明的,是几处不用"的"字,而特用"底"字的缘故。即凡形容词与名词相连成一名词者,其间用"底"字,例如 Social being 为社会底存在物,Psychische Trauma 为精神底伤害等;又,形容词之由别种品词转来,语尾有 tive, tic 之类者,于下也用"底"字,例如 speculative,romantic,就写为思索底,罗曼底。②

---

① 书名中的"之"为"的"的文言形式。见《鲁迅全集》第 7 卷,第 373 页。日译本书名待考,当为"鉄の流"。
② 鲁迅. 鲁迅译文集(第 3 卷). 北京:人民文学出版社,1958:5.

鲁迅做出这种努力的目的之一,显然在于消除"'的'字句"的单调感与拖沓感,对"词际关系"进行更细致的区分与表达。但是,从前文引自《艺术论》"译者序"的那段文字来看,这种努力收效甚微。"生物学底社会学"与"科学底社会主义"两个词组中的"底"字省略为宜。事实上"科学底社会主义"现在变成了"科学社会主义"。

可以说,具有独自语法规范的日语文本本身作为翻译对象是造成"硬译"的原因之一。尤其是在从日语译本转译其他语种的文本的情况下,为了忠实于原著的内容、避免第二次语言转换更多地损害原著的真实性,对日译本的拘泥更容易导致"硬译"现象的发生。

强势文化环境中的文本更多地被翻译向弱势文化环境是一个定律。在西方文化对东方文化占强势,许多欧美文本被中国、日本等亚洲国家翻译的民国时期,梁实秋等英美留学生作为"译者"能够直接翻译英文,拥有先天的合法性与优越感。对于他们来说,既不存在"留日生文体"问题,也可以回避转译。在此意义上,鲁迅与梁实秋的翻译论争是"留日中国人"与"留英美中国人"之间的论争,是英语背景的现代汉语与日语背景的现代汉语之间的论争。事实上,梁实秋 1933 年曾明确对"欧化文"提出批评,并将矛头指向转译日文的鲁迅。他说:

> 有一种白话文,句子长得可怕,里面充了不少的"底""地""的""地底""地的",读起来莫名其妙,——有人说这就是"欧化文"。[中略]欧化文的起因,据我看,是和翻译有关系的,尤其是和"硬译"那一种东西有关系的。有些翻译家,因为懒或是匆忙或是根本未通,往往写出生吞活剥的译文,即"硬译"是。贤明如鲁迅先生,亦是"硬译"的大师。鲁迅的杰作阿 Q 正传不是用欧化文写的。而鲁迅译起书来(当然是从日本文译)便感觉中国文不够用了,勉强凑和,遂成硬译。①

这段批评指出的"底""地""的"等词用法的混乱与"从日本文译"二者之间

---

① 此文发表于 1933 年 12 月 23 日天津《益世报·文学周刊》第 56 期。引自《鲁迅梁实秋论战实录》,第 618—619 页。

的关系不是偶然的。

"从日本文译"即"转译"。这就涉及对"转译"(或曰"重译""间接翻译")行为的理解与评价。转译是当时翻译论争的焦点之一,鲁迅与梁实秋都表明了自己的观点。

梁实秋对转译基本持否定态度。1928年年底他在《翻译》一文中说:"转译究竟是不太好,尤其是转译富有文学意味的书。本来译书的人无论怎样灵活巧妙,和原作比较,总像是掺了水或透了气的酒一般,味道多少变了。若是转译,与原作隔远一层,当然气味变得更利害一些。"进而对从日文转译提出批评,说:"听说有人从日本文转译,连稿子都不起,就用笔在原稿上勾圈涂改,完事大吉。这话真假我不知道,不过最近我看了一些从日本文译出来的西洋的东西,其文法之古奥至少总在两汉以上,不能不令人疑心了。"①对于梁实秋来说,这种对转译,尤其是对某种形式的日文转译的否定,与其对"硬译"的否定具有内在关联。革命文学作家蒋光慈同样反对转译,他在发表于1930年1月《拓荒者》第1期上的《东京之旅》一文中讽刺说:"近来中国有许多书籍都是译自日文的,如果日本人将欧洲人那一国的作品带点错误和删改,从日文译到中国去,试问这作品岂不是要变了一半相貌么?"②穆木天在发表于1934年6月19日《申报·自由谈》上的评论文章《各尽所能》中也指出:"有人英文很好,不译英美文学,而去投机取巧地去间接译法国的文学,这是不好的。因为间接翻译,是一种滑头办法。如果不得已时,是可以许可的。但是,避难就易,是不可以的。"③

鲁迅不同。他对转译基本持肯定态度。针对穆木天的文章,鲁迅撰写了《论重译》,指出:

---

① 《翻译》,发表于1928年12月10日《新月》1卷10号。引自《鲁迅梁实秋论战实录》,第543页。

② 见鲁迅在《"硬译"与"文学的阶级性"》一文中的引述。引自《鲁迅全集》第4卷,第211页。

③ 穆木天. 各尽所能. 申报·自由谈,1934-06-19.

懂某一国文,最好是译某一国文学,这主张是断无错误的,但是,假使如此,中国也就难有上起希罗,下至现代的文学名作的译本了。中国人所懂的外国文,恐怕是英文最多,日文次之,倘不重译,我们将只能看见许多英美和日本的文学作品,不但没有伊卜生,没有伊本涅支,连极通行的安徒生的童话,西万提司的《吉诃德先生》,也无从看见了。这是何等可怜的眼界。自然,中国未必没有精通丹麦,诺威,西班牙文字的人们,然而他们至今没有译,我们现在的所有,都是从英文重译的。连苏联的作品,也大抵是从英法文重译的。①

鲁迅这里所谓的"重译"即穆木天所谓的"间接翻译",即"转译"。上述主张的提出是基于鲁迅的多元文化观,体现出对弱小民族的同情,与其早年编译《域外小说集》时所持价值观具有本质的相通。这种主张有助于打破强势国家的语言霸权、消除语言的不平等。转译现象的发生与国家文明程度的差异、国家关系的不平等有关,亦与近代中国的外语教育制度有关。梁实秋对转译的否定之中潜藏着对小语种国家的漠视或歧视,具有语言沙文主义倾向。翻译的政治性在这里又一次体现出来。

文化与语言的独立性、自足性,决定着"完全翻译"的不可能,原作在语言转换过程中流失某些意义并获得某些意义是必然的。由于文化的差异和译者语言能力的限制,误译则导致变形。在此意义上转译面临着双重危险,梁实秋、蒋光慈对转译的否定自有其合理性。梁实秋在《论翻译的一封信》(1932 年发表)中,以英文原文为据指出了鲁迅所译普列汉诺夫《艺术论》中一段引文的艰涩与暧昧,尖锐地指出:"鲁迅所译,系根据日译本转译的,日译本虽然许是直接译自俄文,但俄文原本所引用的达尔文的文章又是译自英文的。所以达尔文的原文,由英而俄,由俄而日,由日而鲁迅,——经过了这三道转贩,变了原形自是容易有的事。"②

---

① 初发表于 1934 年 6 月 27 日《申报·自由谈》。引自《鲁迅全集》第 5 卷,第 505—506 页。

② 引自《鲁迅梁实秋论战实录》,第 601 页。

　　这样看来,鲁迅的转译主张只有相对的价值——作为不具备直接翻译条件下的权宜之计,作为一种展示文化多元性的手段,转译才是有价值的。鲁迅从日文转译苏俄文论或作品,是其精通日语而不通俄语这一基本事实决定的,并非最佳选择。实际上,鲁迅同样认为在条件具备的情况下应当直接翻译。他在《艺术论》"译者序"中用"诘屈枯涩"等词对自己的译文进行自嘲之后,说:"倘有潜心研究者,解散原来句法,并将术语改浅,意译为近于解释,才好;或从原文翻译,那就更好了。"①即使是在与穆木天商榷的《论重译》一文中,他也不否定穆木天"懂某一国文,最好是译某一国文学"的主张,并在文章结尾处表明"待到将来各种名作有了直接译本,则重译本便是应该淘汰的时候"。②

三、翻译美学的重建

　　在 20 世纪 30 年代前期的翻译论争中,政治倾向与留学背景、知识结构都影响到翻译观念、影响到对语言技术层面的评价。但对立与差异并非论争的全部,论争双方作为翻译实践参与者,也各自进行了有价值的探索,促进了中国现代翻译观念的建设。

　　当翻译观念的对立或差异出现在同一思想阵营内部的时候,对于超越翻译政治性、具有普遍意义的翻译规范的建设就开始了。从梁实秋《论鲁迅先生的"硬译"》一文开头部分对陈西滢文章的引用来看,二人对待"曲译"和"死译"的评价并不相同。梁实秋和陈西滢同为新月社成员,这种差异是在新月社内部发生的。同一思想阵营中翻译观的差异在革命文学倡导者群体中同样存在。如前所述,同样倡导革命文学的鲁迅和蒋光慈对待转译的态度并不相同。瞿秋白在通信中对鲁迅译文的校改,也显

---

① 鲁迅.《艺术论》(卢氏)小序//鲁迅全集(第 10 卷). 北京:人民文学出版社,1981:295.
② 鲁迅. 花边文学·论重译//鲁迅全集(第 4 卷). 北京:人民文学出版社,1981:560.

示出翻译观的细微差异。这种差异表明政治观念已经让位于语言层面和翻译美学层面的规范与尺度。

翻译论争是发生在清末以来严复、梁启超、林纾等人的翻译活动的延长线上,因此不可能绕开严复(1854—1921)1897 年在《天演论》"译例言"中提出的"信、达、雅"这个既存的翻译美学标准。严复说:"译事三难:信、达、雅。求其信,已大难矣;顾信矣,不达,虽译犹不译也,则达尚焉。""三者乃文章正规,亦即为译事楷模。故信达而外,求其尔雅。"如同研究者已经指出的,信、达、雅三字在三国时代支谦的《法句经序》中已经全部出现,严复的贡献在于"将这三个字按译事的内在的规律和关系排列组合,明确而自觉地将它们作为'译事楷模'"①。应当注意的是,这三个字能够作为"译事楷模"确立是借助于清末翻译浪潮的推动,适应了大量的翻译实践对于翻译规范的潜在要求。在此意义上,"信、达、雅"是作为具有现代性的翻译准则被确立起来,并成为后人讨论翻译观念时无法跳出的基本框架。

陈西滢批评"死译"时所谓的"译犹不译",即来自严复的"译例言"。将"曲译"置于"死译"之下,进而批评"死译"对阅读的阻碍,意味着陈西滢首先重视译文的准确性,进而要求译文清晰易解。这等同于严复对"信"与"达"主次关系的理解。赵景深同样是在"信、达、雅"的基本框架中讨论译文评价标准。他在《论翻译》一文中为误译辩解,说:"我以为译书应为读者打算;换一句话说,首先我们应该注重于读者方面。译得错不错是第二个问题,最要紧的是译得顺不顺。倘若译得一点也不错,而文字格里格达,吉里吉八,拖拖拉拉一长串,要折断人家的嗓子,其害处当甚于误译。……所以严复的'信''达''雅'三个条件,我以为应当是'达''信''雅'。"②此种翻译观是通过对严复翻译观的重新组合建立起来的,与梁实秋《论鲁迅先生的"硬译"》一文对于"硬译"的批评有类同之处。如前所

---

① 陈福康. 中国译学理论史稿. 上海:上海外语教育出版社,1992:118.

② 原载 1931 年 3 月《读书月刊》第 1 卷第 6 期。转引自《鲁迅全集》第 4 卷,第 344 页第二条注释。

述,梁实秋是用相对化的方式赋予"曲译"以价值,认为不会发生通篇的"曲译",即使是"曲译"也能给读者以阅读的"爽快",于是将"达"放在了"信"的前面。

与赵景深、梁实秋将"顺"(爽快)放在"信"前面不同,在鲁迅这里"信"是第一位的。这与严复将"信"字置于"达"和"雅"之前相同。二人的差异在于,与严复追求"信""达""雅"三者的均衡不同,鲁迅为了"信"不惜牺牲"达"。他在写于 1931 年 12 月 28 日的《论翻译——答 J.K.论翻译》中表明:"我是至今主张'宁信而不顺'的。"这里的"顺"即严复的"达"。为了"信"可以牺牲"达"("顺"),"雅"则更在其次。此种翻译观的提出是基于鲁迅改造中国语言、改造中国人思维方式的基本理念。他说:"这样的译本,不但在输入新的内容,也在输入新的表现法。中国的文或话,法子实在太不精密了,作文的秘诀,是在避去熟字,删掉虚字,就是好文章,讲话的时候,也时时要辞不达意,这就是话不够用,所以教员讲书,也必须借助于粉笔。这语法的不精密,就在证明思路的不精密,换一句话,就是脑筋有些胡涂。"①基于此他强调"直译"的重要性。瞿秋白在通信中提出的"绝对的正确和绝对的白话文"这一翻译准则与鲁迅的翻译观基本相近,他甚至批评严复的翻译观是"用一个'雅'字打消了'信'和'达'"。瞿秋白同样强调翻译在改造中国旧语言、创造新语言方面的功能,说:"翻译,的确可以帮助我们造出许多新的字眼,新的句法,丰富的字汇和细腻的精密的正确的表现。"②强调译语(翻译语言)在现代汉语成长过程中的"革命意义",是鲁迅、瞿秋白与梁实秋的显著区别之一。1932 年,梁实秋在《翻译要怎样才会好?》一文中继续讽刺"硬译",并针对鲁迅"输入新的内容,也在输入新的表现法"这一主张提出相反意见,说:"不以改良国文和翻译搅成一团,翻译的目的是要把一件作品用另一种文字忠实表现出来,给不懂原文

---

① 鲁迅.关于翻译的通信//鲁迅全集(第 4 卷).北京:人民文学出版社,1981:382.

② 瞿秋白.论翻译——给鲁迅的信//瞿秋白文集:文学编(第 1 卷).北京:人民文学出版社,1985:506.

的人看。"①

总体看来,20 世纪 30 年代前期的翻译论争是围绕"信""达""雅"三者的排列顺序和均衡性展开的。在论争过程中,"死译""曲译""硬译""直译""转译"等概念凸现出来并获得稳定的含义。这些概念的出现标志着翻译观念的多样化,而多样化意味着成熟。其中最为重要的,当为"直译"作为一种翻译美学范畴的确立。这种翻译美学观是基于鲁迅追求"真"的现实主义精神,与严复的"信"保持着本质的相通,同时将"达"与"雅"相对化。在此意义上,"直译"可以说是一种能够与"信、达、雅"相提并论的翻译美学观。② 但有一点应当注意:鲁迅强调"直译"的前提是将"很受了教育的"人士设定为读者对象,并且是以输入新的内容、新的表现法为指向。在一般性的评价上,鲁迅同样倾向于"达"和"雅"。翻译论争正在进行的1933 年 8 月,鲁迅写信给杜衡推荐高尔基作品的译稿,写的就是《小说集》系同一译者从原文译出,文笔流畅可观"。③ 所谓"流畅可观"的文体特征显然是"直译文体"暂时无法拥有的。

随着论争的深入,论争参与者们在"信"与"达"的统一这种翻译普遍性的层面上逐渐获得了一致性。赵景深在 1935 年前后写的一篇题为《鲁迅》的文章中说:"他对小说的翻译重'信'而不十分重'达',我则重'达'而不十分重'信',可是现在他的译文也重'达'起来,而我也觉得不十分重'信'是不大对了,虽然我已经很早就搁下了翻译的笔。"④对于曾因将"Milky Way"(银河)误译为"牛奶路"而屡遭鲁迅嘲讽的赵景深来说,这种"调和"具有代表性。甚至 1929 年将"曲译"置于"死译"之上的梁实秋,到了 1932 年也承认"'信而不顺'与'顺而不信'一样的糟"⑤。这意味着论争

---

① 发表于 1932 年 12 月 10 日天津《益世报·文学周刊》第 6 期。引自《鲁迅梁实秋论战实录》,第 594 页。

② 在"直译"观念的确立方面周作人同样发挥了重要作用。这个问题需另作论述。

③ 1933 年 8 月 20 日致杜衡,引自《鲁迅全集》第 12 卷,第 216 页。

④ 赵景深. 我与文坛. 上海:上海古籍出版社,1999:2.

⑤ 引自《翻译要怎样才会好?》。发表于 1932 年 12 月 10 日天津《益世报·文学周刊》第 6 期。引自《鲁迅梁实秋论战实录》,第 594 页。

双方渐渐超越思想差异,在翻译美学的层面上达成了一致。

梁实秋、鲁迅的最大一致性,在于复译(重复翻译)主张的共有。这种主张的提出是基于对"信"的追求。梁实秋在《翻译》一文中就谈及复译,说:"我最不赞成在报上登广告:'某书现已由鄙人移译,海内同志,幸勿重译。'有翻译价值的书,正无妨重译。有了多种译本,译者才不敢草率从事。"①鲁迅在七年之后表达了更为激进的观点。他在 1935 年年初写了一篇题为《非有复译不可》的文章,指出:

> 记得中国先前,有过一种风气,遇见外国——大抵是日本——有一部书要出版,想来当为中国人所要看的,便往往有人在报上登出广告来,说"已在开译,请万勿重译为幸"。他看得译书好像订婚,自己首先套上约婚戒指了,别人便莫作非分之想。[中略]前几年,翻译的失了一般读者的信用,学者和大师们的曲说固然是原因之一,但在翻译本身也有一个原因,就是常有胡乱动笔的译本。不过要击退这些乱译,诬赖,开心,唠叨,都没有用处,唯一的好方法是又来一回复译,还不行,就再来一回。譬如赛跑,至少总得有两个人,如果不许有第二人入场,则先在的一个永远是第一名,无论他怎样蹩脚。所以讥笑复译的,虽然表面上好像关心翻译界,其实是在毒害翻译界,比诬赖,开心的更有害,因为他更阴柔。②

此处所论不仅与梁实秋的主张相同,甚至举的例子都类似。应当注意的是鲁迅对复译的理解较梁实秋更丰富。复译在梁实秋那里仅是技术层面(译文准确性)的问题,但在鲁迅这里不仅承担着"击退乱译"的功能,而且获得了自足的文化意义与美学意义。鲁迅指出:"即使已有好译本,复译也还是必要的。曾有文言译本的,现在当改译白话,不必说了。即使先出的白话译本已很可观,但倘使后来的译者自己觉得可以译得更好,就不妨

---

① 梁实秋. 翻译//黎照编注. 鲁迅梁实秋论战实录. 北京: 华龄出版社, 1997: 543.

② 初发表于 1935 年 4 月上海《文学》月刊 4 卷 4 号。引自《鲁迅全集》第 6 卷,第 275 页。

再来译一遍,无须客气,更不必管那些无聊的唠叨。取旧译的长处,再加上自己的新心得,这才会成功一种近于完全的译本。但因言语跟着时代的变化,将来还可以有新的复译本的,七八次何足为奇,何况中国其实也并没有译过七八次的作品。"①这种观点的产生是以对不同译者译文相对性的认识为前提的,并且回到了鲁迅长期持有的追求语言的时代性这一观念自身。

在中国近现代翻译史上,20 世纪 30 年代前期的翻译论争意义重大。1934 年 9 月鲁迅和茅盾发起创办的《译文》杂志在上海创刊,显然与这场论争有关。在论争中,鲁迅与梁实秋作为思想观念不同、留学背景不同的知识人,其言论涉及翻译政治性、翻译美学中的某些核心问题。在此意义上二者之间某些带有感情色彩与人身攻击内容的"对骂",实质上也成了构建现代翻译观念的一种形式。这场翻译论争的参与者众多,全面理解其意义尚需对各位参与者的言论逐一进行清理。

2006 年 3 月末草就
2008 年 6 月 23 日改定

(原载《鲁迅研究月刊》2008 年 11 月号)

---

① 鲁迅《非有复译不可》,引自《鲁迅全集》第 6 卷,第 275 页。

现代主义的海外接续

——香港《文艺新潮》的翻译

赵稀方

一、政治幻灭

1949 年新中国成立,在香港的左翼作家陆续凯旋北上,不容于新政权的右翼人士集中南下,香港文坛从左翼中心变成了右翼中心。

朝鲜战争以后,美国投入大量资金,试图将香港建成反共文化前沿。美国在香港活动最重要的机关,是美国新闻处(简称"美新处",USIS—Hong Kong)。美新处联合了多家基金组织,共同资助香港的美元文化,其中最有影响的是人们常常提到的亚洲基金会。其实,在 20 世纪 50 年代初并无所谓的亚洲基金会,它的原名为"自由亚洲协会"(Committee on Free Asia),1954 年它才更名为亚洲基金会(Asia Foundation)。亚洲基金会虽然号称非政府组织,但是一直接受美国中央情报局的资助。亚洲基金会在美国整体亚洲政策指导下,从事对于香港文化、教育等方面的资助活动。

美元文化所资助的出版社和刊物包括:1949 年的《自由阵地》及后来的自由出版社;1951 年的友联出版社及《中国学生周报》等刊;1951 年的人人出版社及《人人文学》等刊;1952 年的《今日美国》(两年后改为《今日世界》)及稍后成立的今日世界出版社;1952 年的亚洲出版社及《亚洲画

报》等刊。

除了在报刊上刊登反共作品之外,出版社还出版了大量反共著作,其中包括政治、社科、报告文学、人物传记、翻译以及连环画等等。人人出版社出版有"四大丛书",分别具有不同的功能。第一是"平凡丛书",这套书的宗旨是"它帮助你思考问题,了解问题,帮助你想:世界何处去?中国何处去?个人何处去?"。第二是"美国问题丛书",功能是"它告诉你美国真相,帮助你展望未来"。第三是"苏联问题丛书",作用是"它掀开铁幕,让你细看俄罗斯的真面目"。第四是"人人丛书",这是文艺丛书,也有其功能,"通过文艺作家神圣的事,它要失去希望的人重获奋斗的信心,要热衷权力的权力家重估人性的尊严"。①

亚洲出版社出版"反共"著作也是种类繁多,数目庞大,与其他出版社比较,它较为侧重于人文类书籍。

左翼文坛虽然主力北上,左翼文人在香港也有自己的阵地,主要报刊是《大公报》《文汇报》《新晚报》等,对抗美元文化的意味很明显,如《青年乐园》抗衡友联的《中国学生周报》,《小朋友》抗衡友联的《儿童乐园》,《良友画报》抗衡亚洲出版社的《亚洲画报》等。在出版社方面,左翼文坛以三联书店为首,联合其他出版社,抗衡美元文化下的出版社。在创作方面,较有影响的阮朗在《新晚报》连载的《某公馆散记》,揭露批判南下国民党人的招摇撞骗的情况。值得一提的是,左翼报刊还试图通过通俗小说争取市场。《新晚报》自1955年2月起刊登金庸的《书剑恩仇录》,从此开启了香港新派武侠小说。整体上说,香港左翼的力量远远逊色于右翼,美元文化可以说占据了当时香港文坛的主流。

正是在这种左右对峙、文学被政治所裹挟的情形下,马朗创立了《文艺新潮》。马朗是厌恶政治、坚持文学理想的人,他试图通过创办纯文学刊物,倡导现代主义,来寄托自己的内心理想。

马朗,原名马博良,祖籍广东中山,20世纪40年代就在上海从事文艺

---

① 《人人文学》1952年5月20日第1期广告页。

活动。他编辑过《社会日报》《文潮》《水银灯》等报刊,出版过短篇小说集《第一理想树》(1947),并从事诗歌创作。在文坛上,他与张爱玲、刘以鬯、纪弦、万方、邵洵美等人交往,他是迄今为止我们所知道的第一个评论张爱玲小说的人。1949 年后,他的朋友多离开,在香港或台湾继续从事(现代主义)文学运动。

马朗自述思想曾经激进,然而,在 1949 年后,他却被真正的左翼政治吓倒了,理想破,他逃到了香港。

马朗对香港左右对立的文学都不太看得上。对于右派,"我和'新潮社'的一班朋友,不喜欢看它们,是觉得他们的水平太差,不行。右派的文章都不行"①。关于左派,马朗觉得稍好,但也不行。他能够欣赏的是曹聚仁、叶灵凤等坚持文学远离政治的人。

在商业社会的香港,想办纯文学刊物是很不容易的。好在马朗早在上海的时候就擅长办通俗刊物,他所办的大众刊物《水银灯》等都很畅销。在香港,他帮环球出版社办《蓝皮书》《大侦探》《西点》《迷你》等报刊,销路很好。环球出版社的老总罗斌是马朗的上辈老相识,在上海的时候就给《文潮》做发行。罗斌靠这些通俗刊物挣了钱,就给马朗办刊物,不过希望他办《水银灯》那样的刊物,马朗却办起了赔钱的《文艺新潮》,就是为了他的理想。《文艺新潮》面世于 1956 年 2 月 18 日,印行者为环球出版社。因为《文艺新潮》的非左非右,没有政治背景,所以不受欢迎,大陆自然不能进去,在台湾也被禁止,东南亚也过不去。不过,它以手抄本的形式进入了台湾,对台湾当时的现代主义文学产生了一定影响。

《文艺新潮》为何创办? 宗旨是什么? 我们可以看它的发刊词《人类灵魂的工程师,到我们的旗下来!》。发刊词的开头是:

> "这是禁果!"
>
> 如果想看"巴黎的陷落"那暴风雨前夕的混乱,静静的顿河岸上壮丽的斗争图,或者想知道老人与海的奋斗和胜利,踏遍剃刀边缘是

---

① 杜家祁,马朗. 为什么是现代主义——杜家祁、马朗对谈. 香港文学,2003(224).

否成仙印度便是正果？盲女日特露德耳中贯过的田园交响乐，在乐园里，我们会受到告诫。然而，那是禁果吗？夜未央时波兰少女窗前的一盏灯，水仙辞中一个临渊自顾的美少年，这世界是多彩的，有各形各式的美丽。但是，告诫一再掷来："这是禁果！"……

　　这不是可以自由采摘的，可是那是真正美丽的呵……①

　　开头主要由外国作品的名称及其叙述构成，因为文中没有标明，也没有加书名号，这里不妨翻译一下。《巴黎的陷落》是爱伦堡的小说，《静静的顿河》是肖洛霍夫的小说，《老人与海》是海明威的小说，《剃刀边缘》是毛姆的小说，即《刀锋》，《田园交响乐》是纪德的小说，《夜未央》是波兰廖抗夫的作品剧本，《水仙辞》是瓦雷里的诗。发刊词一开头，首先表明对于这些外国文学名著中的文学世界的憧憬，然而这些"真正美丽"的东西，在彼时却是禁果。我们离那个文学的世界，越来越遥远了。《文艺新潮》想做的，就是把这些真正的文学介绍进来。

　　为什么是文学，而不是别的？文学在这里，被赋予了重要功能。"发刊词"接下来说，我们身处一个前所未有的"黑暗"和"悲剧"的时代，原因就是政治争斗毁灭了社会价值，毁灭了人的理想，曾经摸索和奋斗的人们，最终发现自己被欺骗，所得到的只能是荒凉和绝望。

　　曾经是惶惑的一群，在翻天覆地的大动乱中，摸索过，争斗过，呐喊过，同时，也被领导过，被屠宰过，我们曾一再相信找到了完美的乐园，又再一次被欺骗了，心阱和魔道代替了幸福的远景。我们希望，我们期待过的前驱，今天都倒下来了，迷失了，停止了探询，追寻。大家没有方向，在冲撞，在陷落，在呼救，然后趋向颓废和死亡。

　　政治已经破产，无论"左"的政治，还是"右"的政治，都不能让人相信。这个时候，什么能挽救我们呢？马朗给出的答案是：文学。

　　没有希望吗？不，十六世纪的文艺复兴带来了新的世纪。今日，

① 新潮社. 人类灵魂的工程师，到我们的旗下来！. 文艺新潮，1956，1(1)：2.

在一切希望灭绝以后，新的希望会在废墟间应运复苏，竖琴会再讴歌，我们恢复梦想。也许在开始，我们祇想到一片小小的净土，我们可以唱一些小歌，讲一些故事，也可以任意推开窗去听遥远的歌，遥远的故事，然后我们想到这原是千万人的向往，一切理想的出发点，于是再想到一个我们敢哭、敢歌唱、敢说话的乌托邦。那样的新世界总会到来的，——如果，我们憧憬、悲哀、追求、快乐和争斗的本能没有泯消。因此，我们想到呼喊，要举起一个信号。

面对政治所带来的人性废墟和绝望，面对文学被政治主宰的命运，作为一个文人的马朗所提出的方法就是寻找真正的文学。开始，我们可以用它"唱一些小歌""讲一些故事"，让文学在这混乱的时代提供"一片小小的净土"。继之，在文学成为"千万人的向往"和"理想的出发点"以后，新的乌托邦的世界就会来到。

看得出来，马朗的思想与他在 20 世纪 40 年代主编《文潮》的时候，有一脉相承的地方。他回忆："那几十年，从我诞生前到成长时期，天下不停变乱，几次翻天覆地，在 1944 年创办主编当时罕见的纯文学杂志《文潮》的创刊辞中，我说明'这世界，已经呈现出空前的混乱动荡和不安'，理想和现实相继崩溃毁灭，茫然远处回顾与前瞻之间，焚琴的浪子担承了'注定为悲剧的斗争'，以行动、立论、创诗，力辟荆途。"[①]有变化的，大概就是对待现代主义的态度。马朗一直对现代主义有兴趣，但他自述早年还有一些左翼的追求，"当时也有一些左翼朋友，他们在当时也办一些地下诗刊，我也有份参与。我在最近的一个讲演中，曾提到当时已经接触过现代主义，但当时我觉得自己应像俄国的马雅克夫斯基一样，要走到时代的最前线，叫口号。所以我不要选择现代主义，但当时我已对现代主义很有兴趣了"。时至今日，战后西方现代主义已经成为他的重要选择，对于现代主义的引进成为《文艺新潮》的突出特征。

① 马博良. 半世纪掠影自序//半世纪掠影：马博良小说选. 香港：香港联合书刊特流有限公司，2013：1-2.

二、存在主义、现代诗及其他

如果从目录上看,《文艺新潮》是创作和翻译并重的,但如果从篇幅上看,翻译则大大超过了创作。《文艺新潮》在 1 卷 1 期"编辑后记"中提及刊物的"编制"时说:"我们预备翻译和创作并重。"一般而言,人们一般说"创作与翻译",但这里是"翻译和创作","翻译"放在"创作"的前面。接着,马朗似乎已经把创作忘记了,只谈起了翻译:

> 翻译方面,决定有系统地介绍一点世界各国的现代文学,让大家看到现阶段国际水准上的新作品。可能的话,我们计划专辟一些特辑和专号,譬如,第四期暂定是法国文学专号,再下去或者是日本小说特辑,或者是介绍一位作家的特辑。同时还有一项尝试,每期拟辟数万字的地位,一次登完一篇"一本书那么长的"的特辑,让作者能给人一气呵成的印象,而读者可窥全豹,但负担的只是一本杂志的价钱。①

《文艺新潮》每期只有 80 页的篇幅,是一本薄薄的刊物,每期要花费巨大篇幅一次刊登外国小说,再加上专辑、专号等等,刊物的主要篇幅无疑都在刊登翻译作品。

果然,1 卷 2 期"编辑后记"中就提到,读者有意见了,"意见之中,有人认为我们偏重翻译"。马朗解释说:

> 其实优秀的创作还是我们最重视的,这一期就有不同风格的三篇;只是在推动一个新的文艺思潮之时,需要借镜者甚多,而介绍世界现代文学过去又是比较脱节的工作,至少有十年读者已被蒙蔽。因此,这道藩篱应该首先拆除。②

---

① 马朗. 编辑后记. 文艺新潮, 1956, 1(1): 51.
② 马朗. 编辑后记. 文艺新潮, 1956, 1(2): 21.

马朗虽然认为"优秀的创作"需要重视,但他认为倡导文艺新潮,首先需要翻译介绍外国文学作品,中国因为战乱,已经有十多年时间与外国文学思潮隔绝,因此首先需要了解外国新思潮,才谈得上我们自己的创作。

《文艺新潮》对于法国文学予以了特别关注。《文艺新潮》1 卷 1 期"发刊词"后的第一篇文章,就是《法兰西文学者的思想斗争》,署名翼文。文章对于法国战后思想背景的介绍,与马朗在《发刊词》中所说的战后心境十分吻合:

> 相信人性善良的启蒙时代曾经是一个怀着希望的时代:从梏中解放的人是永无止境地走向一个较好的世界。但第二次世界战争却教人以万恶。在大战留下的废墟中,那些"理性"的人变为"失望"的人。

《文艺新潮》1 卷 4 期是"法国文学专号",开头是叶灵凤的《法国文学的印象》,最后是"编辑后记"《向法兰西致敬》。在这篇"后记"中,我们看到,《文艺新潮》对于法国文学予以了特别推崇。文中说:"事实上,这几十年来,领导着世界文坛主流的不是英美,更不是苏联,而是法兰西。这才是我们应该依循的方向。"不但如此,编者甚至认为,美国文学"从海明威到爱伦坡都是在法兰西文学的薰陶下成长起来的"。①

法国存在主义是第二次世界大战后西方最为流行的文学思潮,是战后人心绝望的表现,最为吻合马朗等人的心理。《文艺新潮》1 卷 1 期《法兰西文学者的思想斗争》一文专门指出,存在主义是二次大战后出现的对于世界和人性的新的解释:

> 嘉谬大声疾呼:"……我们所必须居住的世界是一个荒谬的世界,再没有其他的东西了,连我们可以匿避的地方也没有。"
>
> 在街道上,流行的字成为萨泰的"存在主义"(Existentialism)。

---

① 马朗. 编辑后记·向法兰西致敬. 文艺新潮, 1956, 1(4): 80.

人不过孤独地"生存"在一个上帝已死去的世界里,没有一些价值。①

马朗本人对于存在主义有高度兴趣,亲自翻译了萨特、加缪等人的作品。

早在《文艺新潮》1 卷 2 期,他就翻译刊出了他所翻译的萨特的小说《伊乐斯特拉土士》。在《文艺新潮》1 卷 4 期,马朗又翻译发表了萨特的另一部小说《墙》。在《文艺新潮》1 卷 11 期上,他还翻译发表了萨特的论文《论杜斯·帕索斯和〈一九一九〉》。

马朗翻译的萨特的小说《伊乐斯特拉土士》,是该书最早的汉译本。在内地,这部小说迟至 1965 年才有作家出版社内部印行的郑永慧译本,译名为《艾罗斯特拉特》,此译名后为固定译名。萨特的《墙》则在此前有过汉译,1944 年 3 月出版的《文阵新辑——纵横前后方》就刊载过荒芜翻译的萨特(译为沙特尔)的《墙》,1947 年诗人戴望舒再次翻译萨特的《墙》,刊于《文艺春秋》5 卷 3 期,这些马朗大概都不知道。

萨特是存在主义最有代表性的人物,然而在思想选择上,《文艺新潮》其实并不最看好萨特。翼文在《法兰西文学者的思想斗争》一文中,就批评萨特,支持加缪,因为萨特后期选择转向共产党阵线,而加缪则拒绝了共产主义。我们注意到,马朗所翻译的《墙》和《伊乐斯特拉土士》分别出版于 1937 年和 1938 年,都是萨特前期书写人生荒谬绝望的小说。在翻译《伊乐斯特拉土士》的说明中,马朗明确地说:"《伊乐斯特拉土士》是在他未转向时的早期作品,所用技巧类乎现代画的点彩派,允称现代小说的示范作,绝非转向后的流俗可比。时至今日,萨泰等于已经完了,但是他真正为文学努力的一段还是不可忘怀的丰收。"②曾身为《文艺新潮》一员的卢昭灵在《五十年代的现代主义运动——〈文艺新潮〉的意义和价值》一文中,对马朗所说的"以萨特为主的新偶像崇拜,已经过去了""时至今日,萨泰等于已经完了"等话耿耿于怀,认为马朗所说不准确,萨特彼时创作

---

① 翼文. 法兰西文学者的思想斗争. 文艺新潮,1956,1(1):3-9.
② 马朗.《伊乐斯特拉土士》译序. 文艺新潮,1956,1(2):23.

力还十分旺盛,他1964年才获诺贝尔奖,1981年才去世。① 卢昭灵未能了然的是,马朗是从思想角度贬低萨特的,他认为萨特自政治转向后就已经完了。

马朗虽然多次翻译萨特,然而他在思想上更倾向加缪。马朗高度评价加缪,认为他"近数年来一再以其现代人的呼声,证实他是这苦难时代的良知,一跃而成今日自由世界知识界精神和思想的救主"。他还引用匈牙利作家亚瑟·柯斯特勒的评语,认为:"在法国,三位最重要的作家便是马尔劳、萨特和卡缪。在其中,最伟大的就是卡缪。"②《文艺新潮》2卷2期刊登了罗缪翻译的《嘉谬答客问——论政党及真理》,在文章后面的"编者按"中,编者介绍了加缪获当年(1954)诺贝尔文学奖的情形③。《文艺新潮》最后一期(2卷3期),刊登了马朗和馀庆共同翻译的加缪的《异客》。《异客》计六万多字,占据了全刊大半的篇幅,这是前所未有的。在《文艺新潮》这一期"编辑后记"上,马朗说明,"因我们要偿还一个心愿,将卡缪的《异客》介绍给读者,结果这篇六万多字的翻译工作费了半年的时候"。为翻译介绍加缪,《文艺新潮》不惜拖延了这一期的出版时间,可见马朗对于加缪的重视。加缪的小说给了《文艺新潮》终刊号一个有分量的结局,也表明《文艺新潮》翻译介绍存在主义的有始有终。

加缪虽然在1949年前的中国有过介绍,但没有任何作品被翻译出来。直至1961年12月,作家出版社上海编译所才第一次出版了孟安翻译的加缪的《局外人》,此版本系内部发行,所见很少。马朗苦心费力半年翻译的《异客》,应该是《局外人》的第一个汉译本。有关于"局外人"这样一个译名,马朗其实有不同看法。根据的是Stuart Gilbert英译本,马朗解释说:"查L'Etranger一字,口译本译为'异乡人',是较狭义的阐释,英译本有译为'局外人'(The Outsider),则较意译;比较贴切的字似应是《异

---

① 卢昭灵. 五十年代的现代主义运动——《文艺新潮》的意义和价值. 香港文学, 1989(1).

② 马朗. 卡缪和《异客》简介. 文艺新潮, 1959, 2(3): 80.

③ 编者按. 文艺新潮, 1959, 2(2): 61.

客》。因为卡缪认为现代人被他的本性及环境所判定而流入精神上的放逐,一直在寻觅一个可以令其再生的内在的王国;在未觅到这王国之前,现代人的处境就和'异'乡作'客'差不多,同时他的行迳也不得不像局外人一样怪异冷漠。"①他将这部小说译为《异客》,而不是《局外人》,有自己的精心考虑。

《文艺新潮》还翻译介绍了萨特的亲密战友西蒙·波伏娃。《文艺新潮》1 卷 7 期刊登了罗谬翻译的波伏娃的《士绅们——爱之插曲》。《士绅们》是波伏娃 1954 年获法国龚古尔奖的著名小说,"爱之插曲"是其中的一章。译者是将波伏娃作为存在主义作家来看待的,在《士绅们》"作者简介"中,第一句话就是:"西蒙·地·波芙亚与保尔·萨泰同是法国存在主义哲学的创建者。"对于这部小说,译者也从存在主义的角度进行简要分析:《士绅们》一书在对战后法国知识分子复杂混乱生活的深入描写中,充分发挥了作者的存在主义思想,但也驳斥了存在主义主要是一种乐观主义哲学的谬说。"②西蒙·波伏娃的作品进入内地较晚。直到 1986 年,她的《第二性》节译才由湖南文艺出版社出版,此后她以女性主义的身份影响中国。她的小说《士绅们》,直到 1991 年才由许钧翻译出来,漓江出版社出版,译名为《名士风流》)。

考虑到内地直到 20 世纪 80 年代才出现"萨特热",《文艺新潮》在 20 世纪 50 年代中后期对于萨特等存在主义的翻译介绍应该说是相当领先的。内地"萨特热"的契机,是 1980 年萨特的去世。1980 年,《外国文艺》第 5 期刊载了萨特的论文《论存在主义是一种人道主义》,这篇论文因为契合了当时的人道主义思潮而大为流行。萨特的主要理论著作《存在与虚无》居然在中国流行一时,原因是刚刚经过了"文革"的中国读者领略到了人生的荒谬。《文艺新潮》对于存在主义的兴趣,来自 1949 年后马朗等人的政治幻灭。那个时候,人们还沉浸在新政治的喜悦中,直到"文革"后

---

① 马朗. 卡缪和《异客》简介. 文艺新潮,1959,2(3):80.
② 罗谬.《士绅们》译序. 文艺新潮,1956,1(7):63.

才如梦如醒,才体会到存在主义,这一下晚了 30 年。

如果说,《文艺新潮》在思想上倾向存在主义小说,那么在诗歌上则倾向欧美现代诗。《文艺新潮》翻译介绍了大量的法英美等国的现代诗,影响了 20 世纪 50 年代初港台地区的现代诗创作,堪称翻译史和文学史上值得书写的一章。

《文艺新潮》1 卷 4 期的"法国文学专号"共 15 部作品,其中刊载了 9 个法国现代诗人的诗作,占据专号的大部分,算得上是一个"法国现代诗专辑"。其中包括:

桑简流译:梵乐希《海滨墓园》(长诗)

纪弦译:《阿保里奈尔诗选》(诗)

叶泥译:《保尔·福尔诗抄》(诗)

卜量译:《玛克司·夏考白散文诗抄》(散文诗)

叶泥译:《古尔蒙诗选》(诗)

孟白兰译:《茹勒·苏贝维尔诗抄》(诗)

贝娜苔译:《艾吕雅诗选》(诗)

巴亮译:《米修诗文抄》(诗及散文诗)

闻伦译:贾琪·普雷维尔《塞纳路》(诗)

法国现代诗的翻译介绍,到此还没完。《文艺新潮》2 卷 2 期又来了一个"法国诗一辑",刊登了 3 个法国现代诗人的诗作,其中包括马朗译的安得列·布勒东(2 首),穆昂译的罗贝·德思诺斯(2 首)和无邪译的艾玛纽艾尔(3 首)。

法国现代诗之外,还有英美现代诗。《文艺新潮》分别刊登了两个马朗本人亲自翻译的"英美现代诗特辑"。1 卷 7 期的是"英美现代诗特辑(上)·美国部分",包括:(一)华雷士·史蒂文斯,(二)威廉·卡洛士·威廉斯,(三)庞特,(四)玛丽安妮·摩亚,(五)艾略脱,(六)阿茨波·麦克列许,(七)E. E. 康敏士,(八)哈特·克仑,(九)穆蕾儿·鲁吉沙,(十)卡尔哈汝洛。1 卷 8 期是"英美现代诗特辑(下)·英国部分",包括:(一)叶芝,(二)劳伦斯,(三)薛惠儿,(四)刘易士,(五)麦克尼司,(六)奥登,(七)史班德,(八)乔治·巴克,(九)戴兰·汤玛斯,(十)大卫·葛思康。

《文艺新潮》对于欧美现代诗的介绍相当用力。在对于法国诗的介绍上,马朗不但对于每一个诗人及其诗作都有简要介绍分析,并且力图勾勒出了欧美现代诗的大势。他说道:"在创立现代诗的大旗方面,大家谁也忘不了法国的阿保里奈尔,然而在推广现代诗的这几十年来,英美的现代诗却占着后来居上的地位。"在英美诗中,本来是英诗不可一世,美诗下里巴人,但后来美诗后来居上了,"至一九一二年是一个大转变,艾茨拉·庞特、史坦恩女士、艾略特受法国的影响,领导着美国诗坛投入了现代派的潮流……英诗反被盖罩,而逐渐追随于后了"①。至于英诗的内在线索,马朗梳理得也很清楚,"英国现代诗的起源并没有美国那样清楚,象征派和美国人领导的意象派是一种启迪,叶芝最早就看到了驾驭时间,应有机械的中产阶级驱逐了贵族和农户,接着艾略脱在英国文坛投下了一颗炸弹,但是直到 1932 年才到临一个转折点,具有深澈社会观和政治概念的'诗坛三英'奥登、史班德和刘易士,抗拒了艾略脱建立的'艰深',把英国诗推到社会改革这方面的问题上去。这倾向直至第二次世界大战,才由戴兰·汤玛斯和乔治·巴克等倡导了新浪漫派,回到个人世界的象牙塔来"②。看得出来,马朗对于欧美现代诗相当谙熟,经由作品翻译和介绍,相当清晰地向读者展现出了欧美现代诗的风貌。

中国诗坛对于西方现代的系统译介,主要开始于 20 世纪 30 年代前后施蛰存、戴望舒等"现代派"文人。1928 年,由刘呐鸥创办的《无轨列车》第 1、2 期就连载了徐霞村翻译的瓦雷里(徐霞村译为哇莱荔)的诗。1929年,由刘呐鸥、施蛰存、戴望舒编辑的《新文艺》第 1 期就发表了戴望舒翻译的"耶麦诗抄"。1932 年,由施蛰存等人创办的《现代》,以专辑形式对于西方现代诗开始进行较大规模的翻译介绍,共刊载有《夏芝诗抄》《核佛尔第诗抄》《美国三女流诗抄》《日本新诗人诗抄》,以及果尔蒙的《西茉莉集》

---

① 马朗. 英美现代诗特辑(上)·美国部分. 文艺新潮,1956,1(7):47.
② 马朗. 英美现代诗特辑(下)·英国部分. 文艺新潮,1956,1(8):46.

《桑德堡诗抄》《邓南遮诗抄》《现代美国诗抄》等。可惜的是,随着抗战的兴起,欧美现代诗的引入逐渐衰退。1949 年以后,欧美现代诗的翻译引进更是基本终止。在中国诗坛对于欧美现代诗越来越陌生的情形下,《文艺新潮》在 20 世纪 50 年代中期重新梳理欧美现代诗,译介其最新状况,这无疑是重新接续了中国现代诗的传统,其重要意义不言而喻。同样需要提及的是,在这种译介影响下的台港现代诗创作,同样也填补了中国现代主义诗歌创作在五六十年代的空白。

在法国存在主义小说和欧美现代诗之外,《文艺新潮》同时又大量翻译介绍了其他优秀的世界当代文学作品,它的目标是介绍近十年来"世界各国的现代文学,让大家看到现阶段国际水准上的新作品"①。对于内地读者而言,既有曾被译介但 1949 年后中断的外国作家,也有近十年来新涌现的未被翻译过的外国作家。

海明威是中国读者喜爱的作家,不过受政治气氛影响,1949 年后他在中国逐渐隐没。以至于 1961 年海明威开枪自杀,举世震惊,中国却没有什么反应。《文艺新潮》却在 1958 年 2 卷 2 期上发表了杨际光翻译的海明威(时译为"汉明威")两部最新创作的短篇小说,《找条带路狗》和《通达的人》,总题为"黑暗的故事"。海明威自 1952 年出版名著《老人与海》之后,多年未有新作发表,"黑暗的故事"是他发表于 1957 年 10 月《大西洋》的最新作品,也是他 20 世纪 30 年代以来第一次写短篇。《文艺新潮》的译介之及时,足以令人称道。

Alberto Moravia 现译阿尔贝托·莫拉维亚,是意大利当代最有名的小说之一,他写于 1929 年的小说《冷漠的人们》,被认为是莫拉维亚在未意识到的情况下所写出的世界上第一部存在主义文学作品。《文艺新潮》1 卷 1 期以近 20 页的篇幅刊登了他的中篇小说《海滨蜜月》。《海滨蜜月》反映的是意大利共产党政治对于私人感情的干预,应该说与《文艺新潮》的思路比较吻合。

———————

① 马朗. 编辑后记. 文艺新潮,1956,1(1):51.

1951 年,由于"作品中为人类面临的永恒疑难寻求解答所表现出的艺术活力和真正独立的见解",瑞典诗人、剧作家和小说家马·列盖克维斯脱(Par Fabian Lagerkvist,1891—1974)荣获诺贝尔文学奖。莘火在《文艺新潮》1 卷 2 期译载了他的散文《爱与死》,说是散文,但语言像是诗歌,是表现主义的风格。

谷崎润一郎是日本唯美主义作家,自称"恶魔主义"。《文艺新潮》1 卷 2 期发表了他的划时代作品《食蓼之虫》,并专门发表了一篇《欲崎之虫的风貌》的文章,介绍这篇作品的美学风格。有点可惜的是,这部作品的第 9、10、11 三章没有译出,原因是这三章系描写日本古乡俗的部分。有关于日本文学,"编辑后记"提到,《文艺新潮》日本翻译家萧君素先生已经征得三岛由纪夫和川端康成等名家首肯,"将以杰作披露本刊"。

《文艺新潮》1 卷 10 期以三分之二的巨大篇幅,刊登了由东方仪翻译的日本的横光利一的长篇小说《寝园》,并且在小说前翻译了日本古谷纲武的评介《〈寝园〉解说》,又刊登了由译者东方仪撰写的介绍文章《横光利一与横光文学》。横光利一的名字是中国读者熟知的,正如东方仪所介绍的,"他的短篇名作《拿破仑的轮癣》早经周作人等先后介绍过,我国刘呐鸥曾翻译过以横光利一为首的新感觉小说集《色情文学》"。"中国的穆时英、刘呐鸥等的小说也是由此而来。"不过,横光利一的长篇小说却未曾译介到中国,这次译者征求横光利一夫人之同意,将《寝园》第一次翻译成汉语,让汉语读者一睹这位"在日本文学史上至今仍然站在最高位置上"的作家的长篇小说风采。①

拉美作家也出现在《文艺新潮》上。《文艺新潮》1 卷 1 期发表了王植波翻译 Gabriela Mistral 的散文《给孩子们》,Gabriela Mistral 现译为加夫列拉·米斯特拉尔,是拉丁美洲第一个诺贝尔奖获得者(1945)。

《文艺新潮》1 卷 2 期发表了孟白兰翻译的《一九四八在废墟中的颂赞》,作者是墨西哥诗人 Oetavio Paz,文中译为巴思,现译为帕斯,他"不

---

① 东方仪. 横光利一与横光文学. 文艺新潮,1957,1(10):26.

但是墨西哥的首席诗人,同时也是西班牙语现代诗派巨子之一"①。

1957 年 8 月 1 日出版的《文艺新潮》1 卷 12 期上,刊登了思果翻译的"鲍盖士"的小说《剑痕》。这"鲍盖士"是何方人士? 译文前有简单介绍:"J. L. 鲍盖士(Jorge Luis Borges)是阿根廷人,通晓德、法、英、西语言,对古典文学也有研究,是一位著名的现代派诗人、批评家、小说家。"②原来这就是大名鼎鼎的阿根廷作家博尔赫斯。博尔赫斯在新时期中国是炙手可热的作家,多数先锋派作家都不同程度受到他的影响。有关于博尔赫斯在中国的翻译,学界一般认为:1979 年《外国文艺》上刊登的王央乐翻译的《交叉小径的花园》等 4 篇小说,是博尔赫斯小说在中国最早的汉译。现在,《文艺新潮》把博尔赫斯来中国的时间,一下子提前了 22 年。

马朗等人创办《文艺新潮》的原因,来自对政治的绝望和对人生的迷惘,希望能够借文学寄托意义,发现出路。正是在这一点上,战后存在主义以及现代主义吻合了他们的心境。整体上看,《文艺新潮》所翻译介绍的外国当代文学作品,多有共同之处,即在主题上倾向对政治的排斥,在感情上倾向对人生的孤独悲哀感的表现。

三、现代传统的接续

《文艺新潮》的翻译贡献,我们可以从两个方面来讨论。

从 20 世纪 50 年代的文化场域论,《文艺新潮》的贡献是翻译以法国存在主义为代表的现代思潮,打破了 50 年代初期以来香港美元文化的主导。

20 世纪 50 年代的香港文坛以翻译美国文学、宣扬美国文化为主。仅今日世界出版社就共计翻译出版了美国文学著作 118 本,其中文学史和文学评论类 15 本,小说 70 本,诗歌与散文 15 本。这些美国文学著作均由

---

① 孟白兰.《一九四八在废墟中的颂赞》译序. 文艺新潮,1956,1(2):12.
② 思果.《剑痕》译序. 文艺新潮,1957,1(12):42.

美国人出资安排,由林以亮、李如桐以及张爱玲等亲美知识者翻译而成。目标很明确,即服从文化冷战的目的,宣扬美国文化价值。在美国文学的书目选择上,也有特定倾向,单德兴指出:"由于是美国官方主持的翻译计划,目标在于文化外交,选书时避开描写美国黑暗面、社会不公、不平等的作品,是再自然不过的事了,因此不但不见弱势裔的著作,也不见宣扬社会主义或强调阶级议题、斗争意识的作品——而这些反而是其意识形态对立者中国大陆在为数甚少的美国文学翻译中所选择译介的作品,以彰显资本主义美国之不公不义。"①

《文艺新潮》对于美元文化是反感的,对于美国也敢于大胆批评。《文艺新潮》的第一篇译文,是罗素的《艾森豪威尔的噩梦》(齐桓翻译)。此文写于 1952 年,当时斯大林还在世。罗素在文章中批判了美国的麦卡锡与苏联的马伦可夫的联盟,认为这一联盟的结果是麦卡锡在美国实现独断专行,连文学艺术都不会被放过,连密尔顿、拜伦和雪莱这些"歌颂自由的诗"在美国都受到国会限制,"联盟所带来的新世界物质生活是很舒服的,但没有艺术,没有新思想,科学也几乎没有新进步"②。罗素在这里既批评了苏联,也批评了美国,这在 20 世纪 50 年代香港文坛是逆潮流而动的。

《文艺新潮》1 卷 2 期发表了 Arthur Miller 的独幕剧《胜利之家》。Arthur Miller 译为亚瑟·米勒,是战后美国最负盛名的剧作家,以《推销员之死》闻名,曾获美国普利策奖。《胜利之家》是他战后很受欢迎的一个问题剧,写从二战前线回来的战士回到美国后,发现家里一贫如洗,物价管控,揭露了美国"民主政治"的黑暗面,这和香港美元文化中所宣扬的美国形象是大相径庭的。

从美国文学转到法国现代主义,翻译的构成人员也发生了变化。美国文学的翻译者,以亲美的林以亮、李如桐、张爱玲等人为主,《文艺新潮》

---

① 单德兴. 冷战时代的美国文学中译——今日世界出版社之文学翻译与文化政治//单德兴. 翻译与脉络. 北京:清华大学出版社,2007:109-144.
② 罗素. 艾森豪威尔的噩梦. 齐桓,译. 文艺新潮,1956,1(1):15.

的翻译者则主要换成了倾向现代主义的马朗、曹聚仁、叶灵凤等较为"中间"派的人物。20 世纪 50 年代中后期的《文艺新潮》，在一定程度上扭转了香港美元文化的潮流，重新开拓了一条新的现代主义的路径。这一路径，后来被《新思潮》《浅水湾》《好望角》等报刊所继承，它们共同构建了五六十年代香港的现代主义运动。

从 20 世纪的历史线索论，《文艺新潮》的贡献是在 1949 年后衔接了中国现代文学的另一种传统。

正如我们在前文中所看到的，在左翼文学、抗战文学乃至 1949 年以后，中国的现代主义传统日益消亡。如果说，在翻译上，20 世纪 50 年代的香港是美国文学一边倒，那么内地正相反，是俄苏文学一边倒。1949 年后南下香港的曹聚仁、叶灵凤、徐訏、刘以鬯、马朗这些非主流文人，在思想上不能接受当时的政治，不过没有完全陷入反共文学的另一种政治之中，而只是寄托于文学，自觉承传了中国现代文学中的颓废传统，从而避免了由于 1949 年政治变化所带来的现代主义传统的消失。

曹聚仁 20 世纪 30 年代就与鲁迅交往，但并非左翼文人。大陆解放伊始，曹聚仁恐惧自己被一脚踢开，决定南下香港。但曹聚仁并不仇恨共产党，他在香港报刊上以第三者的眼光介绍新中国的情况，为海外读者提供了一种与"绿背文化"不尽相同的视角。

曹聚仁在《文艺新潮》1 卷 1 期上发表《虚无主义——灰色马》一文，将马朗所说的政治绝望追溯到了中国作家早已有之的虚无主义。曹聚仁谈到，到了香港和台湾的朋友之所以虚无，是因为他们在北京期间就是虚无主义者。中国现代作家的虚无主义，可以追溯到鲁迅，"鲁迅的虚无主义色彩那么浓厚，正和乐观的社会革命是不相容的"[①]。鲁迅是不相信未来的"黄金世界"的许诺的，他对于文学和政治的关系有着清醒的认识。在鲁迅看来，文学向来是政治的眼中钉，革命时很多俄国作家被发配到西伯利亚，革命成功后作家仍不免吃苦。

---

① 曹聚仁. 虚无主义——灰色马. 文艺新潮，1956，1(1)：10.

马朗在《文艺新潮》1卷2期翻译介绍萨特的《伊乐斯特拉土士》的时候，认为"这是一部世纪末文明下新的《狂人日记》，法兰西的《阿 Q 正传》"，然后又做了存在主义的上升，认为小说主人公虽然"迹近猥亵"，然而"存在主义的观点下就是这么可笑，疯狂"。① 将存在主义与鲁迅联系在一起，这种思路与曹聚仁接近。

1938年抗战后到港的叶灵凤，是中国新文学资深作家，当年创造社的小伙计。他在20世纪20年代末曾与鲁迅有过"过节"，被鲁迅称为"齿白唇红"的"革命文学家"。虽然如此，叶灵凤在1卷4期"法国文学专号"发表的《法国文学的印象》中仍然坦然谈到鲁迅。他提到，鲁迅在1928年《朝花周刊》上根据日译本介绍了高克多的警句集《雄鸡与杂馔》，当时鲁迅赏识其中的一句话是，"青年人莫买稳当的股票"，叶灵凤为这句话所动，加之了解到高克多是画家，从此喜欢上了这位作家。

对比叶灵凤的《法国文学的印象》和《文艺新潮》对于法国文学的译介，我们会发现一个有趣的现象，即叶灵凤的介绍与本期所介绍的作家并无对应关系，而且颇多出入。叶灵凤在文中所提到的法国作家，是高克多、纪德、法朗士、普洛斯特、罗曼·罗兰、巴比基、保尔·穆杭和安德烈·马尔洛等作家，这大体代表了20世纪二三十年代中国文坛对于法国文学的接受。《文艺新潮》中所重点介绍的50年代前后才成名的萨特等存在主义作家，却并没有被叶灵凤所提及。很显然，《文艺新潮》接续了中国现代文坛对于西方现代主义的译介。

最能表明《文艺新潮》接续中国现代文学史的事件，是《文艺新潮》1卷3期编辑的"三十年来中国最佳短篇小说选"。这一专辑重新刊登了沈从文的《萧萧》、端木蕻良的《遥远的风沙》、师陀的《期待》、郑定文的《大姊》及张天翼的《二十一个》5篇现代文学佳作。这5个作家，除张天翼外，都不是左翼作家。从"编辑的话"中，我们能看到，《文艺新潮》在那时候就开始感叹历史的湮没：

---

① 马朗. 伊乐斯特拉土士. 文艺新潮，1956，1(2)：23.

中国新文学书籍湮没的程度实在超乎意外，令人吃惊。譬如，曾经哄动一时的新感觉派奇才穆时英的 Craven A，《一个本埠新闻栏废稿的故事》《白金的女体塑像》《公墓》等等之中，似乎可以选择一篇的，因为他首先迎接了时代尖端的潮流；还有直追梅里美擅写心理的施蛰存，他的《将军的头》和《梅雨之夕》两本书；以致伪满时代的《中国纪德》爵青，他的《欧阳家的人们》；再有萧红的《手》和《牛车上》，罗烽描写沈阳事变的《第七个坑》、万迪鹤的《劈刺》、荒煤的《长江上》、战后的路翎和农村……前者已永远在中国书肆虐消失了，后者却在香港找不到。①

如沈从文、师陀、穆时英、施蛰存、爵青、路翎等"异端"作家，在中国新时期之后才被重新发现，大行其道。我们知道，中国大陆新时期对于异端作家的解禁，在一定程度上受到了夏志清的《中国现代小说史》的影响。不过，夏氏小说史英文版出版于 1961 年，中译文出版于 1979 年，远远晚于 1956 年创刊的《文艺新潮》。这个时候，我们就不得不佩服《文艺新潮》的先觉先知了。

（本文原刊《中国比较文学》2017 年第 4 期）

---

① 编者. 编辑的话. 文艺新潮，1956，1(3)：69.

现代中国视域中的裴多菲·山陀尔

——以《格言诗》中译为阐释中心①

宋炳辉

如果把文学翻译视为一种特定意义上的写作,那么,某些外国作家及其作品在现代中国的翻译实践中所受的特别关注和特殊境遇,应该可以折射出某种文学精神传统在中国现代文学中的存在与延续,也可以从某个层面反映出时代或民族文学的性格特点,尤其当这些翻译和阐释者又大多一身二任,即在中国现代文学史上,他们既是重要的文学翻译家,又是重要作家和文学活动家的时候,情况或许更是如此。如果有必要以某种方式把现代翻译文学史纳入中国现代文学史的叙述,类似这样的个案或许应该加以特别关注。

一、裴多菲的中国形象与他的"格言诗"

说起匈牙利爱国诗人裴多菲(Petöfi Sándor, 1823—1849),中国读者最为熟悉的,无过于他的那首四句格言《自由·爱情》了:

> 生命诚可贵,

---

① 本文为上海外国语大学"211 工程"三期重点学科建设项目子项"当代中外文学关系研究"(211YYSBH01)和上海市社科项目"弱势民族文学在现代中国的接受与影响研究——以东欧文学为中心"(KB15910C)中期成果。

　　　爱情价更高，

　　　若为自由故，

　　　两者皆可抛。

　　这首诗在现代中国有着公认的知名度，几乎成为汉语文学空间的一个组成部分了，然而它又明明白白地有着属于裴多菲的产权标识。稍稍扩大一点，读者对他的了解，大约要数他的《民族之歌》（创作于 1848 年 3 月 13 日，又译作《国歌》）和《我愿意是激流》（创作于 1847 年 6 月）。前者是激昂慷慨的政治抒情诗，写于 1848 年诗人发动佩斯起义（3 月 15 日）的前夕，他呼吁匈牙利人民反抗奥地利帝国统治，体现了作为民族解放斗士的一面；《我愿意是激流》则是他写给伯爵之女森德莱·尤里娅的一首热烈又缠绵的情诗。"文革"过后，中国女作家谌容又让其小说《人到中年》(1980)的男女主人公傅家杰、陆文婷反复吟诵，再经明星演员达式常、潘虹在同名电影①中"广而告之"，自然令不少人耳熟能详。世纪之交，它更以对照阅读的方式，与朦胧诗人舒婷的爱情诗《致橡树》等作品一起，被编入高中语文课本。如此，这位 19 世纪匈牙利短命的革命诗人的浪漫形象，便深深烙刻在中国"80 后""90 后"们的心里。

　　不过，这两者加在一起，也未必抵得过那四句格言诗的影响广泛。说得极端一点，正因为有那首格言诗的深入人心，才使另两首诗乃至整个裴多菲在一百多年后的今天，仍赢得了不少的中国读者。谁知道有多少男女老幼，可以脱口吟出这首"五言绝句式"："生命诚可贵，爱情价更高，若为自由故，两者皆可抛"呢？它不仅简短易记，朗朗上口，其内涵也同时包含了政治和爱情的双重意蕴，还有一个更重要的因素，那就是鲁迅。正是

---

① 谌容[shèn róng](1936—)原名谌德容，女，汉族，原籍四川巫山，生于湖北武汉，1957 年毕业于北京俄语学院，任中央人民广播电台音乐编辑和翻译。后任中国作协北京分会专业作家、中国国际交流协会理事等。其《人到中年》，刊于《收获》（上海)1980 年第 1 期，获中国作家协会第一届全国优秀中篇小说一等奖。由她改编的同名电影 1982 年由长春电影制片厂摄制，王启民、孙羽导演，达式常、潘虹分饰男女主角，曾先后获金鸡奖、文化部优秀影片奖和百花奖。

鲁迅在殷夫身后"替"他发表了这一译本。

1933 年 2 月 7 日,在殷夫等五烈士两周年祭之际,住在大陆新村的鲁迅,悲愤中写下了那篇著名的悼文《为了忘却的纪念》,文中引录了那同样著名的四句译文,它是殷夫生前随手写在该诗原文(德译本裴多菲诗选)旁边的批注。如此,才将这一我们熟知的"译本"公之于世,这首诗才流传开来。如果没有鲁迅和他的《为了忘却的纪念》,不要说这首格言诗,甚至裴多菲的形象,在中国读者的心目中,或许会是另外的情形。

这话其实并不过分。许多人知道,裴多菲的这首题为《自由·爱情》的格言诗,在中国不止一种译本。据笔者的收集,较有影响的译本就有 8 个或者更多。但我们又不得不承认,源于殷夫手笔的五言绝句式的译本是最为流行的。这里强调"源于"两字,是因为前引四句,实在已不是原原本本的殷夫译本,而是在流传中不知不觉有所修正的,这一点容后交代。这里先要说的一点是,为我们所熟悉的"五言绝句式"译本,是几十年来在流传于中国读者的过程中,多个译本之间"自然竞争"的结果。

该诗原为匈牙利民歌体诗,所谓"格言诗"本非诗题,只是标明它在体式上的特点而已,真正的诗题应是"自由,爱情"。原诗匈牙利文如下,括号中为字句对照的直译。

> SZABADSáG,SZERELEM(自由,爱情)
>
> Szabadság, szerelem!(自由,爱情!)
>
> E kettö kell nekem.(我需要这两样。)
>
> Szerelmemért föláldozom(为了我的爱情)
>
> Az életet,(我牺牲我的生命,)
>
> Szabadságért föláldozom(为了自由)
>
> Szerelmenet.(我将我的爱情牺牲。)

> pest,1847. január I.(佩斯,1847 年 1 月 1 日)

二、"格言诗"的七个译本

其实,在鲁迅的《为了忘却的纪念》所引殷夫版译本之前,这首诗至少已有3个中译本了,译者依次是周作人、沈雁冰(茅盾)和殷夫自己。

周作人是用四言六行的文言体翻译的,署名独应,载《天义报》1907年第8、9、10册合刊:

> 欢爱自由,
>
> 为百物先;
>
> 吾以爱故,
>
> 不惜舍身;
>
> 并乐蠲爱,
>
> 为自由也。

这里的"并",通"摒";蠲(juān)者,免除、舍弃也。这是该诗至今所见最早的中译。

1923年是裴多菲诞生一百周年,当时正主编《小说月报》的沈雁冰在该刊第14卷第1号发表了《匈牙利爱国诗人裴都菲百年纪念》一文,其中所引述该诗被译为如下六行自由体:

> 我一生最宝贵:
>
> 恋爱与自由,
>
> 为了恋爱的缘故,
>
> 生命可以舍去;
>
> 但为了自由的缘故,
>
> 我将欢欢喜喜地把恋爱舍去。

第三个译本就是殷夫自己的了。1929年5月,殷夫给主编《奔流》月刊的鲁迅寄去一篇译稿,即奥地利作家Alfred Teniers所作的裴多菲传记《彼得斐·山陀尔形状》。14日,鲁迅收到来稿,马上决定刊用,并致信殷

夫欲借用 Alfred Teniers 的原本以作校对,殷夫接信后亲自将书送去鲁迅
住处,这便是他们的第一次见面。6 月 25 日,译文校毕,鲁迅又去信,认为
"只一篇传,觉得太冷静",并让人给殷夫送去珍藏多年的德译本裴多菲
集。这两本"莱克朗氏万有文库本"裴多菲集,是他留日期间从德国邮购
而得的。他建议殷夫从中再译出十来首诗,与传记一同刊出。这就是后
来发表在《奔流》(第 2 卷第 5 期"译文专号",1929 年 12 月 20 日)上的题
为《黑面包及其他(诗八首)》的 9 首裴多菲译诗。其实一起发表的还有一
首,那就是《彼得斐·山陀尔形状》一文所引的那首七言两行的《自由与
爱情》:

> 爱比生命更可宝,
> 但为自由尽该抛!

其实,这才是在殷夫生前有意发表的《自由·爱情》译本。1931 年 2
月 7 日,23 名"共党分子"在龙华被国民党枪杀,其中包括殷夫等鲁迅所认
识的 5 名左翼青年作家。悲愤中的鲁迅翻开殷夫留下的那本"莱克朗氏
万有文库本"裴多菲诗集,在这首"wahlspruch"(格言)诗旁,他发现了殷
夫用钢笔写下的那四行译文。于是,在为烈士两周年祭而写的《为了忘却
的纪念》中,鲁迅把它抄录了下来。从此,裴多菲的这首短诗便广为流传,
成为众多青年爱国志士的座右铭。

另外三个译本分别由孙用(1902—1983)、兴万生(1930—　)和飞白
(1929—　)所译,都相继发表在新中国成立之后。其中,孙用译自世界语
本;兴万生是匈牙利文学翻译家,直接从匈牙利语译出该诗;飞白是湖畔
诗人汪静之之子,自己也写诗,他自学多种欧洲语言,所译该诗也依匈牙
利文。以下分别是这三个译本的译文①:

> 自由,

---

① 　第一首引自 1951 年文化工作社出版的《裴多菲诗四十首》,孙用译;第二首引自江
　　苏人民出版社 1986 年版的《裴多菲抒情诗选》,兴万生译;第三首引自《诗海:世界
　　诗歌史纲·传统卷》,漓江出版社 1989 年版,飞白译。

爱情！

我要的就是这两样。

为了爱情，我牺牲我的生命；

为了自由，我又将爱情牺牲。（孙用译）

自由与爱情，

我都为之倾心！

为了爱情，

我宁愿牺牲生命；

为了自由，

我宁愿牺牲爱情。（兴万生译）

自由，爱情——

我的全部憧憬！

作为爱情的代价我不惜

付出生命；

但为了自由啊，我甘愿

付出爱情。（飞白译）

对照原文我们可以看出，它们的共同点是都依原文的自由体式，用散体译出；语义逻辑上也都比较忠实于原作。但具体处理方式各有不同。相对而言，兴万生译本与原诗最为接近，从体式、语序到韵律，近乎直译，也许是规范化翻译最为理想的译本。孙译将原诗首行拆分为二，又将第3、4和5、6行分别合并，分分合合间，变异出原诗所没有的由短至长的梯形格式，同时原诗并不严格的尾韵似在译本中更加淡化了。飞白译本看似对应了原诗的行数、语序和尾韵，但第3、4和5、6句之间也有语序调整，体式上形成了长短相兼的特点。

在外国文学翻译史上，一诗多译、一书重译的情况并不少见。但短短6行的一首格言诗就有那么多译本，而且受到鲁迅、周作人、茅盾、殷夫等两代新文学重要作家的关注，实在并不多见。这当然与中国新文学对外来文学思潮开放传统的大背景相关，但更重要的是与以鲁迅为精神核心的对"摩罗诗人"和弱势民族文学传统的大力译介的传统密不可分。其实，与上述 7 种译本相关的 6 位译者中，周作人、茅盾、殷夫和孙用 4 位，都与鲁迅有直接的交往，即使是兴万生、飞白这样的职业翻译家，他们对裴多菲的兴趣和译介实践，也都间接地受鲁迅精神传统的影响，因此，说鲁迅是近百年裴多菲中译史的灵魂，一点不为过。

从 20 世纪初开始，以东欧为代表的弱势民族文学就是鲁迅译介外国文学以催生中国新文化、新文学的关注重点，而在东欧作家中最受鲁迅推崇的，除波兰作家密茨凯维奇外，就是这位匈牙利肉品商人的儿子（"沽肉者子"）了，"他是我那时所敬仰的诗人。在满洲政府之下的人，共鸣于反抗俄皇的英雄，也是自然的事"[①]。早在留日期间的 1907 年，鲁迅就在《摩罗诗力说》中介绍了裴多菲的生平和创作特色，称其"纵言自由，诞放激烈"，"善体物色，着之诗歌，妙绝人世"，"刚健不挠，抱诚守真；不取媚于群，以随顺旧俗；发为雄声，以起其国人之新生，而大其国于天下"，是一个"为爱而歌，为国而死"的民族诗人。[②] 次年又翻译匈牙利作家籁息（Reich E）的《匈牙利文学史》之"裴象飞诗论"一章，"冀以考见其国之风土景物，诗人情性"[③]。他还在日本旧书店先后购置裴氏的中篇小说《绞吏之绳》，又从欧洲购得德文版裴多菲诗、文集各一（就是后来借给殷夫的那两本）等。1925 年再译裴氏抒情诗 5 首（载《语丝》周刊），并在之后的《诗歌之敌》《〈中国新文学大系·小说二集〉序》《七论"文人相轻"——两伤》等诗文中一再引用裴氏的诗作。尤其是 1925 年所作的散文诗《野草之七·希望》，引用裴多菲"绝望之为虚妄，正与希望相同！"一语，给裴氏原话的轻

---

① 鲁迅.《奔流》编校后记十二//鲁迅全集（第 7 卷）. 北京：人民文学出版社，1981：159.

② 鲁迅. 鲁迅全集（第 1 卷）. 北京：人民文学出版社，1981：63.

③ 鲁迅.《裴象飞诗论》译者附记//鲁迅全集（第 10 卷）. 北京：人民文学出版社，1981：415.

松语义赋予了深刻的思想内涵,并成为鲁迅思想深度内涵的重要组成部分,更是他熟知并创造性阐释裴多菲的典型一例。

不仅如此,上述其他裴氏译介者,除殷夫之外,其弟周作人所译此诗,正是与鲁迅一起留日,并受其影响而共同译介弱势民族文学的时候;茅盾的译介理念同样也受鲁迅很大的影响。孙用本是杭州的一个邮局职员,他与鲁迅的相识几乎与殷夫相似,即因在《奔流》月刊发表莱蒙托夫的译诗(1929),而与担任主编的鲁迅先生开始交往,随后又将其据世界语译出的裴多菲长诗《勇敢的约翰》寄给鲁迅,鲁迅看后即称"译文极好,可以诵读"①,还认真地校阅修改,甚至为此书的出版垫钱,并亲自制作插图,写校改后记。经两年的努力,译作终于 1931 年 11 月在上海湖风书店出版。

其实,裴多菲中译和介绍者的名单还可以列出许多,其中包括沈泽民(1902—1933,茅盾即沈雁冰的弟弟,这又是一位早逝的革命家)、诗人覃子豪(1919—1963)和冯至(1905—1993)、作家赵景深(1902—1985)、翻译家梅川(1904—?,原名王方仁)、诗人吕剑(1919—   )和翻译家冯植生(1935—   )等等。

本文无意梳理完整的裴多菲中译史。不过,如果从中国接受视域中的裴多菲形象的角度而言,裴多菲作品的中译特别是对其所做的阐释、围绕其所生发的话语,它们在中国文学话语中的焦点变化,都是应该加以考察的内容。它既体现于不同语境、不同主体对裴多菲作品的不同关注,也显现为对相同作品的不同理解与阐释。对此展开详细的论述,当然需要更多相关话语现象的汇总、排比与分析,非本文所能担当,但这里可以做一个简单的申述。概括起来,裴多菲的在中国的译介和接受/阐释史似乎显示了这样的轨迹:在 20 世纪上半叶,中华民族争取独立、摆脱外族凌辱的时代文化背景下,从鲁迅的个性觉悟与民族社会变革、个人与大众之关系的思考,到以殷夫为代表的左翼激进文人的爱情、自由与革命的浪漫主

---

① 　鲁迅.《勇敢的约翰》校后记//鲁迅全集(第 8 卷). 北京:人民文学出版社,1981:315.

义激情和血染风采的浸润——在这一阶段,晚年鲁迅无疑担当着特别重要的角色。在这一时期中,小小一首"格言诗",绝对是裴多菲在中国接受中的焦点所在。到 20 世纪下半叶,经过冷战与"文革"等国内外政治意识形态的长期桎梏,中国文化终于在 80 年代的启蒙思潮中走向开放,如此背景下的裴多菲接受史中,"格言诗"中的"生命""爱情"和"自由"似乎又有了新的时代内涵。而谌容小说所引裴多菲《我愿意是激流》这首单纯的爱情诗,在对"革命"反思之下的时代氛围中被广为传诵,其影响不能说超过了他的"格言诗",但至少成为裴多菲的中国接受视域中的又一焦点。最后,这一新的接受焦点在世纪之交的接受视域中,被用来与当代中国诗坛具有标志性的爱情诗人舒婷的作品相并置、比较和阐释,尽管教科书的编撰与接受者决非同代人,青春期的叛逆往往会削弱乃至悖反课文所包蕴的价值训导,但无疑见证了这种影响的延续,它多少还是表征了在更年轻的中国人那里,革命裴多菲的弱化与爱情裴多菲的强化趋势。但是,这并不表明"格言诗"的影响力已经退出了裴多菲接受视域,它仍然牢牢占据了这一视域的中心地位①。

如此看来,在一百多年的历史中,裴多菲在中国所激起反响的变迁,似乎一步步荡涤、褪去了浪漫主义的革命激情,但他毕竟在中国社会、思想和文化的现代历程中,留下了一条长长的身影,而格言诗《自由·爱情》,就是这个身影最具标志性的手势。

三、"五言绝句式"译本何以在竞争中胜出?

当然,无可否认的是,"格言诗"本身包含了丰富的情感与价值内蕴,提供了跨越不同民族、不同文化与不同时代的对话、沟通与认同构架。原

---

① 一个也许是片面的证据是,在目前使用最广泛的中文搜索"百度(Baidu)"中,分别输入"生命诚可贵"和"我愿意是激流",得出的网页条目数分别为 1690000 和130000。

诗简短的六行,蕴含着生存中三个极其重要的价值概念:自由、爱情和生命。它们都是人生意义的重要旨归,但在不同的文化与时代,对具有不同的价值理念的个体,在不同的生存境遇中,有着不同的价值排序。"格言诗"的展开所呈现的正是裴多菲的价值选择:作为浪漫主义诗人,自由与爱情都是(区别于生物生命的)人生所必需,均是生命意义的核心体现;但若境遇非要从中做出选择,裴多菲的排序是:自由>爱情>生命。其中,如果说"爱情>生命"所体现的浪漫主义(romanticism)价值,主要凸显对个体(自我或恋爱双方)生命意义的理解和尊重,那么,"自由>爱情"则包含并超越了个体价值,为社群、民族和国家的存在特别是"消极自由"意义上对欺凌、豪夺和奴役的挣脱,提供了价值理念和情感抒发的通道。正是在这些多层次价值内涵指向的意义上,"格言诗"提供了一个简约明快的跨文化、跨时代认同与沟通的可能构架。

若是在这样的理路中看待殷夫"五言绝句式"中译,不仅可以领悟其"创造性叛逆"的具体表现,更可以理解在众多译本中胜出的"内在"缘由。

与原诗相比,殷译首先放弃了一、二行的内容,变六行为四行。这在诗译中绝对是一个大胆举动,更是殷译有别于前述其他译本的最明显的不同。因为"自由,爱情!/我需要这两样"两句,在原诗中并非可有可无,除去音韵形式的因素不论,首句既强调了诗题,标举出"自由"与"爱情"两个核心价值意象,次句更突出二者同为生命意义所必需的难以取舍。如此放弃的代价,如果没有相应的补偿,肯定是翻译中的重大缺失。但殷夫的中译把焦点集中在后四行的内容上了。更重要的是,殷夫对原诗后四行(两句),表达特定人生境遇中被逼无奈之价值选择内涵的语义序列,做了重大调整。原诗四行(两句)"为了我的爱情/我牺牲我的生命,/为了自由/我将我的爱情牺牲"。呈现为两个价值对比与选择(先在更重要与重要之间做选择,再在更重要与最重要之间做选择),虽然两次选择合并,可以得出"自由>爱情>生命"的价值排列命题(读者不妨试把原诗替换成两个形式逻辑的命题),但这种带有逻辑推理意味的"换算"过程,不太符合汉语思维的习惯,在汉语诗歌表述中就显得迂回有余而气势不足,也不利于磅礴激情的抒发。殷夫的处理方式是:在遵循原诗宗旨的前提下,利用五言绝句式的汉诗形式,把三个价值意象按逐级提升的次序加以表述:"生命诚宝贵,/爱情价更高,/若为自由故,/二者皆可抛!"前三行各自标举一个价值意象,聚焦明确,层层推进,第三句则通过假设关系词"若……(省略了"则")"引出第四句,一个"皆"字,不仅蓄积了足够的气势,在语义关系上也勾连了第二句、第一句,从而形成全诗在语义与气势上的首尾呼应、回环往复的抒情效果。

四、"以讹传讹"背后的文化缘由

最后再交代一下所谓第八种"译本",也即本文开篇所引的四句。"译本"两字之所以加引号,只因它不是通常意义上的翻译,而是在引用流传过程中的变异性文本。对照一下可以看出,它是以殷夫的译本为底子,只在首末两句各改一字,即将首句的"宝贵"改为"可贵",末句的"二"衍作"两"。之所以把"以讹传讹"的变异文本拿来分析,一则实在是因为它流播太广,且不说一般的口头传诵,或者网络中的引用,即便是白纸黑字的报刊文章,乃至那些专业性的论文,包括以外国文学译介,甚至专门讨论裴多菲该诗之不同译本的文章,在引用时一面注明是殷夫所译,一面所引却又是笔者接下来说的所谓"第八种译本"。

这里笔者无意"咬文嚼字"地追究所谓学术规范,相反,对这样的衍讹与变异饶有兴味。因为若仔细品味,这传讹之作还真有点儿意思,甚至还觉得,这种改动反使殷夫译本更加精彩完美了。首先,改"二"为"两",明显更加符合现代汉语对基数和序数词的区分,表达更加清楚精确;再说把"宝贵"的"宝"字改为"可",也有两点值得肯定:从词义看,"宝"属会意字(词),从"家"、从"玉",家中藏玉也,故现代汉语的"宝贵"一词,乃从珍稀、难得之实物的比喻义而来,词义被凝聚在对象化的喻体上,虽也含珍贵、不易获得之意,但显然没有副词"可"所蕴含的意义空间大。而"可"作为语气兼程度副词,既表示"值得",也表示强调,词义更多地体现出主体判断的倾向,故而与"宝"字相比,更富于意义的弹性(汉语中的"可"字极富意义弹性,吕叔湘等现代语言学家对副词"可"的词性、语义和语用有许多研究,可做参考),也更契合《自由·爱情》一诗所表达和强调的主体价值选择的主旨。从音韵形式看,"可贵"与"更高"也更对仗(尽管仍是"虚对"),这也符合殷夫译本把原作的自由体式格律化的翻译定向和动机。

或许会有朋友笑我,如此为错讹之文巧作辩护,有违翻译伦理。但既然"讹本"如此流行,必有某种道理吧。为使笔者的假设能增加一些说服力,笔者还做了一番"考证"。我们可以设问:到底是从何时、谁那里开始出现这一"错版"的殷夫译本呢?在有限的资料收集中往前追溯,笔者意外地发现了一个"源头"①,那就是当代诗人吕剑写于 1953 年的一篇文章。时年正值裴多菲诞辰 130 周年,为纪念这位匈牙利爱国诗人,吕剑于当年元月写下了近 8000 字的题为《裴多菲·山陀尔》的评论,并刊于《人民文学》月刊第 2 期。作者时任《人民文学》编辑部主任、诗歌编辑组组长。文章全面评述了裴氏的思想和创作,并引用了多首裴多菲译诗,当然也包括这首格言诗,有意思的是,引文后括号内虽标注为"白莽译"(即殷夫),但首末句则分别是"生命诚可贵""两者皆可抛"了。这也就是笔者所谓的"第八种译本"。

不管诗人吕剑是有意的"偷梁换柱"还是无意间的错讹,或者这一变异还有更早的源头,但笔者想至少说明,这就是诗人吕剑所认可的那首裴诗,同时,它也反映出这个错讹译本在当时已然有一定的社会影响,并进而通过吕剑与《人民文学》的"名人名刊"效应,强化了这个错讹本的社会影响度。如果我们在紧绷的学术规范之中,偷偷地给自己放一次假,不去拘泥于版权和引文出处的言必有据,那么,这样的错讹又何尝不是一个美

---

① 这是笔者目前所能检索到的最早明显误植的,同时具有影响的材料。

丽的错误①呢?

　　语言史上有这么一个"传奇故事",说爱斯基摩语言中有几十甚至上百个有关"雪"的词语,那是因为他们生活在距离北极最近的大陆边缘地带,雪与生活的关系太密切了,因此他们的语言中不仅有"地上的雪"(aput),还有"正飘下的雪"(qana)、"堆积的雪"(piqsirpoq)和"雪堆"(qimuqsuq)等等。语义学家的解释是,语言反映并影响了人们对世界的看法,也反映了他们对世界的某种欲求。回到文章开头所说,假如把文学翻译,特别是身兼作家与译家的文学翻译看作某种特殊的写作的话,那么,区区一首小诗先后引来许多重要作家以及翻译家的注意,并演绎出这不同的文本,这不颇类似于一种特殊的同题创作吗? 裴多菲这位英年早逝,富于激进浪漫情怀和救世冲动的匈牙利诗人,其关于"自由"与"爱情"的区区一首小诗,却在从屈辱中挣扎并拼力夺回尊严的 20 世纪中国,赢得如此多的关注,拥有如此多的"译本",正折射出现代境遇里的中国人对世界秩序和人类未来的某些共同看法和愿望。

　　（本文选自宋炳辉著《弱势民族文学在现代中国:以东欧文学为中心》,北京大学出版社 2017 年版）

---

①　这种"美丽的错误"似乎至今仍在延续。2011 年 4 月 20 日《中华读书报》第 19 版"国际文化"(第 838 期)发表题为《译史钩沉:缘何一首小诗,百年不衰? ——评殷夫的一首译诗〈自由与爱情〉》一文,作者王秉钦,该文仍把殷夫译本中的"宝贵"与"二者"引为"可贵"与"两者"。

上海"孤岛"时期文学翻译的发生

——以《西洋文学》杂志为讨论对象

熊兵娇

　　"孤岛"作为一个"时空性隐喻",所指代的时间段是 1937 年 11 月 11 日中国军队从沪西撤离至 1941 年 12 月 8 日太平洋战争爆发期间的四年又二十七天,所指代的空间段是位于上海苏州河以南英美公共租界和法租界。在"孤岛"特殊的时空领域中,敌我矛盾交错复杂,危机四伏,但因其不直接受日伪统治,尚有相对安定的政治环境和相对自由的言说空间;也正因此,"孤岛"成为"宣扬抗战,张扬民族情绪的重要阵地"。滞留"孤岛"的爱国文化人利用"孤岛"的特殊环境,积极开展公开或隐蔽的文艺活动,创办文学杂志,以笔墨为"匕首"和"投枪",发表抗战言论和抒发救亡心声。"孤岛"时期,共有两百余种[①]文学杂志创刊,但包含于其中的纯文学翻译杂志仅有五种[②],就办刊时间和发表译介作品数量而言,要以《西洋

---

①　数字统计据"大成老旧期刊全文数据库"和以下书目(含"编目"或"目录"):中国作家协会和上海市报刊图书馆主办:《全国文学期刊展览会(1902—1949)目录》,1956 年;上海社会科学院文学研究所现代文学研究室编:《上海"孤岛"时期文学报刊编目》,上海:上海图书馆特藏部文献组,1985 年;秦贤次编著:《抗战时期文学史料》,台北:文学月刊杂志社,1987 年;丁守和等主编:《抗战时期期刊介绍》,北京:社会科学文献出版社,2009 年;吴俊等主编:《中国现代文学期刊目录新编》,上海:上海人民出版社,2010 年。

②　除《西洋文学》外,另有《纯文艺》(旬刊)、《作风》(季刊)、《译林》(月刊)和《译文丛刊》。

文学》为最。

"孤岛"时期,《西洋文学》给予了文人译者"文学书写"的自由与想象,它不仅是一个表述"自我"的话语空间,也是一个张扬时代政治的文学场域。因此,我们可以通过考察这样一份重要的文学翻译杂志,来观照"孤岛"时期文学翻译的现象与基本情况。据现有文献可见,不少学者①在论及"孤岛"文学期刊时,都对《西洋文学》给予了充分的关注,但大多是对译介内容所做的文字性介绍,未能揭示出译介与时局的互动关系;且以其作为个案而展开的深入研究至今尚未能见。鉴于此,本文以《西洋文学》为讨论对象,将其放回到"孤岛"的历史语境之中,展开对这一译介现象反思的可能性。具体而言,本文将试图透过杂志的创办始末与价值取向,译介主题与译介重点,重返并深入"孤岛"政治与文学话语秩序的内部,尝试探寻"孤岛"的译介环境与译介主体的话语实践以及"孤岛"的文学地理与文学译介的制导关系,由此还原"孤岛"时期文学翻译如何建构与发生。

一、《西洋文学》的创办始末与价值取向

《西洋文学》,创刊于 1940 年 9 月 1 日,出至 1941 年 6 月第 10 期停刊。杂志在上海公共租界登记注册②。顾问编辑林语堂,名誉编辑有郭源新(郑振铎)、巴金、李健吾等人;编辑同人有张芝联、周黎庵③、柳存仁等

---

① 参见巴彦. 上海"孤岛"时期的几个文学刊物. 徐州师范学院学报(哲学社会科学版),1983(3);封世辉. 华东沦陷区文艺期刊概述. 中国现代文学研究丛刊, 1994(1);高文波. 抗战时期俄苏文学译介述略. 淮阴师范学院学报(哲学社会科学版),2002(6);王建开. 五四以来我国英美文学作品译介史. 上海:上海外语教育出版社,2003;郭恋东. 几本专载译文的现代文艺期刊. 兰州学刊,2005(5)。另外,葛桂录收录了《西洋文学》的译介信息,见:葛桂录. 中英文学关系编年史. 上海:上海三联书店, 2004.

② 租界当局因受日本侵略者的逼迫,实行报刊登记制度,规定任何报纸、刊物或小册子必须登记,否则不得在租界内刊行。

③ 据张芝联的回忆文章《五十五年前的一次尝试》,六位编辑同人中没有周黎庵,而是夏济安,具体原因不详,见《读书》1995 年第 12 期。

人,其中张芝联为主要负责人。据张芝联回忆,《西洋文学》由林语堂出资创办①。《西洋文学》能在"孤岛"得以创办,实属难能可贵。

"孤岛"时期,物欲膨胀,物价飞涨,文学出版费用亦呈几何倍数增长,致使很多文学刊物因经费不支而被迫停刊。据有关人士回忆:"在那时上海出版界里,假使不是有什么背景或是有什么津贴的话,一个刊物要维持到三个月以上的寿命,简直是不可能的。"②显然,《西洋文学》的出版经费也不会宽裕,而解决经费拮据困境的策略之一,便是抬高杂志的定价,从杂志第9期和第10期发表的两则增价"启事"③便可获悉。

经济困境直接影响刊物的正常运转,"营销方面的困难,也使很多刊物难以长久办下去"④。作为一份"高尚典雅"的纯文学翻译杂志,《西洋文学》的发行量并不大。加之,它是新办刊物,读者面也很有限,创刊号发出"征求基本订户一万名",到了第3期就转为"征求基本订户五千名"。发行量和读者的数量是影响杂志生存的重要因素。由于经费不足、发行量锐减、读者流失等诸多原因的并存,杂志在发行上遭遇困难,也就不难想象了。

此外,"孤岛"的政治局势对杂志的发行也影响颇大。自1939年5月,日伪当局和汪伪势力加强了对"孤岛"的渗透,"孤岛"初期相对自由的言说环境渐趋逼仄,"所谓的'中立'立场,实际上已名存实亡"⑤。自1940年8月,租界当局因屈服于日方的压力,加强了对报刊出版的监管和控

---

① 张芝联. 五十五年前的一次尝试. 读书,1995(12).
② 孙可中,邓志伟. 文笔纵横气节长存//上海社会科学院文学研究所. 上海"孤岛"时期文学回忆录(下). 北京:中国社会科学出版社,1984:251.
③ "本刊因目下排印工价增高一倍,及纸张贵昂之故,自第八期起,不得已将预定及零售价目概行提高,敬希读者亮察,为荷",见《西洋文学》1941年第9期,第354页;"迩者排印工价既高一倍之后,本月又涨加三成,因成本贵重之故,不得不将定价提高,敬希亮察为荷",见《西洋文学》1941年第10期,第452页.
④ 王长军. 风刀霜剑中的文学园地——抗战时局对现代文学的巨大影响(二). 驻马店师专学报(社会科学版),1990(4):21.
⑤ 陆其国. 畸形的繁荣:租界时期的上海. 上海:东方出版中心,2009:211.

制,同时还加大了对印刷品投递邮寄的检查力度。刊物甚至在投递之后亦被扣留、没收,以致读者无法接收,通过杂志第 6 期刊发的一则"启事"①便可知晓。杂志虽创办顺利,但营销却步履维艰,一方面是因遭遇经费的困难,另一方面却因面临发行的局限。在双重困境的夹击下,同其他很多文学杂志一样,《西洋文学》也未能逃脱被迫终刊的命运。

既然以文学杂志为讨论对象,那么杂志的价值取向自然是不可回避的重要问题。《西洋文学》在"孤岛"创办,并非心血来潮,我们可以从它的价值取向中找到有力的凭据。杂志的价值取向限定了它的办刊宗旨、定位,以及服务对象。《西洋文学》选择什么样的价值取向,也即是如何定位它在"孤岛"的作用,选择何种编辑理念或办刊宗旨,以及服务于哪一类读者。应该承认,编辑同人对于《西洋文学》的价值取向有着清醒的认识,这可见于创刊号《发刊词》。为了方便论述,将其摘录如下:

> 在这伟大的大时代里,我们几个渺小的人,创办这个小小刊物,能够有什么意义?
>
> 以同人学识的谫陋,力量的微弱,希望能够对社会时代有什么贡献,这很难说。……最要紧是看我们能做的,与这时代或社会是否需要。
>
> 文学不仅……只教我们认识时代而已。它也是积极的。它教我们怎样做"人",做一个"时代的人"。对于人的性情,识力,思想,人格,它有潜移默化的力量;而一直影响到人们的行为,及夫社会的趋向。
>
> 虽然现在是非常时期,我们绝不能忽视文学。……我们怀念着好多地方的青年,因为环境而苦闷,彷徨,甚至于意志消沉,更需要一种东西去抚慰鼓励他们,让他们重感到"生"之可贵,而勇敢地生活。

---

① "本刊前以沪邮局停收寄递内地,致数月来未能与内地读者相见,本社歉仄之余,极力设法,兹有香港幸可寄递,故将第三四五期再版,陆续寄邮",见《西洋文学》1941 年第 6 期,第 689 页。

而对于一般读书界,一个介绍外国文学的刊物,我们以为目前也一样地需要。①

在篇幅短小的《发刊词》中,"时代(期)"一词出现了六次,不仅渗透着对现时现世的忧虑,也关乎"时代与文学的联系","时代对我们的要求",以及"我们对时代与文学的态度",进而指涉了杂志的译介目标与方向——应时代之需。

战争促成了"孤岛"的形成,也由此影响了"孤岛"文学期刊的价值取向②。"孤岛"的文学刊物,尽管内容不一,风格迥异,但大多以"抗战救亡"为主要宗旨③。"孤岛"虽远离战火,但遍地狼烟、动荡不安的战争时局,使"孤岛"上有正义感的文化人普遍有一种激愤的情绪。在这样一种时局与情绪的影响下,《西洋文学》亦直接或间接地突显了"救亡叙事"的取向。与此同时,杂志还或深或浅地勾勒出一种"启蒙话语"。在"孤岛"复杂多变的现实环境下,时刻宣告"救亡"并非易事,很多文人便以文学刊物为武器,展开了以启蒙为取向的工作④。《西洋文学》的译介顺应时势,也彰显了"启蒙"的动机。"启蒙"的对象除了"一般读书界"外,更主要的就是"青年","启蒙"的内容就是"教我们做一个'时代的人'"。战争使人们的生存环境突然改变,生活之艰难,环境之险恶,使得"好多地方的青年,因为环境而苦闷,彷徨,甚至于意志消沉",帮助青年大众走出战争的困仄,这亦是彼时文学刊物应有的道义担当。

二、《西洋文学》的译介主题与译介重点

阅读《西洋文学》刊载的十期译介作品,可以发现,杂志的译介主题和

---

① 西洋文学社. 发刊词. 西洋文学,1940(1):4.
② 王鹏飞. "孤岛"文学期刊研究. 北京:社会科学文献出版社,2013:66.
③ 齐卫平,朱彦敏. 抗战时期的上海文化. 上海:上海人民出版社,2001:144.
④ 王鹏飞. "孤岛"文学期刊研究. 北京:社会科学文献出版社,2013:61.

译介重点既回应了"救亡"与"启蒙"的价值取向,又与"孤岛"的现实政治紧密贴合,体现了一种鲜明的"'孤岛'意识",即孤独意识、悲情意识、生命与生存意识。

最直接展开"救亡叙事"的是以革命与战争为主题或时间背景的译介作品,如《牺牲》①揭露了战争的恐怖与悲剧;《败》②控诉世界大战制造了无尽的苦难,使人们失掉所爱的一切,做着悲苦的俘虏;《少女的阴影》③鞭挞战争的无情炮火将爱人两地分隔,最后永不得见;《罗素自述》④展示了罗素对战争的深刻与敏锐思索,指出战争让文明人陷入黑暗的深渊,带来种种破坏的力量,最终灭了人类的快乐;《二次革命在巴黎》⑤是对 1848 年法国革命的速写;《银弹》⑥则以战争乱世为背景,以曲折迂回的情节演绎了一个悲剧爱情故事,爱与被爱者皆中弹身亡;等等。寄寓"救亡"取向,表现被侵占与被压迫的痛苦也是杂志译介的重要主题。《沉寂下的苦痛》⑦书写了二战后"祖国"被侵占之后流离失所者的苦痛。《逃亡者》⑧揭露了纳粹政权压迫下的劳动服役是怎样的一幕生存悲剧。《圣尼古拉斯的逮捕》⑨描写了乌克兰的贫苦农民被税官欺凌压榨之下的绝望和苦痛。

杂志还把一部分精力用于译介具有"启蒙"价值的作品,如《谈穷》⑩告慰世人贫穷有裨心性,能够锻炼意志,增德益智,贫穷可以防止心灵的腐化,让人正视现实;《论改变意见》⑪勉励人们以国家生存危机为生活的正

---

① G. Duhmel. 牺牲. 郑之骧,译. 西洋文学,1940(1):46-58.

② John Galsworthy. 败. 周家超,译. 西洋文学,1940(3):358.

③ Tom Cromer. 少女的阴影. 项冲,译. 西洋文学,1941(5):528-535.

④ Bertrand Russell. 罗素自述. 马津,译. 西洋文学 1941(6):690-694.

⑤ Gustave Flaubert. 二次革命在巴黎. 李健吾,译. 西洋文学,1940(1):141-148.

⑥ Helen Nicholson. 银弹. 予且,译. 西洋文学,1940(4):449-468.

⑦ Stefan Zweig. 沉寂下的苦痛. 言文,译. 西洋文学,1941(5):573-575.

⑧ Hans Marchiwitza. 逃亡者. 藉尔玲,译. 西洋文学,1941(8):174-179.

⑨ Marko Cheremshina. 圣尼古拉斯的逮捕. 柳存仁,译. 西洋文学,1940(2):178-182.

⑩ Hilaire Belloc. 谈穷. 蕊,译,西洋文学,1940(1):109-112.

⑪ Robert Lynd. 论改变意见. 骆美玉,译. 西洋文学,1941(6).

轨,改变个人信仰,努力发现拯救世界的秘方;《论肉》指出肉只可解决饥饿,但绝不是快乐生活所必具的,生命的最大价值就是获得自由;《论简朴生活》①认为一个真正简朴的人应该去接受而不是去逃避现实;《象牙之塔》②则警醒世人活在人间应同时救人及救己;等等。

杂志还选译了这样一类作品,它们抒写生的虚空与苦痛,体味生命的孤独,直面死亡或展开对死亡的思索。《书》③抒写了生的烦闷与虚空,精神的饥荒与沉重,指出书是"从死的空虚的世界里穿进实际生活里去的微光"。《沙漠》④再现了空虚而又死寂的现实境遇。《盛馔》⑤描写了一群穷苦无业者,忍饥挨饿,靠施食和微薄之资勉强度日。《红发的孩子》⑥讲述了一位红发男孩因做着掘沙工作而被掩埋的悲惨命运。《生命的火焰》⑦描述了一位青年因对生命感到沉重倦怠,忧郁不快,而选择水手生活,历经苦难,苍老而终。《撞钟的老人》⑧写的是一位老人,儿孙惧已亡故,每天守候鸣钟的时刻,带着死亡的忧悒,在最后一次撞钟中悲泣离世。《基利尔加》⑨展开了对"死亡"的深度思考,认为"活着不应想到有死,不应该想到有死在等他……这对于生者是有害的,因为快乐变成了暗淡"。

同时,展示"悲情意识"的爱情悲剧也得到了大量译介。《看不见的伤》⑩、《星月交辉》⑪皆以夫妻爱情纠葛为导火索,一个杀害了妻子的生命,一个毒害了妻子的灵魂。《夜乐》⑫则讲述了一段因无情的战火而结束

---

① A.C. Benson. 论简朴生活. 徐小玉,译. 西洋文学,1941(7):89-93.
② E.M. Forster. 象牙之塔. 项冲,译. 西洋文学,1940(3):276-281.
③ Maxim Gorky. 书. 耿济之,译. 西洋文学,1940,(1):25-34.
④ P. Loti. 沙漠. 严大椿,译. 西洋文学,1941(9):342-345.
⑤ Tom Kromer. 盛馔. 兰天竹,译. 西洋文学,1941(5):536-539.
⑥ Giovanni Verga. 红发的孩子. 伊苏,译. 西洋文学,1940(1):66-73.
⑦ Karel &Joshph Capeh. 生命的火焰. 吴兴华,译. 西洋文学 1941(5):516-522.
⑧ Vladimir Korolenko. 撞钟的老人. 曒夫,译. 西洋文学,1941(10):384-387.
⑨ Maxim Gorky. 基利尔加. 满涛,译. 西洋文学,1940(3):323-333.
⑩ Karoly Kisfaludi. 看不见的伤. 陈恩风,译. 西洋文学,1941(5):540-545.
⑪ Philip Johnson. 星月交辉. 予且,译. 西洋文学,1941(10):415-427.
⑫ Whit Burnett. 夜乐. 忻建奋,译. 西洋文学,1941(10):397-403.

的美丽却又未成熟的爱情。此外,《戴假面的爱情》①、《芮倩》②、《重归》③,
等等,或对爱情加以嘲讽,或对爱情发出悲叹,或对爱情怀有期待。

另外,多方位反映纷繁复杂的生活现状和人情世态,展示"生命与生
存意识"的作品也是杂志译介的重要关注点,如《登台之前》④、《壁橱》⑤、
《皮大衣》⑥、《她的知己》⑦、《悟》⑧、《草堂随笔》⑨、《幻灭》⑩、《登阿尔卑斯
山》⑪等等,从不同角度展开了对生命与生存的思考,寄托了对生的自尊与
自由的渴念。

《西洋文学》立足于"现在是非常时期,绝不能忽视文学"的使命,忠于
"做一个'时代'的人",不仅在译介主题上"及夫社会的趋向",在译介重点
的选择上也紧扣时代的脉搏和社会的现状。杂志重点译介了 19 世纪英
国浪漫主义诗人,如拜伦(George Gordon Byron)、雪莱(Percy Bysshe
Shelley)、济慈(John Keats)、华兹华斯(William Wordsworth)、柯勒律治
(Samuel Taylor Coleridge)、兰达(Walter Savaga Landor)、司各特
(Walter Scott)、穆尔(Thomas Moore)的重要诗篇。从文学作品的国别
上看,杂志重点译介了欧美国家(以英、法、美三国为首)的文学(包括作家
作品评论),亦同时关注弱势民族文学。译介作品统计如下(未标出作者
和国籍不详者除外):英国 94 篇(含诗歌 45 首),法国 21 篇,美国 21 篇,爱
尔兰 11 篇(含诗歌 7 首),德国 8 篇,俄国 7 篇,捷克 4 篇,奥地利 2 篇,加

---

① H. de Balzac. 戴假面的爱情. 陈瑜,译. 西洋文学,1941(6-9):624-632,58-67,
186-195,320-331.
② Erskine Coldwell. 芮倩. 姜国琪,译. 西洋文学,1940(6):644-649.
③ Graham Price. 重归. 徐一帆,译. 西洋文学,1941(7):94-110.
④ Peter Paul O'Mara. 登台之前. 徐开墅,译. 西洋文学,1940(1):25-34.
⑤ Thomas Mann. 壁橱. 欧阳竟,译. 西洋文学,1940(4):409-415.
⑥ Hjalmar Soderberg. 皮大衣. 曙夫,译. 西洋文学,1941(6):641-643.
⑦ Irène Nemirovsky. 她的知己. 刘望,译. 西洋文学,1940(3):309-317.
⑧ Katherine Mansfield. 悟. 开谛,译. 西洋文学,1940(2):183-187.
⑨ George Gissin g. 草堂随笔. 南星,译. 西洋文学,1940(2):224-228.
⑩ Thomas Mann. 幻灭. 欧阳竟,译. 西洋文学,1941(8):164-167.
⑪ E. P. de Senancour. 登阿尔卑斯山. 高登华,译. 西洋文学,1941(7):84-88.

拿大 1 篇,意大利 1 篇,乌克兰 1 篇,匈牙利 1 篇,瑞典 1 篇,西班牙 1 篇,瑞士 1 篇,土耳其 1 篇,波斯 1 篇。

三、"孤岛"的译介环境与译介主体的话语实践

应该说,特定时空下的文学译介无可避免地会和时代社会的现实政治发生着某种直接或间接的"共谋"关系。"作家、翻译家在特定历史时期进行的文学翻译活动……取决于他们所处时代向他们的提问,他们的翻译活动是借助外力思想和文学对中国问题作出的一种回答。"①"孤岛"的文学译介便是译介主体对"孤岛"文化与现实政治的一种回答与呼应。重围的"孤岛",形势险恶,魔影憧憧,黑暗的现实模糊了人们前行的方向,因此催生出一种惆怅、苦闷、迷茫、孤寂的情绪;然而,相当一部分文化人却获得了对现实的深刻体认与独特的观察视角,他们渴望通过文学译介的话语实践来影射现实的"孤岛",以此鼓舞人们的精神和意志。我们可以将这种"话语实践"概括为:响应"抗战文化"的大力宣导,从异域文学中找寻反抗的力量,以实现"文艺救亡"的理想;感召"启蒙与救亡的双重变奏",借他人之口隐射"现实的政治",以顺应战争时局的需要。

应该承认,杂志对译介主题与译介重点的抉取,除了译介主体(包括译者和编辑同人)自觉的文学追求外,还与"孤岛"的译介环境紧密关联。译介的现实环境激活了影响主体选择的一种"潜在可能性",而主体如何选择在某种程度上则取决于本土的现实需求。

战时的上海文化,交错复杂,"抗日救亡"始终处于中心的地位,"[它]仍然是'孤岛'文化的主旋律"②。在"孤岛"的时空领地里,"文化救亡"的热潮尽管已经退去,但"抗日救亡"的意识并未消泯,爱国文化人利用租界相对自由的言说环境,仍以"文化为抗战服务"为宗旨,开展各种或彰明较

① 张德明. 翻译文学与中国现代文学现代性. 人文杂志,2004(2):116.
② 齐卫平,朱敏彦,等. 抗战时期的上海文化. 上海:上海人民出版社,2001:72.

著，或暗藏微露的反侵略斗争。在"抗战文化"的大力宣导之下，围绕着"文艺救亡"的宗旨，文人译者以文学创作与文学译介的方式参与到抗敌救亡的活动中，并发挥了重要作用。只是到了"孤岛"后期，政治时局更为险恶，白色恐怖更趋严重，加之受租界当局和敌伪势力的严密钳制，创作的发表与出版极其不易，更多文人译者便转向从事外国文学作品的译介，借他人之口表达自己的抗敌情绪，展示战争与战争阴霾在人们的生活世界与精神世界的投影。

不可否认，"孤岛"的现实境况必然会促使译介主体主动寻求文学译介与现实政治的"对接"，在全国抗战救亡的大背景下，自然难以规避"救亡"取向的译介主题；同时，译介主题所体现的"'孤岛'意识"也是译介主体对"孤岛"时局的积极回应。许多滞留"孤岛"的文化人都有这样一种强烈的民族意识，他们始终不忘文化启蒙与救亡的使命，在因国土沦丧而高呼"抗战救亡"的同时，也没有忘记以"心灵的救亡"来拯救青年大众。《西洋文学》数位名誉编辑，如郑振铎、巴金、李健吾就在其中之列，杂志的译介主体也主要是滞留上海的著名翻译家和租界内的学校教师①。他们身居"孤岛"，被黑暗的现实笼罩，秉着正义与良心，企望借助文学译介去刻画和描摹现实的"孤岛"，用以警惕、鼓励和引导青年大众。

不仅是杂志的译介主题，杂志的译介重点也呼应了战争时局与"孤岛"的现实政治，体现了译介的"应时而动"。首先，译介主体选择对 19 世纪英国浪漫主义诗歌进行重点译介。抗战时期，青年大众身临战乱，饱尝流离之苦，需要心灵的慰藉。浪漫主义诗歌追求精神的自由，渴求生命的超越，以轻灵的幻想展现对甜美、温暖和爱情的热切向往，从而使读者得到片刻的欢愉，既缓解了生存的压力，也获得了精神的升华和启迪。所以，对浪漫主义诗歌的译介从某种程度上能够抚慰"精神奴役的创伤"。其次，译介主体选择对英美文学和法国文学进行重点译介，并排斥了对日本文学的译介（这与沦陷时期的日本文学译介格外显眼形成鲜明对比）。

① 张芝联. 五十五年前的一次尝试. 读书杂志，1995(12)：127.

有学者指出:"文学翻译的热点由日本转向西方,《西洋文学》的出现具有象征的意义。"①然而,"转向"的其中原因同样与"孤岛"的现实政治紧密相连。无可置疑,文学杂志要生存,必须参与到大的社会环境中,它无法游离于时代社会的制约,也无法与时代政治剥离,"脱离政治的文学和文学期刊是不存在的"②。杂志诞生于"孤岛",必然要以"孤岛"的外部环境为生存土壤;加之,中国和英、法、美三国有战时同盟关系,重点译介英美文学和法国文学,也就成了译介主体的理性选择。然而,日本文学却被排斥,可以说,排斥对日本文学的译介是"孤岛"时期文学译介的整体趋势。日本文学的译介数量锐减,"虽然与战争对出版印刷业的直接破坏有关,但更重要的,这是民族之间的对立情绪对译介和接受主体发生影响的一种表现"③,与译介主体的民族情感和战争文化心理相关联。在日本帝国主义发动全面侵华战争之后,由于战争文化的压力,抗日情绪空前高涨,文化和文学界,包括读者大众对待日本文学的态度就表现为拒斥与冷落,且直接体现于译介数量的明显回落④。同样值得注意的是,杂志还选译了不少体现"被侵占"与"被压迫"主题的弱势民族文学,如捷克、奥地利、西班牙、土耳其等等,这些国家皆与中国有着同样的战争遭遇,因此对其文学的译介可以激发类似的生存与反抗意识。

"孤岛"的译介环境影响了译介主体的话语实践,而主体的话语实践又参与了"孤岛"政治与文化的宣传。政治现实对文学译介的影响永恒在场,而文学现实对文学译介的影响亦不容忽视(其实文学有时就孕育于政治之中)。

---

① 程麻. 抗战文苑中的文学翻译之花. 江西大学学报(社会科学版),1992(2):69.
② 李明德. 仿像与超越:当代文化语境中的文学期刊. 北京:中国社会科学出版社,2007:133.
③ 宋炳辉. 弱势民族文学在中国. 南京:南京大学出版社,2007:45.
④ 宋炳辉. 弱势民族文学在中国. 南京:南京大学出版社,2007:47.

四、"孤岛"的文学地理与文学译介的制导关系

特定历史时期的文学译介不但与目标语系统的政治文化密切相关，同时也和文学地理有着紧密的联系，这种联系就体现在"它们在文学取向上的某种同构性及其互动关系"①。"文学地理是不同文学板块排列组合而成的一种文学呈现方式，是文学的地域分布形态或空间存在状态。"②抗日战争引发了中国的政治、经济和文化巨变，改变了地理学意义上的外部疆域的划分，同时也使文学的空间格局发生分化与重组，并以巨大的外力促成了文学的地域性特征的形成。因"孤岛"而生的"孤岛"文学便是对"沦陷，但尚未被占领"的租界上海的文学地域性特征的形象概括。

"只要有文学，文学作品都或多或少，或深或浅地打上地域的印记。"③"孤岛"的文学地理体现了"孤岛"文学与"孤岛"地域的关系。应该说，"孤岛"的地域文化决定了其文学地理的性质和特征，而"孤岛"的文学地理又成为地域文化的表征。文学创作与文学译介可被看作是特定文学地理空间中文学生产的一个"共生的整体"，它们皆为地域文化的表征，又在相同或不同程度上受制于地域文化。"孤岛"的地域文化，包括文学政策与文学理念会对"孤岛"文学的取材、作家的创作心态和读者的接受与阅读需求产生重要影响，同样也将对"孤岛"的文学译介取向、译介主体的译介心态和译文读者的接受与阅读需求产生相同或相似的影响。考察"孤岛"的文学地理与文学译介的制导关系，可以通过比照《西洋文学》的文学译介和这一时期文学创作的特点，从中窥探文学译介怎样呼应或契合了"孤岛"文学的地域性特征。

---

① 查明建，谢天振. 中国 20 世纪外国文学翻译史（上卷）. 武汉：湖北教育出版社，2007：24.
② 王维国. 抗日战争与中国文学地理变迁. 河北学刊，2005(4)：188.
③ 陈庆元. 文学：地域的观照. 上海：上海远东出版社，2003：2.

　　《西洋文学》的译介"表现出了相当的文学敏感"①。这种"敏感"不但体现在译介主体为了迎合"时代之需"对作家作品的精心与细致的选择，而且也反映了译介主体对"孤岛"文学地理的敏锐观察与把握。"孤岛"上海作为抗战文学中心的地位尽管已经失落，但"文学为抗战服务"的文学政策仍然是其最高宗旨，它成为爱国文化人的普遍共识和文学活动的自觉指导，不少作家文人以文学创作作为自己参与抗战的实际行动。与抗战初期上海文学不同的是，"孤岛"文学的取材摆脱了"直接表现抗战"的束缚，隐喻和警戒现实的作品大量出现；表现青年知识分子的苦闷、彷徨和觉醒奋起等等，也是这一时期文学创作的重要题材；此外，抗战初期一度高涨的浪漫主义在"孤岛"文学中仍在延续。② 可以说，"孤岛"文学展示的是一个"多声部"的文学场域，而《西洋文学》的译介则基本忠实于这个场域的"多声部"特征，体现了文学译介与"孤岛"文学地理的"同构性"特点。我们可以在前文对《西洋文学》的译介主题和译介重点的梳理与分析中找到见证。

　　《西洋文学》大力译介 19 世纪英国浪漫主义诗歌，恰是对"孤岛"文坛浪漫主义倾向的回应。然而，需要特别提到的是，《西洋文学》对浪漫主义诗歌的译介，尤其是对积极浪漫主义诗人拜伦和雪莱的译介，并没有出现斗争与反抗的"英雄"形象，而是表现出诗人的孤独、忧郁和感伤，以及对生死命题的叩问与思索。这同样与"孤岛"文学的浪漫主义创作"由战初的亢奋激昂转向沉郁凝重"③保持了同步。

　　"'孤岛'文坛实际上是一个多种政治力量并存的'杂色'的场所"④，由此决定了创作主体和译介主体在从事文学创作和译介时的多种选择。然而，以"文化救亡"为核心宗旨的上海文化，决定了"上海'孤岛'文学是为

---

① 　查明建，谢天振. 中国 20 世纪外国文学翻译史（上卷）. 武汉：湖北教育出版社，2007：346.
② 　陈青生. 抗战时期的上海文学. 上海：上海人民出版社，1995：79-80.
③ 　陈青生. 抗战时期的上海文学. 上海：上海人民出版社，1995：80.
④ 　王维国. 抗战时期中国文学地理的基本格局. 学习与探索，2009(1)：204.

抗战救亡的大目标服务的"①,对战争的书写就成为作家们最自然的选择。同样,"作为现实压力的投射",寄寓"救亡"与"启蒙"的文学作品也理所应当地成为《西洋文学》译介主体的"最自然的选择"。然而,自 1939 年至 1941 年期间,由于外部势力的镇压与扼制,"孤岛"文学陷入低潮,由直抒胸臆,鼓励民众奋起抗日转向借古喻今,表达生活杂感和世态人情。这在《西洋文学》的译介中也有所体现。处于"孤岛"的政治高压与思想严格控制之中的爱国文人,时刻感受到外部环境的窒息,文学译介就成为"自我拯救的'避难所'"。因此,表现苦闷与压抑,展现悲苦与凄凉,就必然成为《西洋文学》译介的重要主题。特定文学时空中读者群体的接受与阅读需求也会"反映出自己地方区域的文化特点"②。"非常时期"读者的阅读需求与期待便反映了"孤岛"的地域文化特点,《西洋文学》的译介对其给予了充分关照。

可以说,"孤岛"的文学地理对文学译介的制导,其实质主要是"孤岛"文学赖以生存的地域政治与文化对译介主体的熏染与感化。"孤岛"的地域政治与文化决定了译介主体的文化精神状态,而这种精神状态又继而影响并决定他们的译介取向。

五、结　语

文学翻译杂志作为重要的文学传播的载体,不但承载着丰富的文学译介信息,而且展示了特定时空中政治文化的印迹,以及文学译介与政治文化的互动关系。《西洋文学》折射了"孤岛"的社会文化与现实政治,也有效地演绎了在"孤岛"政治与文学话语秩序影响下的文学翻译的生产、流通和接受特点。"文学是历史产物……难以避免地要打上社会变革和

---

① 铁锋.抗战时期文学的多维性与特点.吉林大学社会科学学报,1993(2):26.
② 邹振环.绪论//20 世纪上海翻译出版与文化变迁.南宁:广西教育出版社,2000:11.

时代发展的烙印。"①文学翻译亦复如此。《西洋文学》处在一个多种政治力量角逐的场域之中,译介主体无可避免地要以其作为译介的现实参照,从而使文学译介成为对"孤岛"政治文化的象征与隐喻方式。与此同时,《西洋文学》对异域文学的选择体现了当下主流文学对译介主体的影响与制约,从而实现了文学翻译与文学话语秩序之间对话与互动的逻辑。此外,译介主体的民族身份认同、民族意识和战争文化心理在文学译介的话语实践中也发挥着重要作用。译介主体基于爱国主义的民族情感,对待异域文学或接受或排斥,从而使文学译介成为塑造国家间同盟与对抗关系的话语机制。

《西洋文学》的译介忠实地反映了"孤岛"的政治文化与文学地理对文学译介的主动干预,也体现了译介主体对其历史境遇的自觉把握。不可否认,任何文学译介都有其自觉的文学追求,然而这种追求却是在与社会政治秩序相互配合又彼此疏离的交叉中进行的,《西洋文学》的译介便体现了"内在需求与外在压力"的双重影响。另外,必须承认,《西洋文学》仅刊载十期,且历时不到一年,它在中国文学史以及文学翻译史上的普遍影响力是有限的。然而,在"孤岛"特殊的政治时局中,《西洋文学》作为现实政治的镜像和"时代情绪的投射",蕴含了特定的文学与政治功能,也发挥了一定的文化效应。因此,笔者认为,对《西洋文学》的研究有着管中窥豹的意义与学术价值。

（本文原刊《安徽大学学报》2014 年第 3 期）

---

① 陈国恩. 20 世纪中国文学与中外文化. 武汉:长江文艺出版社,2004:118.

藏在鲁迅日记里的翻译大家

——张友松先生的悲剧人生

徐伏钢

因许多作家朋友和翻译界朋友再三督促,加上新加坡文艺协会收集出版《中国南来作家研究资料》时,骆明会长也多次提出要我把这段文坛史实整理出来,因而在张友松先生逝世十周年之际,将这篇文章赶写出来,一来了却我心中一桩多年的心愿,同时也是对这位多苦多难的中国文坛宿将最好的纪念。

——题记

1994 年的元宵节。成都杜甫草堂西侧,一间阴暗、狭窄和杂乱的居室里,墙角边的小床上蜷缩着一位白发稀疏的老人。

微弱的光线从窗口斜射进来,照在发黄的被盖和老人瞎了一只眼的苍白的脸上。靠墙一侧的床边放了一只小闹钟,床头上有一盏积满灰尘的小台灯。我一阵心悸。难道眼前这位孤独的老人就是我苦苦寻觅的皇皇十卷本《马克·吐温选集》中文译者、被人誉为"开启世界文化之窗"的著名文学翻译家张友松吗?

走进这间小屋之前,我手里拿着从老报人车幅先生那里得到的地址,在住宅大院里四处打听这位当年鲁迅的朋友,第一位把马克·吐温介绍到中国的翻译大家,许多人却摇头不知。直到我向一名年轻人仔细描述了很久之后,他才将信将疑地说:"你说的该不是住在我家对面的张老头吧?"

我终于鼓足勇气,敲开了"张老头"的房门,并很快确认,眼前这位白发老者,正是我要寻找的中国现代文学翻译史上鼎鼎大名的张友松!

让我们先把时光倒回 60 多年前的那个晚上吧。

1929 年 8 月 28 日。上海。一场大雨之后,云收雨驻。

晚上,北新书局老板李小峰带着鲁迅的书样纸版和所欠稿费,送去靠近虹口花园的北四川路尽头景云里鲁迅先生的家。自此,一场北新书局同鲁迅之间的"版税风波"终于得以和解。

当晚,李小峰在北四川路南云楼宴请鲁迅、许广平和郁达夫、王映霞等人。林语堂随后也偕夫人一起赶来赴宴。

酒酣面热之后,李小峰提起这场风波其实是受了书局前同事、青年作家张友松的挑拨。鲁迅先是没有表态。林语堂则随即附和了几句,还顺带责备了当时并不在场的张友松。

饭桌上的人都没有想到,鲁迅这时突然从座位上一下站起来,脸色发青,大声吼道:

"我要声明! 我要声明!"

鲁迅声辩说,他同北新书局打官司,根本没有受任何人挑拨,林语堂这是明显在讥讽他。林语堂当时也壮着喝了几杯酒,不甘示弱,站起来同鲁迅针锋相对,并大声申辩说,他完全没有讥讽先生的意思。

据后来林语堂回忆说,当时他并不知道李小峰欠了鲁迅很多账,也不知道两人还为此打了官司。他说那天同鲁迅闹翻,完全是鲁迅"神经过敏"。他描述当时的情形说,"两人对视像一对雄鸡一样,对了足足一两分钟"。

鲁迅则在当晚的日记中写道:"席将终,林语堂语含讥刺,直斥之,彼亦争持,鄙相悉现。"

当时郁达夫眼看双方"火药味十足",赶紧站出来打圆场,一面按住鲁迅坐下来,一面拉了林语堂和林太太,随即离开了酒楼。

自此,鲁迅和林语堂这对多年的文坛宿友终于分道扬镳,从此断绝了两人间的所有往来。

对于这一段文坛史实,鲁迅、林语堂和郁达夫等人在各自的日记或回忆文章中都有过详细记载。我除了从上述史料中了解到导致鲁林二人彻底决裂的关键人物是张友松之外,还赶在这位当事人健在时,从他那里了解到鲁迅、林语堂和郁达夫等当年一大批中国现代文学重要人物的第一手真实故事。

让我们再把这位中国现代文坛大家的背景向读者做一个简要的介绍。

1903 年 11 月 12 日,张友松生于湖南省醴陵县西乡三石塘。12 岁那年,他随大姐张挹兰迁居北京,1922 年考入北京大学半工半读,课余翻译英文小说。

当年张挹兰在北京大学读书,跟随当时的北大图书馆馆长李大钊一起闹革命,国共第一次合作期间担任国民党北京市党部妇女部长,后来与李大钊等 20 多名共产党人一同被捕,并在同一天牺牲在奉系军阀的绞架下。

受大姐影响,张友松在读中学和大学期间,先后参加过五四运动和五卅运动。除李大钊外,当时他还与邹韬奋、冯雪峰、柔石、邓颖超等人有过许多接触。他还跟随大姐一道南来新加坡,转道去当时荷属的苏门答腊首府棉兰做了一年的小学教员。

张友松原本与李小峰在北京大学读书时是同学,二人都曾是鲁迅和林语堂名下的学生。后来李小峰在上海办北新书局,鲁迅的很多书都是通过他出版的。

当年,张友松同大姐张挹兰在北大半工半读,要供养家中的母亲和弟妹。大姐牺牲后,他的家庭负担一下变得更重了,也不能继续留在北大念书了。1928 年,当时在北大教书的鲁迅对张友松寄予很深的同情,鉴于他勤奋好学,读书期间已发表过不少英文翻译小说,便亲自推荐他去了北新书局做编辑。

谁知,在北新书局做了不到一年,张友松便因书局拖欠鲁迅稿费而同李小峰彻底闹翻。

"别看鲁迅的文章写得泼辣不留情面，可是现实生活中的他，却在版税这类问题上往往打不开情面，所以被人欺负。"张友松回忆说。

为此，他站出来为鲁迅抱打不平。他一方面帮鲁迅找律师同李小峰打官司，向对方追回所有欠账，另一方面又在鲁迅的支持下，创办自己的春潮书局，继续出版鲁迅等人的著作，并翻译出版沙俄时代作家屠格涅夫和契诃夫等人的作品。

鲁迅不仅不惜花费大量时间和精力，亲自帮张友松邀人组稿，拟定编辑文艺丛书计划，而且还在自己经济收入相当拘谨的条件下，借给张友松500元钱，帮助他筹办新的书局。

"在那四顾茫茫的日子里，只有鲁迅先生最关心我、最同情我的处境。有时他和我长谈，使我精神振奋，有了克服困难、不畏艰险的勇气。"

张友松回忆说，当时在鲁迅的影响下，他还著文与徐志摩、胡适和梁实秋等人进行过论战。

"有一次我请鲁迅和林语堂等人吃饭，林企图替梁实秋说情，要求鲁迅不要对梁抨击太甚，鲁迅立即以严正的态度答道：'这个家伙，我怎能饶他！'使林语堂碰了一鼻子灰。"

然而，由于缺乏经商和管理经验，张友松的春潮书局很快就倒闭了。

回忆这段往事，他总是说自己辜负了鲁迅的扶持和希望，并为此感到十分内疚，说这是他"毕生莫大的恨事"。

我原来以为，张友松早年的南洋之行是因了郁达夫的介绍。我曾几度拜访他本人，却来不及对这段经历详加细问。直到后来我举家移民新加坡后，在新落成的新加坡国家图书馆九楼中文图书部查阅资料时才发现，其实张友松是在1921年夏天中学毕业后，受了当时在苏门答腊教书的一位叫作林熙盛的中学同学邀请，同大姐一道来南洋的，比郁达夫早了整整20年。

他们这趟下南洋，随行带了张挹兰的大学同学，一位叫胡人哲的女教员，原本是要介绍给林熙盛做太太的。不想到达苏门答腊后，林嫌胡人哲人"太丑",而胡也嫌林熙盛"不懂文学",结果二人恋爱没有成功。

后来胡人哲在当地嫁给同一间学校的一位"自命为文学家"的青年同事,此人姓李。谁知结婚不到三个月,新郎官"李文学"就死了。胡人哲为此在精神上受到很大刺激,以后回中国写了一些伤感的诗文发表,引起鲁迅同情和抚慰。张友松回忆说,以后她病重时,鲁迅还曾两次亲自上门探望。

以下还有两件有趣的事情,也是张友松后来亲口讲给我听的。

当年他和大姐在北大读书期间,他们的同乡,后来成了"伟大领袖"的毛泽东恰好在北大图书馆打工。由于他们都来自湖南,大家是同乡,相互之间也曾有过不少接触。

张友松回忆说,记得有一次毛泽东来到他和大姐住的宿舍,找前面提到过的热爱文学的胡人哲。胡当时正同他大姐在里屋聊天,赶紧悄悄示意张友松,让他告诉说她不在。

"当时我站在门口,两只手左右两边撑着门框,对毛泽东说,胡人哲那天不在那儿。"他回忆说:"记得当时毛泽东听我说胡人哲不在,并没有多说什么,只是谦和地笑了笑,又从身上掏出笔来,向我要了一张纸,随手在上面写了几行字,贴在门上,然后转身就走了。"

我问纸条上写的什么。他说,具体内容早已记不得了,大意是说他来这里找过胡人哲了。不过,落款他却记得非常清楚:"湘兄润之。"湘是湖南的简称,润之是毛泽东的字。

我问老人家,这事怎么以前从没有听他提起过。他苦笑着说:"天哪,你都知道,毛泽东后来成了'人民的大救星'。我要胆敢说出这些往事来,还会活到今天?!"

他回忆说,胡人哲以后嫁给了一名军阀恶棍,最后死得很惨。

还有一件有趣的事是,当年他在北新书局做编辑的时候,后来成为大作家的萧乾先生还在他手下做徒弟!

说起年轻时的萧乾来,张友松不停地吃吃发笑。问他笑什么,他说萧乾是蒙古族人,吃牛羊肉长大的,体质特别强壮,结过几次婚,过不多久就离了。直到后来娶了文洁若之后，婚姻生活才稳定下来。

张友松从北新书局出来创办自己的春潮书局时，林语堂曾答应为他翻译苏联作家奥格涅夫的《新俄学生日记》。张友松说，当时林语堂还没有动笔，自己就已先付了他一笔版税。可是后来林语堂译了一半就扔下不管了，催过多次之后，他才叫张友松接着把后半部译完。这就是我们今天看到的他同林语堂联合署名翻译《新俄学生日记》的由来。

据我后来查阅有关资料，林语堂生前出版了大量著作，唯有这部《新俄学生日记》是他与人联合署名的译著。该书由他亲自写序，由张友松的春潮书局出版。

林语堂早先也曾大力扶持过张友松，张也常常请他和鲁迅、郁达夫、柔石等人酒楼吃饭。应当说，张林两人的关系也还不错。后来，因为翻译《新俄学生日记》，两人之间闹得很不愉快。所以，当李小峰在鲁迅面前抱怨张友松时，林语堂马上站出来应和，趁机责备张友松。但他可能怎么也没有想到，鲁迅正是在张友松的帮助下才打赢了眼前这桩官司，你骂张友松，不等于在指桑骂槐吗？难怪鲁迅当时气得"脸色发青"，一下子勃然大怒起来。

几十年后张友松提起这桩公案，心里依然愤愤不平。他曾为此写过一篇文章，痛痛快快发过一次牢骚。文章说，林语堂是一个"非常油滑势力、极端虚伪、最善望风转舵、热衷于名利、毫无骨气、毫不负责的文痞。他的思想作风与鲁迅先生的精神和品德毫无共同之处。后来林语堂和我终于闹翻了，鲁迅先生是支持我的"（张友松《鲁迅和春潮书局及其他》）。

以我们现在的观点看来，张友松对林语堂、梁实秋等人的看法当然不无偏激。不过，在林语堂等人看来，鲁迅在他们心目中的形象确实与张友松大相径庭。

林语堂在鲁迅逝世后写过一篇《忆鲁迅》。他在文章中是这样描述鲁迅先生的：

> 一口牙齿，给香烟熏得暗黄。衣冠是不整的，永远没看过他穿西装。颧高、脸瘦，一头黑发黑胡子，看来就像望平街一位平常烟客。

许女士爱他,是爱他的思想文字,绝不会爱他那副骨相。

在张友松的眼里,鲁迅从来都高大完美,几十年来一直是他的恩师和益友。

后来我查阅《鲁迅日记》,发现鲁迅在日记中有 114 处提到张友松。其中,光 1929 年便有 89 处,主要记载张友松帮他打官司的事情,也包括当时文坛故友之间的一些交往。

日记记载,周海婴刚刚出生第五天,鲁迅就带张友松去当时的福民医院看望许广平和海婴,张"赠毛线一包",并赠鲁迅"仙果牌烟卷四合"。可见,张友松当年同鲁迅的关系确实非同一般。

鲁迅那时的经济收入主要来自版税。北新书局一再拖欠版税,让鲁迅的生活受到很大影响。海婴出生前一月,鲁迅在日记中写道:"友松、家斌来,晚托其访杨律师,委以向北新书局索取版税之权,并付公费二百。"(1929 年 8 月 13 日)家斌姓党,是张友松在北新书局的旧同事,杨律师全名叫杨铿。鲁迅还在第二天的日记中,记有"夜大风雨,屋漏不能睡"字样。可见,尽管当时鲁迅的名气已经很大,但他生活的窘迫却是一般人想象不到的。

日记还记载,张友松结婚的前一天下午,鲁迅同他的三弟周建人一道上街,亲自"买铝制什器八件",托人次日送去张家"贺其结婚"。

张友松说:"是我辜负了鲁迅的扶持和希望,回想起来,总是深感内疚。"

1930 年,春潮书局倒闭之后,张友松继续在青岛、济南、衡阳、长沙、醴陵和重庆等地做过近 10 年的中学教员。后来我读季羡林的《病榻杂记》才知道,这位当今的大学者早年在济南高中读书时,张友松正是他的英文教员。直到后来回忆起来,季羡林还对当时张友松的英文水平给予很高评价。

抗战期间,张友松还在重庆创办过晨光书局。至此,他已翻译出版了契诃夫的《三年》《爱》《决斗》和《契诃夫短篇小说集》,屠格涅夫的《春潮》和《薄命女》、普列弗的《曼侬》、显克微支的《地中海滨》、吉卜林的《如此如此》、霍桑的《野客心》、高尔基的《二十六男与一女》，以及英汉对照的德国斯托谟的《茵梦湖》和《欧美小说选》等十余种。

1951 年 9 月，张友松到北京参加英文版《中国建设》的编译、采访和组稿工作。1954 年后，转人民文学出版社从事文学专业翻译。反右运动一开始，他被打成大右派，并被当时的《人民日报》点名炮轰为"张友松右派集团"的"主帅"，随即便被人民文学社扫地出门，发配回湖南老家。也正因为有这段历史，张友松在"文革"期间再次遭受打击迫害，并最终从文坛上消失，被人彻底遗忘，熟悉他的人大都以为他已经不在人世。直到 1994 年我见到他的时候，他已经是 91 岁的老人了。

我的到访吵醒了老人清凉的梦。当时他视力已经不好，听力也衰退了许多，行动起来非常困难。

老先生得悉我去采访他，要为他拍照，便在我的帮助下从床上欠起身来，摸索了好长时间才慢慢穿好衣服。他倾身向前，只见两只手颤抖着拉开床前的书桌抽屉，摸出一只假眼来嵌在右眼处，然后又颤巍巍地自书案的玻璃杯中掏出一圈塑料假牙套进嘴里。

在这间黑乎乎的小屋里，我几乎无处入座，只好坐在床沿边，紧挨着老人，不时帮他传递点所要的东西。

我为老人的悲惨境遇感到愤然不平。他却反过来安慰我说："没什么，一个人经受一点苦难可以使自己更坚强起来！"

张友松在反右运动中备受批判，被扫地出门赶回湖南老家乡下教书，历尽磨难。

然而，纵然生活经受不幸，精神遭遇摧残，他心中的那团希望之火却从来没有泯灭过，对美的执着、向往和追求从来没有放弃过。

在那些日子里，他硬是凭着一副顽强的毅力和执着的精神，翻译了《马克·吐温中短篇小说选》《汤姆·索亚历险记》《哈克贝利·费恩历险记》《王子与贫儿》《密西西比河上》《镀金时代》《傻瓜威尔逊》和《赤道环游记》等马克·吐温的全部小说。后来又翻译出版了屠格涅夫的短篇小说集《世外桃源》、美国黑人作家基伦斯的《扬布拉德一家》、史蒂文森的《荒岛探宝记》,还与人合译了《马克·吐温传奇》一书。十卷本中文版《马克·吐温选集》后来也在台湾出版发行,受到海内外读者热烈欢迎。几十年来,中学语文课本中,《百万英镑》和《竞选州长》两篇经典范文,也都出自张友松的译笔。

说来实在难以令人置信,一边是书肆上一排排精装华丽的世界名著,一边是小屋内生活穷困潦倒的文学翻译大家。张友松既不懂得炒作,更不会去经营,发财的永远是书商,是出版社。

老人当时还乐观地向我透露说,医生说他可以活到 100 岁,他正在埋头写回忆录,要让后人懂得什么才是真正的人生,什么才是真正的生活。

1984 年,张友松同老伴一起迁居成都,住在女儿家。老伴姓徐,年老体衰,自理生活尚且困难。夫妻俩曾有一个儿子,不幸早已病故,一切饮食起居只能依靠女儿一家照料,而偏偏女儿做工的那家工厂又年年亏损,每月的基本工资都没有保障。

张友松偏居成都郊外,无声无息地隐居在一处冷清的角落,已经被世人彻底遗忘,甚至连对面邻居都不知道这位"张老头"究竟是干什么的。

问老人,难道他一点社会活动,譬如作家协会或者翻译家协会的活动都不参加?

"哪里有时间!哪里有时间!"他连声回答,"成天有很多的事要做,还有很多文章要写,哪有那么多空闲。"

张友松的小房间里,书桌像一座小山,堆满了各种报纸、样书、信件,以及大大小小的各色药瓶、衣物和其他杂物,很难开发出一尺见方的"净土"来。而他的大量译著,就是在这样的环境中写成的。

有一次,我骑脚踏车去老先生家,他执意邀我去附近光华村小餐。于是,91 岁的他,携了 84 岁的徐婆婆,坐了三轮车在前面领路,我则尾随其后,去了临街的一家小餐馆。寻个僻静的角落入座,让伙计配了几道适合老年人口味的菜。席间,我抽空到隔壁小书店搜寻一番,居然兴冲冲抱回一大摞老先生的马克·吐温精装译本。

老人显然感到意外,问:"怎么,这里也有我的书卖?"他不知道,隔不多远就是当地有名的西南财经大学。

老板娘笑盈盈地走过去,画了眉,涂了口红,热情大方地招呼老人家。我告诉她,这可是一位非常了不起的翻译家,一生出版了30多部译著,还是鲁迅先生的朋友。

听到这里,老板娘眼睛一亮,马上提高嗓门叫前台小姐重新泡过一壶好茶来,还俯身贴近老人的耳朵大声说:"喜欢吃啥尽管说,我让里面专门为您做!"

见她如此热情,我提议将手中的书请老人家签名送一本给她做纪念。老人应允。

不料老板娘听了,迎面向我推出一扇手掌来,大声说:"不要!坚决不要!"见我一时愣在那里,老板娘方把手掌收回去,放低声音对我说:"人家作家写书不容易,我们做生意的,哪有时间读书,给我们可惜了!不要浪费了!"

我啼笑皆非,她好心好意,老人家只在一旁淡然地笑。

那次我为他拍完照,照例掏出题词簿来,请他为我留下几句话。老人接过本子,慢慢挂上少了一只腿的老花眼镜,左手颤悠悠地握着放大镜,右手艰难地在本子上一笔一画地写道:

劫后余生话沧桑。

生命不息,拼搏不止。

——语赠伏钢同志

张友松

时年九十有一

1994年,2,24

(本文选自徐伏钢著《荡起命运的双桨:徐伏钢新闻特写选》,八方文化创作室2008年版)

第四编

文化外译

儒家思想早期在欧洲的传播

张西平

一、全球化初期的东方与西方

今天的世界成为一个世界,各个民族和国家真正开始作为全球的一个成员,参与世界的活动,世界在经济和文化上构成一个整体。这一切都源于 16 世纪的地理大发现。[①]

地理大发现的最早推动者是地处利比里亚半岛上的葡萄牙和西班

---

① 马克思在《共产党宣言》中说:"美洲的发现,绕过非洲的航行,给新兴资产阶级开辟了新的活动场所。"(马克思,恩格斯. 马克思恩格斯全集第 1 卷. 北京:人民出版社,2005:252.);恩格斯在《反杜林》中说:"伟大的地理发现以及随之而来的殖民的开拓使销售市场扩大了许多倍,并加速了手工业向工厂手工业的转化。"(马克思,恩格斯. 马克思恩格斯全集第 3 卷. 北京:人民出版社,2005:313.)当代全球化史的研究者也认为:"我们已经养成了一种习惯,即根据实际上是西方史的世界史来论述现代时期起因。我们所养成的这种习惯只不过是收到了都市商业文明——其覆盖面在蒙古人入侵前从地中海沿岸地区一直到中国海——发达的影响。西方承继了这一文明的部分遗产,在其影响下才得以成就自己的发展。这一文明的传播受惠于 12、13 世纪十字军的几次东征和 13、14 世纪蒙古帝国的扩张。……西方的这种落后状况一点也不奇怪,意大利的城市……地处亚洲大型商业之路的终端。……西方只是由于海上的扩张才得以摆脱隔离状态;它的兴起正好发生在亚洲两大文明(中国和伊斯兰世界)面临威胁之时。"安德烈·冈德·弗兰克,巴里·K. 吉尔斯. 世界体系:500 年还是 5000 年?. 北京:社科文献出版社,2003:36.

牙。葡萄牙在恩里格王子(Infante D. Henrique,1394—1460)的带领下,"将地理探险和发现成为一门艺术和科学,使远航成为全国感兴趣、与之有密切利益联系的事业"①。葡萄牙人首先攻下北非的休达,然后乘着三桅帆小心地沿着西非海岸前进。1488 年迪亚士(Bartholmeu Dias,约1450—1500)发现了好望角;1498 年,达·伽马(Vasco da Gama,约1469—1524)绕过好望角,进入印度洋,沿东非海岸,过红海口,直达印度大陆。葡萄牙开辟了西方到达东方的新航线。1511 年占领了马六甲,进而又占据了暹罗和巴达维作为商业活动的据点。1517 年(正德十二年)葡萄牙人在船长费尔南·佩雷斯·安德拉德(Fenāo Peres d'Andrade)和使臣托梅·皮尔资(Tomé Pires)的率领下从马六甲来到中国。这是中国与西方人的首次见面。② 广东巡抚林富奏疏言:"正德十二年,有佛郎机夷人,突入东莞县界,时布政使吴廷举须其朝贡,为之奏闻。此不考成宪之过也。"③

1492 年 8 月 3 日哥伦布(Cristoforo Colombo,约 1451—1506)带领探险船队出发,1493 年返回出发的港口帕洛斯,开启了人类对北美新大陆的发现。1522 年麦哲伦(Ferdinand Magellan,约 1480—1521)的西班牙船队首次环球航海成功,从而开辟了从欧洲到达亚洲的另一条不同于葡萄牙人开辟的新航线。同时,西班牙人从美洲到达菲律宾,开始与居住在那里的中国人做生意,形成了"中国-阿卡普尔(墨西哥西海岸)黄金水

---

① 张箭. 地理大发现研究:15—17 世纪. 北京:商务印书馆, 2002:81.

② "1500 至 1700 年间,葡萄牙人试图在从好望角的开普敦到日本之间建立一个贸易和权力网络的世界并不是静止不变的。它随时都在两个层次:制度和功能上发生变化。有些变化微妙得几乎不易觉察,有些变化则清晰可见。因此,要理解葡萄牙人在亚洲的所作所为,以及他们所要适应的环境和所使用的途径,我们不仅仅需要描述他们在上面表演的'亚洲舞台',还需要考虑这 200 年中亚洲历史的活力。"参阅桑贾伊·苏布拉马尼亚姆. 葡萄牙帝国在亚洲 1500—1700:政治和经济史. 何吉贤,译. 伦敦:朗文书屋出版(Longman Group UK Limited), 1993.

③ 顾炎武. 天下郡国利病书(卷 13). 昆山市顾炎武研究会,点校. 上海:上海科技大学文献出版社, 2003.

道"，"马尼拉大帆船贸易"由此拉开序幕。

寻找契丹是百年航海史的灵魂从马可·波罗（Marco Polo，1254—1324年）到柏郎嘉宾（Giovanni da Pian del Carpine，1180—1252年），中世纪时这些旅游者的游记点燃着西方寻找富饶契丹的梦想。刺桐港堆积如山的香料，契丹大汗无与伦比的财富都成为枯燥无味的中世纪欧洲人的热门话题。哥伦布出发时，带着的是一份西班牙国王致大汗的国书，葡萄牙人则将寻找"秦人"作为他们来到东方的重要使命。[①] 奥斯曼帝国兴起后，中国与欧洲商路的阻断，寻找香料，与东方展开贸易是其海上扩张的根本目的。而基督教的扩张则和其商业利益、文化梦想融为一体。蒙元帝国将世界连为一体，欧洲人通过蒙古时代的游记知道了东方文明与东方的富饶，整个地理大发现的动机就是寻找"契丹"，寻找东方。

地理大发现所开启的全球化并非仅仅是在地理上人类第一次较为全面地的认识了自己生存的家园——地球，同时，初期的全球化开始了人口的流动，贸易的沟通，科学的发展。在西方殖民主义的血与火中，世界从孤立分散走向联合与统一。农作物的传播极大促进了农业的发展，而疾

---

① 葡萄牙国王曾颁布寻找"秦人"的敕令："你必须探明有关秦人的额情况，探明来自何方？路途有多远？探明何时到达满刺加或探明进行贸易的其他地方？探明带来什么商品？探明每年驶进多少艘船？探明船只的形式和大小如何？探明是否在来的当年就回国？探明在满刺加或其地方任何国家是否设有商栈？探明是富商吗？探明生性懦弱还是尚勇好战？探明有无武器或火炮？探明穿什么杨的服装？探明的身材是否高大？他们是基督徒还是异教徒？他们的国家大吗？他们是否不止一个国王？他们国中是否有与他们法律信仰不同的摩尔人（穆斯林）或其他民族？如果他们不是基督徒，那么他们信仰和崇拜什么？他们遵从什么样的社会习俗？他们的国土扩展到何处？与那些国家为邻？"参阅张天泽．中葡早期通商史．姚楠，钱江，译．香港：中华书局，1988：36．

病也在世界联系的各种通道中传播。①

　　更为重要的是:1500 年后的初期全球化的另一个最重要的收获就是多元文化的相遇与碰撞,直到今日,这种文化的接触和碰撞、理解与纷争仍未完成。在全球化初期,西方文化在全球的扩张充满了血腥,但唯一有一个例外,这就是西方文化与中国文化的接触。正是在这 200 年间中国文化和欧洲文化相识、交融,开出了绚烂的文明花朵,成为全球化初期人类在文化上最大的收获、最宝贵的成果、最珍贵的文化历史遗产。这一宝贵成果的获得主要原因在于,中国在经济实力与文化实力都处在与欧洲不相上下,甚至高于欧洲的水平之上。远来的葡萄牙人和西班牙人无法采取他们在非洲和南北美洲所采取的殖民政策,只能以另一种形式开始与中国接触,②而来自欧洲的来华耶稣会士们为了自己的宗教利益采取了,开始探索在不同文化的天主教传播,从而为文化之间的接触和理解做出了不懈努力和历史性的贡献。"12 世纪耶稣会在华传教的历史与欧洲对中国的早期研究,或者成为早期汉学,是不可分割的。虽然传教这一首要任务将耶稣会士和早期汉学家区别开来,但耶稣会士作为有关中国地理、语言、政治、哲学、历史和社会生活情况的主要传播者和解释者,为那

①　张箭在其地理大发现研究中,谈到地理大发现的重大作用和影响时,主要从地理、科学角度谈的。当然,尽管也谈到了对社会科学发展的贡献,但主要是站在西方社会的角度来讲的。其实,地理大发现在文化上的主要价值是:文化的相遇与碰撞,它所带来的文化冲突,西方殖民主义在全球化中对待异族文化的野蛮态度的影响,至今仍未解决。经济的全球化并不意味着文化的全球化,文化的相遇和理解、求同与存异,至今仍是地理大发现以来一直未很好解决的问题。

②　西班牙传教士桑切斯在菲律宾制订了一个攻打中国的计划,葡萄初到中国南海与明军的交战都以失败而告终。参阅:张维华. 明史弗朗机吕宋和兰意大利四国传注释. 台湾:学生书局,1972;张凯. 中国和西班牙文化交流史. 郑州:大象出版社,2003;万明. 中葡早期关系史. 北京:中国社科文献出版社,2001;金国平. 西力东渐:中葡早期接触追昔. 澳门:澳门基金会,2000;金国平,吴志良. 过十字门. 澳门:成人教育学会,2004. 参阅:罗荣渠. 美洲史论. 北京:中国社会科学出版社,1997;普雷斯科特. 秘鲁征服史. 周叶谦,刘慈忠,吴兰芳,等,译. 北京:商务印书馆,1986;郑家声. 殖民主义史:非洲卷. 北京:北京大学出版社,2000.

些后来成为早期汉学家的欧洲学者提供了学术基础。来华耶稣会传教士经常利用返回欧洲逗留的机会或通过从中国寄回欧洲的书信与这些学者保持直接的、密切的联系。"①

来华耶稣会士沟通中国和欧洲的一个重要成果就是他们开始第一次用欧洲的语言将中国的古代文化经典翻译出来,由此,传教士汉学和游记汉学的那种道听途说才有了根本性的区别。"游记汉学"的一个根本性特点就是这些作者叙述的是个人的经历,他们很少亲自研读中国的典籍文献,自然也谈不上从事中国典籍的翻译。这些来到东方的"游客们",游走四方,浪迹天涯。尽管他们也提供了大量关于中国的文化和历史信息,也给西方讲述了不少动人心弦的故事,但总体上他们提供给西方读者的中国就是一副多样的、感性的中国,是一个个性化的讲述。在这个时期由于西方人读不到中国典籍的原文,他们只能获得一个关于中国的感性印象,一个充满神奇,支离破碎,可以任意想象的中国,从而无论是西方的大众还是知识界都始终无法从精神层面上来把握和认识中国。② 自罗马帝国与汉帝国分别统治的欧亚大陆的两端起,欧洲与中国就开始沿着丝绸之路来往贸易,但直到大航海时代后,以耶稣会士入华为其标志,中国和欧洲才开始了真正思想文化意义上的交流,中国古代文化典籍中所包含的人类共同的价值和意义,才第一次在欧亚大陆两端同时彰显出来。

二、高母羡:儒家思想的最早翻译者

第一个向西方介绍儒家思想并翻译儒家经典的是西班牙传教士高母

① 孟德卫. 奇异的国度:耶稣会适应政策及汉学的起源. 陈怡,译. 郑州:大象出版社,2010:2-3.
② 参阅:马可波罗行纪. 冯承钧,译. 上海:上海世纪出版集团,2001;海屯行记鄂多立克东游录沙哈鲁遣使中国记. 何高济,译. 北京:中华书局,1981;道森. 出使蒙古记. 北京:中国社会科学出版社,1982;柔克义(W. W. Rockhill). 柏朗嘉宾蒙古行纪鲁布鲁克东行纪. 耿升,何高济,译. 北京:中华书局,2002;约翰·曼德维尔. 曼德尔游记. 郭泽民,葛桂录,译. 上海:上海书店,2006.

羡(Juan Cobo,1546—1592)①,《明心宝鉴》是元末明初的中国文人范立本
所编著的一本关于中国文化先贤的格言的一本蒙学教材,收入了孔子、孟
子、庄子、老子、朱熹等先哲的格言,于洪武二十六年(1393 年)出版。1592
年高母羡翻译这本书时在菲律宾传教,为了归化当地的华人,他必须学习
汉语,于是将《明心宝鉴》翻译成"Beng Sim Po Cam, Espejo clar del
Recto Corazón"也是为了让传教士们更好地学习汉语。② 学者们认为,这
个以闽南话为基础的西班牙译本"书中的书名,人名及部分难以意译的地
方,采取音译方式,其所注字音,当然也是闽南语音,因此《明心宝鉴》音译
材料不但是现今通行的闽南语教会罗马字的老祖宗,在闽南语文献及记
音方式上极其珍贵"③。

　　高母羡所翻译的《明心宝鉴》"后来由米格尔·德贝纳维德斯(Miguel

---

① "高母羡系西班牙多来都省 Toledo Spain 舒厄各拉人(Consuegra),死于一五九二
年十一月。高母羡于一五六三年加入道明会(Order of Preachers),……并在赫
纳斯的阿卡拉大学接受神哲学训练,然后从事神哲学的教学工作。高母羡于一五
八六年加入由三十九位道明会士组成,志愿远赴远东的菲律宾传播基督宗教的传
教团体行列,这一团体怀着打开亚洲大陆传教之门的梦想和远见来到了菲律宾,
在途经墨西哥时,高母羡在该地一年以达成一项重要使命,然而他的同伴们已先
赶往菲律宾,他们一行数十人在一五八七年七月抵达菲律宾。"摘自潘贝新《高母
羡 和 玫 瑰 省 道 明 会 传 教 方 法 研 讨 》, http://www. catholic. org. tw/
dominicanfamily/china _ cobo. htm ♯ _ ftn3); *Sententiae plures et graves
philosophorum etiam gentilium ut Senecae et similium ex eorum libris excertae et
Sinicae reditae. Lingua sin ica ad certam revocata methodum quatuor distinctis
caracterum ordinibus generalibus, specificis et individualis; seu vocabularium sin
ensis.*

② 尽管这本手稿知道 1942 年才第一次公开出版,但从历史学上到目前为止是一本
被翻译成欧洲语言的中国古代图书。当然,西班牙传教士拉达从福建回到菲律宾
时,也带回了很多中国书籍,据说也在当地找人翻译了一些中文的书籍,但很可
惜,至今学界尚未发现这些书籍。

③ 摘自潘贝新《高母羡和玫瑰省道明会传教方法研讨》(http://www. catholic. org.
tw/dominicanfamily/china_cobo. htm ♯ _ftn3);参见:刘莉美. 当西方遇见东
方——从《明心宝鉴》两本西班牙黄金时期译本看宗教理解下的偏见与对话. 中
外文学,2005,33(10):123.

de Benavides)神甫带回西班牙并于 1595 年 12 月 23 日呈现给菲利普二世"①。因此,法国汉学家伯希和认为《明心宝鉴》是最早被翻译成欧洲语言的中国古代典籍。②

《明心宝鉴》至今仍受到西班牙人的欢迎,它在 20 世纪的 4 种译本如表 1③。

表 1 《明心宝鉴》20 世纪的 4 个西班牙语译本简介

出版年份	译者	书名及出版地	备注
1924	Ed.P. Getino	Fr. Juan Cobo, *El Libro Chino Beng Sim Po Cam o Espejo rico del Claro Corazón*, traducido de Legua castellana por Juan Cobo, Madrid: Claudio Coello	
1959	Ed. Carlos Sanz	*Beng Sim Po Cam o Espejo Rico del Claro Corazón*, Madrid: Libreria General	自西班牙国家图书馆原件的影印本。中西文对照
1998	Ed. Manel Ollé	*Rico Espejo del Buen Corazón* (Beng Sim Po Cam), Barcelona: Península	是西班牙文原文的现代整理版
2005	Annotated. Liu Limei	*Espejo Rico del Claro Corazón*, Madrid: Letrúmero	中西双语版,并夹有西班牙文注释

留学西班牙的刘莉美博士在其论文《高母羡对《明心宝鉴》的翻译》中对高母羡的翻译做了深入的研究。她以西班牙中世纪文学的特点来分析高母羡用于翻译中国伦常词汇的西班牙文对应词以此探究高母羡对于中

① 张凯. 中国与西班牙关系史. 郑州:大象出版社,2003:206.

② Pelliot, Paul. "Notes sur quelques lives ou documents conserves en Espagne." *T'oung Pao* 26 (1929), p. 46; *Biemann, Benno, Die Anfänge der neueren Dominikanennission in China*, Vechta: Albertus Verlag, 1927. Biermann, Bemo, "Chinesische Sprachstudien in Manila: Das erste chinesische Buch in europäischer Überse-tzung", *NZM* 7 (1951), pp. 18-23.

③ 蒋薇. 活跃于东亚各国之间的道明会传教士:高母羡//张西平,罗莹. 东亚与欧洲文化早期相遇:东西文化交流史论. 上海:华东师范大学出版社,2012:5-56.

国典籍的理解理路。"高母羡阅读《明心宝鉴》时,在初学汉文且缺乏参考工具书的条件下他使用《圣经》的思想去理解中文原文的,再加上中古天主教适应希腊哲学的传统影响,高母羡先入为主地套用他预先建立的思维模式去诠释、附会眼前的新世界。这种'适应策略'早期广泛地被耶稣会利马窦等人应用于其宣教策略上。"①

三、罗明坚:儒家经典西译的开创者

《明心宝鉴》只是民间通俗读物,而将中国儒家经典著作首先翻译成西方语言的是来华的耶稣会士罗明坚(Michele Ruggieri,1543—1607)。② 在讲到耶稣会的汉学成就时,学术界给予利玛窦(Matteo Ricci,1552—1610)和他的一些后来者的赞誉太多了,③无论在西方还是在东方学术界都忽视或者冷漠了来华耶稣会士的真正开创者,西方汉学的真正奠基人之一——罗明坚,他才是儒家经典西传的真正开创者。

当 1592 年高母羡在菲律宾翻译《明心宝鉴》时,从中国回到罗马的来

---

① 转引自蒋薇. 活跃于东亚各国之间的道明会传教士:高母羡//张西平,罗莹. 东亚与欧洲文化早期相遇:东西文化交流史论. 上海:华东教育出版社,2012:17. 参阅:张凯. 中国与西班牙关系史. 郑州:大象出版社,2003:204-205;陈台民. 中菲关系与菲律宾华侨. 香港:香港朝阳出版社,1985.

② 近两年来学术界开始注意到罗明坚在中西文化交流史的贡献,参阅:宋黎明. 神父的新装:利玛窦在中国(1582—1610). 南京:南京大学出版社,2011;夏伯嘉. 利玛窦:紫禁城里的耶稣会士. 上海:上海古籍出版社,2012.

③ *De Christiana expeditione apud Sinas*(see Trigault)*Tetrabiblion Sinense de moribus*,1593,a Latin translation of the Four Books mentioned by other sinologists but never found or never published.;Alden,Dauril,*The Making of an Enterprise*:*The Sociew of Jesus in Portugal*,*Its Empire*,*and Beyond 1540—1750*,Stan ford:Stan ford Univ. Press,1996.;Betray,Johmnes,*Die Akkommodationsmethode des P. Matteo Ricci S.J. in China*,Roma:Univ. Pont. Gregoriana,1955.;*Ricci Roundtable on the History of Christianity in China*,several collections accessible online through the *Ricci Institute for Chinese-Western Cultural History*,University of San Francisco.

华耶稣会士罗明坚,也做着同样的工作,如果从翻译中国典籍的时间上看,高母羡先于罗明坚,但如果从在欧洲出版中国典籍的时间来看,罗明坚早于高母羡,因为,高母羡的书是在菲律宾出版的。

首次将罗明坚的这个《大学》的拉丁文译文在欧洲正式发表的是波赛维诺(Antonii Possevino,1533—1611)。他1533年出生,1559年加入耶稣会,以后成了耶稣会会长麦古里安(Mrecurian,在任时间1573—1581)的秘书,就是麦古里安把范礼安(Alessandro Valignano,1538—1606),派到了东方传教。波赛维诺以后作为罗马教皇的外交官被派到德国、匈牙利和葡萄牙、俄国等地工作。晚年从事文学和神学研究,其中最重要的著作便是百科全书式的《历史、科学、救世研讨丛书选编》(*Bibliotheca Selecta qua agitur de ratione stucliorum in historia*,*in disciplinis*,*in Salute omniun procuranda*)一书。这部书1593年在罗马出版。[书中所标明的当时耶稣会会长阿瓜维瓦(Aquaviva)的出版许可日期为1592年4月16日。]

罗明坚返回罗马以后常常去波赛维诺那里,向他讲述自己在中国传教时所看到和听到的事,这样波赛维诺就在该书的第九章上介绍了罗明坚在中国的一些情况,并将罗明坚的译文一同发表。这本书以后又分别于1603年和1608年在威尼斯和科隆两次再版。①

罗明坚所翻译的《大学》内容如下:

> 《大学》之道,在明明德,在亲民,在止于至善。知止而后有定,定而后能静,静而后能安,安而后能虑,虑而后能得。坊有本末,事有终始,知所先后,则近道矣。古之欲明明德于天下者,先治其国,欲治其国者,先齐其家;欲齐其家者,俞其身;欲修其身者,先正其心;欲正其

---

① Lundbaek,Knud. "The First European Translations of Chinese Historical and Philosophical Works." in *China and Europe*,1991:29-43. 麦克雷(Michele Ferrero),《波塞维诺〈丛书选编〉(1593)中的中国》[*China in the Bibliotheca Selecta of Antonio Possevino*(1593)],抽样稿。

心者,先诚其意;欲诚其意者,先致其知致知在格物。

波赛维诺在《选编》里发表罗明坚拉丁文译文如下:

Humanae institutionis ratio posita est in lumine naturae cognoscendo, & sequendo, in aliorum horr. inum conformatione(& in suscepta probitate retinenda. Quando autem compertum fuerit ubi sistendum est, tunc homo consistit, consis-tens quiescit, quietus sec urus est, sec urus potest ratiocinari, & dijudicare, deraum potest fieri voti compos.

Res habent ordinem, ut aliae antecedant, aliae sequantur Qui scit hunc ordinem tenere, non procul abest a ratione, quam natura praescribit.

Principio, quo voluerunt naturae lumen, animi6 hominum ad mundi perfec-tionem concessum, inter mortalitatis huiusce tenebras dispicere, prius Rognura consistuerunt; qui autem Regnum optirais voluerunt institutis, & legibus temperare, domum suam recte adminictrarunt; Domum suam recte admin-istrare qui voluerunt, semitipsos ex rationis praeceptis formarunt: Qui vitam suam penitus cum ratione consentire cupiverunt, eius, quod intimum esset, cordis scilicet, 8c mentis statura su mmo studio direxerunt: Qui cor quaesiverunt ab orani lahe facere alienum, eius cupidatatem, & studium aliquod vel amplectendi, vel fugiendi ordinarunt; hoc vero ut praestarent, cuiusque rei caussas, & naturas noscere studuerunt. ①

这是在西方 16 世纪的文献中首次对中国古代文化经典的翻译,在学

---

① 龙柏格(Knud Lundbaek). 儒家经典在欧洲最初的翻译(The First Translation from A Confucian classic in Europe., *CHINA MISSION STUDIES* (1550—1800) *BULLETIN*,1979(1).

术上意义很大。

首先，我们从文献学的角度来看这篇文献。罗明坚这篇文章是发表在波赛维诺的丛书中的，①这套丛书选编共有 18 章，或者说 18 部分，分为上下两卷。"在第一卷中，波塞维诺介绍了文化与研究的崇高地位和重要性；《圣经》，包括其历史和解读方面的东西；神学；教理问答（传道的方法和传统）；关于神职人员和教会；如何应对东正教徒（希腊人，等等）；如何帮助异教徒（宗教改革）；神学和异教徒的无神论；如何帮助犹太人、穆斯林和其他人；谁可以帮助日本人及其他东方民族；如何帮助日本人及其他东方民族。第二卷包括：关于哲学；关于法律；关于医学；关于数学；关于历史；关于诗歌和艺术；关于以西塞罗为典型的正统写作艺术。"②按照麦克雷教授的研究，"耶稣会士企图通过这套书为欧洲天主教知识分子从事学术研究、教育以及制度设立提供保险的教义参考。因其内容所具的深度和广度，这套书也被称为'反宗教改革的百科全书'"③。

波赛维诺在 1593 年出版第一版时的第十部分是"日本及其他东方民族"，但是这里没有提到中国人。而在 1603 年第二版时有了关于中国的部分"Quibus rationibus gentes et Indi iuvari possin t. Qua occasione id certioris historiae de Regno Sinarum innuitur quod hactenus［so far］ignoratum est, quodque auctor reliquis suis co mmentariis in lucem postea edendis copiusius adiexuit."。他也明确说这些材料是来自罗明坚的"我们的教友罗明坚在那里编撰并宣讲这些问答多年，我们亦从他那获取这些材料"。而且说，这些材料都是"之前一直是未公开的"（hactenus ignoratum）。在拉丁文中他还提到了西班牙传教士桑切斯，他说："这些

① 笔者在《西方汉学的奠基人：罗明坚》已展开描述，见《历史研究》2011 年第 3 期。
② 参阅麦克雷（Michele Ferrero）《波塞维诺〈丛书选编〉（1593）中的中国》，感谢麦教授提供给我这篇论文。
③ 尽管这是一本在欧洲也很难找到的一本书，但笔者在中国国家图书馆的北堂藏书中发现这本书，实在令人惊讶，但也说明了这本书在当时的价值和受到来华耶稣会士的重视。《北堂书目》藏号：1593 年和 1603 年两个版本。这再次证明了《北堂书目》的学术价值。

材料大多来源于罗明坚,还有少数信息来源于另一位耶稣会士桑彻斯。桑彻斯在墨西哥、菲律宾工作过,后在澳门和广东做了短暂停留。……桑彻斯用口头或文字的形式在罗马留下了材料,我们在此创作。但是关于中国的最丰富的材料还是由罗明坚提供的。"①桑切斯主要在菲律宾活动,但他也来过中国,并与罗明坚有过交往。虽然同为耶稣会士,但由于传教的地点不同,两人对待中国的态度也完全不同,罗明坚采取的适应中国文化的政策,而桑切斯却说:"我和罗明坚的意见完全相反,我以为劝化中国,只有一个好办法,就是借重武力了。"②应该说,这份文献主要是罗明坚所写。

其次,我们来具体研究罗明坚对《大学》的翻译。《大学》原是《礼记》中的一篇,后被宋儒所重视,朱熹在《四书集注》中说:"子程曰:'《大学》,孔氏之遗书,而初学入德之门也。'"所以他认为"学者必由是而学焉"。

为更好地理解罗明坚的这段拉丁文翻译,我们从拉丁文译文展开研究,拉丁文中文翻译如下:

> 教育人的正确道路,在于认识与遵从自然之光,在于塑造其他人,而且还在于能正确地行和止。当人明白在哪里要停止时,他就停止,而停止时他便平静,且平静后他就感到安全,而安全后他方能推理与判断,就能实现他的愿望。事物本有秩序,有的事物是前提,有的事物是后果。能够掌握住事物秩序的人离自然所规定的原理不远了,因此,愿意探究自然的因有、先天光明,为了治理世界的人们,首先要管理好自己的国家,而要恰当地管理好自己的国家,则应先以正当的规则来建立自己的家庭。那些要以正当的规则建立自己的家庭的人,则应先建造自己的生活。要建造自己生活的人,则应先建造自己

① Donnelly n. 29,p 189,引自《丛书选编》,卷 I,第 581 页。参阅麦克雷(Michele Ferrero)的《波塞维诺〈丛书选编〉(1593)中的中国》。
② 裴化行. 明代闭关政策与西班牙天主教传教士//中外关系史译丛(4 辑). 上海:上海译文出版社,1988:264.

的精神;要建造自己精神的人们,则应先从众人的沉沦中拯救自己的灵魂。凡是试图从众人的沉沦之中拯救自己灵魂的,他便需要端正欲望,要先为自己准备知识。而知识的圆满在于认识事物的原因与本质。①

我们来分析罗明坚的这段译文。

首先,如何译《大学》这个标题,罗明坚译为"Humanal institutions ratio",即"教育人的正确道路"。罗明坚之后来华的意大利传教士殷铎泽(Prosper Intorcetta,1625—1696)在他1662年的《大学》译本②中将其译为"Magnorum Virorum sciendi institutum",即"大人的正确教育",而1687年由著名的来华耶稣会士柏应理(Philippe Couplet,1624—1695)等人在《中国哲学家孔子》(Confucius Sinarum Philosophus,Paris 1687,S.I.)③中将"大学"译为"magnum adeoque orum Principum, sciendi inseitatam",即"大人,或者确切地说为君子的正确教育"。安文思(Gabriel de Magallaens,1609—1677)在他的《中华帝国史》(Nouvelle relation de Chine,Paris 1689)中将"大学"翻译为"La méthode des grands hommes pour apprendre",即"伟大人的理解方法"。

如果对比一下这几种译法,我们会觉得相比之下,罗明坚的译文不如殷铎泽翻译的好,"大学"在这里不是指对一般人的教育,主要是对大人的教育,或者说是培养君子的教育,如张居正说解释的"大学是大人治学,这

---

① 感谢雷立柏帮助我翻译了这段拉丁文,也感谢我的拉丁文启蒙老师贾西诚神父。

② 关于这个译本说法不一,费赖之认为这个《大学》译本是郭纳爵(Ignace da Costa,1599—1666)1662年在江西建昌所译,又说索默尔沃热尔书目上讲是1662年为殷铎泽所译。见费赖之书中文版上册,第226,331页。考狄的"L'IMPRIMERIE SINO-EUROP´EENNE ENCHINE BIBLIOGRAP-HIE DES OUVRAGES PUBLIES EN CHINE PAR LES EUROPEENS"一书中附了《大学》在建昌刻本的封面,上有郭纳爵和殷铎泽共译封面的题字:Kién chān in nrbe Sinarū ‖ Proninciate Si. 1662 ‖ Superiorum permissu. 耶稣会档案馆藏有此书,书号为JAD SIN Ⅲ3-1 .1998年夏我在该馆访问时曾翻阅此书。

③ 关于此书,下文还将展开重点论述,这里不做展开。

本书中说的都是大人修己治人的道理。故书名为《大学》"①。

其次,如何译"在明明德"。罗明坚将其译为"Lumen naturae",即"自然之光",他用这种译法以表示区别于"超自然之光",即"Lumen Sapranatarale",这句话的英文翻译是"遵从自然的启迪"。这是一个很重要的理解。正是从罗明坚开始,来华传教士大都采用这种观点,以"自然神学"来解释中国的思想。这里的罗明坚没有用"超自然之光",显然是在回避启示神学。1662年殷铎泽的译本中则回到了"启示神学",而改为"Spiritualis potentia a caelo indita",即"由天所赋予的精神力量",到柏应理时,则把这个概念引入了基督教的含义,译为"rationalis natura a coelo inditam",即"天赋的理性本质"。这显然是面对欧洲的礼仪之争,柏应理在翻译策略上的转变。在当时的欧洲,以斯宾诺萨所代表的"自然神学"思想是受到主流神学思想的批判的。②

"明明德",这里的第一个"明"字是动词,是彰明的意思,而"明德"的意思是人原具有的善良德性,因后来受物质利益的遮蒙,个人偏狭气质的拘束,这种善性受到压制。教育的目的在于使人这种"明"得以恢复。朱子说:"明,明之也。明德者,人之所得乎天,而虚灵不昧,以其众理而应万事者也。但为气禀所拘,人欲所蔽,则有时而昏。然其本体之明,则有未尝息者。故学者当因其所发而遂明之,以复其初也。"(朱熹《四书章句》)朱熹对"明德"之源做了提升,人这种原初的善"得乎于天"。这个天既不是物质的天,也不是神的天,而是理之天,"合天地万物而言,只是一个理""未有天地之先,毕竟也只是理。有此理,便有此天地。若无此理,便亦无天地"(《语类》卷一)。

罗明坚从自然神学加以解释,殷铎泽和柏应理则表面上是套用朱熹的思想,实际上是向"启示神学"倾斜,他所讲的"天"显然是人格神的天,

---

① 参阅:朱雁冰. 从西方儒家思的最早传说到利玛窦的儒学评价//香港道风山. 神学论集,1996.
② 参阅:洪汉鼎. 斯宾诺莎评传. 济南:山东人民出版社,1984.

而柏应理的解释则已完全是从基督教来理解的。相比较而言,罗明坚的解释相对接近"明明德"的本意。从罗明坚到柏应理,在翻译上的变化则反映了当时欧洲对中国思想认识的起伏。

罗明坚把"亲民"与"明明德"合在一起译为"in lunine naturae cognoscendo et sequendo, in aliorum hominum confirmatione",即"在于认识和遵循自然之光,在于成全他人"这里他实际上翻译了朱熹注的后半句,朱熹注:"新者,革其旧之谓也。言既自明其明德,又当推以及人,使之亦有以去其旧染之污也。"(朱熹《四书章句集注》),殷铎泽在 1662 年译文中的"新民"译为"renovare sea reparare populum""祈祷或更新人民",但他在括号中加上了"in amore erga alios"即"向他人的爱"的解释,柏应理则是用"in renovando sea reparando"(即"在于恢复或修整")。从这个比较中可以看出,罗明坚的译文不如殷铎泽的译文,主要是没有把"新民"译好。这点丹麦汉学家龙柏格(Knud Lundbaek)对罗明坚和殷铎泽两人的翻译评价比较合理,他说:"在 1662 年殷铎泽的译文中我们看到汉字'亲民'(爱人民),但是翻译为'使人民焕新'。在这个问题上,它后面加了一句插入语:'在对他人的爱'(in amore erga alios)。《中国哲学家孔子》里则是'重新塑造人'(in renovando seu reparando populum)。有个脚注指出第十个字不发'新'的音,意思也不是'新'或'革新'。这个字发音为'亲'(cin),意思是'如同父母或亲戚'(aware parentes propinquos),如果中文文章也放在一起,这个难以理解的阐述可能还能至少部分地获得理解。译者并没有说明他们面对的是朱熹的校正。事实上,亲/新的问题几个世纪以来都是中国政治伦理界的一个颇有争议的议题。朱熹学派的反对者王阳明就一直坚持那个字应该是'亲'①。罗明坚似乎没怎么意识到这个问题,看起来他试图用'在于认识和遵循自然之光,在于成全他人''... in lumine naturae cognoscendo et sequendo, in aliorum hominum

---

① Fung Yu-lan. *A History of Chinese Philosophy*. Princeton:Princeton University Press,1952:600.

conformatione'来处理回避了这个问题,这个表达就包括了两个意思:'在于认识和遵循自然之光,在于成全他人。'"①罗明坚没有很透彻理解"新民"的含义,没有明确翻译出"新"字所包含的"自明其明德。又当推以,鼓舞作兴,使之革去旧染之污,亦有其明德"的含义。②

"格物致知"是朱熹注《大学》时的另一个重要思想,罗明坚原译文为"Absolution scientiae posita est in caccsis et rationibus rerum cognoscendis",即"知识的圆满在于认识事物的根源和本质"后在波塞维诺的《历史、科学、技世研讨丛书选编》时罗明坚将其译文做了修改,将"欲诚其意,先致其知"连在一起翻译为"Qui cor quaesiverunt ab omni labe facere alievum eius cupidatatum,& studium aliquod vel amplactendi,vel fugiendi ordinarunt;hoc vero ut praestarent,cuiusque rei causas,et naturas noscere studerunt",即"凡是试图从众人的沉沦之中救出心灵者,他便需端正欲望,要先为自己准备知识,而知识的圆满在于学会认识事物的原因和本质"。英文译文翻译成:"为此他们努力学习万物的缘由和本质。"这两个译法都反映了罗明坚对"格物致知"的理解与原意相差甚远,他基本上是从西方知识论和认识论来理解"格物致知"的,而实际上朱熹的"格物致知"是置于伦理学的框架之中的,因为宋儒中的"格物致知""不在乎科学之真,而在乎明道之善,这才是朱熹格物致知论的本质"③。由此看出罗明坚对中国文化的本质特征的理解还有距离,这反映了中西思想初次交流所遇到的困难。

已故的丹麦汉学家龙伯格(Knud Lundbaek)认为罗明坚的这段译文有三个特点:

(1)它说明在中国的教育内容中包含着政治—伦理的内容,或者

---

① 龙柏格(Knud Lundbaek).儒家经典在欧洲最初的翻译(The First Translation from A Confucian classic in Europe).*CHINA MISSION STUDIES* (1550—1800) *BULLETIN*,1979(1).

② 张居正《大学·中庸》评讲。

③ 侯外庐,邱汉生,张岂之.宋明理学史.北京:人民出版社,1984:399.

说这二者是不能分开的；(2)"这个劝诫人们追求事物的本性和缘由的讲道词所具备的伦理政治性已达到很高的水准，使读者震惊"；(3)这段译文给人印象最深的在于这样一种政治——伦理的思想劝告人们要研究"事物的性质和原因"。一个人如何能实现这样一个过程？只有通过分析事物的性质和原因。①

应该说龙伯格评价的前二条是对的。第一条说明了罗明坚的译文还是抓住了《大学》的思想本质，即教育的政治化与伦理化。第二条评价也是客观的，因为罗明坚第一次将东方伦理思想介绍到了西方，应该说，这种伦理与政治治理的结合特点与西方是有重大区别的。龙伯格的第三条是揭示了罗明坚译文的一个重要特征，但正像我们上面已指出的，这正是罗明坚译文的一个重要误解，而不是应加以肯定的地方。龙伯格的这个评价也反映了他对宋儒明理学的认识论的伦理特征理解不够，按照他的思路，中国哲学思想在修身、齐家、治国、平天下这个思想中，最终要落实到"修身"，而修身在于"格物致知"，最终落到了认识自然，探求事物的原因和本质上。显然，这是从西方认识论的角度来理解的。在理学中"格物致知"是在伦理和道德的框架中发生的，朱熹的"格物致知"主要在"穷天理，明人论，讲圣言，求世故"，而不是求自然之因，科学之真。

罗明坚的译文发表后，当时并未引起多少人注意，龙伯格说17世纪西方最著名的伦理学和政治学著作都未提到他的这个译文。直到1615年随着利玛窦等人的著作出版，中国逐步被欧洲人所重视时，以往关于中国的报道才重新被人所注意。无论如何，罗明坚首次将中国儒家经典传向西方，开启了欧洲人翻译中国经典之先河，功不可没。

（本文原刊《中国文化研究》2016年第3期）

---

① 龙柏格(Knud Lundbaek). 儒家经典在欧洲最初的翻译(The First Translation from A Confucian classic in Europe). *CHINA MISSION STUDIES* (1550—1800) *BULLETIN*，1979(1).

历史的启示

——从中西翻译史看当前的文化外译问题

谢天振

最近一二十年来,国内译学界,甚至文学界和文化界,对中国文学、文化的国际传播问题开始给予越来越多的关注。而半个多世纪以来,我们国家在中国文学、文化的国际传播一事上也投入了相当大的人力、物力和财力,但实际效果,正如我们大家所看到的,并不是很理想。之所以如此,究其根源,跟我们国家有关部门的领导和实际从事中国文学、文化外译的工作人员缺乏对文化外译问题的全面正确的认识有关。而要确立对文化外译问题的全面正确认识,就有必要从文化外译问题的历史渊源、当前翻译理念的演进以及当前翻译所处时代语境的变化诸多方面进行考察。限于篇幅,本文拟对中西翻译史上的两个翻译活动——佛经翻译和传教士翻译进行一个新剖析,探索其中的文化外译因素及其历史表现,希望能为当前我们正在讨论的"中国文学、文化'走出去'"问题提供一个新的视角。

首先我们拟对中国历史上的佛经翻译做一番审视和探讨。

一、佛经翻译:"外来和尚好念经"

中国的佛经翻译,历来我们都是从文化译入的角度展开讨论的,这自然无可非议,因为佛经翻译首先就是建立在对外来文化有所需求的前提之上的,佛经翻译的性质也因此只能定位在译入行为的范畴内。然而如果我们对佛经翻译再深入探究一下的话,则不难发现,其中也是有文化外译的因子在里面,尤其是一批"外来和尚"对佛经翻译的参与,这让我们对佛经翻译有了一个新的认识。而且,有必要指出的是,这些因子对于今天我们思考和探讨中国文化的外译问题具有非常现实的启迪意义。

关于佛教何时传入中国的探讨,目前引述较多的是东汉明帝(在位时间 57—75 年)夜梦金人的传说。说的是明帝永平七年(64 年)某夜,梦见一个身形高大、项有日光的金人在空中飞行,最后落到自己的殿庭之前。翌日以此梦问群臣,有大臣认为明帝所梦金人即是西方称为"佛"的神。于是明帝便遣使西行访"佛",结果在大月氏碰到正在那里弘扬佛法的印度僧人摄摩腾和竺法兰,使者恳请二位僧人去中土弘法,二人也欣然应允,携佛像佛经,用白马驮之,来到洛阳。明帝命为他们筑寺,即白马寺,摄摩腾和竺法兰从此就在白马寺译经弘法,所译佛经四十二章,后世称《四十二章经》。

对上述传说乃至《四十二章经》本身的真伪学界有所质疑,对此我们姑且不论。目前学术界多倾向于认为佛经翻译始自汉桓帝(在位时间 146—167 年)年代,系桓帝建和二年(148 年)安息国僧人安清(字世高)来华,正式揭开了佛教入华和佛经汉译的历史序幕。据《高僧传》,安世高来华后,很快学会了汉语。在华 20 多年间,他共汉译佛经 35 部 41 卷,其中比较重要的经籍有《安般守意经》《阴持久经》《人本欲生经》和《大安般经》等,开创了后世禅学之源。①

从以上传说和史实,我们可以发现一个共同的事实,即佛经最初的汉译我们都是请的"外来和尚"(当时称之为"胡僧"):传说中是两位印度和尚摄摩腾和竺法兰,史实记载的是安息国僧人安世高。

事实上,在佛经翻译的初期、中期乃至后期,"外来和尚"都扮演了主要的、甚至非常重要的角色。譬如与安世高同时代的著名佛经翻译家支

---

① 本节有关中西翻译史的史实除注明出处者外,均转引自谢天振,何绍斌. 简明中西翻译史. 上海:外语教学与研究出版社,2013.

娄迦谶(生卒年亦不详),就是大月氏人,桓帝建和元年(147年)来华。他比安世高来华还早一年,母语并非中文,但他通晓中文。僧祐的《出三藏记集》收录了他翻译的佛经共14部27卷,只是可惜今天大部分已经散佚。他所译佛经中,较重要的有《般若道行品经》《首楞严经》和《般舟三昧经》等,系开启后世般若学之源。

再如三国时期活跃在北方的几位译经僧:昙柯迦罗本是中天竺人,于魏嘉平中(249—254年)到了洛阳。他熟悉佛经律部,翻译《僧祇戒心》1卷,填补了此前无律部佛经汉译的空白。康僧铠是西域康巨国人,于247年抵洛阳,翻译了3部佛经,较重要的是《无量寿经》。昙无谛,是安息人,254年来洛阳,在白马寺译经。安法贤,原籍不明,但从汉名推测,可能也是安息人,译有《罗摩伽经》3卷及《大般涅槃经》2卷。

又如竺法护(约230—308年),原姓支,是世居敦煌的月氏侨民,8岁时从竺高座出家,改姓竺。他有感于西晋人只注重寺庙佛像等外在形式而忽略教义,决意随师远赴西域搜寻佛经原典,以匡时弊。据说他遍游西域诸国,学会了36种语言,带回大量梵文经卷,自此"终身译写,劳不告倦",译有佛经159部309卷之多,现存84部。竺法护译经不仅数量庞大,范围也很广,包括般若经类(如《光赞般若经》)、宝集经类(如《普门经》)、大集经类(如《宝女经》)、法华经类(如《如来兴显经》)、涅槃经类(如《方等泥洹经》)、净土经类(如《无量清平等觉经》)及禅法经类(如《首楞严三昧经》)等。另一位西晋时期的译经者竺叔兰,原本也是天竺人,随父亲避难来到中国河南。所以他生长于中土,幼时即学佛典,于惠帝元康年间译出《首楞严经》2卷,《异毗摩诘经》3卷,与无罗叉合译《放光般若经》20卷。《放光般若经》与竺法护所译《光赞般若经》译自同一原本,但内容更为充实,前者共90品,而后者仅27品。据说《放光般若经》刚译出,僧俗信徒争相抄写,后世以此立论者也不在少数,因此奠定了该译本在中国佛教史上的重要地位。

至于中国翻译史上著名的四大佛经翻译家之一的鸠摩罗什(kumarajiva,约344—413年),同样是一位"外来和尚"——祖籍天竺,生长于龟兹。他的成长环境赋予他兼通多种语言文化的优势。《高僧传》载其祖父为天竺世宰,父亲鸠摩罗炎因故放弃相位,来到龟兹国(今新疆库车一带),被聘为国师。鸠摩罗什 7 岁出家,随母亲前往罽宾拜师学法,9 岁赴天竺学佛,12 岁返回龟兹,初习小乘,后转宗大乘,兼通五明之学,擅长辩论,《高僧传》赞其"道流西域,名被东国"。罗什主持翻译的佛经数量,历代说法不一致,据今人统计存世者约 39 部,313 卷。[①] 代表性译经包括《摩诃般若波罗蜜经》《金刚般若波罗蜜经》《妙法莲华经》《维摩诘经》《大智度论》《中论》《百论》《马鸣菩萨传》和《龙树菩萨传》等。

此外,还有昙无谶和真谛,他们俩也都是"外来和尚"。昙无谶(385—433 年)亦名昙摩谶,是中天竺人。西晋末年,他携带《大般涅槃经》等一批经卷,经西域,至北凉国都姑臧(今甘肃武威)。北凉统治者是匈奴人,但也信奉佛教,国主沮渠蒙逊请昙无谶译经,且将闲豫宫设置为专门的译经场所,但昙无谶以不善汉语推脱,直到玄始三年(414 年)才开始译《大涅槃经》。在闲豫宫译经 20 年,昙无谶和他的助手们共译出各类佛经共 12 部 117 卷,其中对中国佛教思想影响最大的当推《大般涅槃经》40 卷。真谛(Paramartha,499—569 年)又名拘罗那地,是西天竺伏阐尼人。真谛少年时代游历诸国,学习过各派佛理,游学至扶南国时,巧遇中国使者,受邀来华。真谛来华的 23 年里,翻译了大量佛经,据《续高僧传》统计共有 64 部 278 卷,现存 26 部 87 卷。其中较知名的有《大乘起信论》1 卷、《中论》1 卷、《金光明经》7 卷、《摄大乘论》15 卷、《俱舍论疏》60 卷。

即使在佛经翻译的后期,"外来和尚"也仍然发挥了重要的作用。著名的如金刚智(669—741 年),梵文名跋日罗菩提,是南天竺人,他 16 岁出家,在那烂陀寺学佛法。公元 719 年,金刚智携弟子不空抵达广州,唐玄宗专门派遣特使前往迎接,并敕住长安慈恩寺,后移至荐福寺。他常随皇驾往返于长安与洛阳之间,翻译了《瑜伽念诵法》《曼殊室利五字心陀罗尼》等经文,共 24 部 30 卷。

---

① 马祖毅. 中国翻译史(上卷). 武汉:湖北教育出版社,1999:117.

另一位著名佛经翻译家不空(705—774 年),梵名阿目佉跋折罗,也是南天竺人。不空幼年随舅父来华,13 岁时拜金刚智为师,兼通梵语和汉语,与师傅共同译经。师傅死后,奉师命回国学习密法,搜求密宗经典,得《金刚顶瑜伽经》等 80 部 1200 卷。公元 746 年,不空携带梵文经卷返回中国,唐玄宗赐号"智藏",命译经。不空所译佛经多为密宗学说,如《金刚顶一切如来真实摄大乘现证大教王经》《金刚顶五秘密修行念诵仪轨》等,共 110 部 143 卷。就数量而言,可与罗什、玄奘、真谛等媲美,被誉为中国古代"四大佛经翻译家"之一(还有一种说法是用义静代替不空)。

然而,虽说是"外来和尚好念经",但有必要指出的是,这些"外来和尚"在译经时大多都离不开"本土和尚"的协助。所以,如果说得确切些,恐怕应该说这些"外来和尚"是"主持"了我国佛经翻译史上初期和中期的佛经翻译。当然,与此同时,他们通过与"本土和尚"合作,也参与了具体的实际翻译工作。而随着"本土和尚"外语水平的提高,"本土和尚"在佛经翻译的中后期终于相继脱颖而出,成为我国佛经翻译的主力。这也就是为什么我们在佛经翻译的中后期看到了越来越多的本土佛经翻译家的原因。其中东汉时期的严佛调即是明显的一例。严佛调,临淮(今江苏盱眙)人。他最初的工作就是给安世高和同样是安息国人的安玄当译经助手,负责记录西域僧人的口述佛经,并加以润色。严佛调是第一个参与译经的中国人,所著《沙弥十慧章句》记载了安世高的译经活动与方法,是第一部中国僧人的佛教著作。《高僧传》赞赏严佛调的译笔"理得音正,尽经微旨",甚至说"世称安侯(即安世高)、都尉(安玄)、佛调三人,传译号为难继",可见当时严佛调的地位已经不比外来和尚差。

另一位为佛经翻译做出突出贡献的"本土和尚",那就是道安了。道安(314—385 年)俗姓卫,常山扶柳(今河北冀州)人。他出身士族,可生逢乱世,更兼幼年失怙,所以 12 岁就出家了。24 岁至邺城,先后师从数人,兼修大小乘,"堪称东汉以来汉僧佛学造诣最深之人"[1]。道安本人并不懂

---

① 王铁钧. 中国佛典翻译史稿. 北京:中央编译出版社,2009:99.

梵语或西域语言,但他却整理和编纂了汉末以来已经翻译的经籍,后世名之曰《综理众经目录》,这是中国最早的佛经目录,也是最早的翻译目录。与此同时,他长期在长安五重寺主持译经并宣讲佛法。由于他精深的佛学修养,蜚声中外,慕名来五重寺出家礼佛者人数众多。同时他还邀请中外高僧共同译经,共译出佛典 14 部,180 卷,约百万字。

与此相仿,道安的弟子慧远对中国的佛经翻译也卓有贡献。慧远,俗姓贾,在 21 岁时与弟弟听了道安在太行恒山讲法,兄弟俩就决定出家为僧,拜道安为师,24 岁开坛讲法。和道安一样,慧远亦不通外语,但他是当时江南译经活动的最专业的组织者。当时江南佛经多有残缺,内容比较狭窄,于是他派弟子去西域寻求佛典,所得佛典转译为汉语后,长期流行于江南。他还大量招徕各地名僧去庐山弘法译经,如僧伽提婆曾在道安译场译过《阿毗昙心经》,但很不满意,慧远请他来庐山重译该经,并亲自助译,结果十分成功,毗昙学由此大盛于江南。

对以上史述,熟谙中国翻译史的读者肯定不会感到陌生。尽管如此,对其中的"外来和尚好念经"这个史实却很少有人给予过应有的重视。这个史实从文化译入的角度看,它告诉我们,在引入和译介外来文化的初期,源语文化背景的译介者的参与和介入,对译介的成功能起到很大的助推作用。

实际上,从这个角度我们去观照一下早期西方翻译史的话,也不难发现同样的"外来和尚好念经"的史实。西方翻译史上最早、最著名的圣经翻译活动,即史称《七十子希腊文本》的圣经翻译,就是公元前 3 世纪耶路撒冷的主教埃里扎尔应埃及国王托勒密二世费拉德尔弗斯的请求,派出 72 名"高贵的"犹太学者在埃及亚历山大图书馆合作翻译的结果。在古代,埃及的亚历山大城是当时地中海东部地区的文化贸易中心,城里的五分之二居民是犹太人。但这些犹太人由于好几个世代漂泊在外,已经忘记了他们祖先的语言——希伯来语,而只会说希腊语,也看不懂希伯来文的《圣经·旧约》,所以就希望有一本希腊文的《圣经·旧约》。而他们中间显然又缺乏精通希伯来语和希腊语这两种语言的专家,于是只好向"外来和尚"——72 名来自以色列的学者求助。西方翻译史上第一本圣经的译本也就这样诞生了。

此外,像古罗马最早的翻译家里维乌斯·安德罗尼柯,他的原籍也是希腊,尽管出生在意大利,所以也是一位"外来和尚"。他翻译了荷马史诗《奥德赛》,对西塞罗、贺拉斯等人都有影响。

从文化外译的角度看,"外来和尚好念经"这个史实对我们今天思考"中国文学文化如何切实有效地走出去"这一问题也是富于启迪意义的:一个国家或民族如果能让具有本民族文化背景的专家、学者和译者参与到译入语国家和民族的译介活动中去,那么这个国家或民族的文化就能够比较顺利地译介出去。联系当今中国文化走出去的问题,显然今天的英语世界在引入和译介中国文学文化方面尚处于初始阶段,还没有形成一支较强较成熟的译介队伍,更缺乏一个接受中国文学文化的较成熟的接受群体。在这种情况下,如果我们能够通过适当的途径,以适当的方式,让中国的专家、学者、译者参与到英语国家对中国文学文化的译介活动中去,那么中国文学文化走出去的效果必定会显著得多。而这样的途径实际上是很多的,譬如为当地从事中国文学文化翻译的汉学家、翻译家配备相应的专家、学者,或者鼓励我们国家从事文学文化外译的翻译家与英语世界的汉学家、翻译家合作,又或者创造条件让中国的作家与英语国家的汉学家、翻译家经常有机会当面接触、交流,建立彼此的友谊,加深彼此的了解,这些举措都会切实有效地促成中国文学文化走进英语世界。

二、传教士翻译:"不以我为中心"

众所周知,一部两千年的中西翻译史就是一部译入史。西方翻译史,自古希腊、古罗马时期起讫至 20 世纪初,其翻译活动主要也是以译入活动为主:古罗马时期罗马人把希腊文化译介给自己民族;文艺复兴时期,欧洲诸国把古希腊、古罗马的文化分别译介给自己的国家和民族;即使在 18、19 世纪甚至在 20 世纪初,欧洲各国的翻译活动基本上也是以译入活动为主,很少有主动把自己国家和民族的文化外译出去的。但也不是没有例外,那就是传教士的译介活动。而且在我看来,传教士的译介活动恐怕是西方翻译史上最成功的文化外译活动,尽管迄今为止的西方翻译史对传教士的译介活动很少提及。传教士的译介活动,确切地说,当然应该说是传教,但是我们不能不看到,传教活动中一项最主要的工作就是把宗教典籍译介到传教对象国,所以从这个意义上而言,传教的实质也就是宗教典籍的外译。

近年来,国内学术界对来华传教士的活动正给予越来越多的关注,但多偏重传教士的汉学研究,如阎宗临著、阎守诚编的《传教士与法国早期汉学》①,张西平著的《传教士汉学研究》②等,从文化外译的角度进行研究的似还不多见。其实,来华传教士的传教/译介活动以及他们所取得的成功,同样可以为我们当下正在探讨的文化外译研究提供诸多有益的启迪。

从表面看,来华传教士的译介活动与上述"外来和尚好念经"不无暗合之处。其实并不一样,这是因为上述佛教在华土的译介和传播有一个前提,即中国本土人士主观上想引入这些外来的宗教典籍。为此,甚至不惜巨大代价去迎奉这些"外来和尚"。但传教士的译介活动面临的情势却不一样:中国本土的官方人士一开始对他们是抵触的,是不欢迎的,甚至明令禁止他们进入华土。最早想来中国传教的耶稣会士方济各·沙勿略(Francisco Javier,1506—1552 年)就因此而屡屡碰壁。自 1541 年起,沙勿略在印度、日本传教整整十年。由于意识到中国对于传教的战略意义,他于 1551 年萌念想到中国来传教。他离开日本先到了印度的果阿,然后于 1552 年到达离中国海岸约 30 海里的一座荒凉小岛——上川岛。然而尽管他数次想通过非常手段潜入中国,但都归于失败,最终在 1552 年的12 月病逝于上川岛。

沙勿略尽管未能如愿进入中国传教,但凭借其在印度、日本丰富的传

---

① 阎宗临. 传教士与法国早期汉学. 郑州:大象出版社,2003.
② 张西平. 传教士治学研究. 郑州:大象出版社,2005.

教实践和敏锐的观察力,他还是逐渐认识到了跨文化交流中的一些规律性问题,特别是"适应"和"认同"在跨文化交流中的作用。这一点对于步他后尘最终终于如愿以偿地进入中国传教的后来者如范礼安、罗明坚、利玛窦等人,毫无疑问是大有裨益的。①

沙勿略认识到的"适应"与"认同"的问题,确实非常重要。事实上,正如有关专家曾指出的,佛教典籍在译入中国之初也面临过同样的问题,因为佛教的一些理念与儒学格格不入,于是为了迎合中国的儒道文化,佛教的译本中采用了"佛道"一词,所以东汉时期佛教的译介是依附于当时流行中国的道术而传播的。但后来在汉末三国期间,中国玄学盛行,于是佛教典籍的译介又开始依附于玄学。凡此种种,都提醒我们,任何一种外来文化要想让目标语文化接受的话,都必须经历一个本土化的过程。

然而,对这样一个显而易见的规律性问题,人们对它的认识也并不是一蹴而就的,也是历经反复才最终认识到的。有关史料表明,早期在澳门的传教士一开始在传教时在文化上奉行的都是以"我"为中心,要求入教者完全放弃自己的文化传统,乃至生活习俗。所谓"凡欲进教者,须葡萄牙化,学习葡国语言,取葡国名姓,度葡国生活"②。"凡领教入洗的中国人,都要变成葡萄牙人或西班牙国人。在姓名、服装、风俗上都要按照葡、班两国的式样。"③

这种"以我为中心"的传教方式,听上去似乎很不错,也比较容易博得当时教会上层的满意和欢心,但其实际效果却不会好,所以也就理所当然地受到像范礼安这样的有识之士的反对。范礼安很明白,"要在中国这样一个具有悠久文明的国度立足,必须有耐心,必须尊重中国的传统文化,

---

① 陈义海. 明清之际:异质文化交流的一种范式. 南京:江苏教育出版社,2007:
64-65.
② 徐宗泽. 中国天主教传教史概论. 上海:土山湾印书馆,1938:169.
③ 裴化行. 天主教十六世纪在华传教志. 天主教十六世纪在华传教志. 萧濬华,
译. 上海:商务印书馆,1937:194.

'不能采取打倒一切的办法'"①。为此,范礼安积极收集有关中国的资料,努力学习中文。他还鼓励并安排罗明坚、利玛窦等神甫在澳门修习中文。后来,罗明坚、利玛窦等人能成功地从澳门到广东,再由广东到中国内地进行传教,显然与范明礼的以上指导思想是分不开的。利玛窦对此显然也有深刻认识,所以他会撰文写道:"我建议,所有在这里的神甫努力学习中国文化,把这作为一种很大程度上决定传教团存亡的事情看待。"②

从文化外译的角度对明清之际以利玛窦为代表的传教士的传教活动进行一番较深入的考察的话,我们应该可以得到不少启发。

首先就是要摈弃"以我为中心"的思想,并学会尊重和适应译入语的文化语境。对于文化译出方来说,在进行文化外译活动时很容易产生和形成"以我为中心"的思想,以为既然是"我"要把"我"的文化译介给你们,那么"译介什么""如何译介"当然应该是"我"说了算。这种想法,貌似有理,实质大谬不然,因为忽视了文化外译的目的。文化外译都有一定的目的,至少你总是希望通过你的外译活动能让对方(译入语国家、民族的受众)对你的文化有所认识和了解,最终还能喜欢和接受,而绝不是仅仅做了一下外译活动、交出几份译成外文的书籍就算完事。具体如传教士的外译活动,他一定是希望通过他的传教(外译)能让听众和读者对他宣讲或译介的教义感兴趣,并进而吸引他们加入教会。如果他只顾自己传教,而不管人家愿不愿听,爱不爱读,那么他的传教肯定是不会成功的。

利玛窦等人的传教(外译)之所以能取得成功,就在于他们确立了正确的、切合实际的文化外译指导思想——摈弃"以我为中心",尊重并努力适应译入语文化语境。所以利玛窦进入中国内地后,一开始并不是全身心地投入传教工作,而是花了相当多的时间与精力进行社交,广交朋友,结交当时中国社会的显宦、皇亲、名流,结识叶向高、李贽、徐光启等大儒。

① 陈义海. 明清之际:异质文化交流的一种范式. 南京:江苏教育出版社,2007:67.

② 转引自陈义海. 明清之际:异质文化交流的一种范式. 南京:江苏教育出版社,2007:72.

为了赢得这些人对他的认同和接受,他还有意不穿自己的民族服装,而是身着僧袍,以"西僧"自居,因为他知道中国人对僧人比较熟悉,也比较认可。后来,在其中国弟子的建议下,他又改穿僧袍为着儒服,因为儒学才是中国文化的主流。利玛窦还巧妙地利用自己的原文名字(Matteo Ricci)给自己取了一个中文名字——利玛窦。其他不少传教士也都如此,譬如汤若望(Jean Adam Schall Von Bell)、艾儒略(Jules Aleni)等。凡此种种,都是为了一个目的,即淡化自己身上的异国、异族色彩,增强译入语语境对他的认同感、亲和力,减弱译入语语境对外来文化的排斥感。

其次,译介的方式、方法非常重要。文化外译者通常更多关注如何尽快把自己的文化外译出去,而较少注意译介的策略包括具体的译介方式、方法。以传教士的外译(传教)活动为例,一些传教士往往急于四处宣教,到处发展民众入会,却忽略了合适的传教方式和方法,结果效果适得其反,甚至引起对象国统治者的疑虑甚至警惕,引发"南京教案"这样的事件,从而导致明末中国基督教的传教活动陷入低潮。① 利玛窦的明智之处在于他深谙文化外译之道,懂得面对中国这样具有深厚文化历史积淀的国家和民族,不能急于求成,而需要极大的耐心。他把科学知识与基督教义结合在一起,所谓"一手拿着福音书,一手拿着《几何原本》",以新奇的西方科学知识来吸引中国的士大夫,使他们对西方文化产生兴趣,又以译书修历来打动中国朝廷,使之感到西方文化有可取之处,能满足中国文化自身的需要,从而让传教士获得了进入中国腹地和深入朝廷传教的机会。

与此同时,利玛窦还懂得在与中国人交往时"投其所好"。譬如他发现中国人喜爱并推崇书籍,于是他就不像在美洲传教的传教士那样仅仅通过口头传教,而是借助书籍把他们的宗教思想传递给中国人。利玛窦在中国居住前后达 19 年之久,在这 19 年期间,他或是独立完成,或是与

① "南京教案"的发生是主持南京教务的王丰肃等耶稣会士急于在教务上取得很大很快的突破,抛弃了利玛窦一直坚持的极其审慎的传教态度,又是盖教堂,又是置花园,又是公开举行宗教仪式,吸引众多信众,引起南京礼部侍郎沈榷的疑虑,三次上书皇帝,明神宗遂颁发放逐西洋传教士回其本国的诏令。

中国士大夫合作,撰写和翻译出版了《天主实义》、《畸人十篇》、《几何原本》(与徐光启合译)等十多部著作,切实有效地向中国译介了西方的天文、数学、物理、语言、文字、音韵、心理、伦理等领域的文化知识。而与此同时,他也达到了向中国人宣传、介绍西方基督教神学思想的目标,并在中国收获了一批信众。

最后,努力挖掘、发现外译文化与对象国文化之间的共同点、构建两种不同文化之间的亲缘关系,缩短对象国的受众与外译文化之间的距离,使得对象国的受众对外译文化易于接受,乐于接受,也是使文化外译取得成功的至关重要的一个策略。譬如传教士在把基督教的最高神"天主"(拉丁文为 deus)翻译成中文时,起初都采取音译"陡斯"。之后,利玛窦在中国的古籍中发现了"上帝"和"天",并发现它们的内涵跟基督教的天主有共通之处,于是明末传教士在翻译时就有意把"天主""天"和"上帝"并用。研究者指出:"由于'上帝'和'天'是中国古籍当中固有的,所以用它们来称名西方的天主,很多中国人都乐于接受。"①研究者把明清之际西方传教士的这种传教(外译)策略称之为"合儒",即从中国古代经籍中寻找出跟基督教相一致或至少表面上比较一致的成分,如把儒家经典中的"天""上帝"等词与基督教的"天主"相匹配,或把先秦儒家经典中的某些语汇解释为基督教义中的"天堂地狱""灵魂不灭"说,或有意把儒家学说中的"仁"等同于天主教的"爱"。② 除"合儒"外,他们还有"补儒""易佛"等策略,都是为了追求切实有效的传教效果。

事实上,在这种策略指导下,"适应儒家、释经阐教",利玛窦们的传教活动(其实质就是一种文化外译活动)也确实取得了不俗的效果。据说,徐光启就是花了一个晚上读完了罗如望神甫送给他的《天语实义》和《天

---

① 陈义海. 明清之际:异质文化交流的一种范式. 南京:江苏教育出版社,2007:79.

② 陈义海. 明清之际:异质文化交流的一种范式. 南京:江苏教育出版社,2007:127.

主十诫》两书后,第二天就要求罗如望神甫给他付洗的。① 研究者指出,这些书的"可贵之处不仅仅是用纯熟的汉语写成,更主要是它能跟中国传统的思想相契合;无论肯定中国思想,还是指斥中国思想之不足,都能按儒理、按中国路数来进行论辩",所以特别富有说服力,也就特别能让读者信服。②

明清之际西方传教士在中国的传教活动,究其实质,也是一种文化外译活动。当然,由于它的宗教背景,所以这是一种比较特殊的文化外译行为。但不管怎样,从文化外译的角度看,无论是他们曾经遭遇的失败还是所取得的成功,都可以为我们今天进行文化外译,包括思考和从事中国文学、文化"走出去"提供有益的经验和教训。他们来到中国,明明是来传教的,但首先奉上的不是福音书,而是自鸣钟、望远镜、三棱镜、地图之类的能引起中国人浓厚兴趣的西洋新奇"玩意儿"。他们来到中国,明明是来传教的,但他们在中国期间撰写出版的有关西方科学、文化方面的书籍却比直接与宗教有关的书籍要多得多。这些与西方的天文、历算、数学、地理、物理、生物、医学、建筑、机械、音乐、美术等学科相关的著述,一方面固然是传播了西方的科学、文化知识,但另一方面,却也使得他们可以同时能够比较顺利、畅通地传递他们想要传递的主要"货色"——基督教义和相关的神学思想。他们的这种文化外译策略甚至使得他们能够俘获像徐光启、李之藻、杨廷筠这样的"大儒"受洗入教,这不能不说是他们传教活动的一大成功。

(原刊《东方翻译》2017 年第 2 期)

---

① 陈义海. 明清之际:异质文化交流的一种范式. 南京:江苏教育出版社,2007:129.
② 陈义海. 明清之际:异质文化交流的一种范式. 南京:江苏教育出版社,2007:129.

编后记

2020年7月29日傍晚时分，手机铃声响起，是浙江大学的许钧老师。

许老师告知一事：谢天振老师生前为"中国译学馆·中华翻译研究文库"编选了一本研究文集，题为《重写翻译史》。他在病重前曾告诉许老师：文选已经做得差不多了。但后来他病情的突然恶化和猝然离世，显然打断了这项工作，没有来得及按计划交稿。

许老师的意思，想知道谢老师生前这项编辑工作有没有完成。如果没有完工，已做到哪一步了。如果按他"做得差不多了"的说法，许老师希望我能够把它最后完成。

这对我而言，是一份信任，更是一种责任。

经许老师这么一提，我也回想起，大约在去年春天，我照例在谢老师办公室喝咖啡聊天的时候，曾听他说起过编辑文选一事。记得谢老师还曾聊起他的编辑设想。大意是说，中国翻译史研究虽然积累的成果已经不少，但仍有许多领域有待学界的开拓，而近年来像王宏志、廖七一、张西平、赵稀方等学者的研究，已经为传统的翻译史研究——尤其相对于翻译文学史研究而言——开辟了许多新的领域，拓展了不少新的方法。如果编辑一本"重写翻译史"的文选，可以为从事这领域的同行，特别是为广大青年学生提供有益的参考。他还问我要了我的两篇旧文，并嘱咐我：有时间的话最好修订一次，并提醒我，到时给他 Word 文件，以便于后期的编辑。后来，我遵嘱将他点名关于"世界语"和"裴多菲"两篇文章做了修订，发到他的邮箱。

刚刚查了一下我的邮箱,给谢老师发去两文的时间是 2019 年 10 月 22 日晚间 10 点 4 分。邮件除两个附件外,我没写一个字。这在我与谢老师之间的工作邮件往来中,也是常有的事。他收到后,即简短回复:收到,谢谢! 时间是晚间 10 点 38 分。他显然还在工作。不过我现在想起,从他提及要我修订这两篇文字,到最后我发到他邮箱,中间过去了好几个月,包括整整一个暑假。一定是谢老师一再提醒我之后,我才匆匆完成,并在晚间发给他的。近年来,因为教学与行政事务杂多,很多事我都一拖再拖。有时自己也烦我自己。想来此书编辑的拖延,应该也与我有关。想到这一点,我不由得自责起来,尤其与谢老师一生的勤奋和高效率相比,更感到惭愧。

放下许老师的电话。我就与谢憬联系,请他在谢老师的电脑或者 U 盘里找一找,看看有没有题为"重写翻译史"的文件或文件夹。第二天,谢憬就告诉我,果然找到了! 我打开文件夹,看到里面有如下内容。包括"中华译学馆·中华翻译研究文库"第二辑目录,其中谢老师负责的《重写翻译史》一卷位列该辑第三卷。还有一份 2019 年 2 月 24 日填写的"浙江大学出版社图书选题申报表",注明交稿时间是 2019 年 8 月 31 日。表中对该书"目标读者"的描述是:"适合高校文科师生,尤其是比较文学、翻译学专业师生和相关科研人员作为案头必备参考书,也适合作为翻译学研究生的参考书。"而对"内容提要"的描述则为:

> 近年来,翻译史的编写概念正在发生质的变化,从单纯的翻译事件梳理描述,正越来越紧密地与比较文学、比较文化,甚至中外思想史、民族国家关系史等结合,呈现出不同于传统翻译史的理念和面貌。本书拟收集国内外相关学者的代表性论文,汇编成集,成为国内学界特别是比较文学翻译学界师生的重要参考书。

除丛书总目、选题申报表外,文件夹中还有一份题为"重写翻译史论文集"的目录及 20 多篇拟收录的文选文档。对照目录与收入文件夹的选文篇目,我发现两者是基本一致的。这就印证了谢老师对许钧老师所说的话:已经做得差不多了。这就使我接下来的工作,一下有了眉目。于是,我当即就着手开始,并在随后的几天里,在几位青年朋友的帮助下,完成了此书编辑的扫尾工作。

下面对全书的最后编辑,做几点必要的说明:

1. 为保持文章原貌,书中所收录文章基本保持原文的文献引用格式。仅按本丛书的格式要求做相应调整,并补充了脚注中的相关信息。

2. 目录遗稿中,"附录"下所列的两个篇目,即关于毕修勺、张友松的两篇目,谢老师只记下"左拉泪(原载《文学报》)(关于毕修勺)"和"被遗忘的鲁迅日记里的大翻译家(关于张友松)"两行文字。未注作者名,也没有原文文档。估计当时是凭记忆记下的(对照原文标题可知),也还没来得及找到原文。其中关于毕修勺那篇,我原来也曾见到过。按照目录提供的线索,我在互联网搜得出处,从"读秀"平台找到了吴基民著《左拉泪:记著名翻译家毕修勺》一文,后来听取许钧老师的意见,因篇幅原因,最终没有将此文收入。而关于张友松一文的原文,后来还是深圳大学江玉琴教授为我寻得的。

3. 目录遗稿中的"前言",在谢老师电脑中没有找到,显然他还未及写出。我根据全书主旨,用 2012 年谢老师刊发于《东方翻译》的《关注翻译与翻译研究的本质目标》一文作为全书代自序。虽说此文并未直接涉及翻译史重写问题,但其中对翻译和翻译研究本质目标的强调,应该符合且涵盖了本书题旨的。

4. 关于本书目录中现在所列的文章,其编排次序和分辑情况。遗稿目录本来就以空行方式,体现了谢老师试图分专题编排的意图,比如关于严复问题的 4 篇,遗稿中就排在前面。我推测谢老师这样安排,应该与所选篇目的内容有关。可以想见,如果由他亲自撰写编辑前言,或许会对此做一说明。现在根据许钧老师的建议,并依自己对文选主题和研究视角与方法的粗浅理解,将 17 篇选文分为 4 编,依次冠以"回到严复""翻译、语境与意义""翻译研究的多维视角"和"文化外译"的编名。需要声明的是,编目划分与冠名都不尽妥当,仅供读者参考。

5. 书中所列谢老师的《回归严复的本意——再释"信达雅"》一文,是一篇未完稿。"文件夹"中本来没有这篇文稿,只在目录中列有标题。我又联系谢憬,是谢憬从谢老师电脑中按题目再次搜寻得来的。文稿的标题是"回到严复:再释"信达雅"——对中国翻译思想史的一个反思",编入时,题目按目录遗稿标出。关于严复"信达雅"的重新阐释,谢老师自 2017 年以来,曾在各种学术会议报告和讲座中多次涉及。据我与郑晔所编的《谢天振学术教育年谱》,谢老师在 2017 年先后于西安翻译学院(6 月 5 日)、广西民族大学(6 月 11 日)、香港城市大学(6 月 29 日)、上海师范大学(7 月 23 日)、河南大学(8 月 18 日)、广西民族大学(9 月 22 日)、内蒙古民族大学(9 月 30 日)、沈阳师范大学(10 月 14 日)、广西师范大学(11 月 19 日)、北京新疆大厦(12 月 2 日)及上海师范大学人文学院(2018 年 10 月 29),以此为题面对中文、外文、比较文学学科的同行与师生开讲,共计 11 次之多。

由此可见,关于回归严复、还原历史语境,重新阐释"信达雅",并从中国翻译思想史发展角度,阐释严复的理论贡献,厘清学界对严复的误读、误解,辨析百年来中国翻译理论界借严复"信达雅"的表述建构"翻译标准"理论的意义及其局限,这是谢老师生命最后几年间耿耿于怀的问题。我想,他在很长一段时间里,不断讲述同一个话题,一方面表明在他心目中这一论题的重要性,这从遗稿的副标题"对中国翻译思想史的一个反思"也可以见出一斑。另一方面,他在表达自己观点的同时,也期待着在与他人的切磋、讨论中,不断磨砺自己的思想,使自己的思考逐步显形,逐步完整。而收录此书的这篇未完稿,本来正是谢老师对这个议题的正面阐述。从他自己标举的"概要"看,此文本来应该是一篇包括四五个部分的学术长文,是他对这一问题做长期思考后的系统表达。只可叹天未遂愿,病魔来得太快太突然。在病重之前,他只来得及写下这不足 3000 字的开头,便戛然而止了。

好在谢老师的文章,毕竟已经开了一个头。毕竟已经有那么多的同行和学生弟子,已经反复听他表述过相关的思考。而且,他在每次讲座和发言中一再强调,对严复"信达雅"思想的还原思考,并非从他开始。不仅傅雷的"神似"和钱锺书的"化境"就与严复形成呼应,更有王佐良、王宏志等学者的论述。按谢老师自己的表述,他只不过是结合当下翻译研究的理论与实践现状,包括对中华文化与文学外译,在理论与实践方面所面临的问题与困惑,做再一次的理论推进,以期激发翻译研究界和翻译实践领域更多同行的更深入的思考。我想,就此出发点而言,谢老师的这篇未完稿,他所做的十多次专题发言和讲座,包括这一本研究文选,都是他的这一学术思考的延伸。

最后,要感谢为本书的最后编成提供各种帮助的许多朋友。

感谢深圳大学文学院的江玉琴教授,以最快的速度为我查寻到有关张友松一文的原文。我从互联网查到的文本,是发表于《联合早报》的原文节选,而全文收录于作者徐伏钢的《荡起命运的双桨:徐伏钢新闻特写选》一书。"读秀"平台显示,此书为"八方文化创作室"2008年出版,估计不是大陆版书籍,只有深圳大学图书馆有藏。当我联系她时,她当即说:明天就去一趟学校。第二天晚上,就从微信发来原文扫描件。并告知:此书本来只在"南馆"可借,但暑假"南馆"已关闭,"很幸运得到北馆图书管理员的帮助,内部找到这本书"。又说"谢老师为我们留下了重要的思想遗产。我们能为完成谢老师未竟之业做一点事,是特别有意义的"。她这句话,也正是我想要说的。

此外,江帆副教授及时发来谢老师近年在《东方翻译》刊发的所有文稿。蓝岚博士发来谢老师在广西民族大学的演讲录音和PPT照片。听谢老师讲座的录音,看一张张讲座时留下的照片,我恍若又回到了疫情以前,与谢老师一同出席学术会议,在他翻译研究所办公室一起聊天喝咖啡的情景。夏维红、张晓玲博士也做了相关整理工作。谢憬老弟从谢老师留下的电脑文档中准确及时地搜寻到了相关的文件。当然,最后还要感谢许钧老师为我提供的这个机会,使我能为谢老师生前未及杀青的这项有意义的事情,完成最后的扫尾工作。

如本书编辑中有不当之处,责任都在我,也欢迎读者朋友们指正。

宋炳辉

2020 年 8 月 5 日夜改定于望园阁

中華譯學館·中华翻译研究文库

许　钧◎总主编

第一辑

第二辑

第三辑

图书在版编目(CIP)数据

重写翻译史 / 谢天振主编. —杭州:浙江大学
出版社,2021.4(2022.3重印)
(中华翻译研究文库 / 许钧总主编)
ISBN 978-7-308-21253-3

Ⅰ.①重… Ⅱ.①谢… Ⅲ.①翻译－语言学史－文集
Ⅳ.①H059-09

中国版本图书馆 CIP 数据核字(2021)第 059040 号

中华译学馆 莫言题

重写翻译史

谢天振 主编

出 品 人	褚超孚
丛书策划	张 琛 包灵灵
责任编辑	陆雅娟
责任校对	田 慧 牟杨茜
封面设计	程 晨
出版发行	浙江大学出版社
	(杭州市天目山路 148 号 邮政编码 310007)
	(网址:http://www.zjupress.com)
排 版	浙江时代出版服务有限公司
印 刷	杭州高腾印务有限公司
开 本	710mm×1000mm 1/16
印 张	25
字 数	360 千
版 印 次	2021 年 4 月第 1 版 2022 年 3 月第 2 次印刷
书 号	ISBN 978-7-308-21253-3
定 价	88.00 元